KB108659

편작·화타와 그 후예들의 이야기

중국의 의약신앙과 사회사

이민호

지식산업사

이민호李敏鎬

1966년 전남 순천 출생이며 다른 이름은 도경到擎이다. 순천고와 경희대 사학과 및 같은 대학원을 졸업했다(문학박사). 북경대학 역사계(사학과) 교환교수, 한국한의학연구원 중국주재원 겸 중국중의과학원 의사문헌연구소 방문학자로 활동했다. 경희대·강남대 강사, 울산대 연구교수를 거쳐 현재 한국한의학연구원 책임연구원으로 근무 중이다. 주요 저서로《근세중국의 국가경영과 재정》,《동서양 문화교류와 충돌의 역사》,《중국 전통의약 문화유산 연구》가 있으며, 공저로는《한중일 3국 가족의 의사소통구조 비교》,《한중일 기업문화를 말한다》,《한중일 시민사회를 말한다》,《한중일 사회에서의 소수자가족》,《한중일 사회에서의 다문화가족》,《사회과학도를 위한 중국학 강의》등 다수가 있다.

편작·화타와 그 후예들의 이야기

중국의 의약신앙과 사회사

초판 1쇄 인쇄   2021. 5. 6.
초판 1쇄 발행   2021. 5. 21.

지은이   이민호   .
펴낸이   김경희
펴낸곳   (주)지식산업사
본사 ● 10881, 경기도 파주시 광인사길 53(문발동)
전화 031 - 955 - 4226~7 팩스 031 - 955 - 4228
서울사무소 ● 03044, 서울시 종로구 자하문로6길 18 - 7
전화 02 - 734 - 1978, 1958 팩스 02 - 720 - 7900
영문문패 www.jisik.co.kr
전자우편 jsp@jisik.co.kr
등록번호 1 - 363
등록날짜 1969. 5. 8.

책값은 뒤표지에 있습니다.

ⓒ 이민호, 2021
    ISBN 978 - 89 - 423 - 9092 - 2(93910)

이 책에 대한 문의는
지식산업사로 연락해 주시길 바랍니다.

편작·화타와 그 후예들의 이야기

중국의 의약신앙과 사회사

이민호

지식산업사

서문

　현재 전 세계 인구의 약 1/5에 해당하는 14억 인구를 가진 나라 중국. 그들이 많은 인구를 보유하게 된 원동력은 무엇일까? '지대물박地大物博'이라는 표현에서 알 수 있듯이 거대한 영토에 물산이 풍부하다는 사실이 주된 이유이겠지만, 전통시대(1949년 중화인민공화국 수립 이전)부터 내려온 의약업의 발달도 중요한 역할을 수행했다고 한다면 과장된 말일까?

　인류 역사상 가장 위대한 문명 가운데 하나를 창조했다는 자부심을 가지고 살아가는 중국인들의 가장 큰 소망은 무엇일까? '불로장생'이 아닐까. 절대 권력을 손에 쥐고 천하를 호령한들 그 삶이 유한하다면? 의미가 반감될 수밖에 없을 것이다. 그 때문이었을까. 천하의 진시황도 절대자의 자리에 오르자마자 불로초를 찾아 나서도록 명령을 내렸다. 삶이 유한하다는 것을 알지만 부정하고 싶은, 아니면 조금이라도 연장하고픈 마음에서 약을 찾고 기도했던 것은 아닐까? 중국인들은 유사 이래 지속적으로 좋은 약을 구하고 불로장생을 꿈꾸며 신선이 되고자 했다.

　중국인들이 건강과 관련하여 수천 년 의지했던 전통의약인 중의약. 중의약은 경제생활의 중요한 수단이자 찬란한 중국 문화의 일부분으로 인식되어 '일대일로一帶一路'를 통해 다시 중화제국의 부흥을 이루고자 하는 '중국 꿈'과도 맞닿아 있다. 그들이 중의약을 중시하는 것은 단순히 경제적인 이익만을 위해서가 아니다. 서구가 근대 이후 과학문명과 기독교를 동반한 세계진출 전략을 구사한 것처럼 유교와 중의약을 쌍두마차 삼아 자신들의 문명을 세계 속에 뿌리내리고자 한다. 중국은 서구화를 추진하는 과정에서도 '중서의병중中西醫并重', 혹은 '중서의결합中西醫結合'을 주창하였으며, 전통 중국문화 가운데 계승·발전시켜야 할 유산으로 '중의약'을 거론하면서 '중국문화의 보물'로 평가하기도 했다.

이에 이 책에서는 연구대상으로 ① 불로장생을 희구했던 중국인들의 대표적인 민간신앙 가운데 하나인 약왕신앙과 ② 건강을 사고팔았던 공간으로서 전통약시, ③ 그 약시를 무대로 활동했던 약상들을 설정했다.

제1편은 약왕신앙에 관한 내용을 다루고자 한다. 중국인에게 약왕이란 어떤 존재이며, 약왕을 섬기게 된 계기는 무엇이고 언제부터 시작되었을까? 약왕으로 숭배의 대상이 된 이들은 누구이고, 약왕을 신격화하는 과정에서 파생된 설화는 무슨 내용을 담고 있을까?

우선 의약인물이 약왕이라는 신적인 존재로 전환하게 된 과정과 약왕신앙을 둘러싼 역사·사회적 의미를 분석할 것이다. 민간에서 약왕을 숭배의 대상으로 삼았다면 일반인과는 다른 무언가를 지니고 있어야 하는데 그 과정에서 필연적으로 약왕에 대한 신격화가 이뤄졌다. '기사회생起死回生'과 같은 의약 드라마에서 보아 왔던 것과 같은 이야기들이 파노라마처럼 펼쳐지고 있으니 정사와 소설, 그리고 민간에 떠도는 전설 등을 통해 구성해 본다. 중국 약왕신앙이 갖는 특징들을 규명하고 약왕을 숭배하는 공간이었던 약왕묘에 대해서도 알아 본다. 중국에는 약왕묘가 얼마나 많았을까? 어느 지역에 어떤 약왕을 모신 약왕묘가 존재하고 있을까? 왜 하필 그 지역에서 그 약왕을 모신 것일까? 현재 남아 있는 약왕묘의 모습은 과거에도 같았을까? 약왕묘는 건축학적으로 어떤 특징을 지니고 있을까? 중국에서 약왕으로 숭배의 대상이 되고 있는 삼황三皇을 비롯해 편작扁鵲과 비동邳彤·화타華佗·손사막孫思邈 등을 모신 약왕묘의 위치와 각 약왕묘의 건축문화 특징 등을 논할 것이다. 더불어 중국 전역에 흩어져 있는 약왕묘에 대한 실지 답사를 진행하면서 느꼈던 점을 기술하겠다.

제2편 약시에서는 중국에서 약업이 성장할 수 있었던 사회·경제적인 배경을 알아보고, 약업의 번영을 반증하는 개별 약시의 형성 및 발전 과정을 살펴보고자 한다. 명청대 중국에서 약업이 성장할 수 있었던 요인으로 명 중기 이래의 사회변혁과 관 중심의 의료체계에서 민간 주도로의 전환, 그리고 사상사적 측면에서 '기유위의棄儒爲醫(유학을 버리고 의사가 되는)' 현상, 인쇄출판업의 성장과 지역축제의 일종인 묘회 등을 분석하고자 한다.

개별 약시의 역사와 관련해서는 약재가 풍부하기로 유명한 사천四川 지역에서 당唐·송대宋代 약재 시장이 형성되었다가 전란으로 소멸되어 가는 과정을 살펴보겠다. 이어서 전통시대 중국 약업의 전성기라 할 수 있는 명대 중기부터 청말에 이르는 시기의 하북성 안국安國을 비롯해 하남성 우주禹州와 백천百泉, 안휘성 박주亳州, 그리고 강서성 장수樟樹 등 약재도시 이야기를 들려주고자 한다. 약재도시의 형성에 영향을 주었던 자연지리환경, 중요 의학인물의 설화와 묘회 등 인문학적 요소도 함께 검토할 것이다. 또한 약시의 탄생 및 성장 과정에서의 도전과 응전, 그리고 최근의 부활 움직임 등도 고찰하겠다.

제3편은 약시를 무대로 활동한 약상들에 관한 이야기이다. 약상들의 활동범위는 어디까지이며, 양상은 어떠했을까? 그들의 주 활동무대는 약재시장이었겠지만 약재 거래가 약시에서만 이뤄진 것은 아니었다. 판

매자였던 약상은 동시에 구매자이면서 생산자이기도 했기 때문이다. 또한 그들은 단순히 어느 한 약재 시장에만 머물러 있지 않았다. 돈이 되는 곳이라면 어디든 찾아 나섰으니 개척자가 되어 중국 전역을 누비고 다녔다.

약상들의 활동상을 고찰하기 위해서 이 책에서는 명청대 이른바 '13방幇'이라 불리는 지역상방의 실체를 규명하고자 한다. 그들이 '방'을 결성하게 된 계기는 무엇이며, 그를 통해 얻을 수 있는 이로운 점은 무엇이었을까? 이어서 각 상방별로 구체적인 활동 상황을 검토하고자 한다. 안국 등 주요 약시를 주름잡던 대표적인 상방인 '회방懷幇'을 비롯해 '무안방武安幇'과 '영파방寧波幇', '장수방樟樹幇' 등의 활동상을 검토함으로써 전통시대 중국 약상의 실체에 접근할 수 있을 것으로 생각한다.

약왕과 약시, 그리고 약상. 이 세 가지 주제는 개별적으로 연구할 수도 있지만, 서로 유기적으로 연결되어 있기도 하다. 중국인의 대표적인 민간신앙 가운데 하나인 약왕과 그를 모신 약왕묘는 약시가 성장하는 데 중요한 문화적 기초를 제공했으니, 약왕묘 없는 약시는 존재하지 않았다. 약상들이 약재를 전문적으로 취급하는 약시에서 활동한 것은 너무도 당연한 것이고, 그들은 업종 신으로 약왕을 섬기면서 약왕묘에 모여 업계 발전을 도모하기도 했다.

이처럼 이 책에서는 중국 의약사상 획기적인 변혁이 진행되었던 당·송대부터 현대까지(특히 명·청대를 중심으로) 중국 약업과 관련된 역사와 문화 현상을 살펴보겠다. 하나의 산업으로서 약업의 발전과정과 그 과정에서 파생된 다양한 문화적 함의들, 예를 들면 전통 약재시장에서 벌어졌던 상인들의 치열한 삶의 모습과 중국인들의 약왕에 대한 신앙 등을 종합적으로 검토하는 것이다. 이를 통해 중국사는 물론이고 한의학이나 중의학, 민속학 전공자뿐만 아니라 건강 관련 의약문화에 관심 있는 일반 독자들에게도 좋은 정보가 되기를 희망한다.

끝으로 이 연구를 위해 격려와 지지를 보내 주신 많은 분들에게 감사하다는 말씀을 드린다. 또한 어려운 여건 아래에서 상업성이 약한 이 책의 출판을 맡아 주신 지식산업사 김경희 사장님과 편집과 교정을 위해 힘써 주신 김연주 선생님과 김시열 선생님 등 출판사 여러 분들의 노고에도 감사의 마음을 전한다.

2021년 3월 4일
이민호

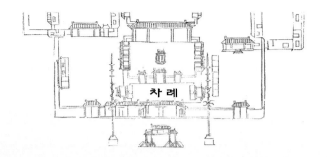

차 례

차례

차례

제1편

'약왕藥王',
중국 민간신앙의 대표주자

Ⅰ. 약왕신앙의 역사·사회적 의미

I. 중국인들이 약왕을 섬기는 이유는?

신령 숭배가 중국 전통문화의 중요한 부분을 차지하고 있다는 데 이의를 달 사람은 없을 것이다. 수천 년 역사 속에서 중국인들은 수많은 신령을 만들어 냈고, 그에 대한 제사를 통해 민족적 단결과 개인의 안녕을 추구했다. 다양한 민간 신앙 가운데 하나인 '약왕藥王'도 오랜 기간 중국인들 가슴속 깊이 숭경의 대상이 되어 왔다. 약왕은 의약의 신으로 도교의 세속 신이며, 역사상 또는 전설상 명의名醫로부터 전래되어 왔다.[1] 전국적으로 분포하는 약왕묘藥王廟는 약왕신앙이 중국 민간에서 중요한 위치를 차지하고 있다는 사실을 반증하고 있다. 중국에서 약왕신앙은 오랜 기간 보편적으로 존재하였으나 약왕의 모습은 시대와 지역에 따라 다르게 나타났다.[2]

....

[1] 楊建敏, 〈河南新密藥王信仰與藥王廟考證〉, 《中醫學報》 26, 2011-3, 292쪽.
[2] 약왕신앙은 지역적 특성을 반영하고 있기 때문에 연구도 지역을 단위로 접근하는 경향이 강했다. 대표적인 곳으로는 ① 遼寧·吉林·黑龍江의 關東地域, ② 北京市 密雲縣 동부, 河北省 承德 일대의 古北口 지역, ③ 呼和浩特·包斗·張家口 일대의 西北口 지역, ④ 北京·通州·天津 일대의 京通衛 지역, ⑤ 河北 安國, 武安 일대 ⑥ 山西 및 陝西의 일부 지역, ⑦ 山東, ⑧ 河南의 沁陽·孟州·修武·武陟·鄭州·安陽·禹州 등 지역, ⑨ 浙江 寧波, 江蘇省 일대, ⑩ 江西 樟樹 일대, ⑪ 安徽 亳州 지역 등을 들 수

◈ ㅣ 하북성 탁주涿州
약왕묘 약사불藥師佛

　그렇다면 중국인들에게 약왕은 어떤 존재이며, 언제부터 무슨 연유로
신앙의 대상이 되었을까? 약왕으로 불려진 특별한 계기나 원동력은 무
엇이며, 약왕을 섬김으로써 중국인들이 원했던 것은 무엇일까?

　약왕신앙은 질병과 재난 척결의 기원과 동시에 역대 명의에 대한 기
념과 존숭을 반영하고 있다. 많은 학자들은 약왕이 불교의 약왕보살藥王
菩薩에서 유래된 것으로 보고 있다.[3] 약왕보살은 구마라습鳩摩羅什(334~
413)이 번역한 《묘법연화경妙法蓮華經》(법화경)에 등장하는데, 질병 치료
능력이 있어서 후세 사람들이 봉양하기 시작했으며, 약왕이라는 명칭 또
한 이로부터 유래했다는 것이다. 이 때문에 현재 남아 있는 많은 약왕
묘에는 '약왕보살'이나 '약사불'을 주인공으로 모셨거나 다른 약왕의 조
연으로 배전에 자리 잡은 모습을 어렵지 않게 볼 수 있다. 보살의 전체
명칭은 '보제살타菩提薩埵'라는 불교 명사인데, 산스크리트어의 음역으로
'각오유정覺悟有情', '도심중생道心衆生'이란 뜻이다. 불교에서는 자비로 중

....

　있다(廖玲, 〈淸代以來四川藥王廟與藥王信仰硏究〉, 《宗敎學硏究》 2015-4, 267쪽).
3 萬方, 〈華夏民間俗信宗敎-藥王菩薩〉, 《書屋》 2004-9.

생을 구제하는 관음觀音·보현普賢·문수文殊·지장地藏 등을 4대 보살로 부른다. 하지만 중국의 민속종교 신앙 가운데 적지 않은 이른바 '본토' 보살이 탄생하기도 했으니, '토지보살', '영관보살' 등이 있고, 신앙이 깊고 독립적으로 사당을 세워 숭배하고 있는 것으로는 '약왕보살'이 있다. '약황藥皇'·'약왕藥王'·'선의先醫'·'의왕醫王' 등으로도 불리는 약왕보살은 불교에서 약을 베풀어 중생들의 몸과 마음의 병을 구완하고 치료하는 보살로, 의약업에 종사했던 의사나 약상 등이 섬겼던 민간 의약신이었다.

약왕은 불교가 전래되어 민간에 영향력이 증대되는 과정에서 탄생했지만 이후 발전하는 과정에서는 도교와 밀접하게 관련되어 있다. 그 까닭은 무엇일까? 불교가 윤회와 사후의 세계를 논하고 있는 것과 달리, 현세적인 성향이 강한 중국인들이 사후 세계보다는 현실에서 불로장생을 꿈꾸는 경향이 강했기 때문은 아닐까? 이와 관련 앙리 마스페로는 "도교는 신자를 영원한 삶[長生]으로 이끄는 것을 목표로 하는 구제의 종교이다. 그런데 도교도들은 자신들이 추구하는 영원한 삶을 정신의 불사不死가 아닌 물질적인 육체의 불사로 생각한다. 이들은 내세의 불사에 대한 여러 해답 사이에서 심사숙고한 끝에 이것을 선택한 것이 아니라 그들에게 이것이 유일한 방법이었기 때문에 선택했다."[4]고 말한 바 있다. 도교에서는 삶과 죽음에 관한 태도를 다음과 같이 보고 있다.

죽어 없어지는 것이 세상에서 가장 흉한 일이다. …… 무릇 세상 사람이 죽는다는 것은 작은 일이 아니다. 한 번 죽으면 끝내 하늘과 땅, 그리고 해와 달을 다시는 볼 수 없게 되고 혈맥과 뼈도 흙이 된다[5]

....

[4] 앙리 마스페로, 신하령·김태완 옮김, 《도교》, 까치, 1999, 292쪽.
[5] (後漢)于吉, 《太平經》 卷72, 〈不用大言無效訣〉: "此死亡, 天下大凶事也. …… 凡天下人死亡, 非小事也, 壹死, 終古不得復見天地日月也, 脈骨成塗土."(최진석, 《저것을 버리

도교에서는 삶과 죽음 사이가 극단적으로 단절되어 있고, 죽음은 피할 수 없어서 결국 남는 것은 삶밖에 없기 때문에 철두철미하게 삶을 중시하는 경향으로 나아갈 수밖에 없다고 인식한다.[6] 이런 상황에서 도교 신자들은 신선이라는 구체적인 대상을 상정하면서 죽음을 맞지 않는 삶을 실현하고자 한다. 도교는 약왕신앙을 매개로 신선사상과 결부되어 있다. 중국에서 이러한 전통은 오랜 역사를 지니고 있으며, 민간에 널리 유행하였을 뿐만 아니라 상업 및 사회생활 중의 각종 미신이나 민속신앙의 중요한 요소로 자리 잡고 있다.[7]

중국인들이 약왕을 숭배하면서 제사를 지내는 직접적인 목적은 구신보우求神保佑, 약상의 사업 번창에 대한 갈망, 백성들의 거병강신祛病强身, 각종 재난의 예방과 제거에 있다. 중국의 많은 약왕묘 안에 있는 오래된 나무 등에 '기구건강祈求健康'·'생의흥륭生意興隆'·'혼인행복婚姻幸福'·'승학고시升學考試'와 같은 기도문구가 걸려 있는 것을 발견할 수 있으니 이는 신령의 보우를 바라는 마음을 반영한 것이라 할 수 있다. 약왕묘 안에 걸린 편액과 비각에 새겨진 글씨, 예를 들면 '도제군생道濟群生'·'복비춘휘福庇春暉'·'경감영응敬感靈應'·'성공신화聖功神化'·'인심인술人心人術'·'혜아만방惠我萬方'·'우상순도佑商馴盜'·'혜피상려惠被商旅'·'택박약도澤泊藥都' 등에서도 지방관원과 상인 및 일반 민중들의 구신비우求神庇佑 심리를 알 수 있다.[8]

....

고 이것을》, 소나무, 2014, 172쪽 재인용)

6 최진석, 2014, 172쪽.
7 王銳는 이러한 신앙의 심리적 원인으로 ① 求神庇佑, 祈福禳災의 미신 관념, ② 祖先崇拜와 崇德報功의 의식, ③ 借神自重의 사회 전통 등 3가지를 지적하였다(王銳, 〈商業神祖崇拜的民俗傳承〉, 《天津商學院學報》 1997-3, 71쪽).
8 趙晋, 〈藥王崇拜與安國藥都的形成和發展-對一種商業神崇拜現象的宗教社會學分析〉, 《昆明大學學報》 2006-1, 52쪽.

약왕이라는 업종 신 숭배는 생활 속에서 의약을 삶의 수단으로 삼고 있는 업계 종사자들에게 일정한 사회적 기능이 있었다. 우선 공동의 업종 신을 제사 지냄으로써 동업 조직의 단결과 결속을 강화하는 작용을 했다. 중국에는 '동항시원가同行是寃家(같은 업종에 종사하는 자는 원수다)'라는 말이 있는데, 이는 같은 업종에 종사하는 사람들 사이에 빈번하게 이해충돌이 일어나기 때문에 좋은 관계를 유지하기 어렵다는 사실을 반영한 속어이다. 하지만 안국약시安國藥市에서는 통일된 업종 신—곧 약왕 비동邳彤—을 섬김으로써 동업자끼리의 단결과 결속을 다졌으며, 업계 이익을 함께 도모했다. 전국 각지에서 온 약상들은 '13방'으로 대표되는 지역을 연고로 한 각종 조직을 결성하고 있지만, 공동의 업종 신을 통해 정신적 유대를 형성하고, 지역 관념 위에 업연 관념을 더함으로써 동업의 이익을 추구한다. 동시에 행규行規와 방법帮法 등의 상관규정을 통해 조직을 결성하고 계획을 세워 제사활동을 진행하며, 다수의 약상을 통제하는 작용도 한다.[9]

다음 숭고한 인격을 지닌 업종 신을 소조塑造함으로써 동업자의 경업敬業 또는 중업重業 정신을 강화한다. 안국安國에서는 비동과 관련하여 수많은 전설이 내려오고 있다. 중국의 정통 사서로 25사 가운데 하나인 《후한서後漢書》에 등장하고 있는 비동은 민간에서는 서향문제書香門第 출신으로 유년 시절 경전을 읽는 데 많은 노력을 기울였으며, 각고의 노력 끝에 의술을 연마했고, 호국유공護國有功의 무장으로 성장했으며 백성을 자식 같이 사랑하는 한편 의약을 통해 빈궁한 자들을 구제한 관원으로 회자되었다. 이러한 인애·충효·겸허 등의 미덕은 의약업에 종사하는 사람들로 하여금 그를 숭상하고 제사 지내도록 이끌었다. 약왕 관련 명

....

9 趙晋, 2006, 52~53쪽.

변충간辨忠奸·제폭안량除爆安良·징악양선懲惡揚善의 전설은 상인들에게 경각심을 심어 주고, 약왕을 경외토록 했다. 약왕의 겸허하고 호학한 품덕은 상인들의 경업정신을 강화하고, 의사와 약상들이 부단히 진취적으로 의술과 약재가공에 진력할 수 있도록 이끌었다.

또한 약왕 비동을 간판으로 내세워 광고하는 것이 선전에도 유리했다. 안국약시에서는 매년 약왕 탄신일과 매월 초하루와 15일을 기해 묘회가 열렸는데, 탄신 기념 및 제사 활동과 같은 민간 풍속활동이 전개된다. 제신활동은 동시에 상품 교역과 각종 오락활동을 수반하여 수많은 백성의 참여를 유도함으로써 약시의 영향력을 확대한다. 동시에 웅장하고 환경이 좋은 약왕묘와 묘 바깥에 위치한 희대戲臺 등은 상인들이 상업활동을 하는 과정에서 일정한 휴식과 오락 장소로서의 역할도 수행하는 등 관광 명소가 되기도 한다. 이 밖에 비동에게 신위를 부여함으로써 안국약시를 다른 약시와 차별화하는 한편 약상과 고객들 사이의 약재 교역에 도움을 주기도 한다. 그런 의미에서 약왕은 해당 지역의 '형상대사形象大使(홍보대사)'나 '광고 대행자'로 불리기도 한다.

중국에서 역대 약왕과 그에 대한 신앙은 일반 민중들의 염원을 반영하고 있다. 약왕은 의술이 높아 사람과 동물을 치료하고, 마음을 다해 사람들의 어려움을 해결해 줌으로써 자연스럽게 인민들의 존경을 받고 신앙의 대상이 되었다. 사람들은 이 의로운 의사를 숭배하여 그의 고향이나 묘소가 있는 곳에, 또는 그가 생전에 활동했다고 전해지는 지역에 약왕묘를 세우고 제사를 지냈다. 약왕묘를 설립하고 약왕에 제사 지내는 의식 속에는 도가의 생명 중시, 인본, 양생 정신이 포함되어 있다. 또한 많은 약왕묘의 건립은 약재시장의 탄생과 관련되고, 중국 약업의 발전을 촉진하기도 했다.[10]

2. 누가 약왕으로 숭배되었을까?

'약왕'은 의약의 신[醫神]으로 민간에서 영향력이 적지 않았다. 사람들은 삼황을 비롯해 역사적으로 중국 전통의약 발전에 크게 기여했던 인물들을 숭배하기 위해 신령한 기운이 존재한다는 전설 속의 땅이나 중요 의약 인물의 탄생지, 또는 약재시장 같은 곳에 사당을 세웠다. 중국의 약왕은 시기와 지역에 따라 모습을 달리하고 있으며, 그와 관련된 설화나 전설도 다양해서 심지어 하나의 약왕묘에 모셔진 약왕 내력에도 이설이 있다.[11] 중국에서 약왕으로 거론되고 있는 인물들은 신화·전설 관련 사전들에서 약간의 차이가 있는데,[12] 크게 세 가지 유형으로 나눌 수 있다.

첫째, 중국 전설 속의 삼황과 그와 관련된 인물들이다. 삼황, 곧 복희·신농·황제는 민간에서뿐만 아니라 역대 왕조의 조정에서도 제사를 지낼 정도로 중국인들에게는 중요한 인물들이다. 신농씨는 중국 농경의 창시자이자 108가지 약초의 맛을 보았다는 전설로 알 수 있듯이 약의 신이기도 하다. 신농은 조선시대 '약방'에서 제사를 지내기도 했으며, 일본에서도 그를 모신 신사에서 현재에도 '신농제'를 개최한다. 황제와 함께 중국 전통 의약학을 창시하는 데 크게 공을 세운 인물로 묘사되고 있는 기백岐伯도 일부 지역에서는 독립적으로 숭배하고 있다.

....

10 許敬生·劉义禮, 〈鄭州新密洪山廟及洪山眞人考〉, 《中醫學報》 第27卷, 2012, 152쪽.

11 鄭金生, 〈中國歷代藥王及藥王廟探源〉, 《中華醫史雜志》 1996-2, 65쪽.

12 예를 들면 《中國神話人物辭典》에서는 伏犧·神農·黃帝·扁鵲·孫思邈·韋古道·韋善俊·藥王菩薩을, 《中國神話傳說辭典》에서는 韋古道·韋善俊·藥王菩薩·扁鵲·孫思邈·神農을, 그리고 《中外醫藥保健民俗述略》에서는 神農·孫思邈·韋慈藏·韋善俊·藥師佛·邳彤·王叔和·吳夯 등을 거론하고 있다.

◈ 2 오사카大阪 소언명신사少彦名神社의 '신농제' 포스터(왼쪽)와 신사 내부 모습

둘째, 중국 역사에서 중요한 의약 인물들이다. 편작과 장중경·화타·손사막 등은 조정에서 삼황에 대한 제사를 지낼 때 배전에 모셔졌다가 명말·청초부터 민간에서 주연으로 발돋움하였다. 당정유唐廷猷는 청대 후기에 이르러 최종적으로 16명이 되었다고 하였으니 이를 표로 나타내면 【표 Ⅰ-1】[13]과 같다.

삼황과 더불어 의약인물 가운데에는 당대의 손사막이 가장 널리 알려진 약왕의 대명사로, 중국 전역에 있는 약왕묘에 모셔진 약왕들 가운데 으뜸이다. 다음 사마천의 《사기》에 보이는 편작은 고향인 하북성을 비롯해 그가 활동했다고 전해지는 산서나 섬서성 등지에도 사당이 건립되

13 唐廷猷, 《中國藥業史》, 中國醫藥科技出版社, 2003, 263~267쪽.

【표 Ⅰ-1】중국 역대 약왕

성명	이명異名·자字·호號	생몰연대	출신지	주요 저서 및 활동
복희씨伏羲氏		전설시대	미상	침구요법 창시
신농씨神農氏		위와 같음	미상	약초를 맛보며 실험함
황제黃帝	성 공손公孫, 이름 헌원軒轅	위와 같음	미상	의약학 창립
기백岐伯		위와 같음	미상	황제와 함께 의약학 창립
장상군長桑君		전국 초기	미상	편작의 스승
편작扁鵲	성 진秦, 이름 월인越人	B.C. 5~4세기	하북 정주鄭州	전국시기 명의
장중경張仲景	이름 기機, 자字 중경仲景	약 150~219	하남 열양㝎陽	《상한잡병론傷寒雜病論》, 임상 의학 및 포제炮制·약제학藥劑學 기초 확립
화타華佗	자 원화元化	141~208	안휘 박주亳州	동한東漢시기 의학가, 외과수술
황보밀皇甫謐	자 사안士安	214~282	감숙 영대靈臺	위진魏晉시기 의학가, 《침구갑을경鍼灸甲乙經》
왕숙화王叔和		미상	산동 금향金鄕	서진西晉의 의학가, 《맥경脈經》
갈홍葛洪	자 치천稚川, 호 포박자抱朴子	281~341	강소 구용句容	연단술煉丹術과 구급법, 《주후비급방肘後備急方》
뇌공雷公		미상	미상	《뇌공포자론雷公炮炙論》, 300여 약종藥種의 포제炮制 방법
도홍경陶弘景	자 통명通明, 호 화양도은거華陽陶隱居	456~536	강소 강녕江寧 동남	남북조南北朝시기 약물학가, 《본초경집주本草經集注》
손사막孫思邈		581~682	섬서 요현耀縣	《비급천금요방千金要方》, 《천금익방千金翼方》
위자장韋慈藏		644~741	섬서 서안西安	당 현종玄宗으로부터 약왕의 칭호를 받았다고 함
이시진李時珍	자 동벽東壁, 호 빈호산인瀕湖山人	1518~1593	호북 기주蘄州	《본초강목本草綱目》

어 숭배되고 있다. 명대 이후의 인물 가운데는 유일하게 《본초강목本草綱目》의 저자인 이시진李時珍(1518~1593)이 포함되어 있다.

셋째, 위의 표에서는 언급되어 있지 않지만 수많은 도교의 신들 가운데 지역적 특색을 반영한 약왕들도 존재한다. 하북성 안국安國의 비동邳 彤이나 하남성 일대의 홍산진인洪山眞人, 민남閩南(복건성 남부)과 대만臺 灣에서 '의약의 신'으로 불리는 오도吳夲 등이 이에 속한다.

3. 약왕묘는 얼마나 많았을까?[14]

명청대 약업의 성장과 민중들의 건강 기원 풍습의 유행으로 대단히 많은 수의 약왕묘가 전국에 세워졌던 것으로 추정된다. 그렇지만 현재까 지 그 모습을 온전히 보존하고 있는 곳은 많지 않다. 그 이유는 근·현 대 항일전쟁과 국공내전의 영향, 그리고 공산당 집권 이후 문화대혁명과 같은 대규모 전통문화에 대한 비판 및 파괴 움직임과 관계가 있을 것으 로 생각된다. 최근 들어 중국 정부 차원에서 전통문화를 부흥시키려는 노력과 함께 복원·중수하는 작업이 곳곳에서 진행되고 있기는 하다.

이러한 가운데 중국중의과학원 의사문헌연구소의 연구진은 역사·문화 적 관점에서 중국 전통 약재시장과 약왕묘를 연구하는 작업을 지난 2014년부터 시작해 몇몇 연구 성과를 발표하였다. 그 예로 중국 지방지 데이터베이스를 기초로 약왕묘 관련 통계를 분석한 글이 발표되었다. 한 소걸韓素杰과 그의 지도교수였던 호효봉胡曉峰이 공동으로 발표한 논문을 중심으로 이 문제를 살펴보고자 한다.

중국 지방지 DB는 일종의 대형 고적 데이터베이스로 한대漢代부터

---

14 별주가 없는 한 韓素杰·胡曉峰, 〈基于中國方志庫的藥王廟研究〉, 《中醫文獻雜志》 2015-2, 59~62쪽 참조.

민국시기까지 역대 지방지류 저작 1만 종 이상을 수록하고 있다. 거기에는 중국의 지리총지地理總志(예를 들면 일통지—統志), 지방지(예를 들면 현지縣志), 전지專志(예를 들면 사관지寺觀志), 잡지雜志(예를 들면 풍속지風俗志) 및 외지外志(예를 들면 환구지環球志) 등을 포함한다. 이 가운데 지방지는 약 2,000여 종이 되는데, 성省 통지通志 50종, 부주지府州志 422종, 현청지縣廳志 1,513종, 진관위소지鎭關衛所志 13종, 향진지鄕鎭志 2종 등이다. 지역별로는 전국 33개 성省·구區를 망라하고 있으며, 특히 강소·절강·산동·섬서 4개 지역이 많은 양을 차지하고 있다. 시대별로 분석해 보면 송대 희녕연간(1068~1077)부터 민국시기(1912~1949)까지 약 900년 동안 작성되었는데, 송대 18종, 원대 8종, 명대 304종, 청대 1,252종, 민국시기 418종 등이다. 한소걸 등의 연구는 중국국가도서관 중국 지방지 DB에 수록된 2,000종 지방지에서 약왕묘 관련 내용을 중심으로 초보적인 연구를 진행한 것이다.

지방지 가운데 약왕묘는 대부분 건치建置(지志/략略)·단묘壇廟·사관寺觀·사묘祠廟·묘사廟祀·고적古迹 등의 편에 기재되어 있으며, 여지지·지리지·예문지·예속지·정치지·경제지·인물지·교육지 등에도 산발적으로 보이고 있다. 주요 정보는 약왕묘의 수량, 건축 연대·건축 인원·공봉인물供奉人物·건축구조·지리위치·묘회민속廟會民俗·비문碑文 등이지만, 대부분은 "방산현房山縣 약왕묘는 현치 서남 15리 지점에 위치한다", "풍윤현豊潤縣 약왕묘는 성 남관에 있다" 등과 같이 단순한 지리위치만 기재한 경우도 적지 않다.

약왕묘는 중국 지방지 DB에 수록된 2,000여 종 가운데 1,193곳에 기재되어 있는데, 실제 수량은 이보다 훨씬 많았을 것으로 생각된다. 시대별로 살펴보면 명대 23건, 청대 627건, 민국시대 543건이다. 청대에는 티베트·청해靑海·홍콩·마카오를 제외한 30개 성(자치구)에 모두 약왕묘가 있었으며, 일부 시·현에서는 10곳이 넘는 경우도 있었다. 이상의 데이터는 고내 약왕에 대한 제사 풍속이 상당히 보편적으로 전개되있음을 설명하는 것이라 할 수 있다.

지방지 가운데 숭배 인물을 기재하고 있는 것은 93곳이다. 손사막 30곳, 위자장韋慈藏 24곳, 신농 8곳, 편작 4곳, 기백 3곳, 화타와 우마왕牛馬王 각 2곳, 토지성황土地城隍과 진백陳伯 각 1곳 등이며, 18곳은 삼황을 제사하고 양무兩廡에 역대 명의를 배열했다. 손사막이 가장 많고, 다음이 위자장임을 알 수 있다.[15] 이와 관련 (민국)《우향현신지虞鄉縣新志》에도 향리에서 약왕을 섬기는데 당대唐代의 위자장과 손사막이 가장 많다고 했으며,[16] 위 둘을 함께 모신 곳도 있다.[17] 시기적으로는 최소한 명 중기의 가정연간(1521~1566)에 이미 약왕묘에서 두 사람을 섬기고 있었다는 사실을 알 수 있다.[18]

지방지의 약왕묘 명칭 관련 자료에는 '약왕묘藥王廟, 구칭삼황묘舊稱三皇廟', '삼황묘三皇廟, 속칭약왕묘俗稱藥王廟', '선의묘先醫廟, 속칭약왕묘俗稱藥王廟', '선의묘先醫廟, 금명약왕묘今名藥王廟', '선의묘先醫廟, 재서관在西關, 거인왈약왕묘居人曰藥王廟, 우왈삼황묘又曰三皇廟', '의왕묘醫王廟, 역위지삼황묘亦謂之三皇廟' 등으로 기재되어 있다. 당시 약왕묘·삼황묘·선의

....

15 韓素杰 등의 연구는 조사 범위를 약왕묘로 한정했다는 측면에서 부족한 부분이 있다. 약왕을 숭배하는 사당의 명칭이 반드시 약왕묘만 있었던 것은 아니기 때문이다. 예를 들면 扁鵲廟나 華佗廟 등과 같은 명칭을 지닌 사당도 다수 존재하기 때문이다. 따라서 통계 수치가 온전하다고 볼 수는 없다.

16 周振聲, (民國)《虞鄉縣新志》石印本 卷8, 1920; "鄉里所祀藥王, 惟唐韋訊, 孫思邈爲多"

17 趙栻, (民國)《南平縣志》卷11, 鉛印本, 1921; "藥王廟, 天河邊紫雲嶺半, 祀孫·韋二眞人"

18 (淸)吳存禮, (康熙)《通州志》卷20, 淸康熙36年丁丑(1697)刻本; "藥王廟 在城東, 明崇禎九年, 諸生陳所志請于州守張兆曾建. 州人劉廷諫記略云, 郡東郭有廟, 奉二神, 曰藥王, 曰藥聖, 傳是唐人韋公慈藏, 孫公思邈. 嘉靖中, 大疫, 吾州賴二神全活甚衆. 今將百年, 有禱輒應, 有實迹可據云. 本朝康熙十一年州人重建"

묘·의왕묘는 대부분 삼황을 주사主祀하고 양 측면 상방에 명의를 모셔 제사하는 체제가 비슷해 4자 사이 관계가 밀접한 것을 알 수 있다. 국가도서관 중국지방지 DB에서 검색하면 '의왕묘' 7건, '선의묘' 77건, '삼황묘' 1,316건이 보인다.

2,000종 지방지 가운데 송·원대에 해당하는 것도 26종이 있지만 '약왕묘'에 대한 기술을 찾아볼 수 없다. 약왕묘에 대한 가장 이른 시기의 기록으로는 명대에 편찬된 (가정)《고성현지藁城縣志》로, "약왕묘는 예전에는 서관西關 쪽에 있었으나 오늘날에는 태영문太寧門에 있는데, 옹성甕城 사람인 장구소張九韶가 중건한 것이다."[19]라고 했다. 명대 '약왕묘'를 기재한 지방지는 가정·융경·만력연간(1522~1619)에 집중되어 있으며, 분포지역은 현재의 북경北京 방산구房山區·풍대구豊臺區·통주구通州區·밀운현密雲縣, 천진天津 무청구武淸區, 하북 고성시藁城市·임구시任丘市·당산시唐山市·웅현雄縣·고안현固安縣·향하현香河縣·대성현大城縣, 산서 태원시太原市, 산동 영진현寧津縣, 섬서 화현華縣, 감숙 임조현臨洮縣 등이다.

청대인 순치연간(1658~1661)부터 선통연간(1909~1911)까지 지방지에 기재된 약왕묘는 30개 성省·구區에 분포하는데, 하북 110곳, 산동 80곳, 섬서 51곳, 산서 49곳, 강소 45곳, 호남 39곳, 광동 34곳, 절강 27곳, 천진 22곳, 감숙 20곳, 강서 18곳, 광서 16곳, 길림 14곳, 북경 13곳, 호북·복건 각 12곳, 하남 11곳, 안휘 10곳, 귀주 8곳, 사천·대만 각 7곳, 해남·신강 각 5곳, 흑룡강 4곳, 요녕·상해 각 2곳, 내몽골·중경重慶·운남雲南·영하寧夏 각 1곳 등이며, 서장西藏·청해青海 및 홍콩과 마카오에는 보이지 않고 있다.

민국시기 전국 22개 성·구의 지방지 중에도 약왕묘가 기재되어 있는

---

19 (嘉靖)《藁城縣志》: "藥王廟, 舊在西關儘處, 今在太寧門, 甕城內邑人張九韶重建."

데, 요녕 212곳, 하북 76곳, 산서 45곳, 산동 38곳, 북경 33곳, 섬서 25곳, 강소 18곳, 길림 17곳, 천진 13곳, 하남 11곳, 안휘 8곳, 광서 8곳, 사천·복건 각 7곳, 영하 5곳, 상해·귀주·감숙 각 4곳, 호북 3곳, 흑룡강 2곳, 광동·호남 각 1곳이다.

이상 역대 약왕묘의 지역분포는 산동·하북·북경·천진·요녕·섬서·산서에 많은데, 특히 하북성에는 50여 개 현·시에 밀집되어 있다. 지방지에는 한 지역에 여러 곳의 약왕묘가 보이기도 하는데, 예를 들면 하북성 (민국)《패현신지覇縣新志》에는 12곳의 약왕묘가 기재되어 있다.[20] 또 (민국)《계현지薊縣志》에 기재된 약왕묘는 11곳, (광서)《오교현지吳橋縣志》와 (민국)《속수예천현지교續修醴泉縣志稿》에는 각각 10곳이 기재되어 있다. 하지만 제국주의 침략 등의 영향으로 청말부터 민국시기에 이르러 약왕묘회는 점차 생기를 잃어갔다.[21]

묘회는 대부분 약행이 주도했다. 예를 들면 요녕 해성현海城縣에서는 약왕묘가 약행회소로 사용되었으며, 국민학교·상회商會 등이 부설되기도 했다. 북경 방산구房山區 약왕묘 안에는 농회農會가, 천진天津 계현薊縣 약왕묘 안에는 간이사범簡易師範이 설립되었다. 요녕 북진현北鎭縣에서는 의학연구회醫學研究會가 현성縣城 서북 약왕묘 안에서는 사무를 봤다고 했다. 상해에서는 약왕묘가 시의국施醫局, 약업공소藥業公所 및 약업음편분공소藥業飮片分公所로 사용되었다. 광서 소평현昭平縣에서는 전보국電報局으로 사용되기도 했고, 섬서 함양시咸陽市에서는 북가약왕묘北街藥王廟

20 (民國)《覇縣新志》:"藥王廟, 一在東門外, 一在北關外, 一在策城鎭, 一在營上村, 一在康仙庄, 一在老堤村, 一在辛店集, 一在堂二里, 一在狄家庄, 一在太堡庄, 一在辛庄, 一在臨津"(韓素杰·胡曉峰, 2015, 62쪽 재인용)

21 宋大章, (民國)《涿縣志》鉛引本, 1936, 第2編 : "藥王廟, 在南郭, 今此廟雖存, 而其制已廢"

에 노유잔폐교양원老幼殘廢敎養院을 설립하기도 했다. 이처럼 제국주의의 침략과 내전 등이 격화되면서 약왕묘는 본래의 의도와는 달리 관공서나 학교 등으로 사용되었다.

4. 약왕 칭호 : 칙봉勅封과 민봉民封

중국의 약왕묘에는 삼황을 비롯해 편작과 손사막 등 다양한 의약인물이 모셔져 있다. 약왕에 대한 호칭은 시대와 장소에 따라 다양한데 '의성 장중경', '약왕 손사막'이 대표적인 예이다. 물론 역사적으로 '의성'이나 '약왕'으로 추앙받던 인물이 앞선 두 사람만 있었던 것은 아니다. 약왕에 대한 칭호에는 황제가 하사한 칙봉이 있는가 하면 백성들이 봉한 민봉도 있다. 약왕에 대한 봉호는 언제부터 시작되었을까? 칙봉은 송대에 비롯되었다고 보는 것이 일반적인 시각이다. 거란과 여진 등 북방 이민족으로부터 군사적으로 압박에 시달렸던 송 조정에서 국가와 인민들의 안위를 기원하는 차원에서 약왕에 대한 칙봉을 내린 것으로 보고 있다.

중국 의약의 비조로 일컬어지고 있는 편작은 송 인종仁宗 경우 원년(1034) 9월 '신응후神應侯'에 봉해졌다가 30년도 지나지 않은 송 인종 가우 8년(1063) 3월 '신응공神應公'으로 바뀌었다. 이후 시간이 흘러 '신응왕神應王'으로 칭해졌으나 국가에서 정식으로 '신응왕'으로 봉했다는 기록은 보이지 않고 있다. 그러던 중 북송대 탕음湯陰에 〈신응왕편작묘기神應王扁鵲廟記〉가 있었다는 기록이 보이는데, 이는 정화 4년(1114)의

◆ 3 '사봉약왕賜封藥王'
(내구內丘 편작사扁鵲祠
벽화)

일이다. 남송 소흥 17년(1147) 고종高宗은 임안臨安에서 신응왕묘를 수
건토록 해 다음 해 완공했다고 한다. 소정연간(1228~1233) 임안성臨安
城 안에 신응왕전神應王殿을 중건했다고 한다. 원호문元好問(1190~1257)
이 시에서 '평정작산신응왕묘平定鵲山神應王廟'라 했고, 왕호고王好古(1200
~1264) 또한 〈제신응왕문祭神應王文〉을 남겼다.[22]

후한의 개국공신으로 광무제를 도왔던 안국의 약왕 비동은 북송 휘종
徽宗 건중정국建中靖國 원년(1101), '영황후靈貺侯'에 봉해졌다가 뒤에 '영
황공靈貺公'으로 바뀌었다. 남송 함순 6년(1270) '명령소혜현우왕明靈昭惠
顯祐王'에 봉해졌으며, 민간에서는 '피왕皮王' 또는 '피장왕皮場王'으로도
불렀다. 중국 동남부의 복건과 대만 지역 의신인 오도吳夲에 관한 봉호
는 대단히 많아 민간에서 '오진인吳眞人', '대도공大道公', '보생대제保生大
帝' 등으로 불리기도 했다. 손사막은 숭녕 2년(1103) '묘응진인妙應眞人'
에 봉해졌으며, 이 때문에 민간에서는 '손진인孫眞人'이라 불렀다.

....

22 賈利濤, 〈名醫的封號與尊稱芻論〉, 《新餘學院學報》 19-4, 2014, 62쪽.

이상의 봉호는 정사에서 근거를 찾은 것도 있지만 일부는 민간비각을 통해서 알게 된 것도 있고, 명확한 근거자료 없이 후세인들이 덧붙인 것도 있다. 편작에 대한 '봉후封侯', '봉공封公'은 모두 정사에 기재된 것이지만, '왕'은 민간에서 비롯되어 점차 관방에서도 인정한 경우이다. '영황후靈貺侯'와 '영황공靈貺公'의 봉호는 제왕이 '피장왕'에게 내린 것이고 '피장왕'은 비동 한 사람만을 지칭하는 것이 아니었으므로, 이 두 개의 봉호는 직접 비동에게 내린 것으로 보기 어렵다. '명령소혜현우왕明靈昭惠顯祐王'의 봉호 또한 사서에는 보이지 않는다. '오진인吳眞人'은 정사에 '충현후忠顯侯'와 '영혜후英惠侯'로 기록되어 있는데, 황제로부터 '진인' 또는 '진군眞君'으로 봉해졌을 가능성은 있지만, '대제'의 봉호는 민간에서 비롯되었을 가능성이 크다. 손사막을 '묘응진인妙應眞人'으로 봉했다고 한 것은 비각에 남아 있는 것으로, 정사에는 보이지 않는다. 원대 사람들이 가칭 〈당태종사진인송비唐太宗賜眞人頌碑〉를 위조하여 손사막 봉호가 당태종부터 시작되었다고 보기도 한다. 봉호 '묘응진인'은 이팔백李八百[23] 등에게도 적용되는 것으로 손사막만을 지칭하는 것도 아니다.

　　'의성'이나 '약왕' 등은 황실에서 내린 칙봉과 달리 민간에서 일컬었던 명의에 대한 존칭이다. 의학과 약학이 명확하게 나누어지지 않던 시대에는 '의왕'과 '약왕'을 구분할 수 없었고, '의성'이나 '약왕' 모두 명의를 지칭했다. 아주 오랜 기간 '의성', '약왕'은 명의의 존칭이었다. 그러다가 근대에 이르러 '의성'은 일반적으로 장중경을, '약왕'은 손사막을 가리키는 것으로 사용되었다.[24]

....

23 중국 漢族 민간 전설 가운데 蜀 八仙 가운데 한 사람으로, 그에 관한 많은 전설이 남아 있다. 蜀(四川) 지역 사람들은 그가 8백세를 살았다고 하며 酒仙으로 불리기도 한다.
24 賈利濤, 2014, 63쪽.

'의성'이라는 호칭은 처음에는 범칭으로 사용되다가 점차 다수의 명의와 결합히었다.[25] 명대 엄숭嚴嵩(1480~1566)의 〈수정삼황사진이복조제의修正三皇祀典以復祖制議〉에도 비슷한 관점이 보이는데, 그 또한 '의성'을 삼황전에 함께 모셨던 역대명의를 가리키는 것으로 사용했으니 범칭이라 할 수 있다.[26] 명대에 의성은 편작이나 화타를 의미하기도 했다.[27][28] 장중경을 '의성'이라 칭한 것도 명대에 시작되어 청대에 광범위하게 인정받았다.[29][30][31] 역대의 의약인물 가운데에는 이들을 제외하고도 의성으로 불렸던 사람들이 꽤나 있었다. 명말의 이중재李中梓(1588~1655)는 장중경과 더불어 이동원李東垣(1180~1251)을 의성이라 했으며,[32] 청 도광연간(1821~1850) 절강 지역에서 활약했던 장남章楠은 의학상 엽천사葉天士(1666~1745)를 추숭하여 '청대의 의성'이라 했고,[33] 장학성章學誠(1738~1801)은 이시진李時珍을 의성이라 칭했다.[34]

....

25 이와 관련 北宋時代 邵雍은 《夢林玄解》에서 "占曰 金鍼有按穴施砭之功, 撥云明目之用. 拈來補綴, 秋閨少婦有餘思; 密線牢縫, 慈母倚閭頻眄望. 得此夢者, 平生未遇將有奇逢. 病久不痊, 將逢醫聖. 商賈利于遊遠, 行人尙見遲遲, 功名考試主司如鍼芥相投."이라 했다.((宋)邵雍, 《夢林玄解》 卷21 〈夢占金鍼吉〉)

26 (明)嚴嵩, 〈修正三皇祀典以復祖制議〉: "臣等切惟, 廟必有制, 祀必合法, 不爲畫一之制, 則恐襲前時之故轍, 而無以稱觀瞻. 不正從祀之名, 則恐失醫聖之心傳, 而無以垂法守. 臣等謹將合行規制, 恭擬上進, 伏乞裁定施行."(賈利濤, 2014, 63쪽 재인용)

27 (明)孫承恩, 《文簡集》 卷25 七言絶句 : "扁鵲墓; 醫聖從聞術有神, 千年塚骨已飛塵, 荒原落日西風里, 猶有紛紛乞艾人"

28 (明)馬一龍, 《憂心四傳》, 〈陰巫傳〉: "有華氏者, 古之醫聖也, 其法能置心腐脾剖而出納之."

29 (淸)方有執, 《傷寒論條辨》 卷7 : "傳謂世稱仲景醫聖, 良以仲景者, 集醫哲之大成, 而是書者正醫敎之大訓也."

30 (淸)王宏翰, 《古今醫史》 卷1 : "(張機)後人賴之爲醫聖."

31 (淸)魏荔彤, 《傷寒論本義》 卷首 : "古今治傷寒者, 未有能出其外者也. 其書爲諸方之祖, 時人以爲扁鵲倉公無以加之, 故後世稱爲醫聖."

32 (明)李中梓, 《刪補頤生微論》 卷1 : "仲景東垣共稱醫聖, 而用多用寡兩不相侔."

33 (淸)章楠, 《醫門棒喝》 自序.

민간에서의 '약왕'이라는 칭호 역시 일반적으로는 손사막을 가리키는 경우가 많지만, 지역이나 역사 시기에 따라 다양한 명의들이 약왕이란 이름으로 불렸다. 북송대까지만 하더라도 약왕과 손사막은 동일시되지 않고, 분리되어 있었던 것으로 보이는데, 그림 속에 약왕상藥王像과 손사막상孫思邈像이 따로 있었다는 사실을 통해 확인할 수 있다. 이러한 부류의 약왕상은 당시에 크게 유행하여《선화화보宣和畵譜》에도 다인다복多人多幅의 약왕상이 있었다고 한다. 민간에서는 위자장이 오랜 기간 약왕으로 칭해졌으니 대체로 청대 전기까지 지속되었으며,35 이후 손사막이 그 자리를 대신한 것으로 생각된다. 위자장과 관련하여 명대 의가 웅종립熊宗立(1409~1482)은《의학원류醫學源流》에서 다음과 같이 기술하였다.

약왕은 성이 위씨韋氏이고, 이름은 신訊, 도호道號는 자장慈藏으로 의성이자 약왕이다. 영험함이 신과 같아서 사람들이 그를 숭배했다. 오늘날의 의학가들이 모두 그의 형상을 그림으로 그려 모셔 놓고 제사를 지낸다.《명의도名醫圖》에서 찬미하여 말하길 '대당 약왕의 덕호는 자장이다. 스승 위신은 만고에 이름을 떨쳤다.'고 했다.36

....

34 章學誠, (嘉慶)《湖北通志檢存稿》卷2 : "故醫家稱時珍爲醫聖."
35 藥王韋慈藏說을 언급하고 있는 지방지 사례를 보면 다음과 같다. (乾隆)《臺灣府志》에 "명 홍무 4년 정부에서 명을 내려 각 군현에서 삼황에 대해 제사 지내는 것을 정지하고 대신 약왕 위자장을 제사 지내도록 했다."("明洪武四年, 政府下令各郡縣停止祭祀三皇, 改祀藥王韋慈藏")고 했으니, 명초에 이미 韋慈藏을 약왕으로 모셨음을 알수 있다. 또 (道光)《重修平度州志》에 "일반적으로 약왕묘라 칭하는 것은 당대 위자장을 모신 사당이다."("凡稱藥王廟者, 唐韋慈藏專廟也")라고 했으며, (光緒)《陵縣志》에서는《大淸會典》에 매년 봄 2월과 겨울 11월 상갑일에 선의묘에서 약왕 위자장을 제사 지냈다."("大淸會典每歲春二月, 冬十一月上甲日致祭先醫廟藥王韋慈藏.")고 했다.(이상 韓素杰·胡曉峰, 2015, 62쪽 재인용)
36 (明)熊宗立,《醫學源流》: "藥王姓韋氏, 名訊, 道號慈藏, 醫中之聖, 藥中之王. 靈應如神, 人皆仰之. 今醫家皆圖繪其像而祀之.《名醫圖》贊曰: '大唐藥王, 德號慈藏. 老師韋訊, 萬古

위에서 언급한 《명의도名醫圖》는 송인宋人 허신재許愼齋(생졸연대 불명)의 《역대명의심원보본지도歷代名醫探源報本之圖》를 가리키는 것으로 생각된다. 따라서 원말元末 도종의陶宗儀 이전 송대에 이미 위자장을 약왕으로 칭하였음을 알 수 있다. 위자장은 《구당서舊唐書》에도 등장하고 있다. 당시 명의로 알려진 장문중張文仲·이건종李虔縱과 더불어 이름을 날린 것으로 보이는데,[37] 관직은 중종中宗 경룡연간(707~709) 광록경光祿卿에 임명되었던 위자장이 두 사람보다 높았다. 《대당육전大唐六典》 권15에 "光祿寺, 卿一人, 從三品"이라 하였으니 위자장은 종삼품까지 올랐으나 장문중은 상약봉어尙藥奉御로 종오품從五品, 이건종李虔縱은 시어의侍御醫로 종육품從六品이었다. 약왕 위자장의 행적을 비교적 자세히 묘사한 것으로는 명대 서춘보徐春甫의 《고금의통대전古今醫統大全》이 있다.[38]

이처럼 명대까지만 하더라도 약왕의 대명사는 위자장이었던 것으로 보이며, 손사막을 약왕이라 일컬은 기록은 볼 수 없었다. 그러다가 청 중기 들어 손사막을 약왕으로 부르기 시작했다는 지방지 자료들이 쏟아지기 시작했다. 이와 더불어 그를 제사 지내는 약왕묘와 약왕산도 대거 나타난다.[3940] (옹정)《섬서통지陝西通志》에 "약왕산은 손진인에 관한 사당을 세우고 제사 지낸 것으로부터 유래했다", "손진인 사당은 당대 간의대부 손사막을 모셨는데, 약왕동이라고도 했다"[41]고 했으니 이는 지방지

. . . .

名揚."

37 《舊唐書》："張文仲, 洛州洛陽人也. 少與鄉人李虔縱, 京兆人韋慈藏并以醫術知名."

38 (明)徐春甫, 《古今醫統大全》, 北京：人民衛生出版社, 1991, 23쪽 ："韋慈藏, 姓韋, 名訊, 道號慈藏, 善醫術, 常帶黑犬隨行, 施藥濟人. 玄宗重之, 擢官不接受, 世仰爲藥王."

39 (淸)屈大均, 《翁山文外》 卷7碑 ："漢口之北, 后湖之南中, 當大別之巔而出有藥王廟焉, 其祀爲孫眞人思邈"

40 (淸)畢沅, 《關中勝迹圖志》 卷28："安州西南五里州志古縣治建, 其下令有三石塔存, 相近有藥王山, 以祠祀孫眞人而名"

가운데 가장 이른 시기 손사막을 약왕으로 칭한 기록이다. 그 밖에 건륭연간(1736~1796)에 편찬된 《심주지沁州志》·《원주부지沅州府志》·《예천현지醴泉縣志》·《수덕주직예주지綏德州直隸州志》 등 지방지에도 손사막을 약왕으로 섬기고 있음을 밝히고 있다. 위와 같이 청대 옹정연간(1722~1735) 손사막이 이미 약왕으로 불렸고, 건륭연간에 이르면 섬서·호남 등 광범위한 지역에서 약왕 손사막을 섬기고 있었다.[42]

청대에는 손사막을 약왕으로 묘사한 자료들이 대량 출현하는 동시에 약왕보살 신앙이 여전히 민간에 존재하고 있었으며, 위자장을 약왕으로 삼아 제사를 지내기도 했다. 또한 지역에 따라 다양한 명의들이 약왕으로 불렸으니, 하북 막주鄭州 등에서는 편작,[43][44] 안국에서는 비동이 그들이다. 따라서 약왕은 전적으로 손사막만을 가리킨다고 할 수는 없을 것 같다.

5. 약왕의 신격화와 제사

중국의 역대 조정에서는 권력의 정통성을 인정받기 위한 차원에서 하늘(天)과 그들의 조상으로 생각되는 삼황 및 국가의 통치이념이 된 유교

41 (淸)沈靑峰, (雍正)《陝西通志》卷290, 淸文淵閣四庫全書本 : "藥王山, 以祠祀孫眞人而名.", "孫眞人祠, 祀唐諫議大夫孫思邈, 一名藥王洞", "藥王洞, 亦祀孫眞人."
42 韓素杰·胡曉峰, 2015, 61쪽.
43 (明)焦竑, 《焦氏澹園集》卷19碑: "藥王扁鵲, 一名秦越人, 盖州人也. 禁方裏于神人, 天下屬之生死, 所論有三及六不治, 名言鑿鑿, 流傳至今. 先世封神應王, 土人以藥王目之"
44 (明)沈德符, 《萬曆野獲編》卷24: "鄭州城外有藥王廟, 專祀扁鵲, 不知始自何年, 香火最盛."

◈ 4 북경 천단天壇

의 창시자인 공자에 대한 제사를 지내왔다. 태산을 비롯해 북경의 천단 등 명산과 수도에는 아직도 제사를 지냈던 제단들이 많이 남아 있다. 그런데 중국의 역대 왕조는 천지신명과 삼황, 공자 외에 역대의 명의들에 대한 제사도 지냈으며, 점차 민간에까지 확대된 것으로 보인다.

중국에서 중요한 의약인물에 대한 신격화와 제사는 언제부터 시작되었을까? 신격화와 관련해서는 중국의 많은 학자들이 원시시대부터 있어 왔으며, 최초의 대상자는 '무巫'였다고 주장한다. 은殷(상商)대, 자연과 조상에 대한 숭배, 귀신에 대한 숭배를 비롯해 각종 종교의식이 생성되면서 사회상의 '무巫'는 능히 귀신과 통할 수 있다는 인식에 따라 정치적·사회적 지위를 형성해 갔다.[45] 신권사상의 영향 아래 '무'는 당시 사람들로부터 신격화의 대상이 되었으니, 예를 들면 《산해경山海經》에 무팽巫彭·무지巫抵·무양巫陽·무리巫履·무범巫凡·무상巫相이 불사의 약을 제조할 수 있다는 기록이 보인다.[46]

. . . .

서주西周 말기 음양오행 이론의 생성과 발전에 뒤따른 의료경험이 축적되고 풍부해짐에 따라 '무'와 '의'가 점차 분화되면서 의사의 지위가 상승해 갔지만, '무'의 세력 또한 여전히 강했다. 춘추전국시기에 이르러 전문적인 의사가 출현해 '무'와 '의'의 분화 현상이 진행되었고, 명의의 신화 현상 또한 문헌 가운데 산발적으로 보이기 시작했다.[47] 이와 더불어 의학인물을 제사 지내는 사당도 출현했다. 하북성 내구현內丘縣에 있는 편작묘가 대표적이다. 가성혜賈成惠의 고증에 따르면 이 사당의 창건 연대는 전국시대까지 거슬러 올라갈 수 있으며, 작산사鵲山祠의 제사활동 또한 당시부터 진행되었던 것으로 보인다.[48] 현존 문헌으로 봤을 때 사람들이 사당을 세우고 제사를 지낸 최초의 의학인물은 편작이라 할 수 있다.[49]

한漢·위魏 시기에는 신선신앙이 보편적인 사회 현상이 되면서 의학인물에 대한 신격화도 유행하기 시작했다. 특히 위진남북조 시기에는 도교와 불교의 발전 및 지괴소설志怪小說, 도교 신선 전기傳記의 흥성에 따라 의학 인물의 신격화 현상이 역사 기록에 다수 남게 되었다. 이 시기 유전되고 있는 의학인물의 신격화 사적은 일부 남아 있는 원시적인 자연 숭배의 면모를 제외하면 대부분 종교의 영향을 받은 것으로, 도교의 신선사상과 밀접한 관련이 있다.[50] 당시 사적 중에는 후세에까지 미담으로 전해지고 있는 것도 있다. '행림杏林'은 중의약 업계를 대표하는 단어이

---

46 （晉）郭璞注, （清）畢沅校, 《山海經》 卷11, 上海, 上海古籍出版社, 1989, 94쪽
47 張彦靈, 2010, 6쪽.
48 賈成惠, 〈河北內丘扁鵲廟考述〉, 《文物春秋》 2008-1, 38-43쪽.
49 張彦靈, 2010, 7쪽.
50 （晉）葛洪, 《神仙傳》: "甚能治病, …… 年二百八十歲, …… 一旦與親故別, 乘龍而去, 遂不復還"

자 역대 의가들의 칭송을 받고 있다. '행림'의 유래는 삼국시대의 명의 동봉董奉(220~280)과 관련이 있으니 갈홍葛洪(284·364)의 《신선전神仙傳》에 그에 관한 이야기를 전하고 있다.[51] 이후 '행림'의 고사를 이용해 호를 짓거나 약국 또는 관련 단체 이름을 사용하기도 했다. 예컨대 명대의 의가 범응춘范應春은 자호自號를 행장杏庄이라 하고 사람들을 위해 질병을 치료해 준 다음 실제로 보상을 받지 않았다고 한다.[52]

당·송대는 중국 민간신앙이 크게 발전했던 시기였던 만큼 이전과 견주어 의학인물의 신격화 현상이 더욱 풍부해지고 다양하게 전개되었다. 송대 민간에서는 의술에 뛰어나고 의덕이 고상한 명의와 더불어 전설상의 의약인물을 '약왕'이라 부르기 시작했으니, 한원길韓元吉의 《동음구화桐蔭舊話》에 기록이 보인다.[53] 《동음구화》에서는 《열선전列仙傳》을 인용해 당대의 위선준韋善俊(595~694)을 약왕이라 칭하면서 11세기 초에 살았던 '충헌공忠獻公'(곧 한억韓億)을 치료했다는 고사를 전하고 있다. 오늘날 남아 있는 《열선전》에는 위선준에 대한 언급이 없으며, 당대의 인물

---

51 (晉)葛洪, 《神仙傳》： "董奉者, 字君異, 侯官人也.…… 後還豫章廬山下居, …… 奉居山不種田, 日爲人治病, 亦不取錢, 重病愈者, 使栽杏五株, 輕者一株, 如此數年, 計得十萬餘株, 鬱然成林, 乃使山中百禽群獸, 遊戲其下, 卒不生草, 常如芸治也. 後杏子大熟, 於林中作一草倉, 示時人日, 欲買杏者, 不須報奉, 但將穀一器, 置倉中, 卽自往取一器杏去. 常有人置穀來少而取杏去多者, 林中群虎, 出吼逐之, 大怖, 急掣杏走, 路傍傾覆, 至家量杏, 一如穀多少. 或有人偸杏者, 虎逐之到家, 齧至死, 家人知其偸杏, 乃送還奉, 叩頭謝過, 乃卻使活. 奉每年貨杏得穀, 旋以賑救貧乏, 供給行旅不逮者, 歲二萬餘斛.…… 奉一日竦身入雲中去, 妻與女猶存其宅, 賣杏取給. 有欺之者, 虎還逐之. 奉在人間三百餘年, 乃去, 顏狀如三十時人也."

52 張彦靈, 2010, 8쪽.

53 (宋)韓元吉, 《桐蔭舊話》, 北京, 中華書局, 1939, 1쪽： "忠獻公, …… 年六,七歲, 病甚. 令公與夫人守視之. 忽若張口飮藥狀, 日；"有道士牽犬以藥飼我". 俄汗而愈, 後因畫像以祀. 按《列仙傳》； 韋善俊, 唐武后朝京兆人, 長齋奉道法. 嘗携黑犬, 名烏龍. 世俗謂爲藥王云."

인 그가 송대 인물을 치료했다고 한 것은, 그가 득도를 통해 신선이 되었음을 의미한다. 따라서 '약왕' 위선준 이야기는 송대에 시작되었다고 할 수 있다.[54] 위선준의 신격화와 관련해서는 《태평광기太平廣記》에도 나와 있는데 《선전습유仙傳拾遺》를 인용해 이를 뒷받침하고 있다.[55] 《태평광기》의 글을 통해 위선준은 본래 도사였는데 신선을 만나 점차 '선仙'이 되어 갔다는 사실을 알 수 있다. 왕송년王松年의 《선원편주仙苑編珠》와 진보광陳葆光의 《삼동군선록三洞群仙錄》에도 《고도전高道傳》을 인용하여 이와 유사한 기록을 남겼다. 또 《태평광기》에는 《경청록驚聽錄》 가운데 '위노사韋老師'에 관한 전설을 인용하고 있는데 앞의 내용과 같다.[56]

역대 중국 조정에서도 약왕 제사를 지냈는데, 이를 주관했던 기관은 의정과 의료의 중추를 담당했던 태의원太醫院이다.[57] 수·당대에는 태의서太醫署를 두었고, 오대五代에는 한림의관사翰林醫官使, 송대에는 한림의관원翰林醫官院을, 이후 금대金代에 태의원으로 개칭한 이래 원·명·청대까지 이를 따랐다. 금대 태의원의 행정은 선휘원宣徽院에 예속되어 있었으며, 원대 태의원은 대도大都에 설립되었다. 명초 남경에 설치되었던 태의

....

54 張彦靈, 2010, 9쪽.

55 (宋)李昉等編, 汪紹楹点校, 《太平廣記》 卷47, 北京: 中華書局, 1961, 295~296쪽 : "韋善俊者, 京兆杜陵人也. 訪道周游, 遍尋名岳. 遇神仙, 授三皇檄召之文, 得神化之道. 惑靜栖林野, 惑醉臥道途. 常携一犬, 號之曰烏龍. 所至之處, 必分己食以飼之. 犬復病疥, 毛盡禿落, 無不嫌惡之. 其兄爲僧, 久居嵩寺, 最爲長老. 善俊將欲昇天, 忽謂人曰; "我有少債未償耳." 遂入山見兄. 衆僧以師長之弟, 多年忽歸, 彌加敬奉. 每升堂齋食, 即牽犬于其側, 分食與之. 衆旣惡之, 白于長老. 長老怒, 召而責之, 笞擊十數, 遣出寺. 善俊禮謝曰; "某宿債已還, 此去不復來矣. 更乞一浴, 然後乃去." 許之. 及浴移時, 牽犬而去. 犬已長六七尺, 行至殿前, 犬化爲龍, 長數十丈, 善俊乘龍昇天, 拏其殿角, 踪迹猶在."

56 (宋)李昉等編, 汪紹楹点校, 《太平廣記》 卷47, 北京: 中華書局, 1961, 247~248쪽.

57 이하 태의원 제사 관련해서는 별주가 없는 한 張凱文·沈藝·翟文浩·王兆·張其成, 〈北京太醫院祭祀制度考〉, 《中醫藥文化》 2014-6, 58~61쪽 참조.

원은 영락연간(1403~1423)에 북경으로 천도한 이후에는 북경으로 옮겼다. 청대의 태의원은 대체로 명의 제도를 답습했다.

원대 태의원 제사는 삼황과 4배위뿐만 아니라 10명의 상고시대 명의를 설정함으로써 후세 명청대 태의원 선의묘 제사제도의 모형이 됐다. 《원사元史》에 따르면 원정 원년(1295) 각 군현에서 삼황에 대한 제사를 지낼 때 복희는 구망勾芒을, 신농은 축융祝融을, 황제는 풍후風后·역목力牧을 배위로 삼고, 황제의 신하인 유부俞跗 이하 10명의 명의를 양무兩廡[배전]에 함께 모시도록 하는 조서를 내렸다. 매년 봄과 가을 두 차례에 걸쳐 유사有司가 주관하고 의사醫師가 제사를 지내도록 했다.[58] 각지에서 의사가 제사를 지낸다면 수도에서 치르는 삼황에 대한 제사활동은 당연히 태의관이 주관하였을 것이다. 이러한 제사 대상과 제사 인력의 배치는 실질적으로 의사제사제도醫事祭祀制度가 마련된 것으로 볼 수 있다.

명대에 들어와서는 홍무 초기 원의 제도를 답습해 3월 3일과 9월 9일 삼황에 대한 제사를 지낼 때 삼황의 좌우에 구망勾芒·축융祝融·풍후風后·역목力牧을 배위하고, 유부俞跗·동군桐君·추대계傲貸季·소사少師·뇌공雷公·귀유구鬼臾區·백고伯高·기백岐伯·소유少俞·고양高陽 등 10대 명의를 좌우 상방에 모셨다. 이후 홍무 4년(1371)에 주원장朱元璋(1328~1398)이 천하 군현에서 삼황에 대한 제사를 금하였다. 삼황에 대한 제사는 황제만이 지낼 수 있도록 하여 전제권력을 강화하기 위함이었다. 가정연간(1522~1566)에는 경사京師(수도), 곧 북경의 태의원 북쪽에 삼황묘를 건설하여 경혜전景惠殿이라 했는데, 가운데에 삼황과 4배위(구망·축융·풍후·역목)를 모시고 동무東廡에 추대계·기백·백고·귀유구·유부·소유·소사·동군·뇌공·마사황馬師皇·이윤伊尹·편작·순우의淳于意·장기張機 등 14인,

······························

58 (明)宋濂, 《元史》, 中華書局, 1976, 1902쪽.

서무西廡에　화타·왕숙화王叔和·황보밀皇甫謐·갈홍葛洪·소원방巢元方·손사막·
위자장·왕빙王氷·전을錢乙·주굉朱肱·이고李杲·유완소劉完素·장원소張元素·
주언수朱彦修 등 14인을 모셨다. 매년 춘2월, 동11월 상순 갑일에 예부
당상관원堂上官員이 예禮를 행하고 태의당상관원太醫堂上官員이 분헌分獻
했다. 가정 21년(1542) 황제는 선의묘의 규격이 협소하니 그 사당을 확
대하라고 명을 내렸다. 황제가 이처럼 의사제사를 중시하고 제사 장소를
확대했다고는 하지만 이 시기 선의묘는 경사구묘京師九廟 가운데 포함되
지는 않았고, 명대 예제에서 길례吉禮의 범주에 속하지도 않았다. 이로
보건대 의사제사제도는 중앙집중화와 신성화가 이루어지고, 고정된 장소
에서 행해졌다고는 하지만, 전체 국가 제사 체계에서는 비교적 낮은 지
위에 머물러 있었던 것으로 보인다.

　명대에는 민간에서 삼황에 대한 제사를 금했지만 그 풍속을 제어할
수 없었고, 삼황묘를 약왕묘로 개칭하는 경우도 나타났다. 청대는 명의
제도를 이어 태의원 경혜전景惠殿에서 제사를 지냈는데, 예부당상서禮部
堂尙書가 삼황에 제를 올리고, 태의원관은 양무兩廡에서 분헌分獻했는데,
삼궤구배三跪九拜와 삼헌三獻의 예를 행했다.[59] 청대 경혜전 양무에 배치
된 명의의 순서는 명대와 달랐다. 청대는 약왕묘의 숫자가 대폭 증가하
고, 의약업과의 관계가 더욱 밀접해졌다. 의관醫官이나 의사醫士 또는 약
상藥商이 중심이 되어 약왕묘를 세우기도 했으며,[60] 의학醫學을 약왕묘
안에 설치하기도 했다.[61]

．．．．．．．．．．．．．．．．．．．．．．．

59 趙爾巽,《淸史稿》, 中華書局, 1976, 2544쪽.

60 陝西 蒲城縣에서는 "藥王廟在北隅里楊家巷內, 乾隆間衆醫士鳩資鼎建"((淸)翁美祜, (光
　緖)《續修蒲城縣志》卷13, 淸 光緖26年庚子(1900)刊本)이라 했고, 浙江 松陽縣에서는
　"藥王廟在城西東琳宮右, 嘉慶十六年藥商公建"((淸)支恒春, (光緖)《松陽縣志》卷4, 淸 光緖
　元年乙亥(1875)刊本)이라 했다.

61 예를 들면 (雍正)《陝西通志》에 "의학은 현치 서북 약왕묘에 있다.(醫學在縣治西北藥王

청대의 예제 체계 가운데 제사는 3등급으로 구분되는데, 대사大祀 13 종, 중사中祀 12종, 그리고 군사群祀 53종 등이다. 선의묘는 군사의 범주에 포함되어 순치 원년(1644)부터 매년 봄과 겨울의 가운데 달[仲月]에 제를 지냈다. 청대 태의원 아서衙署는 동강미항東江米巷(지금의 동교민항東交民巷) 예부禮部 아서衙署 뒷면에 설립되었다가 청말에 동강미항이 대사관 구역으로 지정됨에 따라 지안문동대가地安門東大街로 이전했다. 동강미항 시기의 태의원은 서향으로 지어졌는데, 대당大堂과 그 좌측에 남청南廳, 우측에 북청北廳, 그리고 대당 뒷쪽에 선의묘가 있었다. 또 약왕묘를 따로 두고, 안에는 침구동인을 안치했다고 한다. 지안문地安門 시기 태의원의 모습은 현존 유지遺址 가운데 살펴볼 수 있다. 유지 소재지인 지안문동대가 105-117호원의 명패銘牌에 다음과 같이 적혀 있다.

현 4개 원院의 총 점지면적은 약 7,000㎡로 그 가운데 고건축면적은 4,000여 ㎡이다. 105호에는 삼진원이 있는데 약방과 판공용방이다. 111호는 태의원 아서이다. 113호는 선의묘로 의조 삼황을 모신 경혜전의 보존이 완전하다. 117호에는 금주대문이 남아 있다.

(광서)《순천부지順天府志》에 따르면 동강미항 시기의 선의묘는 태의원太醫院 서쪽 안의 왼쪽에 있었다. 담장으로 둘러싸여 있었는데, 안으로 들어가는 외문의 명칭은 영성문欞星門, 내문은 함제문咸濟門이라 불렀다. 내문의 좌우에는 경의실更衣室이 있고, 대전은 경혜전景惠殿으로 삼황의 성상을 모셔 놓았으며, 그 좌우의 양무兩廡에는 역대 명의를 배위했다. 묘문의 남쪽에는 요로燎爐를 배치했다. 정전대문과 양무는 모두 기와를

廟)"고 했다.

◈ 5 지안문둥대가地安
門東大街 105~117호
원의 명패

입혔으며, 문감은 홍색이고, 나무 기둥은 오채五彩로 장식되어 있었다. 가정연간(1522~1566)에 건립되었다가 동치 11년(1872)에 중수했다.

경혜전 안은 태호복희씨를 중앙에, 염제신농씨를 좌측에, 황제헌원씨를 우측에 모셨는데 모두 남면하고 있다. 그 동쪽에 구망勾芒과 풍후風后를, 서쪽에 축융祝融과 역목力牧을 배위시켰다. 동무東廡에 추대계·기백·백고·소사·뇌공·이윤·순우의·왕숙화·황보밀·갈홍·위자장·전을錢乙·유완소劉完素·이고李果를, 서무西廡에는 귀유구·유부·소유·동군·마사황·편작·장기·화타·소원방·손사막·왕빙王氷·주굉朱肱·장원소·주언수朱彥修로, 28명의 명의 명단은 명대와 동일하지만 동·서무 배치 인원은 약간의 변동이 있었다. 선의묘의 제품과 구체적인 배치는 《청조문헌통고淸朝文獻通考》에 자세히 나와 있다.[62]

....

62 (淸)張廷玉等, 《淸朝文獻通考》: "正位前各設一案, 每案鉶二, 簠二, 簋二, 籩十, 豆十, 共牛一, 羊一, 豕一, 前設香案各一, 陳爐一, 燈二, 配位東西各設一案, 每案鉶二, 簠一, 簋一, 籩十, 豆十, 羊一, 豕一, 爐一, 燈二, 殿中設一案, 少西北向, 供祝版, 東設一案, 西向, 陳禮神制帛三(色白), 香盤三, 尊一, 爵九, 西設一案, 東向, 陳素帛二(色白), 香盤二, 尊一, 爵六, 凡牲陳于俎, 帛實于篚, 尊實酒, 承以舟疏布羃勺具. 東廡分設三案,

정전에서는 예부상서 1인이 제사를 주관하고, 양무에서는 태의원 당관 2인이 분헌하도록 했다. 《청조문헌통고》에는 대의원 제사활동의 구체적 과정을 기록하고 있는데, 제사를 지내기 전에 미리 제품祭品과 축문祝文 작성 등을 준비한다. 승제관承祭官, 각 분제관分祭官 및 사축司祝, 사향司香 등 제사인원의 직책에는 엄격한 수칙들이 있었다. 제사전례에는 3차에 걸친 헌제가 있는데, 초헌례初獻禮·아헌례亞獻禮·종헌례終獻禮라 한다. 제사활동을 끝마친 다음 각 제사인원의 퇴장 순서와 노선 또한 엄격하게 규정하였다.

6. 약왕설화의 탄생과 변용

1) 설화는 어떠한 배경 아래 탄생했을까?[63]

'약왕'이 오랫동안 중국인들로부터 사랑받고, 숭배의 대상이 될 수 있었던 중요한 요소 가운데 하나는 바로 그들과 관련된 '이야기' 때문이라고 해도 과장된 표현은 아닐 것이다. 중국에서는 '약왕'을 둘러싼 수많은 이야기가 생성되고 전해 오면서 신앙으로 발전하였다. 따라서 '이야기'는 곧 약왕신앙의 중요한 일부분이라 할 수 있다.

....

每案籩二, 簋二, 簠四, 豆四, 瑧十, 豕肉二, 統設一案, 陳爐一, 燈二. 設案一于南北向, 陳素帛一, 香盤一, 尊一, 爵三, 筐冪勺具. 西廡陳設同. 太常寺官設洗于咸濟東門内, 和聲署設樂于西階下."

63 별주가 없는 한 李爽, 〈孫思邈傳說故事研究〉, 陝西中醫藥大學 碩士學位論文, 2015, 23~27쪽 참조.

중국에서 약왕 관련 이야기들은 어떠한 사회적 조건 아래에서 탄생했을까? 이상李爽은 중국 사회 봉건제도가 성숙한 당대唐代, 기본적인 생활 조건이 어느 정도 개선된 가운데 백성들이 건강, 나아가 화를 모면하고 생명을 보전하는 것에 주목하면서 시작되었다고 보았다. 어떻게 하면 연년익수할 수 있을지 고민하는 상황에서 불로장생의 '선방' 또는 '묘술' 얻기를 소망하는 사회적 분위기 아래 약왕신앙, 신의숭배 현상이 출현하게 되었다는 것이다. 이 시기 인민 대중은 의약에 대한 기대치가 높았고, 건강한 삶에 대한 강렬한 열망을 갖고 있었지만, 당시의 의료 환경이 그들의 수요를 만족시킬 수 없었기에 자신들의 열망을 의사들에게 의탁하는 과정에서 신선이 가진 법술과 신력을 부여해 '의치백병醫治百病'과 '보우평안保佑平安'을 바라게 되고 각종 전설들도 생겨나게 되었다. 예를 들면 손사막은 당시 의가의 대표로, 백성들이 그의 말 한마디 행동 하나하나에 관심을 갖고 후세인들이 그의 행적에 대해 각종 이야기를 만들어 전하게 되었다.

　　각종 이야기가 출현하게 된 배경은 의료 환경과도 관계가 있으니, 대중의 질병에 대한 공포와 의약에 대한 갈망이 밑바탕에 깔려 있다고 할 수 있다. 당시 중국의 의료수준이 동시대 다른 지역이나 국가와 견주어 높은 수준에 도달해 있었고 명의·명가가 계속해서 배출되었다고는 하나, 모든 백성의 수요를 만족시킬 수 없었고 그 때문에 사람들의 건강도 보장받을 수 없었다. 백성들은 명성이 높은 의사를 신격화하여 숭배하면서 심리적으로는 그들이 하늘로부터 신령한 기운을 받아 자신들을 도와줄 것으로 믿었다. 이러한 희망이 현실에서 다양한 이야기를 탄생시키는 원동력이 되었다. 손사막 또한 명망 있는 의사로 자연히 군중의 환상을 일으키고 신격화의 대상이 되었다. 손사막이 일생 동안 고정된 장소에서 의료 행위를 한 것이 아니라 이곳저곳을 돌아다니면서 활동한 유의游醫

였으니 그가 다녀간 지역에 이야기가 생겨나고, 관련 유적지도 다양한 형식으로 형성되었다. 섬서성에는 요현耀縣 약왕산藥王山, 산서성에는 홍동洪洞 약왕묘藥王廟, 호남성에는 장사長沙 약왕가藥王街, 절강성에는 구주衢州 약왕산藥王山 등이 그것이다. 이들은 모두 손사막 관련 이야기들이 현재까지 내려오는 데 유력한 실물 증거를 제공하고 있다.

약왕 손사막 이야기는 어디에서 비롯되었을까? 첫 번째로 들 수 있는 것은 지방사지地方史志 및 비명석각碑銘石刻이다. 《구당서舊唐書》·《신당서新唐書》 등 정사는 물론이고 《요주지耀州志》 등의 지방지, 당대唐代 단성식段成式의 《유양잡조酉陽雜俎》, 송대宋代 이방李昉의 《태평광기太平廣記》, 문형文瑩의 《상산야록湘山野錄》, 왕부王溥의 《당회요唐會要》 등 서적에도 손사막 이야기가 나온다. 또 〈당칙봉묘응손진인성신지선영비唐勅封妙應孫眞人聖神之先塋碑〉, 순치연간(1644~1661)에 세운 〈중수손진인사비重修孫眞人祠碑〉, 강희연간(1662~1722)의 〈당칙봉손진인고택비唐勅封孫眞人古宅碑〉 등 비명에도 손사막의 생애와 사적이 기술되어 있다. 이들 저서와 비문에 새겨진 이야기들은 크게 손사막의 정교한 의술과 고상한 의덕 두 분야로 나눌 수 있다. 예를 들면 '일침구양명一針救兩命'·'현사진맥懸絲診脈'·'총관도수葱管導尿'·'주사치전광朱砂治癲狂'·'경덕추간약왕포敬德追赶藥王袍' 등이다. 일부 설화의 원류는 희곡에서 찾을 수 있다. 섬서의 진강秦腔, 사천의 천극川劇, 안휘의 휘극徽劇에서 볼 수 있는 '좌호침룡坐虎針龍', 호남 상극湘劇, 하북 방자梆子의 '약왕권藥王卷'과 잡극雜劇의 '남극등선南極登仙' 등이 그러하다.

약왕설화를 통해 우리는 무엇을 알 수 있을까? 우선 고대 중국의 많은 지역에서 신령을 숭배하는 관념이 대단히 강했음을 발견할 수 있다. 봉건 통치자의 속박으로부터 사상과 언론의 자유가 허용되지 않았기에 사람들은 자신들의 신념을 표출할 출구의 하나로 신령을 숭배하였다. 다만 신령은 반드시 일반인들이 지니지 못한 특수한 무엇, 곧 온갖 병들을 치료하고 인민의 평안을 보우할 능력을 지니고 있어야만 했다. 약왕 문화는 의심의 여지없이 신령숭배의 대표적인 산물이며, 손사막은 역사상 가장 영향력이 큰 약왕의 대표로 '신령'의 조건을 구비하고 있다. '강룡복호降龍伏虎'·'해상선방海上仙方' 등의 설화가 이를 증명하고 있다.

손사막 관련 이야기 속에는 농후한 신화와 종교 색채를 띠고 있다. 그에 관한 설화 대부분이 신화神化되어 있으니 '신상피난神像避難'·'석태의石太醫'·'호수행림虎守杏林'·'화예석전설花蕊石傳說'·'토홍구유래土紅溝由來' 등을 들 수 있다. 손사막이 탁월한 의술과 가난한 백성들에게 무료로 진료해 주는 태도는 사람들에게 그 무엇과도 비교할 수 없는 위대한 것이기에 '신선'이나 '보살'의 형상으로 그려진다. 그들은 손사막을 범인이 아닌 '만선지주서왕모萬仙之主西王母', '만천제주옥황대천존萬天帝主玉皇大天尊'이 강생하여 세상을 구제한 것으로 형상화한다. 따라서 인민 군중의 종교 신앙과 신령숭배는 손사막 관련 이야기의 형성과 전래의 중요한 외적 조건으로 작용했다.

2) 설화 속 약왕은 어떤 모습으로 그려지고 있을까?

약왕 관련 이야기에는 우리가 상상할 수 있는 것들이 총망라되어 있다고 보면 될 것 같다. 의약의 신답게 '기사회생'시킬 정도의 신비로운 의술을 지닌 것은 물론이고, 인간적이면서도 다른 사람의 꿈에 나타나 병을 치료하는 등 신출귀몰하다. 그 밖에 약초나 지역 특색 민속 및 의약문화 관련 이야기도 있다.

대체로 신격화된 약왕은 어려서부터 보통 사람들과는 다른 점을 지니고 있었던 것으로 묘사된다. 예를 들면 '약왕' 손사막은 어려서부터 대단히 총명해서 《구당서》에 "일곱 살 때 배움에 정진해 날마다 1,000여 개의 문장을 암송했다."[64]고 한다. 설화에 따르면 그는 유년 시절 집에서 꽤 먼 거리에 있는 요동窯洞의 사설 학교에서 수학했는데, 그곳에서 학업에 열중했을 뿐만 아니라 고향 마을에 있는 나무 아래에서 책 보기를 좋아했다고 한다. 이후 천여 년의 시간이 지난 지금 손사막이 공부했던 요동은 없어졌지만 그의 고향 마을에는 아직도 그가 책을 보았던 '천년고괴千年古槐'가 남아 있다.[65]

사제 관계와 그에 수반되는 이야기도 약왕설화의 중요한 소재 가운데 하나이다. 사마천(B.C.145~B.C.86)의 《사기》에 편작이 스승으로부터 전해 받은 약을 먹고 인체의 내부를 훤히 꿰뚫어 볼 수 있었다고 했는데, 망진望診만으로 어떤 사람의 미래 죽음을 예언하는 능력 또한 약왕들이 가진 중요한 특징 가운데 하나였다. 그들은 현재 보이는 증상이나 안색을 살펴 가까운 장래나 조금 먼 미래에 발생할 수 있는 삶과 죽음의 문제를 곧바로 알 수 있었다.

역사적으로 약왕이 많은 중국인들로부터 사랑을 받고 존경의 대상이 될 수 있었던 가장 중요한 이유는, 높은 수준의 의술로 많은 사람들의 생명을 구제한 것이겠지만, 다른 한편 약왕의 훌륭한 인품도 영향을 끼쳤다. 고매한 인품을 지닌 약왕은 명리를 구하지도, 금전을 탐하지도 않았다. 예를 들면 손사막은 빈곤한 농민이 만성질병에 걸려 고생하고 있을 때 수차례 무상으로 치료해 줘 완쾌시켰다. 농민은 손사막에게 감사를 표하기 위해 금전을 보냈는데 완곡하게 거절하자 쌀 한 말과 닭 한

---

64 《舊唐書》 卷191, 〈列傳 141·方技〉, 中華書局, 1975, 5094쪽: "七歲就學, 日誦千餘言."
65 李爽, 2015, 10쪽.

◈ 6 약왕산 약왕묘
약왕부모전

마리를 가지고 다시 그를 찾아갔으나 이번에도 사양했다고 한다.[66]

약왕은 또한 부모에 대해 효도를 다했다고 전해진다. 효는 유교 사상의 핵심 가치 가운데 하나로 중국인들이 가장 중요하게 생각하는 덕목이라 할 수 있다. 이에 약왕설화에서는 의醫로써 효를 다한 사례를 여럿 볼 수 있다. 손사막도 지극한 효성을 다한 것으로 많은 일화를 남겼다. 손사막의 고향인 섬서성 요현 손가원촌孫家塬村은 황토고원으로 특히 수자원이 많지 않은 등 자연환경이 열악했다. 그는 어려서부터 몸이 허약하고 잔병이 많아 본래 부유하지 못한 집안 사정은 더욱 곤궁해져 갔다. 전하는 바에 따르면 손사막은 부모님을 병마의 속박에서 구하기 위해 의학을 공부했으니 작목병雀目病(야맹증)과 영류癭瘤(대발자병大脖子病)의 치료법을 강구했다. 그는 세계에서 가장 먼저 안과 질병인 야맹증을 발견·치료했을 뿐만 아니라 양염羊靨으로 갑상선종甲狀腺腫을 치료했다.[67]

....

66 張作記·張瑞賢·鞠建偉等輯注, 《藥王全書》, 北京, 華夏出版社, 1995, 378쪽; 李爽, 2015, 12쪽.

손사막이 부모의 질병을 치료한 고사는 천 년 이상 내려오면서 다양한 판본이 존재하고 내용도 여러 가지이지만, 그것이 품고 있는 중국인들의 '효'에 관한 전통은 같다고 할 수 있다. 그래서일까? 손사막 고향 마을의 약왕산 약왕묘에는 '부모전父母殿'이 따로 마련되어 있다.

무릇 의사는 환자의 외적 환경에 대한 고려 없이 진료에 임해야 한다. 출신성분이나 빈부를 따져서도 안 된다. 황제로부터 일반 백성에 이르기까지 모두가 귀한 존재이기 때문이다. 따라서 약왕의 반열에 오른 인물들은 하나같이 외적 조건이 최악의 상황에 놓인 환자를 아무런 불평불만 없이 성심성의껏 치료해 주었다는 이야기의 주인공으로 등장하곤 한다. '의성' 장중경과 '약왕' 손사막은 환자의 몸에서 나는 악취까지도 사랑할 정도의 인품을 지닌 것으로 묘사하고 있다.[68]

약왕의 죽음도 이야깃거리가 되었다. 약왕이 죽음에 이르는 과정은 일반인들의 평범한 죽음과 달리 대단히 극적인 경우가 많았다. 그 속에 세상 사람들의 호기심과 연민의 정을 느끼게 하는 요소가 내포되어 있다. 약왕은 뛰어난 능력을 지녔기에 사람들의 질투와 시기 때문에 죽기도 하며, 죽어서는 신선이 되기도 했다.

편작과 화타는 억울하게 죽음을 맞이한 대표적인 사례이다. 편작과 관련해서《사기》에는 "진秦의 태의령太醫令 이혜李醯가 자신의 의술이 편작에 미치지 못하는 것을 알고 자객을 보내 편작을 찔러 죽였다."[69]고 했으니 탁월한 능력 때문에 미움을 받아 억울하게 죽음을 맞이했다고 할 수 있다. 더욱이 이 이야기는 사마천이라는 역사가가 다루었기에 신

67 李爽, 2015, 8쪽.

68 손사막과 관련해서는 張作記·張瑞賢·鞠建偉等輯注, 1995, 378쪽; 李爽, 2015, 12쪽 참조. 장중경과 관련해서는〈救死風波〉,《首都醫藥》2004年 5月 1日 참조.

69 司馬遷,《史記》卷105,〈扁鵲倉公列傳〉, 中華書局, 1959, 2794쪽.

빙성을 더하고 있으며, 훗날 그의 시신을 어디에 묻었는지를 놓고 학자들 사이에 논란거리를 제공하기도 했다. 편작이 의사의 시기심 때문에 죽임을 당했다면 화타는 의심 많은 《삼국지》의 간웅 조조에 의해 최후를 맞이했다. 조조와 화타 관련해서는 뒤에서 자세히 다루고자 한다.

많은 약왕은 죽어서 신선이 되기도 했다. 이는 도교사상의 영향을 받은 것으로 당·송대를 거치면서 형성되었다. '약왕' 손사막도 그 가운데 한 명이다. 사실 손사막의 사인에 대해서는 의견이 분분하여 지금까지도 통일된 관점이 없는데, 다만 가장 많이 언급되고 있으면서 공통적으로 보이는 사실은 그가 사후에 신선이 되어 하늘로 올라갔다는 것이다.[70] 손사막은 생전에 자주 백성들에게 도움을 주었고, 무료로 빈궁한 자들의 병을 치료해 주었으며, 그들에게 양생 보건과 질병 예방법 등을 전수해 주었다. 이 때문에 백성들로부터 신망이 두터웠으니 사람들이 마음속으론 손사막이 죽었다는 사실을 믿지 않으려 했다. 그들은 손사막이 죽지 않고 득도하여 신선이 되어 승천하였으며 천상에 있는 신령을 받아 돌아올 것으로 생각했다. 그리고 백성들이 필요로 하면 하늘에서 내려와 그들을 구제해 줄 것이라 믿었다.[71]

한편 손사막의 사후 후손들이 성을 바꾸었다고 전해지는데, 그 이유는 다음 두 가지 설이 있다. 첫째, 손사막이 황실을 출입하면서 질병을 치료해 주는 과정에서 혹시 잘못될까 봐 후손들에게 이름과 성을 바꾸라고 했다는 것이다. 황실 사람들의 질병을 다스리는 것은 대단히 영광스러운 일이긴 하지만, 그만큼 위험을 수반하는 일이기도 해서 혹시 있을 수 있는 멸문의 화를 미리 방지하기 위한 조치였다는 설이다. 중국

---

70 《舊唐書》卷191, 〈列傳 141·方技〉, 中華書局, 1975, 5096쪽 : "遺令薄葬, 不藏冥器, 祭祀無牲牢. 經月餘, 顏貌不改. 舉屍就木, 猶若空衣, 時人異之."
71 李爽, 2015, 9쪽.

고대에 이와 비슷한 사례가 수없이 많았기에 충분히 그럴듯한 설명이라 할 수 있다. 둘째는 손사막 사후, 영혼이 나타나 성을 바꾸라고 했다는 것이다. 손사막이 죽은 뒤 고향 마을의 후손들이 갑자기 원인을 알 수 없는 질병으로 고통받게 되었는데 온갖 방법을 동원해도 낫지 않았다. 이에 최후의 수단으로 손사막의 무덤을 찾아가 기도하니 홀연히 호랑이를 타고 나타나 후손들에게 "이후 평안을 얻고자 한다면 반드시 성을 바꾸라."고 충고한 다음 떠났다. 후손들이 손씨孫氏에서 초焦·장張·이李 삼성三姓으로 갈면서 건강한 삶을 영위할 수 있게 되었다고 한다.[72]

3) 설화의 이식 혹은 치환

중국의 약왕설화와 관련하여 흥미로운 현상 가운데 하나는 다양한 이야기의 치환 또는 이식이다. 약왕에 관한 이야기에는 인물 또는 시간이나 공간만 다를 뿐 비슷한 내용을 담고 있는 것들이 많다. 원형이 존재했을 것으로 보이지만 시간과 공간의 차이로 내용에 가감이 생기거나 윤색되기도 한다. 비슷한 내용의 설화가 여러 약왕에 공통으로 적용되는 것이다. 예를 들면 복건과 대만 지역민들 사이에 널리 알려져 있는 보생대제 오도吳夲의 '점룡안点龍眼, 의호후醫虎喉' 이야기는 손사막의 '좌호침룡坐虎針龍' 설화에서 비롯되었으니 다음과 같다.

> 전설에 따르면 한 마리의 거대한 용이 안질에 걸려 인간의 몸으로 변해 치료를 받고자 함에 오도는 그가 평범한 사람이 아니라는 사실을 알아채고 용안에 부수符水를 떨어뜨려 용의 안질을 치료했다. 또 한 번은 오도가 산

....

72 賈雲峰, 〈孫思邈的後代緣何不姓孫〉, 《人才資源開發》 2014-1, 86쪽; 李爽, 2015, 9쪽.

에 들어가 약초를 캐는데 호랑이 한 마리가 아파 신음하고 있는 것을 보았다. 전에 그 호랑이는 노부인을 잡아먹었는데 뼈가 목에 걸려 있었다. 호랑이가 오도에게 매달려 살려 달라고 애원을 하면서 다시는 사람을 해치지 않겠다고 맹세를 하자 오도가 비로소 영단靈丹을 써서 호랑이를 치료해 주었다. 이후 호랑이는 오도의 좌기坐騎가 되었으며, 평상시에는 사당의 문을 지키는 간수가 되었다. 오도 보생대제가 신이 되자, 호랑이도 그를 따라 호신虎神이 되었다. 보생대제의 사묘 안에, 또는 신상神像의 발아래에 호랑이의 신상을 함께 모셔 놓았으니 '흑호장군黑虎將軍'이라고 칭하기도 한다.[73]

위 설화의 영향으로 보생대제를 모신 사당에 호랑이 신상을 더한 경우도 있다. 손사막 이야기를 보생대제의 것으로 이식한 사례는 여기에 그치지 않는다. 손사막의 '기사회생'과 관련한 이야기, 곧 '어느 날 손사막이 진료를 위해 길을 나섰는데, 관 밖으로 피가 흘러나오는 것이 보여 관을 열어 보니 임부가 누워 있었다. 이에 손사막이 침구와 약물로 임부와 출생하려는 영아를 구하였다.'는 설화 또한 오도에게로 이식되어 《백초자제조궁고사전설白礁慈濟祖宮故事傳說》에 '일침양활명一針兩活命' 이야기로 내려오고 있다.

도교 허손진군許遜眞君(239~301)의 설화를 보생대제에게 이식시킨 사례도 있으니 이야기 가운데 요괴를 물리친 영웅이 허손에서 보생대제로 바뀐 것이다. 한 민부가 용과 교접하여 9룡을 출산하였는데, 허손이 이를 참살하였다는 전설이 있는데 보생대제 신도들 사이에서도 이와 유사한 이야기가 전한다. 즉 황씨黃氏 성을 지닌 원회員外의 여식이 교룡과 관계를 맺고 임신을 하자 오도에게 구해 줄 것을 청하매 오도가 배를 갈라 용자龍子를 살해하였으며, 이로 말미암아 백일白日에 득도하여 신선

73 〈臺灣醫神-保生大帝 吳夲〉, 《臺聲》 2007-5, 65쪽.

이 되었다는 것이다.[74]

오도의 죽음과 관련해선 장하庄夏가 제작한 〈자제궁비慈濟宮碑〉(〈징비庄碑〉)에는 "경우景祐 6년(1039) 집에서 졸했다."라고 되어 있음에도, 송대 이후 출현한 설화에는 도교처럼 '백일비승白日飛昇'하였다는 표현으로 바뀌었다. 그런데 도교에서 '백일비승' 설화는 오도를 믿는 사람들이 처음으로 만들어 낸 것이 아니라 그 원형은 허손으로부터 비롯되었다.[75] 따라서 이 이야기는 허손을 대표로 하는 정명충효도淨明忠孝道의 영향을 받아 민남閩南 지역에서 다시 재생산된 것으로 볼 수 있다.

복건과 대만의 민간에서는 손사막과 오도, 허손 3명의 진인을 형제로 묶어 숭배하는 현상도 나타났다. 이들 3형제의 순서는 손사막이 첫째, 오도가 둘째, 허손이 셋째로 흡사 《삼국지》의 유비·관우·장비의 도원결의와 같은 모습으로 재현되기도 한다. 민남 민간의 신도들은 신상을 얼굴색으로 구분하기도 하는데 손사막은 금색, 오도는 붉은색, 허손은 검은색으로 묘사하였다.[76]

이야기를 임의로 이식하거나 치환하면서 보생대제 신도들 사이에서는 혼란이 일어나기도 했다. 예를 들면 적지 않은 신도들은 보생대제의 성명을 오맹吳孟으로 알기도 하였으니 "어느 날 건장한 남성이 찾아와 그 술을 시험하고자 하니, 오맹이 말하길 당신은 지금 병이 있는 것은 아니지만 열흘 뒤에는 반드시 죽을 것이라고 말했다. 이후 약 반 달이 지난 후 건장한 청년은 정말로 죽었다."[77]는 설화가 있으니 오도와 오맹을

74 范正義, 〈民間信仰與道教的互動－以閩臺保生大帝信仰爲例〉, 《華僑大學學報(哲學社會科學版)》2005-4, 41쪽.

75 《道藏》(第六册), 北京, 文物出版社, 1988, 844쪽 : "眞君于晉元康二年八月十五日, 合家良賤四十餘口, 宅宇鷄犬, 一時昇仙, 合村鄕閭悉見, 頂禮久之."(范正義, 2005, 41쪽 재인용)

76 范正義, 2005, 41쪽.

혼동한 것이다.

복건과 대만 지역 민간에서 보생대제신앙과 손사막·오맹·허손 등 중원지역 신들과의 혼동은, 신도들의 신앙이 이미 중원지역 전통 도교와 지역신 신앙 사이에 상호 영향을 주고받고 있음을 보여 주는 것이다.[78] 민간설화 가운데 보생대제신앙과 오맹, 손사막 및 허손신앙의 혼동은 실제로 사묘의 오맹과 손사막, 또는 허손 신상을 보생대제로 개조하여 숭배하는 현상을 초래했다.[79] 이는 허손신앙도 마찬가지인데, 허손은 본래 의약이 주된 기능이 아니었으나 보생대제의 영향으로 의사의 기능이 부여되었다. (광서)《소요산만수궁지逍遙山萬壽宮志》에는 허손이 여러 가지 신령한 기운을 발산한 전설을 다루고 있는 가운데 의약 관련 사항도 포함되어 있다.[80] 대만의 신도들 가운데에는 허손이 신선술 말고도 기황의리에 밝으며 보생대제가 명 영락연간(1403~1424)에 입궁하여 문황후文皇后의 유질乳疾을 치료했다는 이야기를 치환하여 허손이 진후晉后의 질병을 치료한 것으로 묘사하기도 한다.[81]

보생대제와 오맹·허손·손사막 등 정통 도교 신령과의 혼동은 한편으

．．．．．．．．．．．．．．．．．．．．．

77 陳國强·林嘉煌, 〈閩臺的保生大帝信仰〉, 廈門吳眞人硏究會·靑礁慈濟宮董事會, 《吳眞人硏究》, 廈門, 廈門大學出版社, 1992, 104쪽.

78 范正義, 2005, 41~42쪽.

79 范正義, 2005, 42쪽.

80 예를 들면 許遜이 蜀郡 旌陽令으로 있을 때 "歲大疫, 死者十七八, 眞君以所授神方拯治之, 無不立愈. 傳聞他郡, 病民相繼而至者, 日且千計, 于是標竹于郭外十里之江, 置符水于其中, 俾就其下汲飮之, 皆瘥. 其不能自至者, 俎得水飮, 亦獲瘥安. 蜀民爲謠曰:'人無盜竊, 吏無奸欺, 我君活人, 病無能爲'. 其後江左之民亦來汲水十旌陽, 眞君乃以符水一器, 令持歸, 效所施于旌陽者, 應亦如之."(《逍遙山萬壽宮志》卷4, 〈仙傳〉, 光緒 4年(1878) 刻本, 范正義, 2005, 42쪽 재인용)라 하여 역병을 구제한 전설을 묘사하고 있다.

81 鼓山亭管理委員會, 《鼓山亭沿革志》, 1993, 28쪽 : "晉后患染乳虎絶症, 宮內太醫束手無策, 帝召眞人入宮醫治, 經施妙術投以丹藥沉疴霍然而愈, 晉帝感其醫術高明及救后之功, 乃勅封眞君爲感天大帝."

로는 신도들이 보생대제신앙을 풍부하게 하려는 의도로 설명할 수 있고, 다른 한편으로는 정통 도교가 복건에 진파된 뒤 불가피하게 발생힐 수밖에 없는 지역화 과정으로 설명할 수도 있겠다. 도교 설화가 지역신 설화와 혼재되었으니 도교의 영향 또한 지역신 신앙의 전파와 확산에 영향을 주었다.[82]

---

82 范正義, 2005, 42쪽.

Ⅱ. 삼황三皇

1. 중국인의 시조신, 염·황炎·黃

중국에서 삼황은 자주 약왕신앙의 대상으로 거론되고 있으니 많은 약왕묘에서 삼황을 주신으로 모셔 놓은 것을 볼 수 있다. 오행 가운데 특히 화火의 덕을 가지고 있었기에 염제炎帝라고 칭해지는 신농씨는 중국고대 신화 속 농업과 의약의 발명자로 여겨지고 있다. 나무로 만든 쟁기 등 농기구를 제조하여 백성들에게 농업기술을 전수하는 한편, 약재를

◈ 7 중국인들은 염·황의 자손이라 생각한다. 하남성 정주鄭州 황하유람구에 조성된 염·황상

발견하여 병을 낫게 하는 방법을 가르쳤다고 한다. 신농씨는 중국차의 빌명자로도 불리는데,《신농본초경神農本草經》에는 "신농씨가 온갖 풀을 맛보다가 하루는 72가지 독에 중독되었는데, 차를 마셔 해독하였다."는 기사가 실려 있다. 많은 중국인들이 그를 신으로 받들어 제사를 지내는 데, '오곡대제五穀大帝' 또는 '약왕대제', '약신'으로 부르기도 한다.

신농씨는 역사상의 특정 시기에 피장왕皮場王으로 불리기도 했다. 민간에서 피장신앙이 유행했던 시기는 송대로, 문헌 기재에 따르면 수도였던 개봉開封과 항주杭州를 비롯해 소주蘇州, 상주相州 등지에 모두 피장묘가 있었다고 한다.[83] 이 시기 피장대왕의 신분과 관련해서는 석단설席旦說과 신농설 두 가지가 존재하지만, 송대 사료 가운데《이견지夷堅志》를 제외하곤 모두 신농과 관계가 있는 것으로 묘사하고 있다.[84][85] 당시

....

83 張瑞賢,〈安國藥王廟考〉,《江西中醫學院學報》2005-4, 6쪽.

84 皮場廟의 廟神이 神農이라는 사실과 관련하여 (咸淳)《臨安志》에 "惠應廟: 即皮場廟. 在城中者四所: 一吳山, 一萬松嶺, 一侍郎橋, 一元眞觀. 按國朝《會要》東京顯仁坊皮場土地神祠, 建中靖國元年六月封靈貺候, 崇寧元年三月封公, 四年閏二月封靈望王, 七月加封靈惠顯通王. 十月封其配靈婉夫人, 十一月改封靈淑夫人. 大觀元年十一月改封明靈昭惠王, 三月賜額'顯靈應感廟'及殿名曰'享誠昭福'. 政和五年七月改賜額曰'靈應'. 南渡初有商立者, 携其像至杭, 舍于吳山看江亭, 因以爲祠. 都人有疾者, 禱必應. 盖以其爲神農云. 紹定四年九月, 祠毁, 聖像儼然獨存. 理宗皇帝賜度牒綾帛, 命即故址創廟. 咸淳五年八月, 壽和聖福皇太后降錢修葺, 十一月王加封顯佑, 靈婉加嘉德, 靈淑加嘉靖."이라 했다.((宋)潛說友纂修, (淸)汪遠孫校補, (咸淳)《臨安志》卷73(《宋元方志叢刊》), 北京, 中華書局, 1990, 4010~4011쪽.)

85 南宋 吳自牧의《夢粱錄》卷14〈東都隨朝祠〉에도 비슷한 내용이 들어 있으니 "惠應廟, 即東都皮場廟. 自南渡時, 有值廟人商立者, 携其神像隨朝至杭, 遂于吳山至德觀右立祖廟, 又于萬松嶺, 侍郎橋巷, 元貞橋立行祠者三. 按《會要》云:'神在東京顯仁坊, 名曰皮場土地祠. 政和年間, 賜廟額, 封王爵. 中興隨朝到杭, 累加號曰明靈昭惠慈佑王, 神妃封曰靈婉嘉德夫人, 靈淑嘉靖夫人.'按廟刻云:'其神乃古神農, 于三王時都曲阜, 世人食腥膻者, 率致物故. 因集天下孝義勇烈之十二十四人, 分十二分野, 播種採藥至今, 于世極有神功. 兩廡奉二十四仙醫使者是也. 自漢唐至今, 殄寇助順, 其有聖迹, 不可殫紀.'"((宋)吳自牧,《夢粱錄》卷14, 上海, 商務印書館, 1939, 127쪽)이라 했다.

◈ 8 항주杭州 약왕묘
정전旧殿의 약왕보살(신농)

피장왕을 모셨던 혜응묘惠應廟는 원래 북송北宋 동경東京(개봉開封)에 있었는데 신농을 주신으로 삼고 24선의仙醫를 배사配祀하였다가 그 신상은 남도할 때 항주까지 모셔 왔다. 조묘祖廟를 제외하고도 남송 시기에는 만송령萬松嶺·시랑교항侍郎橋巷·원정교元貞橋 등에도 사당을 세웠는데 역시 신농을 주신으로 모셨다고 한다. 전설에 따르면 묘신이 사람들의 질병을 치료하였는데 특히 영험했기에 "질병이 있는 사람이 기도를 올리면 반드시 효험이 있었다(都人有疾者, 禱必應)."고 한 것으로 보아 치병·구인의 기능이 있었음을 알 수 있다.[86]

현재 항주 오산吳山에 있는 약왕묘는 남송대 천도하면서 개봉에 있던 혜응묘를 옮겨온 것으로, 명청대 들어 점차 약왕묘로 변모했다.[87] 약왕묘 정전에는 약왕보살 신농씨를 중심으로 그 좌우에 편작과 손사막을 모셨

86 張彦靈, 〈唐宋時期醫學人物神化現象研究〉, 陝西師範人學 碩士學位論文, 2010, 18쪽.
87 (清)梁詩正等撰, 《西湖志纂》 卷9, 文淵閣四庫全書電子版, 上海人民出版社 : "惠應廟在至德觀右, 俗呼藥王廟.《西湖遊覽志》:神張姓, 相州湯陰人. 素謹奉神農氏, 沒而爲神, 凡疹疾瘡瘍有禱輒應. 宋時祀于汴州, 南渡後建廟于吳山看江亭, 額曰'惠應'. 咸淳, 德祐累封王爵, 兩廡祀二十四仙醫, 相傳佐神農採藥者也."(陳曉捷, 〈從'處士'到'藥王'-歷代對孫思邈的尊稱考述〉, 《唐都學刊》 32(4), 2016, 87쪽 재인용)

다. 신농씨를 이곳 민간에서는 '약왕보살'이라 했으니 불교와 중국 민간 신앙의 절묘한 조화라 할 만하다. 재미있는 점은 정전 중앙에 모셔진 약왕보살 신농이 신비로운 무엇인가를 손으로 들고 있는 모습을 하고 있다는 점이다. 과연 정체가 무엇일까? 이곳 사람들은 그것을 기사회생의 명약이라 불리는 '영지선초靈芝仙草'라 하고 있다.

신농과 함께 중화민족의 시조로 여겨지는 황제는 중국 신화에 따르면 재위 때 누런 용과 지렁이가 나타났기 때문에 오행 가운데 토土의 덕을 지닌 것으로 평가받고 있다. 사마천 《사기》·〈오제본기五帝本紀〉에는 "황제黃帝는 소전少典의 아들로 성은 공손公孫, 이름은 헌원軒轅"이라고 기록되어 있다. 헌원이라는 이름은 수레와 수레끌채라는 뜻으로 그가 수레를 발명했다는 신화와 관련된다. 그는 통일 중국을 건설한 최초의 군주로 의복과 거울, 60갑자 등을 만든 인물로 숭배의 대상이 되었다. 황제는 신하이자 천하의 명의인 기백岐伯과 의술에 관한 토론을 기록한 《황제내경黃帝內經》을 편찬했다고 전해지고 있다. 전설상의 지극히 존귀한 황제 이름에 가탁하여 책의 권위를 높이려 했던 오래된 고전, 《황제내경》은, 최근 우리나라가 《동의보감東醫寶鑑》을 유네스코 세계기록유산으로 등재시키자 중국이 그에 자극받아 《본초강목本草綱目》과 더불어 역시 세계기록유산으로 등재시킨 바 있다. 황제의 신하로 의학에 대해 논의했던 기백 또한 단독으로 숭배의 대상이 되기도 한다.

2. 북경의 4대 약왕묘와 약행회관

　명청대 중국의 수도였던 북경北京. 중국의 정치와 행정의 중심지이자 거대한 소비 시장이기도 했던 북경에는 황실 사람들을 비롯해 고관대작들이 살았던 공간이었다. 사회적 지위가 높았던 이들은 건강에 대한 관심도 많아 그와 관련된 산업이 발달한 것은 너무도 당연했다. 따라서 명내 북경성을 오가는 상인을 대상으로 세금을 징수할 때, 약새는 중요한 8대 품목 가운데 하나였으며, '동인당'·'학년당' 등 유명한 약국이 들어서기도 했다.

　명청대 북경은 중국 고대 사묘가 집중되었던 지역 가운데 하나이다. 《건륭경성전도乾隆京城全圖》에 따르면 1207곳의 사묘가 있었던 것으로 보이는데, 그 가운데 관음암觀音庵이 87곳, 백의암白衣庵 21곳으로 둘을 합쳐 108곳으로 가장 많다. 다음 관제묘關帝廟 88곳, 진무묘眞武廟 42곳, 천선암天仙庵 29곳, 복마암伏魔庵 26곳, 용왕묘龍王廟 12곳, 그리고 약왕묘藥王廟는 대략 10곳 정도이다.[88] 약왕묘가 있었던 지역은 태의서원太醫署院 밖을 비롯해 동직문東直門 안 46호, 서성황근西城隍根 24호, 고루대기鼓樓大街 북쪽, 숭문문崇文門 밖 동효시가東曉市街, 해정황장海淀黃庄, 서편문西便門 밖 삼리하三里河 등으로 대부분 명청대에 건축된 것이다. 북경 내·외성에 있었던 4개의 약왕묘는 각각 동·서·남·북 약왕묘로 불리기도 했는데, 북약왕묘가 가장 먼저 건립되었다.

　동직문내대가東直門內大街 46호에 위치한 동약왕묘東藥王廟는 명 만력 원년(1573)에 처음 건립되었다. 명대 심방潘榜(1540~1597)이 쓴 《완서잡기宛署雜記》에 따르면 만력 3년(1575) 태감 풍보馮保(?~1583)의 건

----

88 付幸, 〈藥王神與看丹藥王廟〉, 《北京檔案》 2013-10, 53쪽.

◈ 9 북경 동약왕묘
산문(동직문내대가)

의로 건립되었으며, 만력제가 '보제약왕묘普濟藥王廟'라는 편액을 하사했다고 한다. 또 《신원식략宸垣識略》에 "약왕묘는 동직문 안쪽 길 북쪽에 있는데, 만력제의 어제비御制碑가 있다."고 기재되어 있다. 동약왕묘는 사료에 '소약왕묘'라고도 기록된 것에서 알 수 있듯이 규모는 그다지 크지 않았다고 한다. 구조를 보면 산문山門 좌우에 종루와 고루가 있었는데, 종루에는 '칙건복세보제약왕묘敕建福世普濟藥王廟'라는 명문이 새겨진 커다란 동종이 걸려 있었다. 사묘 안에는 원래 세 개의 전이 있어서 전전前殿에는 석가모니를 모셨고, 중전中殿은 약왕전으로 복희·신농을 모신 가운데 장중경·화타 등을 배사했다. 후전後殿은 불전으로 관세음보살 등을 모셨다. 1940년대까지만 하더라도 도사가 주지로 있었으며, 음력 4월 28일 약왕 탄신일에는 수많은 사람들이 이곳에서 향을 피우고 복을 기원했다고 한다. 또 매월 초하루와 15일에는 묘시廟市가 열려 부녀자들의 일상 용품이 거래되기도 했다. 하지만 근·현대 격동기를 지나면서 변화의 소용돌이에 빠져들게 되었다. 이곳에 있었던 커다란 종은 현재 북경

시내 대종사大鐘寺 고종박물관 진열실로 옮겨졌으니 그나마 사정이 나은 편이다. 약왕묘 안의 중전 뒷편은 주민들 가옥으로, 중전 앞쪽은 식당으로 바뀌는 등 거의 모든 건축물은 철거되고, 오직 산문만이 남아 이곳이 옛 약왕묘 자리임을 나타내는 표지가 되어 준다.

서성황근西城隍根 24호에 위치한 서약왕묘는 명대의 유명한 환관 위충현魏忠賢(1568~1627)이 건립한 것으로, 산문과 약왕전 및 배전으로 구성되어 있었다. 정전인 약왕전에는 약왕 손사막을 모셨다. 서약왕묘는 청 건륭 24년(1759) 중수 때 약왕전 위에 건륭제가 내린 '이익군생利益群生'의 편액을 걸었다고 한다. 전 앞쪽에는 원래 명 만력 24년(1596)에 세워진 석비가 있었는데, 여기에는 〈약왕묘기藥王廟記〉가 기재되어 있다. 나중에 약왕묘가 허물어질 때 이 석비만큼은 화를 면해 오탑사五塔寺 석각박물관石刻博物館에 보존되어 있다. 서약왕묘의 위치는 오늘날의 십찰해什刹海 부근이라 하는데, 흔적조차 찾을 수 없다.

숭문문崇文門 밖 동효시가東曉市街에 있는 남약왕묘는 명말 천계연간(1621~1627), 무청후武淸候 이성명李誠銘이 건립하였다. 하지만 이 사당은 처음부터 약왕묘 건설을 목표로 했던 것은 아니었다. 이성명은 당대 최고의 권세를 누리던 환관 위충현을 위한 생사당으로 건축하고, 이름을 '홍훈鴻勛'이라 했다. 당시 전횡을 일삼았던 위충현은 마음만 먹으면 관리들은 물론이거니와 위로 황제의 친척들까지 박해를 가할 수 있었기 때문에 이를 피하고, 그에게 충성을 맹세하는 모습을 보여 주고자 살아 있는 사람의 공덕을 기르는 생사당을 만들었던 것이다.[89]

황실의 외척이었던 이성명도 위충현의 위세에 밀려 그를 위한 생사당

----

89 明 天啓 6년(1626)부터 시작된 위충현을 위한 생사당은 전국에 70여 개가 만들어졌으며, 그 가운데 북경에는 20여 개가 있었다고 한다.

을 지었던 것이다. 하지만 위충현에 불만이 많았던 명나라 최후의 황제 숭정제崇禎帝가 등극하면서 사태는 급변하였다. 위충현은 탄핵을 당해 봉양鳳陽으로 유배를 가는 도중에 도주하려 했지만 어려워지자 자살하였다. 이후 그에 동조하였던 일당들에게도 죄를 물었지만 외척이었던 이성명은 면죄부를 받은 대신 위충현을 위한 생사당은 몰수되어 약왕묘로 삼았다.

북경北京의 4대 약왕묘 가운데 규모가 가장 컸던 남약왕묘는 건축물도 동·서로 양분되어 있었다. 서쪽은 전형적인 사묘의 형식으로 주요 건축물로는 산문山門과 종鐘·고루鼓樓, 대전大殿, 동·서배전配殿 등으로 구성되었다. 자료에 따르면 원래 산문 밖에는 두 마리의 커다란 철사자가 세워져 있었으며, 산문 위에는 '칙봉약왕묘勅封藥王廟'라 쓴 편액이 걸려 있었다. 또 산문 안쪽에는 대단히 높은 한 쌍의 기간旗杆이 서 있어서 매년 음력 12월부터 다음 해 정월까지 기간 위에 커다란 홍등롱을 밝혔다고 한다. 남약왕묘의 대전은 3층으로 이루어져 있는데, 제1층은

◈ ㅣ0 북경 남약왕묘 약왕전

약왕전으로 전 안에는 복희伏羲·신농神農·황제黃帝의 소상을 모셨고, 왼쪽 아래쪽에는 손사막을, 오른쪽 아래쪽에는 위자장을, 그리고 양 측면에 10대 명의의 소상이 있었다. 동배전에는 마왕야馬王爺와 용왕야龍王爺, 서배전에는 월하노인月下老人을 모셨다.

약왕묘 동부의 건축물로는 산문과 병렬로 평행하게 배열된 조방罩房이 있었다. 조방의 제1전은 여조전呂祖殿으로 팔선八仙 가운데 한 사람인 여동빈呂洞賓을 모셨다. ㄱ 뒤로 문창전文昌殿과 진무전眞武殿, 그리고 공연을 위한 희루戱樓가 있었다. 희루의 북쪽에는 약왕침궁이, 그 곁에는 재신전財神殿이 있었다. 현재 이 약왕묘 터에는 북경시 제11중학교가 들어섰는데, 그 안에 약왕전과 삼청전 같은 건축물로 약왕묘를 복건하였으며 이들 건축물은 숭문구崇文區 중점문물보호단위로 지정되어 있다.

옛 고루대가鼓樓大街 북부의 서도호동西絡胡同에 위치한 북약왕묘는 명 가정연간(1522~1566)에 건립되었는데, 그 동쪽에는 대각사大覺寺가 있었다. 약왕묘의 규모는 그다지 크지 않아 산문과 정전으로 구성되어 있으며, 내부에 청 순치연간(1658~1661)의 대학사 홍승주洪承疇(1593~1665)가 세운 석비가 있었다. 이곳에서 매년 음력 4월 28일의 약왕 탄생일에 묘회를 개최하였으나 민국시기에 이르러 훼손되었으며, 해방 이후에는 주민 주거지로 활용되었다. 이상 북경의 약왕묘 풍경은 이방인에게도 이색적인 풍경으로 다가왔던 것으로 보이는데, 박지원은 《열하일기》에서 다음과 같이 묘사했다.

전단 북쪽에 약왕묘가 있는데, 명대 무청후 이성명李誠銘이 건립한 것이다. 전각 가운데에는 전설의 황제인 태호복희씨를 앉히고, 왼쪽에는 신농씨를, 오른쪽에는 헌원씨를 앉혔다. 그리고 역대의 명의를 배향해 놓았다. 예컨대 명나라(당나라의 오류) 진인 손사막, 황제 때의 명의 기백, 춘추시대

정나라의 명의 편작, 진나라의 도사 갈홍, 후한 때의 명의 화타, 진나라의 명의 왕숙화, 당나라 진인 위자장, 한나라 태창령인 순우의, 후한 때의 중경 장기, 삼국시대 사안 황보밀 등인데 많아서 다 기록할 수조차 없다. 약왕묘의 배향과 제사 지내는 제도는 대체로 문묘를 모방하였다. 매달 초하루와 보름에는 도성의 남녀들이 구름같이 모여들어 무병과 쾌차를 기도하는데 촛농과 향의 재가 눈처럼 쌓이고 날렸다. 지금 막 한 여자가 잘 차려입고 머리를 조아리며 기도를 하는데 그 땀과 분가루가 깔고 앉은 방석을 적신다. 전각과 집의 장엄하고 화려함이 태양궁과 비슷하다.[90]

북약왕묘는 건물이나 신위의 설치가 남묘의 제도와 동일하다. 동쪽으로 호숫가에 임해 있고, 둑을 따라 수많은 버드나무를 심어 놓아서 호수 물가에 짙은 녹음이 드리워져 유람 나온 사람들이 항상 가득하게 찼다. 명 천계연간, 위충현이 건립한 것이라고 한다.[91]

한편 북경에는 청대 약상들의 친목도모와 관련 업계의 정보 교환 등을 위한 '약행회관藥行會館'이 있었으니 이는 남약왕묘와 관련이 있다. 당시 약행회관은 흥륭가興隆街 동두로북東頭路北에 있었으며, 건축물로는 약왕전藥王殿·삼황각三皇閣·희붕戲棚·공사방公事房 등 6곳이 있었다.[92] 또 석비 2기가 있었으니 청 가경 22년(1817)의 〈중건공관비重建公館碑〉와 〈중수공관비기重修公館碑記〉로, 후자의 뒷면에는 〈중의조규衆議條規〉[93]가

....

90 朴趾源, 《熱河日記》, 〈盎葉記·藥王廟〉.

91 朴趾源, 《熱河日記》, 〈盎葉記·北藥王廟〉.

92 加藤繁, 《支那經濟史考證》(下), 東洋文庫, 1974(제3판), 568쪽.

93 〈衆議條規〉의 내용은 다음과 같다. 議. 各鋪家, 按生意, 每月八毫捐錢. 每逢初二, 著看館人, 取作公費, 費用之外, 餘殘存公. 議. 各行每節按行用, 捐銀五釐存公. 議. 各客每年按生意, 捐銀五十兩, 於八月二十六日, 交入公帳, 另行出息. 議. 衆首事按月輪值. 每逢初一日, 上下首事, 齊到會館, 交代銀錢, 毋得遲延, 如午刻不到, 罰銀二兩. 議. 新開鋪子, 傢火字號銀, 每百兩捐銀一兩, 以存公用, 係嘉慶十五年正月起. …… 東城各鋪, 每月捐香

실려 있다.

〈중건공관비〉에 따르면 청초까지만 하더라도 북경의 약상들은 회관을 설립하지 않고 남약왕묘에서 신농을 제사 지내는 것에 불과하였으나, 묘가 황폐화되면서 약상의 단결을 도모하기 위해 회관을 건립할 필요가 있었기 때문에 가경 22년(1817) 약행회관을 세웠다고 한다. 비의 표제에서 중건 운운하고 있는 것은 남약왕묘가 황폐화된 것에 대해 말한 것으로, 약상 회관은 이 시기에 창립된 것으로 봐야 한다.[94] 또 비기碑記에는 당시 여러 지방의 약상들이 북경에 와서 약업에 종사하고 있었으며, 이들을 규합하여 약행회관을 세웠음을 밝히고 있다. 〈중의조규衆議條規〉의 내용 가운데 북경에 점포를 열고 영업하는 약상을 나타내는 포가鋪家 또는 각포各鋪·포자鋪子와 더불어 약아행인 '행行', 다른 지방에서 약재를 들여오는 객상인 '객客'이 있는 것으로 보아, 약행회관에는 북경에 소재하는 약포만이 아니라 아행과 객상도 참여하고 있음을 알 수 있다.

3. 북경 근교 평곡平谷 및 고북구古北口 약왕묘

북경 시내에서 지하철이나 버스로 한두 번 갈아타면 도착할 수 있는 교외에도 약왕묘가 많이 있다. 북경의 동북에 자리한 평곡구平谷區 활자

資錢十六千一百九十文. 東南城各鋪, 每月捐香資錢五千九百二十文. 西城各鋪, 每月捐香資錢八千六百五十文. 西南城各鋪, 每月捐香資錢九千三百六十文. 同仁堂, 每月捐香資錢七千文.(加藤繁, 1974, 570쪽에서 재인용)

94 加藤繁, 1974, 569쪽.

◆ ∥ 평곡 약왕묘 전경

촌滑子村 봉황산鳳凰山 약왕묘도 그 가운데 하나이다. 북으로 태항산맥太行山脈에 접해 있는 봉황산은 산 위 측백나무가 무성한 형상이 전설 속 봉황의 모습을 닮았다고 하여 이름을 얻었다. 그곳 사람들은 약왕묘가 풍수지리 측면에서도 아주 좋은 위치에 있다고 말하는데, 그 지세를 '구룡이호단일봉九龍二虎單一鳳'이라 표현한다. 즉 사방의 형세는 아홉 마리 용이 봉황산을 품고 있는 듯하며, 산 앞쪽 멀지 않은 곳에 동·서 노호산老虎山이 있으니 이호二虎이며, 수목이 울창한 산세가 마치 날개를 펼치고 날아가고자 하는 봉황의 모습을 닮았다는 것이다.

약왕묘의 본전인 약왕전에는 가운데에 천황天皇 복희를 중심으로 인황人皇 헌원(황제), 지황地皇 신농을 모셨으며, 그 좌우에 장중경張仲景과 손진인孫眞人(손사막)이 자리하고 있다. 양쪽 벽면에는 10대 약왕의 벽화가 그려져 있다. 왼쪽에는 기백·편작·갈홍·위자장·소원방이, 오른쪽에는 화타·왕숙화·황보밀·도홍경·주단계이다. 동·서배전에는 '24효도孝圖'가 그려져 있다. 하지만 사묘 안에서 가장 사람들의 이목을 끄는 것은 수령이 500년 이상인 '벼락 맞은 측백나무[霹靂栢]'라 할 수 있는데 병에 걸린 많은 사람들이 이곳을 찾아 기도를 올린다고 한다. 필자가 방문했을 당시 약왕묘에는 두 명의 도사가 거주하고 있었는데 그 가운데 한 사람이 약왕묘의 연혁에 대해 간단히 설명해 주었다. 이곳 약왕묘는 당대에 건립되어 명대와 청말에 수리한 적이 있으며 2006년 다시 건립한 것으로, 규모는 이전에 견주어 1/3로 축소되었다고 한다. 해마다 음력 5월 1일 묘회를 개최하고 있다.

평곡에서 그다지 멀지 않은 북경 동북의 밀운密雲 고북구古北口는 청대 안국약시에서 활동했던 13방 가운데 하나인 고북구방古北口帮의 발원지이다. 이곳은 고북구 장성長城으로 둘러싸여 있는데, 중국 동북부에서 북경으로 향하는 중요한 관문으로 전략적 요충지이기도 하다. 피서산장避暑山莊으로 유명한 하북성의 승덕承德, 산해관山海關으로부터 북경 고궁으로 진입하기 위해 반드시 거쳐야 하는 곳이기 때문에 전시에는 이를 둘러싼 전투가 빈번했다. 약왕묘는 고북구 장성이 보이는 마을에 있는데, 관제묘·용왕묘 등과 함께 사묘 군락을 이루고 있다. 약왕묘에서는 건강과 복을 기원하고, 관제묘에서는 수관守關을, 용왕묘에서는 '풍조우순風調雨順(때맞춰 바람이 불고 비가 내리기를)', 관음보살묘에서는 아들을 점지받고자 하였으며, 재신묘에서는 재물을 기원했다고 한다.

여러 사묘 가운데 약왕묘의 역사가 가장 오래되었는데, 명대 처음으로 건축되었다고 한다. 약왕묘의 건축형식과 배치는 상당히 독특한데, 일반 민가와 조화를 이루고 있으며, 청색의 벽돌과 기와를 사용했다. 현재 약왕묘 입구의 좌우로는 호랑이와 용에 관한 민화가 그려져 있고, 벽 위쪽에는 장중경과 편작이 의료 활동하는 설화를 그림으로 표현하고 있다. 약왕묘전에는 중앙에 약왕으로 신농씨를 모셨으며, 그 좌측에 손사막과 화타를, 우측에는 장중경과 편작을 모셨다. 이곳 약왕묘에서는 음력 9월 14일을 기해 묘회가 열리는데, 성대한 민간축제로 해마다 참가인원이 30,000명을 넘는다고 한다. 또 이 기간에 약왕묘 희루에서는

◈ 12 약왕묘 희루 공연
(전시관 사진자료)

다양한 형태의 문화공연이 펼쳐졌다는데, 이를 증명하듯 진열실에는 옛
희루에서 열린 공연 모습을 담은 사진이 전시되어 있다.

4. 하남 신밀新密의 약왕신앙과 약왕묘

① 기백산岐伯山 약왕묘

중원 지역은 중국 고대문명의 발원지로 많은 이야기를 간직한 고장이
다. 특히 하남성의 황하 남쪽, 곧 현재의 성도인 정주鄭州와 그 주변의
신밀新密·우주禹州 등은 고대 문화의 보고라 할 만하다. 이들 지역은 고
대문명의 발상지답게 그와 관련된 설화들도 풍성한데, 특히 중국인들이
조상으로 여기는 황제를 비롯해 신하인 기백과 관련된 내용이 적지 않
다. 신밀시는 황제시기 중요한 활동지역으로 고도古都 헌원구軒轅丘의 소

재지이기도 하다. 따라서 기황문화岐黃文化[95] 자원이 매우 많아 유적지가 60여 곳에 달하고 있으며, 수많은 전설이 민간에 내려오고 있다.

신밀시 동남 유채향劉寨鄉 경내의 무정호武定湖 북안에 위치한 황제궁은 '중화인문시조성지中華人文始祖聖地', 또는 '천하제일궁天下第一宮'으로 불리며, '팔진병법八陣兵法'이 탄생한 곳이라고도 한다. 전설에 따르면 황제가 치우와 전쟁에서 패하여 이곳으로 퇴각하여 풍후風后를 재상으로 삼고 진법을 연구하고 무술을 연마했다고 전해진다. 황제궁 서쪽에는 당시 18명의 대장이 거주했던 요동이 있고, 그 맞은편 언덕 좌우에는 마치 궁궐과 같은 것이 있는데 왼쪽에 있는 것이 용봉도龍鳳島요, 오른쪽에 있는 것이 청심도淸心島이다. 용봉도 보전寶殿 안에는 황제의 소상이 서 있고, 그 양쪽에 용이 날고 봉황이 춤을 추는 벽화가 그려져 있다. 또한 누조동嫘祖洞은 황제의 부인이 양잠술을 가르친 것을 기념하여 건축하였다. 청심도에서 사람들의 눈길을 끄는 건축물은 '황제명당黃帝明堂'으로, 황제와 기백 등 신하가 학술토론을 진행하고 경험을 전수했던 곳이며, 중국 최초의 중의이론 저작인 《황제내경》이 탄생한 곳이라는 전설이 내려오고 있다.

구당진苟堂鎮 대홍산大鴻山 동쪽에 위치한 해발 473m 높이의 기백산岐伯山은 전설에 따르면 신의神醫 기백이 약초를 캐고 재배, 포제하며 책을 저술했던 곳으로, 지금까지 기백천岐伯泉·기백묘岐伯廟·기백묘岐伯墓·기백동岐伯洞 등 유적이 남아 있다.[96] 기백산은 토질이 비옥하고 기후가

----

95 "기황"은 중국 전설 속 3황 가운데 한사람인 황제 헌원씨와 그의 신하이자 의약의 창시인으로 여겨지는 기백을 합칭한 말이다. 하남성 新密市에는 황제와 기백 사당과 관련 고사가 내려오고 있으며, 이를 지역홍보수단으로 활용하고, 관광자원을 개발하기 위한 노력을 기울이고 있다. 이를 위해 2010년에는 〈기황문화고층논단〉을 개최하였으며, 황제궁·기백산·약왕묘 등 관련 유적에 대한 답사를 실시하기도 했다(洪文旭, 〈新密岐黃文化〉,《中國中醫藥報》 2011年 6月 1日).

습윤하여 약재 성장에도 적합하다. 최근 조사에 따르면 당귀當歸·백지白芷·백출白朮·마황麻黄·금은화金銀花·익모초益母草 등 170여 종의 약재기 서식하고 있다고 한다.[97]

황제와 기백이 신밀·우주禹州·신정新鄭 일대 구자산具茨山(일명 대외산大隗山)에서 장기간 활동하였기에 수많은 유적이 남아 있는데, 후인들이 사묘를 세우고 제사를 지냈다고 한다. (민국)《우현지禹縣志》·〈산지山志〉에는 "대외산의 남애궁南崖宮에서 황제黃帝와 기백岐伯, 뇌공雷公의 제사를 지냈다."고 했으며, 순치 16년(1659)의 《신정현지新鄭縣志》·〈잡지雜志〉와 옹정 9년(1731)《하남통지河南通志》·〈사관寺觀〉에 "헌원궁이 신정현성 서남쪽 40리에 자리한 대외산에 있어 황제·기백·뇌공을 제사 지냈다."고 했다. 오늘날 신밀시 경내의 대외산 위에는 헌원궁이 보존되어 있으며, 대전 안에는 황제와 기백·뇌공상이 조각되어 있다. 또 대홍산大鴻山 위에는 뇌공대雷公臺가 남아 있다. 기백이 세상을 떠난 뒤 당지 백성들이 그를 약왕으로 존숭하고 공덕을 기리고자 묘를 약왕분藥王墳이라 칭했는데, 그 자리에 약왕묘를 세웠다는 전설이 내려오고 있다.

② 이당李堂 약왕묘[98]

신밀시 옛 성에서 동남쪽으로 15리 떨어진 내집진來集鎭 이당촌李堂村에 위치한 약왕묘는 전설 속 중국 의약의 시조 가운데 한 사람으로 불리는 기백과 손사막을 함께 모시고 있는 곳이다. 또한 옥황각을 건립하

---

96 楊建敏, 〈河南新密藥王信仰與藥王廟考證〉,《中醫學報》26, 2011-3, 293쪽.

97 洪文旭, 〈新密岐黃文化〉,《中國中醫藥報》2011年 6月 1日.

98 楊建敏, 2011, 293쪽 참조.

◈ 13 **이당촌**李堂村 **약왕
묘**(출전: 〈藥王廟的學堂與
集市〉, 《鄭州日報》 2015년
4월 23일)

여 삼황, 곧 복희·신농·황제를 약왕으로 삼아 제사를 지냈다. 애석하게
도 약왕묘의 정확한 창건 시기는 알 수 없다. 사묘 안에 보존되어 있는
가장 이른 시기의 유물로 가정 11년(1532) 〈중수약왕묘신사비기重修藥王
廟神祠碑記〉가 있지만 창건시기에 대한 언급은 없다. 가경 22년(1817)에
편찬된 《밀현지密縣志》에도 "약왕묘는 성에서 동남쪽으로 15리 떨어진 곳
에 있는데, 창건 시기는 알 수 없고, 가경 원년(1796)에 5차 중수했다."
고 했다.

　이당 약왕묘에는 오랜 역사만큼이나 30여 개의 옛 비각이 남아 있어
사묘의 흥망성쇠를 알려 주고 있다. 그 가운데 중수비로는 명 가정 11년·
천계 6년, 청 순치 8년·강희 7년·옹정 5년·건륭 7년·가경 원년·도광 2년·
함풍 원년·동치 9년·광서 10년·선통 2년 등의 것이 남아 있다. 여러 차
례에 걸친 중수와 확장으로 약왕묘는 당초 "모옥茅屋으로 겨우 비바람을
피할 수 있을 정도"(옹정 5년(1727) 〈중수약왕묘비기〉)의 규모에서 배전
拜殿과 종고루鐘鼓樓·희루戲樓·시방市房 등을 갖추게 되었으며, 약왕전으
로부터 화신전火神殿·광윤사廣胤祠·옥황각玉皇閣·조사전祖師殿·성모전聖母
殿·백룡묘白龍廟·삼관전三官殿·토지사土地祠·삼원궁三元宮·무량암無量庵·상

선묘上仙廟·온신묘瘟神廟 등으로 확대되어 여러 신들을 함께 모셨다.

이딩 약왕묘의 존재는 약시를 형성·발전시기는 계기가 되었다. 기경 22년(1817)《밀현지》에 기재된 24개 집시集市 가운데 이당·초화超化·번채樊寨 등 세 곳에서만 매일 열린다고 기록되어 있는 것을 통해 약왕묘회가 흥성했음을 알 수 있다.[99] 약왕묘회가 개시되는 9월 15일에는 제사 활동도 함께 전개되었는데, 가경 22년(1817)《밀현지》권9〈전례지典禮志〉에 "약왕묘에서는 매년 9월 15일 제사를 지내고, 이궤육고二跪六叩의 예를 행하였다."고 했으니 지방 관료, 신사와 지역민, 약재상인들까지 참가하는 묘회가 열렸다. 9월 15일부터 22일까지 총 8일 동안에 걸쳐서 진행된 약재교역회에는 당지 상인은 물론이고 타지, 예를 들면 광동·사천·안휘·동북·산서 등지에서 약상들도 참여하였다. 특히 주변의 거대한 약재시장인 우주禹州와 연계한 경제 활동을 전개하기도 했다. 매년 묘회가 개최되기 4~5일 전부터 각지의 약상들이 방문하였으므로 이들을 위해 약왕묘에 전문적으로 '시방市房'을 만들어 멀리서 온 약상들이 머물 수 있도록 했다. 이와 관련 약왕묘 산문 안쪽에는〈중수약왕묘시방기금장신상연전성명제이비기重修藥王廟市房暨金粧神像捐錢姓名第二碑記〉가 있는데, 여기에는 자금을 지원한 420명의 명단이 기재되어 있다.[100]

....

99 李堂 藥王廟會는 2009년 鄭州市 非物質文化遺産으로 지정되었다.
100 楊建敏, 2011, 293쪽.

5. 길림 북산北山 약왕묘(삼황묘)

◈ 14 길림 북산北山
  약왕묘 입구

　중국 동북 3성 가운데 하나인 길림성의 옛 성도省都 길림시吉林市에도 삼황三皇을 모신 약왕묘가 있다. 송화강松花江이 굽이쳐 시내를 흐르는 북산풍경구北山風景區에 청대 사묘군이 들어서 있는데 그 가운데 가장 특색 있는 것으로 관제묘와 더불어 약왕묘를 들 수 있다. 구룡산이라 불렸으나 청대 강희제가 길림 지역을 순찰할 당시 개명했다고 하는 북산은, 해발이 약 270m에 불과해 백두산을 비롯해 높은 산들이 즐비한 길림성 지역에서는 그리 높지 않다. 그러나 산림이 꽤나 빽빽하게 우거져 있고, 동·서 두 개의 봉우리가 있다. 이 가운데 북산 약왕묘는 관제묘 등과 더불어 동쪽 봉우리에 있다.

　북산의 사묘군은 청대에 형성된 것으로 보이는데 강희 40년(1701) 관제묘가 가장 먼저 건립되었고, 삼보살전·대웅보전 등이 연이어 세워졌다. 약왕묘는 건륭 3년(1738)에 처음 건립되었다가 화재 이후 건륭 52년(1787)에 중건했으며, 광서 13년(1887)에 중수했다. 건륭 41년(1776)에는 옥황각을 지었는데, 전원은 조사전이고, 후원에는 옥황대제를 모셨다. 그 밖에 낭랑전娘娘殿과 선당禪堂, 종鐘·고루鼓樓 등의 건축물이 있다. 매년 음력 4월 28일 약왕 탄신일을 기념히어 묘회를 개최했다.

약왕묘는 원래 명칭이 삼황묘였다가 나중에 개칭하였으니 정전에는 삼황과 약왕 손사막, 그리고 약성 이시진李時珍을 모셨다. 정전 내부에는 '재조후생再造後生'과 '대의정성大醫精誠' 편액이 걸려 있다. 삼황과 더불어 약왕·약성을 함께 모신 독특한 구조를 이루고 있다. 특히 이시진을 배전 또는 명의전이 아닌 정전에 모신 경우는 사례를 찾아보기 힘들다. 명대 후기 인물인 그를 정전에 모신 것은, 이 사묘가 처음 건립된 것이 청대이기 때문에 가능한 것이라 생각된다. 정전의 양 옆에는 10대 명의, 곧 오른쪽에는 기백·편작·장중경·화타·왕숙화를 왼쪽에는 뇌공雷公·순우의淳于意·갈홍葛洪·도홍경陶弘景·황보밀皇甫謐을 모셨다.

정전에서 나오면 모서리에 신상이 하나 모셔져 있는데 곧 '십부전十不全 화상'이다. 자세히 관찰해 보면 몸에 성한 곳이 하나도 없어 보인다. 꼽추에다 눈은 사팔뜨기이고, 코와 입은 비뚤어졌으며 귀는 크고 튀어나왔다. 다리는 절고 손은 굽었으며 어깨가 비뚤어진 데다 허리도 정상이 아니다. 이처럼 성한 곳이 한 군데도 없다고 해서 '십부전十不全'이라 불린다. '십부전'의 본래 성은 시施이며, 이름은 세륜世綸이었으나 몸에 병이 많고 오관이 모두 정상이 아닌 관계로 강희제가 '시부전施不全'이라 불렀다고 한다. 이후 아픈 사람들이 이 신상 앞에서 향을 피우고 기도하면서 회복을 기원하였다.

길림 북산의 약왕묘는 원래 이름이 삼황묘였던 것에서 알 수 있듯이 처음 시작은 삼황을 숭배하는 것으로부터 시작해 청 중기 이후 약왕 숭배가 유행하면서 약왕묘로 개칭하였다. 주변에 다양한 사묘들과 어울리고, 또 불교적 색채가 강한 '십부전 화상'을 함께 모신 것을 통해 중국 민간신앙의 다양한 모습을 알 수 있다.

6. 장수樟樹 삼황궁[101]

◈ 15 장수 삼황궁 입구

중국 남방의 저명한 약재도시이자 4대 약시 가운데 하나인 장수樟樹를 대표하는 사묘로 삼황궁三皇宮을 들 수 있다. 중국인의 시조신인 삼황을 모셨지만 민간에서는 약왕묘라고 부르기도 하는데, 그 이유는 주신인 삼황 외에 중국의 대표적인 의약인물을 함께 모시고 있기 때문이다. 삼황궁은 장수 약업 발전과 불가분의 관계에 있으니 건립부터 약재상들이 관여했다. 청 광서 13년(1887) 장수 약재 상인들은 자금을 모아 '삼황궁'을 건립하고 약허 또한 삼황궁의 동쪽으로 이전했다. 궁 안에는 삼황과 더불어 이른바 10대 명의, 곧 편작·화타·장중경·왕숙화·왕유일·이시진·엽천사葉天士·황보밀·갈현과 약왕 손사막을 함께 모셨다. 그리고 묘회는 약왕 탄신일인 4월 28일 거행했다.

....

101 三皇宮管委會, 〈藥都勝迹－三皇宮〉, 《中國道教》 2006-6, 59~60쪽 참조.

청말 이래 장수 약재시장의 활성화에 크게 기여했던 삼황궁은 전체 3,000여 ㎡ 부지에 정전正殿·신전神殿·좌우 상방左右廂房·이원里院·희대戲臺·식당·응접실·선방膳房·침실 등을 갖춘 4합원 형식의 궁전식 건축물이다. 삼황궁에 들어서면 우선 팔자八字 모양의 대문이 나타나는데, 이는 도교의 팔괘문八卦門을 상징한다. 대문 위에는 '삼황궁' 현판이, 아래에 '여유상세如游上世'라고 쓰인 편액이 걸려 있다. 대문의 양쪽에는 이문耳門이 있어 일반 약상이나 향객들이 이용했으며, 대문은 평소에는 닫았다가 행사가 있을 때만 귀빈들이 이용했다.

대문을 지나면 나오는 2m 정도의 높이에 60㎡ 정도 넓이의 희대戲臺에서는 묘회가 열리면 멀리서 온 객상들과 관중들을 위한 공연이 펼쳐졌다. 정전은 삼황궁의 핵심 건축물로 상·중·하 삼전으로 구성되어 있다. 정전의 양쪽은 신전으로, 좌전에는 문창제군文昌帝君을 모셨고, 위에는 청 가경제가 내린 '신계희헌神契羲軒'이라는 편액이 걸려 있으며, 우전에는 도교의 재신이자 무신인 관성대제關聖大帝를 모셨다.

정전의 후면은 백초원百草園인데, 이곳은 역대 장수약방 사람들이 꽃과 약재를 재배하던 곳으로 약초의 성질을 연구하고 백성들의 진료를 위한 채약 장소이기도 했다. 백초원 가운데에는 우물[聖井]이 있으며, 그 옆으로 향로가 놓여 있으니 용왕에 제사 지내기 위한 공간이었다. 삼황궁 주변 노인의 말에 따르면 당시 환자가 백초원에서 약을 구입해 복용하기까지는 불문율처럼 규정이 있었다. 먼저 구입한 약을 약왕에 봉공한 다음 용왕을 배제拜祭한 뒤 성정聖井에서 적당량의 물, 곧 성수聖水를 떠서 집에 돌아가 약을 달여 먹으면 효과를 빨리 볼 수 있었으니 '약이신령藥以神靈', '약불공약왕불령藥不供藥王不靈'이라는 말이 생겨났다고 한다.

Ⅲ. 편작扁鵲

1. 사마천이 묘사한 '의학비조醫學鼻祖'

중국의 역사인물 가운데 최초로 '약왕'에 봉해졌던 편작扁鵲(B.C.407 ~B.C.310).[102] 중국인들로부터 '의학비조'로 불리는 그가 역사 무대에 등장하는 데에는 한대漢代의 저명한 역사학자인 사마천의 공이 크다고 할 수 있다. 《사기》에는 편작에 관한 여러 극적인 요소가 담겨 있다. 그가 의사의 길로 접어들게 된 과정부터 신기에 가까운 의술, 그리고 의학예언자로서 모습과 시기에 의한 죽음에 이르기까지 후세인들로부터 존경과 숭배를 받을 만한 이야깃거리들이 그것이다. 《사기》·〈편작창공열전扁鵲倉公列傳〉 속 편작은 발해군 막읍鄭邑[103] 출신으로 성은 진秦이고 이름은 월인越人이라 했다. 그가 명의로 성장해 가는 과정이 자못 흥미롭다.

　　젊어서 남의 집 집사를 지내기도 했던 편작의 집에는 장상군長桑君이라는 늙은 손님이 있었는데 편작은 그를 걸출한 인물로 여겨 정중하게 대했다.

. . . .

102　鄭金生, 〈中國歷代藥王及藥王廟探源〉, 《中華醫史雜志》 26-2, 1996, 67쪽.
103　현재의 河北省 任丘市 鄭州鎭으로 당시는 齊나라 땅이었다.

장상군도 편작이 평범한 사람이 아니라는 걸 알고서는 어느 날 "내게 고대로부터 전해 오는 비방이 있다네. 나는 나이가 들어 누구에게 전해 주고자 했는데 마침 그대를 만났구려. 이 비방을 절대 남에게 말하지 마시게."라고 했다. 또 품속에서 약을 꺼내 편작에게 주면서 "이 약을 땅에 떨어지지 않은 깨끗한 이슬이나 빗물에 타서 마시게. 그러면 30일이 지나서 사물을 꿰뚫어볼 수 있다네."고 하고는 전해 오는 의서를 꺼내 편작에게 주고는 홀연히 모습을 감추었다. 편작이 약을 복용하고 30일이 지나자 장상군의 말처럼 담 너머에 있는 사람들이 보이기 시작했다. 이 재주를 가지고 환자를 진찰하니 오장五臟 안에 있는 병의 뿌리를 훤히 볼 수 있었다.[104]

위의 기사를 통해 느낄 수 있는 것은 편작과 그의 스승인 장상군의 특출함이다. 의약계의 비조로 불리는 편작이 장상군이라는 특별한 스승을 둔 것은 어쩌면 당연한 것이 아닐까? 여기에서 한 가지 궁금증이 생겨난다. 사마천은 이 이야기를 어떤 경로를 통해 알게 되었고, 또 기술하게 된 것일까? 아무리 좋은 약을 먹었다고 담 너머에 있는 사람이 보이고, 오장 안에 있는 병의 뿌리까지 꿰뚫어 볼 수 있단 말인가? 사마천이 없는 이야기를 꾸며낸 것이 아니라면 민간에 떠도는 이야기를 수집·정리해서 기록했을 것이다. 현대 과학으로는 이해할 수 없지만 그때 사람들의 세계관이나 인간관으로는 가능한 이야기가 아니었을까?

《사기》에는 편작이 중국 역사상 최초로 혼란기이자 분열시기인 춘추시대에 여러 제후국을 돌아다니면서 명의로 활약했던 사례를 여럿 볼 수 있다. 편작이 진晉나라에 갔을 때 당시 실권을 장악하고 있던 조간자趙簡子(?~B.C.476)가 병이 들어 닷새 동안이나 깨어나지 못했을 때의 일화를 다음과 같이 전하고 있다.

....

104 司馬遷, 《史記》卷105, 〈扁鵲倉公列傳〉, 中華書局, 1959, 2785쪽.

◈ 16 편작

진晉 소공昭公(재위 B.C.531~B.C.526) 때 대부大夫들의 세력은 커지고 왕의 세력은 약했다. 그 무렵 국정을 장악하고 있던 조간자趙簡子(?~ B.C.476)가 병이 들어 닷새 동안 사람을 알아보지 못했다. 대신들이 모두 긱정하고 있나가 소문을 듣고 편작을 불러들였다. 편작이 소간자의 병세를 살피고 나오니 동안우董安于(?~B.C.496)가 물었다. "대부의 병세가 어떠합니까?" 편작이 말했다. "혈맥이 정상이니 걱정하실 것 없습니다. 옛날 진秦 목공穆公(재위 B.C.659~B.C.621)께서도 이런 증세를 보였는데 7일이 지나서 정신이 맑아지셨습니다. 정신이 드신 날 공손지公孫支와 자여子輿에게 말하기를, "천제天帝가 계신 곳에 갔었는데 정말 즐거웠다. 내가 오래도록 깨어나지 않은 것은 천제의 명을 받았기 때문이다. 천제께서 말씀하시길 진晉나라는 큰 난이 일어나 5대 동안 임금이 평탄지 못할 것이다. 그 뒤를 이은 임금이 천하의 패권자가 될 것이다. 그러나 그도 천하의 대업을 이루지는 못할 것이고, 그의 아들이 천하를 호령하리라." 공손지가 이 말을 잘 기록해 두었습니다. 진나라에 관한 기록인 진책秦策은 이렇게 세상에 나오게 된 것입니다. 진晉 헌공獻公(B.C.676~B.C.651) 때의 내란, 문공文公

(B.C.650~B.C.628) 때의 패업, 그리고 양공襄公(B.C.627~B.C.621) 때에 진秦나라 군대를 섬멸하고 돌아온 뒤 방종하고 음란하였던 것은 그대도 알고 계신 일이지요. 지금 조간자의 병은 진 목공과 같은 병이니 사흘 안에 좋아질 것이고 깨어나면 반드시 무슨 말씀이 있을 것입니다." 이틀 반이 지나자 조간자가 깨어났다. 그리고 말했다. "내가 천제께 갔었는데 매우 즐거웠소. 여러 신선들과 노닐었고 여러 악기를 연주하고 춤을 추었소. 그런데 곰 한 마리가 나를 잡아가려 하자 천제께서 활을 쏘라 해서 내가 곰을 맞추니 죽어 버렸소. 그러자 이번에는 큰 곰이 나타났소. 내가 또 쏘았더니 큰 곰이 죽었소. 천제께서 내게 바구니 두 개를 하사하셨는데 모두 쌍으로 되어 있었소. 또 천제 옆에 내 아이가 있는 것을 보았는데, 천제께서 내게 개 한 마리를 주면서 아들이 장성하거든 주라고 하셨소. 또 진晉나라는 쇠약해져 7대로 내려가면 멸망할 것이고, 조趙나라가 범괴范魁 서쪽에서 주周나라를 칠 것이지만 오래 보존하지 못할 것이라고 하셨소." 동안우가 이 말을 기록해 보전하였다. 그리고 편작이 한 말을 전해 주자 조간자는 전답 4만 무를 편작에게 상으로 내렸다.[105]

제齊나라 환후桓侯(재위 B.C.685~B.C.643)를 뵙고 난 편작의 충고 이야기도 있다.

　　(편작이) "왕께서는 피부에 병이 있는데 지금 치료하지 않으시면 더욱 깊어질 것입니다."라고 하자 환후는 "나는 병이 없소." 라고 한 다음 편작이 물러가자 신하들에게 "병이 없는 자를 병이 있다고 하니, 의원이 이익을 탐하는 것이 아닌가?"라고 말했다. 닷새 뒤에 편작이 환후를 다시 뵙게 되었을 때 "왕께서 병이 혈맥에 이르렀습니다. 지금 치료하시지 않으면 더욱 깊은 곳까지 이를 것입니다." 라고 하자 왕은 "내게는 병이 없다."고 했다. 편작이 물러가자 왕은 기분이 좋지 않았다. 닷새가 지난 다음 편작이

······················

105 司馬遷,《史記》卷105,〈扁鵲倉公列傳〉, 中華書局, 1959, 2786~2787쪽.

다시 환후를 뵙게 되었는데, "왕의 병이 장腸과 위胃 사이까지 들어갔는데 지금 치료하지 않으시면 더욱 깊어질 것입니다."라고 했다. 그래도 환후는 병이 없다고 하였다. 편작이 물러가자 기분이 좋지 않았다. 다시 닷새 뒤에 환후를 뵈었는데 이번에는 바라보기만 하고 물러나오니 환후가 사람을 보내 그 까닭을 물었다. 편작은 "병이 피부에 있는 동안에는 탕약과 고약으로 고칠 수 있습니다. 혈맥에 있을 때에는 침으로 고칠 수 있습니다. 병이 장과 위에 있을 때에는 약주로 고칠 수 있습니다. 그러나 병이 골수骨髓에 들어가 버리면 염라대왕이라도 어쩔 수 없습니다. 그런데 지금 병이 골수에 들어가 있어서 말씀을 드리지 않은 것입니다."라고 대답했다. 그로부터 닷새 후 환후의 병이 드러나 편작을 찾았으나 이미 자취를 감춘 뒤였고, 죽고 말았다.[106]

위 이야기는 사실 여부를 떠나 편작이 의사로서 얼마나 뛰어난 능력의 소유자였는지를 단적으로 보여 주고 있다. 겉모습만 보고서 미래에 병이 어떻게 진행될 것인지를 예측할 수 있는 능력을 가진 존재라는 점을 강조하고 있다. 또한 약왕의 말을 듣지 않고 병을 방치했다가는 죽음에 이를 수도 있다는 메시지를 전달하고 있다. 이와 비슷한 설화는 장중경 등 다른 약왕들에게도 보이고 있으니 사마천의 이 글로부터 파생된 것이 아닐까?

괵虢나라에서 편작은 시궐尸厥에 걸린 태자를 침과 약으로 치료함으로써 죽은 자도 살리는 명의로 명성을 얻게 되었다. 하지만 그는 "나는 죽은 자를 살리지는 못한다. 다만 스스로 살 수 있는 사람을 일어나게 해 줄 뿐이다."라고 말했다. 편작은 병의 징후를 미리 알아 명의에게 치료받으면 치유할 수 있다고 하면서 사람이 걱정하는 것은 병이 많은 것

....
106 司馬遷, 《史記》卷105, 〈扁鵲倉公列傳〉, 中華書局, 1959, 2787쪽.

이고, 의원이 걱정하는 것은 치료방법이 적은 것이라 했다. 사람에게는 고칠 수 없는 여섯 가지 병이 있는데, ① 교민하여 병의 원리를 논하지 않는 것, ② 몸을 가벼이 하고 재물을 중히 여기는 것, ③ 의식衣食을 적절히 하지 못하는 것, ④ 음양의 평형이 깨져 오장五臟의 기가 불안정한 것, ⑤ 몸이 극도로 쇠약해져 도저히 약을 받아들일 수 없는 것 ⑥ 무당의 말을 믿고 의원을 믿지 않는 것이다. 이 가운데 하나라도 해당이 된다면 병은 좀처럼 낫기 어렵다고 했다. 이후 편작의 명성이 천하에 널리 알려지게 되었는데, 그가 한단邯鄲에 갔을 때에는 부인들을 소중히 여겨 부인과를 열었고, 낙양洛陽에 가서는 노인을 공경하여 노인병 의사가 되었다. 함양咸陽에 가서는 아이를 사랑하여 소아과 의원이 되었으니 이렇게 각지의 인정과 풍속에 맞춰 의료 과목을 바꾸었다고 했다.

◈ 17 편작행의도扁鵲行醫圖
(임동臨潼 편작기념관)

2. 편작 숭배는 언제부터 시작되었을까?

편작 숭배는 언제부터 시작되었을까? 중국의 많은 학자들은 전국시대에 시작되어 당唐·오대五代에 확대되었을 것으로 보고 있다. 당대의 대표적인 수필집인 단성식段成式(?~863)의 《유양잡조酉陽雜俎》에 "노성盧城의 동쪽에 편작 무덤이 있다."고 했으니, 그 때문에 편작을 '노의盧醫'라 부르기도 했다.[107] 편작묘의 위치에 대해서는 ① 노성盧城의 동쪽설, ② 임구막성任丘鄚城 동북설, ③ 탕음복도湯陰伏道설, ④ 임동臨潼 동북 20리설, ⑤ 섬서 여산희수하驪山戱水河설, ⑥ 하남 진평鎭平설, ⑦ 산서 우향虞鄕설 등 다양한 해석들이 있다.[108] 하북 내구內丘 편작묘에는 오대五代 주周 현덕연간(954~959)에 세운 〈작왕비鵲王碑〉가 잔존해 있는데,[109] 이로부터 오대 후주後周 시기에 이미 수리했었다는 점과 산의 이름 또한 편작의 이름을 따서 '작산鵲山'이라 명명하였으며, 신전 가운데 소상塑像·비갈碑碣이 세워져 있었다는 사실 등을 알 수 있다.[110] 송대에 이르면 편작 숭배가 진일보하여 그에 대한 제사 또한 국가의 지원을 받아 진행되었으니, 《송사宋史》에 나오는 북송 시기 명의 허희재許希在의 송 인종仁宗(재위 1022~1063) 치료와 관련된 다음 기사는 이러한 사실

---

107 (唐)張守節, 《史記正義》, 卷105, 影印文淵閣四庫全書, 臺北, 臺灣商務印書館, 1983, 제248책, 218쪽 : "(扁鵲)家于盧國, 因命之日盧醫也."

108 張彦靈, 〈唐宋時期醫學人物神化現象研究〉, 陝西師範大學 碩士學位論文, 2010, 10쪽, 각주 ⑥.

109 中醫硏究院醫史硏究室調査, 馬堪溫執筆, 〈內丘縣神頭村扁鵲廟調査記〉, 《中華醫史雜志》1955年 第2期, 101쪽에 따르면 비에 "大王廟宇, 頗歷歲華, 雨漏風吹, 梁欹柱側, …… 乃急徵良匠刊石, …… 讀日鵲山幽趣, 鴦鶴育羽, …… 吳越稱盧, 德震寰區, …… 神殿淸澈, 裝塑光潔, …… 徵巧刊石, 磨成碑碣." 등이 기록되어 있었다고 한다.

110 張彦靈, 2010, 11쪽.

을 뒷받침한다.

> 한림의관에 임명하면서 명주옷과 은어銀魚·기폐器幣를 하사하시었다. 허희재가 절하면서 감사를 표하고 또 서쪽을 향해 절을 올렸다. 황제가 그 까닭을 물으니 대답하기를 "편작은 신의 스승입니다. 이번 일은 신의 공이라기보다 신의 스승이 주신 것이니 어찌 스승을 (은혜를) 잊을 수 있겠습니까?"라고 하였다. 이에 금을 얻어 편작묘 세우기를 청하였다. 황제는 성의 서쪽 모서리에 사당을 축조하고 영응후靈應侯에 봉했다. 그 뒤 사당은 더욱 완비되었다. 의학을 배우고자 하는 많은 사람들이 찾아오니 태의국을 그 옆에 세웠다.[111]

위에서 언급한 '성의 서쪽 모서리'는 수도 개봉성의 서쪽 지역으로 송 인종이 세운 편작묘와 대체로 일치한다. 이 시기 편작은 의학자들로부터 스승으로 칭해졌을 뿐만 아니라 칙봉을 받고, 학의(의학을 배우고자 하는 사람들)로부터 경배의 대상이 되기도 했으니 편작에 대한 제사는 국가와 의학자들로부터 인정을 받았다. 그 뒤 편작 제사는 태의국에 영향을 주기도 했다. 이와 관련 1268년 편찬된 (함순)《임안지臨安志》에는 송대 편작에게 봉호를 내리고 태의국에서 제사를 지냈으며, 이때 중국 고대 전설시대 황제의 의학 스승인 기백을 배사했다고 하였다. 기백의 중국 의학사상 지위를 고려했을 때 그를 배향했다는 것은 그만큼 국가 차원에서 중시했음을 알 수 있다.[112] 오자목吳自牧(?~?)의 《몽양록夢

---

111 (元)脫脫,《宋史》卷462〈許希傳〉, 北京, 中華書局, 1977, 13520쪽 : "命爲翰林醫官, 賜緋衣·銀魚及器幣. 希拜謝已, 又西向拜. 帝問其故, 對曰 ; '扁鵲, 臣師也. 今者非臣之功, 殆臣師之賜, 安敢忘師乎?' 乃請以所得金興扁鵲廟. 帝爲築廟于城西隅, 封靈應侯. 其後廟益完, 學醫者歸趨之, 因立太醫局于其旁."

112 (宋)潛說友纂修, (淸)汪遠孫校補, (咸淳)《臨安志》卷12(《宋元方志叢刊》), 北京, 中華

梁錄》에도 이와 비슷한 내용이 전하고 있다.[113]

송대에는 개봉과 임안을 제외한 다른 지방에도 편작묘가 세워지거나 중수되었다. 송 희녕 2년(1069) 〈중수신응후묘기重修神應侯廟記〉를 통해 송대에 이미 하북 내구內丘 편작묘를 수리했던 사실을 알 수 있다. 이 시기에는 편작에 관한 사당을 세우고 제사를 지낸 것 말고도 그의 묘에 대해서도 신격화를 진행했다. 송 범성대范成大(1126~1193)의 《남비록攬轡錄》에는 다음과 같이 기술되어 있다.

> 임신년에 복도伏道 지역을 지나는데, 편작묘가 있고 묘 위에는 번간幡竿(편작묘임을 알리는 깃발)이 세워져 있었다. 사람들이 전하는 바에 따르면 사방의 흙을 약으로 쓸 수 있는데, 흙 중에서 흑갈색의 소단小團으로 병을 치료할 수 있다. 복도 지방에서 생산되는 쑥은 의가들이 가장 귀하게 여긴다.[114]

書局, 1990, 3480쪽 : "(太醫局)在通江橋北, 創始于紹興二十六年, 至紹定間重建. 殿日神應, 奉醫帥神應土, 以岐伯善濟公配, 講堂日止紀, 皆埋宗皇帝御書圖."

113 (宋)吳自牧, 《夢粱錄》卷15, 上海: 商務印書館, 1939, 133쪽 : "醫學在通江橋北, 又名太醫局, 建殿, 扁日神應, 奉醫師神應王, 以岐伯善濟公配祀"

114 (宋)范成大撰, 孔凡禮点校, 《攬轡錄》(《范成大筆記六種》), 北京: 中華書局, 2002, 13쪽 : "壬申, 過伏道, 有扁鵲墓. 墓上有幡竿. 人傳云四旁土可以爲藥, 或于土中得小團, 黑褐色, 以治病. 伏道艾, 醫家最貴之."

3. 고향 및 인근의 편작 사당

① 임구任丘 '막주대묘鄚州大廟'

◈ 18 임구 '막주대묘' 산문

사마천은 《사기》에서 편작이 당시 중국의 여러 지역을 다니면서 의료 활동을 행한 것으로 묘사했으니 제齊나라는 물론이고 진晉·괵국虢國과 한단邯鄲·낙양·함양 등지를 다니면서 의술을 펼쳤다. 따라서 편작 관련 사당이나 묘墓도 이들 지역과 그 주변에 분포하고 있다.[115]

편작의 탄생지로 알려진 하북성 임구任丘는 수도 북경에서 일반 열차로 약 1시간 30분 정도밖에 걸리지 않는 가까운 곳에 있다. 사당 입구에는 막주대묘의 연혁을 간단하게 소개한 비석이 세워져 있는데, 원대에 처음 건립되었으며, 《임구현지》에 따르면 당시에는 '편작사扁鵲祠'라 불렀고 한다. 이후 명 만력연간(1573~1620)에 칙령으로 중수하였으며, 매

---

[115] 扁鵲의 고향인 河北省 鄭州를 비롯해 河北省 內丘, 山東省 濟南과 長淸, 北京 妙峰山, 河南省 湯陰, 山西省 永濟, 陝西省 臨潼 등 약 10여 곳에 존재한다.

년 음력 4월 15일부터 한 달 동안 묘회를 개최하였다. 현대 들어 1992년 임구시 인민정부가 민족문화를 회복하고 함양하기 위한 목적에서 지금의 대묘를 중수하였다.

지역 학계에서는 역대 비각과 지방지를 근거로 조간자趙簡子가 편작에게 하사한 토지가 오늘날의 하북 지역에 분포하기 때문에 편작 관련 역사유적 또한 가장 많이 남아 있다고 주장한다.[116] 하북성 임구시 막주진鄚州鎭의 '약왕조업장藥王祖業庄'은 명 이전에 이미 이 명칭으로 불렸으니 편작 출생지이다. 명대 대학사를 지낸 양사기楊士奇(1366~1444)의 시 속에 편작묘를 '고구古丘'[117]라 한 것을 통해 막주편작묘가 고대부터 있었음을 알 수 있다.

편작묘의 조성 시기 또한 매우 일러 명 정덕 8년(1513)〈중수신응왕묘비기〉에 "옛 신응왕묘는 막주성 북쪽에 있었는데, (하간)부치府治로부터 100여 리 떨어져 있다. 비갈이 남아 있지 않아 언제부터 있었는지는 알 수 없다."[118]고 했다. 비각묘지碑刻墓志는 진晉·당대唐代에 시작되었고, 선진시기 고묘古墓는 '묘이불분墓而不坟'이었으므로 춘추시대의 편작 묘묘墓廟에는 당연이 비갈이 있을 수 없었다. 원대에 막주 편작묘에 대한 수리가 진행되었고, 명 만력연간(1573~1620)에 중수하였으니 삼황전三皇殿과 문창각文昌閣 등이 새롭게 추가되었으며, 편작묘 배전에 한漢·당唐 이하 10대 명의를 함께 모셨다. 3채의 대전이 일체화되어 조화롭고 위엄 있게 조성되어 '천하대묘수막주天下大廟數鄚州'라는 말이 생겨났다고 한다. 대묘에서 분향이 크게 성행하였는데, 청 강희연간(1662~1722)에 화재로 소실되어 중수한 이후 항일선생 시기까지 존속하였나가 일본군

116 曹東義 外, 〈扁鵲墓廟硏究〉, 《中華醫史雜志》 25卷 2期, 1995, 98쪽.
117 (光緖)《畿輔通志》 卷156, 〈古迹〉, 淸光緖刻本(曹東義 外, 1995, 98쪽 재인용)
118 〈重修神應王廟碑記〉: "神應王舊廟在鄚州城北, 去(河間)府治百餘里, 碑碣無存, 莫知所始."

이 파괴한 것을 1993년 1월 새롭게 중건하였다. 한편 명 (가정)《하간부지河間府志》와 《대청일통지大淸一統志》에는 모두 장상군묘長桑君廟가 편작묘 동쪽에 있었다고 했는데, 오랫동안 수리하지 않아 청 건륭연간(1736~1795)에 폐쇄되었다고 한다.[119]

현재의 사묘는 산문을 지나면 신도 양 옆에 '의조편작醫祖扁鵲, 양생건체養生健體'가 적힌 깃발이 늘어서 있다. 정전에는 '의조편작'이 모셔져 있고, 소상 좌우에는 편작과 관련된 8가지 고사를 묘사한 조각이 새겨져 있다. 예를 들면 '의병疑病'은 '편작현채환공扁鵲見蔡桓公' 관련 이야기로, 편작이 채환공의 안색을 살피어 그 병이 점차 가중될 것이므로 치료하지 않으면 위험해질 수 있다고 하면서 그의 병이 어디에 있는지를 가리키고 있다. '침구針灸'에서는 편작이 사경을 헤매고 있는 괵나라 태자에게 침구요법을 실시하고 있는 모습을 형상화하고 있다. 편작은 그의 머리와 흉부·손·발 등을 침자하여 기사회생시킴으로써 '신모유부神侔俞俯'라는 말을 탄생시켰는데, 편작이 태자의 '인중혈'에 침자하는 모습을 나

◈ 19 정전 내부에
모셔진 '의조 편작'

119 曹東義 外, 1995, 98쪽.

타내고 있다. '구의求醫'에는 사람들이 '무巫'를 믿고 '의醫'를 불신하던 풍조를 개변시킨 인물이 편작이라는 사실을 묘사하고 있다. 그 밖에 '의아醫牙'·'개방開方'·'채약採藥'·'안마按摩'·'절맥切脈'에 관한 고사를 설명하고 있다. 이 가운데 '절맥'은 《사기》〈편작창공열전〉에서 '천하 사람들이 맥을 논하는데, 이는 편작으로부터 유래했다(천하언맥자天下言脈者, 유편작 야由扁鵲也)'는 설명을 덧붙여 놓았다.

편작을 모신 정전 외에 약왕묘 안에는 동·서배전과 재신전財神殿, 내내전奶奶殿 등이 있다. 재신전과 연결된 동배전에는 장중경·왕숙화·뇌태을雷太乙(뇌공)·순우의·황보밀을, 내내전과 연결되는 서배전에는 유수진劉守眞(유완소劉完素)·갈치천葛稚川(갈홍葛洪)·한보제韓普濟·손사막·화타를 모셨다. 정전 앞뜰에는 비석들이 서 있는데, 그중에는 명 만력 12년(1584)의 〈어제중수막주약왕묘비〉와 만력 21년(1593)에 세워진 〈칙중수막주약왕묘비則重修鄚州藥王廟碑〉를 비롯해 현대의 1992년 임구시 인민정부가 세운 〈막주고묘중수기鄚州古廟重修記〉, 2015년 〈제4회 국제편작의학논단〉 개최 기념 '중화중의약학회' 명의의 〈편작송扁鵲頌〉 등이 있다.

② 내구內丘 편작묘

현존하는 편작 관련 사당 가운데 규모가 가장 큰 것으로 하북성 내구현內丘縣 신두촌神頭村 부근에 있는 편작묘를 들 수 있다. 하북성 서남부에 위치한 내구현은 전국시대에는 형邢 땅으로 불렸으며, 조국趙國에 속해 있었다. 한초漢初에 중구中丘로 바뀌었다가 수隋 문제의 아버지 피휘避諱에 따라 내구로 개명했다. 내구 편작묘는 현성에서 서쪽으로 약 60리 떨어진 작산鵲山 아래에 있다. 작산은 봉산, 또는 봉작산蓬鵲山으로도 불리는데, 일설에 따르면 편작이 이곳에 살면서 약초를 캐고 의료행

◈ 20 내구 편작묘

위를 펼쳤기 때문에 붙여진 이름이라고 한다. 춘추시대 진晉의 대부였던 조간자가 편작으로부터 치료를 받고 4만 무를 하사했다고 하는데 지역 학계에서는 이곳 일대인 것으로 보고 있다.

편작사扁鵲祠가 언제 건립되었는지 정확한 역사적 근거는 없지만, 청 대 왕광정王匡鼎의 《내구현지》에 따르면 한·당대에 이미 있었다고 한다. 사당은 원대 건축 양식을 간직하고 있다. 8만 ㎡ 면적에 총 27개의 옛 건축물이 북쪽의 높은 곳에서 남쪽의 낮은 방향으로 배열되어 있다. 이 와 관련 1954년 중국중의연구원(현 중국중의과학원) 의사문헌연구소의 마감온馬堪溫 연구원이 현지를 답사한 뒤 1955년 《중화의사잡지中華醫史 雜志》에 논문을 발표했으니 요약하면 다음과 같다.

작산鵲山과 연결되는 산비탈에 자리 잡은 편작묘 앞에는 커다란 돌다리 〔石橋〕가 있는데, 사당 내부에 있는 명 가정 22년(1543)에 건립한 〈작산중 건구룡교비기鵲山重建九龍橋碑記〉에 따르면 처음 건립되었을 당시에는 편작 의 의술을 기념하고자 이름을 '회생回生'으로 했다가 나중에 '용등龍登'으로 변경했으며, 명 가정 을해년(1539)에 '구룡九龍'으로 바꾸었다고 한다. 석교의 머리부 가까운 곳에 또 하나의 커다란 돌이 있는데, 그 위에는 명 만력 계미년(1593)에 조각한 '약석藥石'이라는 글자가 쓰여 있다. 약석 양쪽에는 석비가 있는데 〈작산도우감응기鵲山禱雨感應記〉와 〈작산신응왕기鵲山神應王記〉이다. 두 개의 석비 모두 원대에 조각된 것으로 생각되지만, 마모되어 정확한 내용은 알기 어렵다. '구룡교'를 지나면 '작루鵲樓', 곧 산문山門이 나온다. 작루 가운데에는 청대 세운 석비가 몇 개 있고, 양쪽에는 원 연우 연간(1314~1320)에 새긴 것으로 보이는 소비小碑가 있다. 작루 앞 좌측에는 두 개의 석비가 있는데, 하나는 송 희녕 2년(1069)의 〈중수신응후묘기重修神應侯廟記〉이고, 또 다른 하나는 원 계미년(1283)의 〈중수작산신응왕묘비기重修鵲山神應王廟碑記〉이다. 산문 좌전방에는 비루碑樓가 있는데 작루보다 높고, 4면에는 인상人像이 부조되어 있어 '사대금강'을 방불케 하며 누의 꼭대기는 황색 유리 기와로 장식되어 있다. 누 가운데에는 원 지원 5년(1268)에 세운 〈국조중수작왕신응묘비기國朝重修鵲王神應廟碑記〉가 있는데 비의 머리 부분에는 용이 새겨져 있다. 마을 노인이 말하길 과거 매년 3월이면 묘회가 개최되었는데, 참석한 사람들이 맨손이나 동전으로 만지면 병을 물리친다는 전설이 있어 비는 광택이 나는 거울처럼 변했고, 하반부의 글자 흔적 또한 알아볼 수 없게 되었다고 한다. 비문은 원대 한림학사 왕악王鶚(1190~1273)이 찬했다고 하며, 수비인修碑人과 감수인의 성명이 새겨 있는데 감수인은 대부분 당시 태의원의 의관이었다고 한다. 산문을 지나 안으로 들어서면 작왕헌전鵲王獻殿이 나온다. 전 앞 광장에는 오래된 측백나무 몇 그루가 서 있고, 적지 않은 석비가 넘어져 있거나 깨져 있기도 하다. 비교적 완정된 형태의 것으로는 명 가정연간(1522~1566)의 〈작산중건구룡교기鵲山重建九龍橋記〉와 융경 4년(1570)에 건립한 〈작왕전제문鵲王殿祭文〉이 있다. 작왕헌전 후면은 작왕전으로 작왕묘 건축 가운데 가장 크고 웅대한데, 전의 꼭대기는 황록색의 유리 기와로 장식되어 있다. 전 좌측에는 거대한 한 그루의 측백나무가 있는데, 당지인에 따르면 당대에 심은 것이라고 한다. 작왕전을 뒤로 하고 나아가면 작왕후전 및 편작과 무관한 건축물, 예를 들면 전내내전前奶奶殿·희루戲樓·내내헌전奶奶獻殿·내내전奶奶

殿·수불전睡佛殿·옥황각玉皇閣 등이 있다. 하지만 당시에는 마을의 중소학교 교실로 사용되고 있어서 전 내부의 소상塑像이나 제기祭器 등은 존재하지 않았다고 한다.

마감온 연구원은 이상의 조사를 바탕으로 오대五代부터 명청대에 이르기까지 다양한 비기碑記를 통해 다음 세 가지 결론을 제시했다. 첫째, 최소한 당 이전에 편작묘가 건립되어 있었으며, 이후 반복적으로 중수하였으니 이는 인민들의 편작에 대한 기념과 숭경崇敬을 나타낸다. 둘째, 《사기》에 편작은 일찍이 진나라에서 조간자를 치료했다는 기록이 있고, 비문에 중구中丘(내구) 봉산蓬山의 전 4만 무를 획득했다고 기재되어 있는 것을 통해 편작이 이곳과 관련이 있다는 사실을 알 수 있다. 셋째, 편작은 고대의 명의로 문헌 기재 전후에 모순이 있다고 하더라도 내구 지역에 천 년 이상 유적을 보존하고 있다는 것은 결코 우연이 아니다. 문헌에 기재된 것을 모두 긍정할 수는 없겠지만 조사와 획득한 자료를 통해 과거 몇몇 편작의 존재를 부정하는 논리가 잘못되었다는 사실을

◈ 2l 내구 편작사에
있는 편작묘

증명할 수 있다.

작왕묘는 문화대혁명을 지나고 1980년대 중반의 화재를 당한 이후 1990년대 새롭게 태어났다. 그 사이 학교도 이전하면서 사묘의 이름도 편작사로 바뀌었으며, 내부의 건축물도 새롭게 단장했다. 주전主殿인 편작전(신응왕전[120])을 비롯해 약왕전藥王殿·백자전百子殿·불야전佛爺殿·옥황전玉皇殿·재신전財神殿·노군전老君殿 등으로 기존의 건축물이 이름을 바꾸거나 새롭게 추가되었다.

③ 북경 묘봉산 약왕전[121]

묘봉산妙峰山 약왕전은 북경 시내에서 서쪽으로 약 50여 km 떨어진 묘봉산 혜제사惠濟祠 안에 있다. 명 숭정연간(1628~1644)에 건립되어 400여 년의 역사를 지닌 혜제사는 낭랑묘娘娘廟라고도 불리며, 사당 안에 유·불·도는 물론이고 민간의 세속 신령들을 모셔 놓고 있다. 산문山門의 석변石匾 '칙건혜제사勅建惠濟祠'는 청 가경제 어필御筆 제사題寫이다.

산문을 지나 안으로 들어서면 건축물들이 비교적 규모가 큰 사합원四合院 형식으로 배열되어 있다. 산문 안 양쪽에는 호문신護門神이 자리 잡고 있는데 왼쪽은 청룡, 오른쪽은 백호이다. 그리고 산문 좌우의 이방耳房은 왼쪽에 성무전盛武殿, 오른쪽에 문창전文昌殿이 자리한다. 산문을 들어서 마주 보는 가운데에는 정전이랄 수 있는 영감궁靈感宮(낭랑전)이 있다. 이곳에는 천선성모天仙聖母 벽원군碧元君을 비롯해 송생送生·안광眼

....

120 扁鵲이 송대에 '神應王'에 봉해졌기에 이와 같이 부르기도 한다.(劉淸脆, 《醫祖尋踪》, 河北教育出版社, 2011, 31쪽)
121 劉淸脆, 2011, 63쪽.

光·반진斑疹·송자送子의 다섯 낭랑娘娘을 모셔 놓고 있다. 사원의 좌측전은 관음전觀音殿, 우측전은 동악전東岳殿이며, 영감궁의 좌우로 약왕전과 지장전地藏殿이 있다. 약왕전은 편작을 모셔 놓았기에 편작전이라고도 불린다. 도교 형식의 사묘 군락을 형성하고 있는 가운데 약왕전이 여러 전각들 가운데 하나로 포진해 있다.

명 숭정연간(1628~1644)에 시작된 묘봉산 전통민속묘회는 오랜 역사를 지니고 있으며, 화북 지역 최대의 묘회 가운데 하나였다. 개최 기간은 매년 4월 1일부터 15일까지로 전국 각지에서 사람들이 모여들어 조배진향朝拜進香하는 모습이 장관을 이루었다고 한다. 하지만 근·현대 항전과 문화대혁명을 거치면서 수십 년 동안 중단되었다가 1993년 정부에서 정식으로 묘회 개최를 비준하면서 다시 생기를 되찾기 시작했으며, 국가급비물질문화유산(무형문화유산)으로 지정되기도 했다.

4. 편작의 발길이 닿은 곳에 자리한 묘묘廟墓

① 하남 탕음湯陰 편작묘묘[122]

◈ 23 복도향伏道鄉
편작묘 산문

2,000여 년의 역사를 지닌 하남 탕음湯陰 편작묘묘扁鵲廟墓는 현성에서 동쪽으로 약 8㎞ 떨어진 복도촌伏道村의 남, 강양촌崗陽村의 북에 있다. 편작이 진왕을 치료해 병이 호전되자 진秦 태의령太醫令 이혜李醯가 자신의 의술이 편작에 미치지 못하는 것을 시기해 자객을 보내 편작을 길가에서 찔러 죽였기에 이곳 마을 이름이 복도촌이 되었다고 한다. 당지 사람들에 따르면 장례를 지낸 다음 무덤을 만들고 그 앞에 사당을 세워 기념했다. 시간이 지남에 따라 사祠와 총塚 모두 파괴되었다.

최근 복도향伏道鄉(원 복도촌)에서는 약 200여 만 위안의 자금을 들여 편작묘묘를 중수했다. 새롭게 조성된 사당에는 산문山門·회춘당回春堂·정

....
122 劉淸脆, 2011, 71쪽.

전正殿·동서상방東西廂房·석정정石井亭·음양지陰陽池 등 건축물이 들어섰다. 남문(정문)을 들어서면 궁문宮門(회춘당回春堂)이 있고, 그 양쪽에는 이방耳房이 있다. 궁문 앞쪽에는 조그만 다리와 그 양편으로 연못이 있으니 일음일양一陰一陽(음지陰池·양지陽池)이다. 궁문을 지나면 새롭게 단장한 정전인 편작전(광응왕전廣應王殿)이 있는데, 그 안에는 한백옥漢白玉으로 만든 편작상이 조각되어 있다. 정전의 동서 양쪽은 상방廂房으로 장중경·순우의·화타·갈홍·왕숙화·황보밀·손사막·한보제韓普濟·뇌태을·유수진 등 10대 명의를 모셨다.

정전의 후면은 건설 이전의 묘묘로 향당享堂·동서상방·편작사당, 그리고 가장 북쪽에 위치한 편작묘 및 석비 등으로 구성되어 있다. 향당은 공품을 올리고 분향하는 장소이다. 상방은 당지 사람들은 관청(관원을 접대하는 장소)으로 부르고 있는데, 원래의 상방은 항전시기에 포루炮樓로 이용되다가 훼손된 것을 다시 중건한 것이다. 편작묘 오른쪽에는 연못을 조성했으며, 그 뒤로는 난경을 들고 있는 편작 소상을 세웠다. 사당 안에는 10여 개의 비각이 있는데, 대부분이 편작묘에 관한 역사와 전설 등을 기록하고 있다.

당지 사람들 말을 빌리면 이곳에서는 매년 3월 15일 편작에 대한 제사를 지냈는데, 주변의 복도伏道·대성大性·후장侯庄·강양崗陽·사마촌司馬村 등 지역 주민들이 참여했다고 한다. 제사를 지내는 3일 동안은 주민들이 축제를 열기도 했는데, 북과 장고를 두드리기도 하고, 희극(주로 예극豫劇)을 공연하기도 했다.

② 산거 영제永濟 편작묘묘

편작이 춘추시대 진晉 서남의 강絳과 동북의 진양晉陽 일대에서 주로

활동했던 조간자의 병을 치료했다는 기록을 통해 산서 일대에서도 의료
활동을 전개했을 것으로 생각된다.[123] 산서 영제永濟의 편작묘묘는 영제
시에서 동쪽으로 약 13㎞ 떨어진 청화진淸華鎭에 있다. 정회림鄭懷林의
《편작묘고략扁鵲墓考略》에 "(산서) 영제현 청화진에 편작묘가 있는데, 묘
앞 석비에 '편작묘'라고 새겨진 것을 통해 그 주인을 알 수 있다고 했으
며, 명 만력연간(1573~1620)에 사당을 중수하여 그 사와 묘가 지금까
지 존재하고 있다."고 밝힌 바 있다.

현재의 편작 사당은 크게 묘구廟區와 묘구墓區, 그리고 중간에 중초약
재배구역 등 3개의 영역으로 구성되어 있다. 편작묘는 원대부터 조성되
었으며, 건축물로 산문과 동서랑방·편작헌전·편작정전·약왕대藥王臺·편
작사 그리고 관음전觀音殿과 재신전財神殿 등이 있다. 정문을 들어서면 신
도 양변에 수십 개의 석조 기둥이 배열되어 있다. 기둥 위에는 열두 동

◈ 24 편작묘 입구의 석패방

123 曺東義 外, 1995, 100쪽.

물이 조각되어 있는데, 비교적 온전하게 보존되어 있다. 신도 앞쪽이 정전으로 '신의神醫편작' 소상을 모셔 놓았다. 그리고 그 좌우에는 중국 역사상의 10대 명의인 '천사기백天師歧伯'·'태을뇌공太乙雷公'·'신의편작'·'창공순우의倉公淳于意'·'의성장기醫聖張機'·'의선화타醫仙華佗'·'천의왕숙화天醫王叔和'·'황보사안皇甫士安'·'진인손사막眞人孫思邈'·'약왕위자장藥王韋慈臟'을 모셨다. 편작묘 안에는 명대 조각상 23개와 북위 시대 묘비 1개, 명대 새긴 묘비 2개, 청대 비각 4개가 보존되어 있다.[124]

편작묘에서 서쪽으로 약 100m 떨어진 곳에는 석패방이 있고, 그 뒤로 편작묘가 있는데 묘 앞에는 1m 높이의 석비가 세워져 있다. 묘의 높이는 1.67m, 직경은 약 5m 정도이다. 묘 옆에는 돌로 된 양羊 한 쌍과, 오래된 회나무 한 그루가 서 있다. 매년 정월 20일과 11월 20일은 편작 제사일로, 사람들은 3일 동안 분향하면서 소원을 빌거나 가무를 즐기기도 했다. 이곳은 청말 의화단 운동과 이어진 8개국 연합군의 북경 진입 당시 서안으로 몽진을 떠나던 서태후가 중간에 들렀던 곳으로도 유명하다. 당시 몽진의 황망한 가운데 서태후는 편작묘에 이르렀을 때 많은 사람들이 운집해 기도하는 모습을 보고 그녀도 사당 안으로 들어와 배알한 뒤 "세세평안歲歲平安, 광쇄인간光灑人間"의 편액을 내렸다고 한다.

'문화대혁명' 후기 편작묘는 학교로 바뀌었으며, 주전은 창고로 이용되기도 했지만 편작 소상만은 화를 면했다. 개혁개방 이후 정부의 문물보호 조치에 따라 1986년 학교를 이전하고 편작묘를 복원했다. 최근 영제시 정부는 약 300만 위안의 예산을 투자해 편작묘를 중수했다. 원래 있던 옛 사묘 뒤쪽에 새롭게 3동의 건축물을 지었는데, 주전인 편작전

. . . .

124 劉淸脆, 2011, 83쪽.

을 중심으로 좌우에 관음전과 재신전을 두었다. 그리고 전 앞 광장에는 8대 신의 석조상을 조성했다. 편작묘(묘廟)는 1996년 1월 12일 산서성 정부로부터 성급 중점보호문물로 지정되었다.

영제시 외에도 산서성 지역에는 노성현潞城縣 등지에 편작을 기린 사당이 여럿 있었던 것으로 보이는데, 오진방吳震芳의 《술이기述異記》에 "산서 노성현 민중들은 병이 나도 약을 복용할 수 없었고, 의사도 없었다. 현성 남쪽 10여 리 지점에 노의산盧醫山이 있었는데, 산 위에는 노의묘가 있었다."고 했다.[125] 백성들이 약을 구할 능력도 없는 상황에서 신격화된 편작을 찾아 병을 치료하고자 했음을 알 수 있다.

③ 산동 제남濟南 북교와 장청長淸 편작묘

산동성 제남시濟南市 천교구天橋區 황하 이북의 작산서촌에도 편작묘가 있다. 작산서촌은 말 그대로 작산의 서쪽에 위치해 붙여진 이름이며, 작산은 편작이 오랫동안 이곳에 머물면서 의료 활동을 했다고 전해진다. 작산 부근에는 약산藥山이라 불리는 산도 있는데, 편작이 채약한 것으로 말미암아 얻은 이름이라고 한다.[126]

산동 미산현微山縣 양성산兩城山에서 출토된 동한묘東漢墓 화상석 가운데에는 편작이 신격화되어 가슴 부위 위로는 사람의 형상을 하고 있으나 그 아래로는 새(까치)의 모습을 한 신물로 그려지고 있으며, 침으로 사람들의 병을 치료하고 있다.[127] 화상석에서 편작이 까치의 모습을 하고

---

125 吳震芳, 《述異記》: "山西潞城縣民, 病不服藥, 亦無醫. 縣南十餘里有盧醫山, 上有盧醫廟."(曹東義 外, 〈扁鵲墓廟硏究〉, 《中華醫史雜志》25卷 2期, 1995, 100쪽 재인용)

126 劉淸脆, 2011, 57쪽.

127 曹東義 外, 1995, 100쪽.

◈ 25 편작 침구도針灸圖(한대漢代 화상석)

있는 것은 그의 이름자 작鵲(까치 작)과 관계가 있는 것으로 유추해 볼 수 있다.

편작묘는 작산관리위원회(현 영익낙원노년공우榮益樂園老年公寓)의 서쪽 민가에 둘러싸여 있는데 묘의 높이는 약 2m이고, 앞에는 청 강희 3년 (1664)에 세운 것으로 보이는 묘비가 있는데, '춘추노의편작묘春秋盧醫扁 鵲墓'라 적혀 있다. 편작묘 남쪽에는 백옥으로 만든 약 4m 높이의 편작 소상이 있는데 '신의편작' 네 글자가 새겨져 있다. 이곳 편작묘는 1995 년에 제남시 문물보호단위로 지정되었다.

산동 사람들은 편작을 '노의盧醫'라 부르는데, 이와 관련 《제남명승고 적략》에는 "편작, 진월인秦越人으로 장상군長桑君으로부터 의술을 전수받 았다. 노盧 지역에 거처하였는데, 노는 오늘날의 장청長清이다. 작산에서 백리가 되지 않으며, 죽은 뒤 이곳에 장사 지냈다."[128]고 하였으니 편작

128 《濟南名勝古迹略》: "扁鵲, 姓秦名越人, 受術于長桑君, 寓居于盧. 盧, 今長清地, 去鵲

과의 관련성을 이렇게 묘사한 것이다.

현재 장청구에는 '편작중의원扁鵲中醫院'이 있는데, 본관 앞에는 백옥의 편작 조상이 세워져 있고 '신의편작' 네 글자가 조각되어 있다. 일설에 의하면 장청구 안에 편작묘가 있다고 하나 아직 찾지 못하였다. 앞서 당唐 단성식의 《유양잡조》에 "노성盧城의 동쪽에 편작의 무덤이 있다."고 했다는 사실을 밝혔지만 《장청현지》에도 편작묘에 관한 기사를 적고 있으며, 《원화군현지元和郡縣志》에는 산동 조성현朝城縣 나성羅城 서북쪽에 편작묘가 있다고 기술되어 있다.

④ 섬거 임동 편작기념관[129]

◈ 26 임동 편작기념관

. . . .

山不百里, 死葬于此."
129 별주가 없는 한 劉淸脆, 2011, 97쪽 참조.

임동臨潼 편작기념관은 진시황 병마용 박물관에서 그리 멀지 않은 서인시西安市 임동구臨潼區에서 동북으로 약 15㎞ 떨어진 미액진馬額鎭 남진촌南陳村에 있다. 당지 사람들은 편작이 이곳에서 위난을 당했다고 주장하고 있으니 다음과 같은 이야기가 내려오고 있다.

편작이 진왕을 치료해 병이 호전되자 진秦 태의령太醫令 이혜李醯가 자신의 의술이 편작에 미치지 못하는 것을 질투해 자객을 보내 의료 활동을 하고 있는 편작을 마액진 남진촌에서 살해했다. 편작이 살해당한 소식은 이웃 곽나라에도 전해져 평소 편작을 숭모했던 사람들이 흉악범을 징벌하고 유체를 곽나라로 가져오자는 요구가 빗발쳤다. 하지만 곽나라가 진나라보다 약하다는 사실을 인지하고 있던 당시 곽 태자는 군사적 공격이 아닌 다른 방법으로 편작의 유체를 가져오고자 했다. 그는 정병 20명을 선발하여 상인으로 분장한 다음 진나라로 들어가 진왕과 협상에 임했다. 하지만 진왕은 편작이 진나라에 공헌한 바가 있으므로 후장厚葬하고 곽나라에 내어 주지 않았다. 협상에 실패한 곽 태자는 하룻밤만 편작의 영혼을 돌볼 수 있게 해 달라고 청해 수락을 받았다. 그는 20명의 장병과 비통한 마음으로 편작에 대한 대례를 행한 뒤 죽은 편작의 머리만을 취해 밤에 곽나라로 돌아온 다음 이를 작산 아래 초자촌焦子村(현 신두촌神頭村)에 매장했다. 이후 나무로 몸을 만들어 신두神頭와 함께 매장했다. 이에 진나라에서는 금으로 편작의 머리를 만들어 신체를 함께 마액진 남진촌에 후장했다.

편작묘가 이곳에 있었다고 한 사실은 《함양기咸陽記》에 "편작 무덤이 성의 동쪽에 있다.(扁鵲冢在城東)"고 한 것과 《섬서통지陝西通志》·《임동현지臨潼縣志》 등에 모두 "편작묘는 임동현 동북 30리 지점에 있다.(扁鵲墓在臨潼縣東北三十里)"고 한 것으로 짐작할 수 있다.[130] 과거의 편작묘는 높이 약 2m의 흙무덤으로, 묘 옆에는 원·명대에 심은 것으로 보이는 오래된 측백나무 한 그루가 있었다고 한다. 현대에 들어와 이곳에 비를 세우는 등 기념하고자 했으나 불행히도 '문화대혁명'의 여파로 1972년 전후 수천 년 전해 내려오던 역사유적은 완전히 사라지고 말았다.

이후 섬서성 중의연구원의 미백양米伯讓 연구원이 편작묘를 답사하고 섬서성 유관 기관에 요청한 결과 1982년 8만 위안을 들여 9무 면적에 편작묘와 편작기념관을 건립하게 되었다. 1992년에는 임동시 정부가 투자를 확대해 36무의 면적을 더 구입해 기념관 앞쪽에 동으로 5m 높이의 편작 소상을 세우는 한편 기념관 안에 편작기념관 전체 규획도, 편작화상扁鵲畵像, 편작유적록扁鵲遺迹錄 등을 배치했다. 2007년 임동구 정부는 1,000여 만 위안을 들여 기념관을 기존의 일원─院·일관─館·일묘─墓에서 광장과 전·중·후 4원으로 확대·보수했다

광장에는 정문과 석패방·사무실·검표소 등이 들어서고, 전원前院에는 편작동소상扁鵲銅塑像이 서 있다. 소상의 후면은 기념관으로 안에는 편작행의도 등을 볼 수 있다. 다음 중원은 편작묘인데, 앞쪽에 3개의 석비가 세워져 있고, 묘 뒤쪽에는 편작공덕비가 있다. 그 뒤는 새롭게 단장한 편작사扁鵲祠 대전으로 편작 소상을 모셔 놓았다. 대전의 좌우 양측에는 동·서 상방이 있고, 대전 뒤쪽에는 10대 신의 소상과 신의대神醫臺 등으로 구성되어 있다.

130 曹東義 外, 1995, 100쪽.

5. 편작묘의 다른 이름 - 노의묘盧醫廟 · 노복묘盧福廟

① 사수沘水 노의묘(편작사)

◈ 27 사수 노의묘(편작사)

'노의盧醫'는 편작의 다른 이름이다. 전국시대 노盧 땅에서 거주한 적이 있었기에 이렇게 부르기도 하는데 하남성 경내에는 여러 노의묘가 존재했던 것으로 보인다. 가장 대표적인 것으로는 사수성沘水城 동남 약 5㎞ 상가촌上街村에 있는 사수 노의묘(편작사)를 들 수 있다. 상가는 본래 서주西周의 봉국封國이었던 동괵東虢의 소재지로, 전설에 따르면 편작이 이곳을 지나다가 동괵 태자의 질병을 치료한 뒤 괵인들이 이곳에 사당을 지어 기념했다고 한다. 한漢 홍가鴻嘉 3년(B.C.18)에 지역민 여연呂衍이 수리한 이래 역대로 끊임없이 보수가 진행되었다.[131] 노의묘의 원래 규모는 5,000㎡로 남에서 북으로 산문山門과 종鐘 · 고루鼓樓 · 장상각長

---

131 (乾隆)《沘水縣志》卷2〈建置〉, 淸乾隆九年刻本 : "漢鴻嘉三年, 土人呂衍修之, 歷代修葺不斷."

桑閣·권붕卷棚·노군전老君殿 등의 건축물이 있었다고 하는데, 현재는 산문과 장상각·권붕·대전大殿만이 남아 있다.

명청대 노의묘에서는 매년 음력 4월과 10월 약 반 달 정도씩 약재대회가 개최되었다.[132] 본지뿐만 아니라 흑룡강·길림·요녕·운남·귀주·감숙 등지의 약상들도 찾을 정도로 전국적 규모를 가진 시장이었으며, 1949년 중화인민공화국이 성립한 이후에도 수년 동안 진행되었다. 이 묘는 1987년에 하남성 정주시鄭州市 인민정부가 시급 문물보호단위로 지정했다. 2005년 행정구획이 정비되면서 정주시 상가구上街區에 편입되었고, 사묘의 중수와 더불어 초약박물관草藥博物館 건립을 계획하고 있다고 한다.

② 진평현鎭平縣 노의고묘

하남성 진평현鎭平縣 노의진盧醫鎭에도 편작과 관련한 고사와 더불어 그를 모신 사당이 있다. 편작이 유의游醫로 각 제후국에서 활동하던 때 두 차례에 걸쳐 이곳을 방문한 적이 있으며, 7년 동안 머물렀다고 한다. 향토사학자인 곽성지郭成志가 현지 주민의 말을 인용해 전한 고사에 따르면 전국시대 계량季梁이 병에 걸려 오랫동안 낫지 않았는데, 마침 편작이 이곳에 와서 진맥한 뒤 약을 처방해 주어 나았다고 한다. 그 뒤 편작이 진 태의 이혜의 시기로 살해당하자 계량은 은덕을 갚고자 사당을 지어 '유의묘游醫廟'라 했다고 한다. 당지에서는 또 소씨蘇氏 집안의 부인이 난산으로 목숨이 끊어진 것으로 알고 장례를 치렀으나 편작이 관을 열고 기사회생시켰다는 전설이 내려오고 있다.[133]

....

132 李留文, 〈洪山信仰與明淸時期中原藥材市場的變遷〉, 《安徽史學》 2017-5, 31쪽.

133 郭成志, 〈走進鎭平盧醫鎭, 拜謁扁鵲古廟〉, 2017
(http://3g.163.com/local/article/D0256LM604398DOR.html)

노의진이라는 지명의 유래도 노의묘와 관련이 있으니《진평오천년鎭平五丁年》에 다음과 같이 기술되어 있다. 즉 노의진 동쪽을 지나는 엄릉하嚴陵河라는 하천이 하나 있는데, 이 하천의 이름이 처음부터 엄릉하는 아니었고 본래는 청하淸河였다. 후한대後漢代 절강浙江 여요余姚 출신의 엄자릉嚴子陵이 만년에 여기에 은거하면서 낚시를 즐기고 학생을 모아 가르치기도 했는데, 당시 주민들로부터 큰 사랑을 받았다. 그가 죽은 뒤 한수漢壽 원년(155) 8월 사람들이 선사묘先師廟를 세우고 그를 추모하기 시작하면서 청하도 엄릉하로 개명되었으며, 지역 이름도 엄릉진이라 하였다. 그러다가 명대 엄릉진은 노의묘의 명성이 원근에 널리 알려지게 되면서 다시 노의진으로 바뀌어 지금까지 내려오고 있다.

명 홍무 3년(1370) 노의묘를 지금의 자리로 옮기면서 세운 비각에 관련 내용이 기록되어 있다. 즉 계량이 편작의 은덕을 갚기 위해 지은 '유의묘'를 홍무 3년에 한씨韓氏 성을 지닌 원외員外가 현재의 위치로 이전하면서 명칭도 노의묘라 했다는 것이다. 인근에서 사람들이 분향하면

◈ 28 '노의고묘盧醫古廟' 정문

서 기도하였는데 음력 1일과 15일에는 더욱 많았다. 매년 청명절에 묘회를 개최하니 상인과 일반인들이 운집하여 상품을 교역하고 분향 및 기도하는 풍속이 수백 년 동안 지속되었다. 이후 명 성화 19년(1483)과 가정 23년(1544) 두 차례에 걸쳐 확대하였으며, 융경隆慶 원년(1567)에 규모를 갖춰 현재까지 600여 년의 역사를 지니고 있는데, 최근 국가중점문물보호단위로 지정되었다. 이와 관련 비문에는 명 가정 갑진년(1544) 곽郭·위魏·조趙·소蘇 4개 성씨가 중심이 되어 세 번째로 확장했다고 기재되어 있다. 확장 공사를 위해 72개 성 508인이 공동으로 토지 1경 19무와 백은白銀 천 냥, 곡물 50만 근을 모아 23년 동안 공사하여 융경 원년(1567) 10월에 준공했다는 것이다. 당시 사묘 건축은 노의묘를 중심으로 묘 앞에 희루戲樓를 뒷쪽에 낭랑전娘娘殿을 배치하고 동쪽에는 관제묘關帝廟, 서쪽에는 도장루道長樓·장경각藏經閣·대재당大齋堂·창방원倉房院 등이 있었다.

2007년 노의진 정부가 신청사로 이전하면서 근 100년 가까이 지속되었던 곁방살림을 끝내고 고묘 본래의 모습을 갖추게 되었다. '노의고묘' 정문 앞에는 '팔八'자 모양으로 벽이 세워져 있는데 입구 오른쪽에는 노의묘의 역사가 기록되어 있으며, 왼쪽에는 하남성 문련文聯 부주석 이월하二月河가 쓴 '현호지조懸壺之祖'가 걸려 있다. 묘문廟門은 궁문穹門으로 윗부분에 '노의고묘'라 하였고, 궁문과 대전 사이에는 600여 년의 수령을 자랑하는 커다란 측백나무가 한 그루 서 있다. 고증에 따르면 명대 노의묘를 이전·건축하면서 심은 것이라고 한다. 청 함풍 10년(1860) 〈호수벌규비護樹罰規碑〉의 비문에서는 "묘원廟院에 있는 수목을 낮 동안에 몰래 베면 벌전罰錢 천 문을, 야간에 몰래 베면 벌전 5천 문을 부과하며, 이 규정을 준수하지 않는 자는 관에 보내 다스리도록 한다."고 하였으니 이 나무가 지금까지 남아 있을 수 있는 요인 가운데 하나이다.

노의대전은 궁전식 건축물로 내부에는 편작과 손사막의 신상을 모셨으며, 양측에 신농씨·기백·화타·장중경·앙숙화·갈홍·도홍경·주단계·이시진 등을 배치했다. 내부 벽에는 '편작현채환공扁鵲見蔡桓公', '장중경좌당행의張仲景坐堂行醫', '손사막좌호침룡孫思邈坐虎針龍', '화타괄골요독華佗刮骨療毒' 등 역대 약왕의 고사와 관련된 벽화가 그려져 있다. 대전의 양측에는 낭방廊房이 있는데 이곳에는 많은 불교 신상을 모셨으니 도·불합일의 중국적 특성을 잘 보여 주고 있다.

③ 절강성 경원현慶元縣 노복묘

성급 문물보호단위로 지정되어 있는 절강성 경원현慶元縣에 위치한 노복묘盧福廟는 성에서는 유일하게 편작을 기념하기 위해 세운 사당이다. 정전과 더불어 도좌倒座·희대戱臺·중정中亭·상방廂房 등으로 구성되어 있다. 사묘의 정전에는 노복신盧福神, 곧 편작을 모셨다.

현재의 노복사盧福祠는 원元 혜종惠宗 지원至元 신사년(1341)에 건립하였다고 하니 700년 가까운 세월이 흘렀다. 사료에 따르면 대제大濟 오씨吳氏 선조가 세웠다고 한다. 이 지역에서 편작을 숭배하기 시작한 것은 대략 북송대부터이다. 인종仁宗(재위 1022~1063)은 질병으로 고통받는 상황에서 의학의 발전을 중시했고, 편작을 '신응후神應侯'에 봉한 뒤 사당을 세우고 제사를 지내게 했다. 당시 조정에서 '대리시평사大理寺評事'를 역임했던 대제大濟 진사 오곡吳轂이 늙어 고향으로 돌아온 뒤 '편작노의묘'를 세워 편작을 기리기 시작했다. 당시에 세워진 사당은 현재 위치가 아니었으며, 1341년에 사묘를 새롭게 중건하면서 지금 자리로 옮겨 왔다. 그 뒤로 수차례에 걸쳐 건축물을 수리했다고 전해진다.

신단 위에는 노의목상盧醫木像이 있는데, 그 수족이 범인과 다르지 않

◈ 29 노복묘 전경

다. 묘회 기간이 되면 대제촌大濟村 백성들이 노의목상을 들고 마을을 한 바퀴 도는 풍속이 있었다. 이때에는 노의성상에 조복 대신 청의를 입히는데, 그 이유는 사람들에게 친근감을 배가시키기 위함이라고 한다. 후세 사람들이 신의를 찾아 향을 피우면서 배알하는데, 향로 앞에는 100개의 처방을 적은 통이 있다. 이 100개의 처방은 대부분이 용약 처방으로 연구자들의 논증에 따르면 용량도 적당하고, 전통의학의 원리에서 크게 벗어나지 않는다고 한다. 재미있는 것은, 이 100개의 처방 가운데 6개는 약을 기재하지 않은 무약無藥 처방인데, 이유는 《사기》에서 말한 '육불치六不治'와 관련이 있다고 한다.

Ⅳ. 비동邳彤

1. 후한의 개국공신이 약왕?

중국의 약왕은 대부분이 고대 신화와 관련이 있거나 명의로 알려진 인물들이다. 하지만 신화 속 삼황도 아니고 편작이나 화타 같은 명의도 아니면서 약왕의 반열에 오른 역사인물이 있으니 바로 중국 최대의 약재 전문시장이 있는 안국安國에서 약왕으로 추앙받고 있는 비동邳彤(?～30)이다. 후한後漢의 개국공신으로 무장이었던 비동에 관해서는《후한서》권21, 열전 11에 짤막하게 언급되어 있는데, 광무제光武帝가 왕망王莽(B.C45～A.D23)의 신新을 물리치고 후한을 건국할 때 공을 세운 인물로 묘사되어 있다.《후한서》의 관련 기사내용을 정리하면 다음과 같다.

> 비동의 자는 위군偉君이고, 신도信都(현재의 하북성 형수衡水) 사람이다. 아버지 길吉은 요서태수를 지냈다. 비동은 처음에는 왕망의 졸정卒正이었다가, 광무제가 화북으로 진출하여 하곡양下曲陽에 이르자 성을 들어 바치므로 태수로 삼았다. 이후 왕랑王郎이 군대를 일으켰을 때 공을 세웠으며, 태상太常과 소부少府 등을 거쳐 좌조시랑左曹侍中을 지냈다.[134]

....

134 《後漢書》卷21〈列傳11〉, "邳彤"

◈ 30 약왕 비동
(안국 약왕묘)

　《후한서》에 기술된 내용으로만 봤을 때 비동은 의학과는 전혀 관계없
는 인물로 보인다. 하지만 중국의 일부 학자들은 그가 의학에도 정통했
다고 주장하는데, 이는 '약왕'이라는 존재에 대한 의미 부여 차원 때문
일 것이다. 예를 들면 구건빈寇建斌 등의 글에서는 "비동은 생전에 의술
에도 정통했으나 명성은 편작이나 화타와 같은 명의에 견줄 바는 아니
었다. 전공戰功으로 청사에 길이 빛나는 업적을 남겼다. 비동은 사후
1,000년이 지난 다음에야 비로소 황제로부터 약왕에 임명되었고, 사후
'현령'으로 질병을 치료한 공로로 사람들이 제사를 지내기 시작했다. 이
러한 '무의합일武醫合一', '인신합일人神合一'의 숭사崇祀 또한 드물게 볼
수 있는 현상이다."[135]라고 했다.

135 寇建斌 外 編著,《藥界聖地 唯一皇封 安國藥王廟》, 香港銀河出版社, 2002, 27쪽.

무장이었던 비동이 안국의 약왕으로 추앙받게 되는 결정적인 요인은
송대부터 전해지는 꿈속에서 진왕秦工을 치료했다는 이야기가 중요한 역
할을 했으니《안국 지방지》에 이렇게 기술되어 있다.

　　　피장왕묘皮場王廟는 주치州治 남쪽에 있다. 전설에 따르면 기주祁州(현 안
　　국安國) 토신묘土神廟는 남쪽 성문 바깥 좌측에 있었는데, 송대부터 지금까
　　지 병에 걸린 사람이 찾아가 기도하면 꿈에 의현령醫顯靈이 나타나 약이나
　　침폄을 주어 그것으로 치료하면 병이 치유되었다고 한다. 선조(송대) 진왕
　　秦王이 병에 걸려 여러 의사에게 진료를 받았으나 효과를 보지 못하다가
　　한 의사가 꿈에 나타나 약 몇 환을 주어 이를 복용하였더니 바로 완쾌되었
　　다. 성명을 묻자 기주 남문 사람이라 답하였다. 즉시 사자를 파견하여 물어
　　처음으로 신이 있음을 알게 되었다. 이로부터 사방에서 사람들이 모여들어
　　분향하였다. 송 건중정국建中靖國 원년(1101)에 '영황후靈睨侯'에 봉하였고,
　　함순 6년(1270)에 '영소혜현우왕靈昭惠顯祐王'을 가봉加封하였다. 임안臨安
　　(항주)에도 사당을 세우고 국가에 재앙이 있을 때는 반드시 사자를 파견하
　　여 기도하였다.[136]

　　안국 약왕묘는 송대에 황제로부터 봉호를 받았으니 다른 지방의 약왕
묘와 구별되는 특징이라 할 수 있다.[137] 이후 약왕의 영혼이 병을 치유
하였다는 설화가 사람들 사이에 유행하면서 '신적神迹'으로 여겨지게 되

....

136　郭應響, (崇禎)《祁州志》卷3,〈祝典志〉, "皮場王廟"; "皮場王廟在州治南. 傳祁州土神
　　廟在南城門外左之. 自宋迄今, 以醫顯靈, 有疾者禱之則於夢中授以藥或針砭厥明卽愈. 故
　　老傳稱先朝有秦王得疾, 諸醫莫療, 一醫後至, 進藥數丸, 立愈. 問其姓名, 對曰祁州南門人
　　也. 遺使卽其地問之始知爲神, 由是四郡膽仰駿奔祠下. 宋建中靖國元年封爲靈睨侯. 後易
　　爲公咸淳六年加封明靈昭惠顯祐王. 臨安立廟, 國家凡有災, 必遣使禱之."
137　張瑞賢,〈安國藥王廟考〉,《江西中醫學院學報》17-4, 2005, 5쪽.

고 그로부터 약상들이 몰려들면서 약시가 형성되었다. 이후 약재도시인 안국에서는 비동을 신격화함과 동시에 그를 모신 사당인 약왕묘를 중심으로 약재 거래와 묘회가 활발하게 전개되었다.

2. 비동 설화

안국 약왕 비동에게는 뭔가 특별한 것이 있다? 그에 관한 정사의 기록 속에는 장군으로서만 묘사될 뿐 의약과는 전혀 관계가 없다. 그럼에도 약왕으로 후세인들의 숭배 대상이 되었으니 그를 위한 특별한 이야기가 필요하지 않았을까? '약왕'이라는 호칭에 어울릴 만한 이야기를 만들어 내야만 했을 것이다. 현대 관점에서 보면 그것이 역사적 사실에 부합하지 않을 뿐더러 다른 의약인물에 관한 이야기를 차용한 것도 있지만 크게 문제 삼지 않는다.

안국에서는 약왕이 스승을 만나는 과정과 관련하여 재미있는 이야기가 전해지고 있다. 비동이 젊은 시절 의학 지식이 아직 완전하지 않다는 사실을 깨닫고 스승을 찾아 나서 배움의 길로 들어서는 과정을 다음과 같이 그리고 있다.

비동이 의학에 뜻을 두고 있던 어린 시절 어느 날 고모인 비월방邳月芳이 얼굴에 종기가 나자 그를 찾아왔다. 원래 며칠 묵으면서 고약을 바르면 나을 것으로 생각했는데 이틀 정도 지나자 종기가 없어진 대신 붉은 반점이 그 자리를 차지하였다. 고모가 집에 급한 일이 생겨 어느 정도 치료가

되었다고 생각해 돌아갔지만, 비동의 마음은 편치 않았으니 완전한 치료방
법을 찾기 위해 각종 의약 서적을 뒤져 봤으나 뚜렷한 해결책이 나오지 않
자 번민만 깊어 갔다. 며칠 뒤 불편한 마음을 안고 고모 집을 찾아갔더니
고모의 병이 깨끗하게 나아 있었다. 깜짝 놀란 비동이 고모에게 물으니
"치료를 받고 집으로 돌아오는 도중 산길에서 채약 노인을 만났는데, 그
사람이 내 상처를 보더니 이것은 '독창毒瘡'이라 하면서 기존 의약서적에
없는 새로운 처방을 알려 주었다. 대총大葱과 감자甘蔗를 으깨어 상처 부위
에 7일 정도 발라 주면 좋아질 것이라고 하여 그렇게 했더니 깨끗하게 나
았다."고 답하는 것이었다. 그 말을 들은 비동은 다음 날 바로 그 노인을
찾아 나섰는데, 대흑산大黑山 신선묘神仙廟에 이르러 채약노인을 만나 가르
침을 주실 것을 청하니 온화하고 겸허한 자세로 받아들였다. 이후 그가 천
하를 주유하면서 깨달은 각종 영험한 비방을 전수해 주고, 비동 또한 각고
의 노력을 통해 의술을 연마한 결과 황실의 공주가 걸린 괴병을 치료할 수
있었다. 비동은 백성들을 질병의 고통으로부터 해방시켜 줌으로써 '약왕'에
봉해졌다.[138]

꿈은 약왕과 환자를 연결하는 중요한 매개체가 된다. 약왕에 관한 많
은 설화가 꿈과 관계가 있다. 비동이 진왕 조덕방趙德芳을 꿈에서 치료
했다는 이야기는 앞서 거론했지만 그가 송대에만 활약했던 것은 아니었
다. 시대를 초월해 등장하고 있으니 명대에는 황제의 꿈에 등장해 색억
色癃(여색을 밝히는 일종의 정신병)을 치료했다고 한다. 그에 관한 이야
기는 다음과 같다.

명 성화연간(1465~1487)은 왕조의 기틀이 잡히면서 태평성세로 접어들

....

138 寇建斌 外, 2002, 103~105쪽.

었던 시기이다. 이때 황제의 유년 시절부터 곁에서 시중을 들던 오태감이라는 환관은 저녁만 되면 무료해 하는 황제에게 밤 저잣거리에 나가 볼 것을 권하였다. 부유한 상인 복장을 하고 둘이 찾은 곳은 화려한 요정으로 그곳의 분위기는 궁정과는 너무 달랐고, 색다른 곳에서 여인을 품은 뒤 새벽녘이 되어서야 황궁으로 돌아왔다. 그로부터 황상은 밤이면 밤마다 그곳을 찾게 되니 정무까지 소홀하게 되었다. 태감도 이런 상황을 근심하였으나 그도 어찌할 수 없었다. 태감을 대동하고 외출을 준비하던 어느 날 갑자기 폭풍우가 몰아치면서 그칠 기미가 보이지 않았다. 하는 수 없이 그날은 외출을 못한 채 잠이 들었는데 꿈에 한 신령스런 노인이 나타났다. 깜짝 놀란 황제가 "당신은 누구이며 무슨 일로 나를 찾아왔단 말입니까?" 하고 묻자 노인은 옅은 미소를 띠면서 "난 기주祁州(안국)의 약왕 비동으로 오늘 당신의 병을 치료하기 위해 왔습니다."라고 답하였다. 이에 황상이 묻기를 "내가 무슨 병이 있어 약왕이 여기까지 왔단 말입니까?" 비동이 대답하기를 "최근 황상께서 밤마다 밖에서 여색을 탐하는데, 이 일을 오래 지속한다면 반드시 큰 병에 걸릴 것이니 내가 당신의 병을 치료함으로써 미연에 화를 방지하고자 합니다."라고 하였다. 이에 황상은 "약왕의 그 말씀은 옳지 않습니다. 짐은 천자로 조정의 일로 바쁜 중에 잠시 한가한 틈을 내어 즐긴 것이 무슨 병이 된단 말입니까? 짐은 병이 없습니다."라고 답하였다. 약왕은 안색을 바꾸며, "천자께서는 모르는 것이 있으니 당신은 이미 색역에 걸렸습니다. 만약 초기에 이를 고치고자 한다면 쉽게 치료할 수 있으나, 좋은 의사의 말을 듣지 않는다면 고질병이 될 것이니 결국에는 비참한 최후를 맞게 될 것입니다. 한 왕조의 천자께서 이처럼 하류로 빠진다면 천하 사람들의 웃음거리가 될 것이며, 대명 왕조의 산하가 당신 때문에 위급한 지경에 이를 것입니다."라는 말을 마친 뒤 홀연히 사라졌다. 놀라 식은땀을 흘리면서 잠에서 깬 황상은 꿈 속 노인의 말이 구구절절 모두 옳다고 생각하여 즉시 조복으로 갈아입고 조회를 소집하였으며, 이후 정무에 집중하는 한편 태감에게 명하여 은량을 휴대하고 기주 약왕묘로 가서 비석을 세워 약왕의 의도醫道를 표창하도록 했다.[139]

◈ 31 안국 약왕묘 마전의 붉은 말(왼쪽)과 흰 말

비동을 모신 안국 약왕묘 전각 관련 설화도 있다. 대표적인 것이 바로 마전에 얽힌 사연이다. 안국의 약왕묘에는 다른 곳에서는 보기 드문 '마전馬殿'이 있으며, 여기에 붉은 말과 흰 말을 모셔 놓고 있다. 고대에 말은 전장에서 유용하게 사용되었을 뿐만 아니라 사람들의 중요한 교통수단이 되었다. 특히 약왕이 병에 걸린 환자들을 치료하고자 빨리 이동하려면 없어서는 안 될 필수품이었는데, 그런 의미에서 안국 약왕묘의 말들도 밤낮을 가리지 않고 비동의 발이 되어 주었다고 한다. 마전에 모셔진 두 마리 말이 한 마리는 붉은색이고 다른 하나는 흰색인데 그와 관련하여 다음과 같은 이야기가 내려오고 있다.

　　본래 약왕묘의 대문을 지나 양쪽에 자리 잡은 마전에 있던 말은 모두 조홍색棗紅色을 띤 붉은 말이었다. 매일 아침이면 말들의 신상에는 촉촉한 물기가 흘렀으니 이는 약왕이 밤새 이들을 타고 야간 진료를 하고 왔기에 땀에 젖어서 그렇게 된 것이었다. 그러던 어느 해 한 약상이 말에 약재를 가득 싣고 남방으로 장사하러 가다가 한밤중이 되어 안국 약왕묘 앞에 이르렀는데, 갑자기 약재를 싣고 왔던 말이 쓰러져 죽었다. 약재 운반 도구를

139 寇建斌 外, 2002, 108~110쪽.

상실한 장사꾼은 어쩔 줄 몰라 당황하며 울고 있는데 한 백발노인이 나타나 "우선 내 말을 이용해 약재를 운반하게."라고 말하는 것이었다. 장사꾼은 노인이 가리키는 곳을 보니 과연 한 필의 조홍마棗紅馬가 있었다. 물건을 옮겨 싣고 떠나려고 하는데 그 노인이 장사꾼에게 일러 말하길 "내 말에게는 먹을 것만 주어야지 절대 물을 마시게 해선 안 된다."고 당부하였다. 장사꾼은 감사의 말을 하고 기쁘게 길을 나섰다. 장사꾼은 약재를 싣고 목적지에 도착해 모두 팔고 나니 약 1개월의 시간이 흘렀다. 그러던 어느 날 말이 풀만 먹고 물을 마시지 않아 혹시 병이라도 나면 어쩌나 하는 걱정이 되어 물을 마시도록 했더니 물을 너무 잘 마시는 것이었다. 이에 물을 더 주자 한 번에 두 통을 모두 마셨다. 다음 날 아침 장사꾼이 마구간에 가 보니 한 무더기의 질척질척한 흙만이 남아 있을 뿐 위풍당당했던 말의 모습은 보이지 않았다. 장사꾼은 깜짝 놀라 어찌할 바를 몰랐다가, 잠시 후 정신을 차리고 지난날 노인이 한 말이 생각나 다른 말을 타고 달려 노인을 만났던 사당으로 돌아와 보니 과연 말 한 필이 없어졌다. 이에 그는 배상을 해야겠다고 생각하여 장인을 불러 말을 조각하도록 했는데 당시 장인이 흰색으로 만들었다. 이로부터 약왕묘의 원래 있던 두 마리 붉은 말은 한 마리의 흰 말과 또 한 마리의 붉은 말로 변하게 되었다.[140]

위 고사는 안국 약왕묘가 상업이 번성했던 시기 약상들의 회합 장소로 널리 사용되었던 사실과 관계가 있는 것으로 보인다. 약왕의 발이 되어 주었던 말을 약상에게 빌려주었으니 안국의 비동은 단순히 의약의 신으로만 존재했던 것이 아니라 상업에 종사하는 사람들의 업종 신으로 기능했음을 알 수 있다.

· ·

140 寇建斌 外, 2002, 93~94쪽.

3. 피장왕묘에서 약왕묘로

하북 평원의 역도驛道 위에 위치해 지리적으로 중요하며 접근성도 뛰어난 안국이 중국 최대의 약재 도시로 성장했던 배경에는 약왕묘의 존재가 아주 큰 역할을 했다. 송대부터 약왕 비동에게 건강한 삶을 위해 기도하고, 그를 숭배하는 묘회가 발달하면서 점차 약재 시장도 활기를 띠기 시작했으며, 명말·청초에 전성기를 구가했다. 약시를 중심으로 상업에 종사했던 약재 상인들은 행회行會를 조직하고, 숭배할 우상과 활동 장소를 만들어 상호 간의 응집력을 높이고자 했으니 약왕묘가 최적의 장소였다.

안국에는 북송대에 이미 성의 남쪽에 피장왕묘[141]가 세워져 있었고 신령한 기운이 백성들의 병을 제거한다는 전설[142]이 전해지면서 아침마다 향을 피우고 절하는 것이 매우 성행했다. 약시가 활성화되면서 점차 규모를 갖추기 시작하였는데, 북송 건중정국 원년(1101) 건립된 이래 명 가정연간(1521~1566)에 중수되었다. 현존하는 비석 가운데 가장 이른 시기인 명 성화 22년(1486)에 작성된 〈중수피장사기重修皮場祠記〉 비명에는 송대 진왕秦王과 관련하여 앞의 《기주지祁州志》와 비슷한 내용의 글이 실려 있으며,[143] 명 만력 26년(1594)의 〈중수명령소혜현우왕사기重修明靈昭惠顯祐王祠記〉에는 신임 태수 장응징張應徵이 좌우첨사左右僉事에게 피장왕묘의 유래와 역사를 묻자 역시 비슷한 대답을 하고 있다.[144]

....

141 皮場王廟는 곧 藥王廟이며, 惠應王廟, 邳彤(王)廟로도 불렸다. (清)宋蔭桐 纂修, 《安國縣新志稿(一)》, 民國年間補抄稿本, 成文出版社, 〈輿圖弟一〉, "八景" 참조.

142 郭應響, (崇禎)《祁州志》 卷2 〈祠典志〉, "祠廟".

143 安國市地方志編纂委員會編, 《安國縣志》, 1996 : "系宋之時兮, 云有秦王. 遘痬疾于身兮, 堅隱膏肓. 醫巫擧莫療兮, 心欲狂. 神忽感于夢寢兮, 摯厥傷. 分刀圭于青囊兮, 藥其瘡. 厥疾遂愈兮, 安且康. 遣使踪其異兮, 名逸揚."(張瑞賢, 2005, 5쪽 재인용)

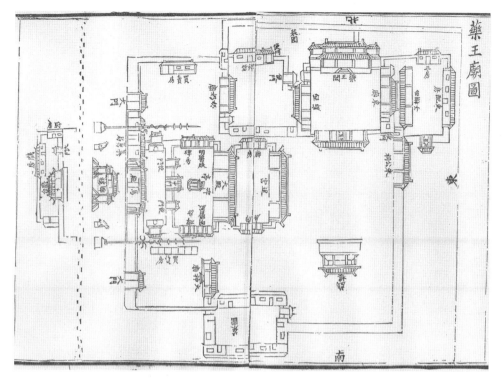

◈ 32 기주 약왕묘도 (淸) 趙秉恒等修, 劉學海等纂, 《祁州續志(全)》(光緒元年刊本), "祁州地輿圖")

　　명대 각지에 설치되었던 피장묘에는 본래 약시의 기능만 있었던 것은
아니다. 특히 명초에는 태조 주원장이 황제에 오른 뒤 각지의 피장묘에
서 탐관오리에 대한 숙청을 단행하였기 때문에 당시 사람들이 가장 많
이 생각한 것은 약왕이 아니라 피비린내 나는 혹형이었다. 주원장은 60
냥 이상의 뇌물을 탐한 관리들을 참수하고, 가죽을 벗기도록 했는데, 이
를 각 부·주·현 각 아문 좌면의 토지묘土地廟에서 행하였으므로 사람들

144 安國市地方志編纂委員會編, 《安國縣志》, 1996 : "父老傳言, 前朝有秦王邁疾, 諸醫莫
療, 適一醫後至, 供藥數丸而愈. 問其姓名, 對日, 祁州南關人也. 遣使卽其地訪之, 始知爲
神, 嗣是以醫鳴于宋."(張瑞賢, 200, 5쪽 재인용)

이 피장묘라 하였다. 물론 명대의 피장皮場이 박피장剝皮場만을 의미하는 것은 아니다. 안국 약왕묘비명에 보이는 피장皮場은 '주州의 영신靈神'으로 토지에 대한 숭배를 나타내며, 명나라 초기의 박피장과는 다르다. 피장 신앙은 명대에 처음 시작된 것은 아니며 송대부터 이미 성행한 것으로 보인다. 문헌에 따르면 송대의 수도였던 개봉開封·항주杭州 및 소주蘇州 등지에도 피장묘가 있었던 것으로 보인다.[145]

역사적으로 피장왕에서 약왕으로 명칭 변경이 이루어진 것은 청대 초기로 추정된다. 그것은 명말 (숭정)《기주지》에 여전히 피장왕묘라는 명칭이 나오고, 강희연간(1661~1722)의 《기주지》에도 약왕묘라는 명칭 대신 피장왕묘라 적고 있는 것에서도 확인할 수 있다. 그러다가 건륭 21년(1756)의 《기주지》부터 약왕이라는 명칭이 나온다..

그렇다면 왜 갑작스럽게 약왕묘로 개칭하였을까? 안국에서 약업이 성행하면서 약상들의 입김이 커짐에 따라 약왕묘로 변경했을 것으로 생각된다. 그리고 이 점은 인근의 막주鄚州 약왕묘의 쇠퇴와도 관련이 있다.[146] 즉 임구현 막주鄚州는 편작의 고향으로 그곳의 편작묘는 적어도 송대에는 묘廟가 건립되어 있었고, 향불이 끊이지 않아 명대에 이미 '약왕묘'로 불렸다고 한다.[147] 하지만 강희연간 몇 번의 큰 화재가 있은 뒤 관부에서 막주의 묘회 개최를 금지하였고, 부근의 안국약시가 번성함에 따라 이곳의 약재 교역은 점차 줄어들게 되었다. 이후 약재교류의 중심이 안국으로 옮겨 오게 되었으니 약왕묘의 존재가 큰 역할을 수행했다.

....

145 張瑞賢, 2005, 6쪽.
146 鄭金生, 〈中國歷代藥王及藥王廟探源〉, 《中華醫史雜志》 26-2, 1996, 70쪽.
147 이와 관련 明代 朱國禎의 《涌幢小品》에는 '鄚州土城無門扉, 相對如闕, 中有藥王廟, 王卽扁鵲, 州人也.'라 하였고, 청초까지 약왕묘회가 꽤 번성하여 '天下大廟屬鄚州', '北京城里人全, 鄚州廟上貨全'이란 말이 유행했을 정도였다고 한다(張瑞賢, 2005, 9쪽).

4. 안국 약왕묘의 건축문화

안국 약왕묘가 언제 건립되었는지 명확하지 않지만 안국 현지의 사가들은 비동이 죽은 뒤 얼마 지나지 않은 후한대에 이미 세워졌을 것으로 보고 있다.[148] 이후 수차례에 걸쳐 중수과정을 거치면서 송·원·명·청 각 시대의 건축 특징을 반영한 독특한 형식의 고대 건축문화를 형성하였다. 일반적으로 중국의 전통 건축문화에는 일정한 정도의 풍수 의식이 반영되어 있으며, 그 속에 과학적 원리가 작동하고 있다. 북반구에 위치한 중국은 건물을 지을 때 양광에 유리한 남향을 채용하는 것이 일반적인데, 약왕묘는 그와 달리 동에서 서쪽을 바라보는 서향의 형식을 취하고 있다. 이에 대해 태양이 동쪽에서 떠올라 양광이 비출 때 백성들이 모두 약왕의 신비로운 그늘 아래에서 보호를 받으면서 건강과 평안하기를 바라는 의미로 해석하고 있다.[149]

약왕묘 구역은 크게 전원前院·중원中院·후원後院의 3진원進院으로 구성되어 있는데, 별도로 두 개의 과원跨院과 모두 17좌의 건축물이 있다. 전면에 패루牌樓·산문, 문 앞에는 돌사자 한 쌍이 있으며, 24m 높이의 기간旗杆 두 근이 정립해 있고, 산문 앞 패방 위에는 '봉가남송封加南宋, 현령하북顯靈河北'이라는 제하의 편액이 걸려 있다.[150] 패루를 지지하는 지지석은 4개인데, 정 전방에는 복록과 장수를 상징하는 송학·기린 등을 조각하였으며, 후면에는 연꽃·목단·매화·추국 등을 조각하여 아름다움과 좋은 의미를 더하였다. 이 밖에 지지석의 상면에 팔선八仙과 그 좌

148 寇建斌 外, 2002, 26쪽 참조.

149 邱紅革, 〈安國藥王廟的建築文化〉, 《尋根》 2013-5, 2013, 41쪽.

150 張瑞賢, 〈中國古代醫藥諸神(7)-皮場大王〉, 《光明中醫雜志》 1994-1.

우에 용 문양을 조각한 것 또한 길상을 상징한다. 패루 양측에는 암수 한 쌍의 돌사자 조각이 세워져 위엄을 드러내고 있다.

약왕묘 입구 양쪽에는 청 도광 9년(1829)에 제작된 약 24m에, 각각 의 무게가 15톤에 달하는 철제 기간 2근이 정립해 있다. 기간의 맨 아래 부분은 육면체로 연꽃과 목단·봉황·기린 등 부귀와 길상을 상징하는 도안이 새겨져 있다. 기간의 중간 부위에는 용이 조각되어 있으며, 3개의 사각 장식품에는 각각 4개씩 풍령風鈴이 달려 있어서 바람이 불면 소리가 난다. 또 맨 위에는 비상하는 봉황을 조각해 아래의 용과 서로 조화를 이뤄 길상을 상징하고 있다.

패루와 산문을 지나 사묘 안으로 들어서면 바로 마전이 있고, 좌우 양측에 조그만 출입문이 있다. 이러한 건축 디자인은 중국 전통 사묘 건축에서 보기 드문 형식이다. 일반적으로는 호법의 신상이 모셔져 있어야 마땅하지만 이곳 약왕묘에는 마전이 있어 두 필의 말과 4명의 마동이 있다. 전설에 따르면 이 말들은 비동이 타던 전마라고 하며 비동이 죽은 뒤에는 그를 따라 순장했다고 한다. 또한 이 말들은 비동이 사후에 '현령'으로 사람들의 질병을 치료하러 갈 때 타고 다녔다고 전해진다. 이러한 이야기는 참배객들이 사당을 진입할 때 일종의 신비감을 일으키게 하며 동시에 사람들로 하여금 친밀감을 배가시킨다.

마전이 있는 전원前院에 이어서 수화문垂花門을 지나면 중원中院인데, 그 중심부에는 높이 약 6.3m에 길이와 폭 각각 5m에 유리기와로 장식된 약왕묘정藥王墓亭이 자리 잡고 있다. 비동묘가 정전 앞에 있는 형식은 중국 어느 지역에서도 보기 힘들다. 묘가 함께 있는 예가 드물 뿐만 아니라 그것이 정전 앞에 있는 경우는 거의 없다. 있다고 하더라도 대개 정전의 뒤쪽에 있거나 아니면 따로 독립된 공간에 자리하는 것이 대부분이다.

묘정의 남북 양측에는 비방碑房과 역대 명의전이 있다. 남·북전에는 편작·화타·장중경·손사막·손림·서문백·황보밀·장자화·유하간·장경악 등 10명의 명의를 모셨다. 약왕묘정의 묘비는 대추나무를 사용하였는데 그 이유는 대추나무가 견고해 좀처럼 변형되지 않고, 조각하기 쉬우며, 풍상우설에 잘 견딜 수 있기도 하지만, 자체로 갖는 상징적인 의미가 크기 때문이다. 즉 대추나무 열매인 붉은 대추는 그 안에 붉은 마음을 지니고 있어 백성들에게 복을 주는 의미를 담고 있다.[151]

묘정 후면은 약왕대전으로 내부에는 약왕 비동을 모셨으며, 문관과 무장을 배석시켰다. 높이가 8.5m에 달하는 이 건축물은 명 영락 원년 (1403)에 지어졌다. 대전 안의 약왕 좌상은 왕관을 쓰고 있으며, 망포蟒袍(명청시대 대신들이 입던 예복으로 황금색 이무기를 수놓은 옷)를 입고, 조화朝靴를 신고 있다. 소상의 좌우측에 있는 문관과 무장의 자태는 다르다. 후원은 만력연간(1573~1619)에 처음 건립된 침궁으로 전 내부에는 약왕과 영완靈婉·영숙靈淑 두 부인을 모셨다. 이 건축은 대전에 견주어 낮게 설계되었으며, 건축 장식은 녹색 유리기와를 사용해 그 존비 등급을 사람들이 정확하게 파악할 수 있도록 했다. 그 밖에 약왕묘 안에는 원래 석비 수십 개와 패편牌扁 수백 개가 있었다고 하나 문화대혁명으로 거의 없어졌다. 그나마 다행인 것은, 약왕묘문관소藥王廟文管所와 현당안국縣檔案局에 명·청·민국 시기의 비문 탁본 10여 첩과 패편명문 100여 개가 남아 있다는 점이다.[152]

---

151 邱紅革, 2013, 40쪽.

152 1996년 출판된 《安國縣志》에 수록된 석비는 明 成化 22年(1486)·萬曆 25年 (1597)·萬曆 26年(1598)·天啓 2年(1622), 淸 嘉慶 9年(1804)·同治 4年(1865)·光 緖 6年(1880), 民國 2年(1913)의 것이다(張瑞賢, 2005, 5쪽).

Ⅴ. 장중경張仲景

1. '의성' 장중경과 그의 시대

◈ 33 '의성' 장중경

후한 말의 의학자로 후대에 '의성醫聖'으로 추앙받는 장중경張仲景(150
~219)은 하남성 남양南陽 열양涅陽 사람으로 이름은 기機이다. 그가 활
동했던 후한 말은 정치·사회적으로 대단히 혼란스러웠다. 청대의 유명한
사학자인 조익趙翼이 "동한東漢 및 당唐·명明의 3대에 환관의 폐해가 가
장 컸다."[153]고 말한 것에서도 알 수 있듯이, 환관들이 정치에 적극 개입
하면서 중앙정치는 부패하였고, 지방에서는 호족들이 대규모로 토지를

겸병하였다. 민생은 도탄에 빠져 각지에서 민중기의가 빈번하게 일어났다. 여기에 후한 말기, 특히 영제靈帝(156~189) 재위 기간인 171년과 173년·179년·182년·185년 등 총 5회에 걸쳐 역병이 크게 유행했다. 이와 관련 조식曹植은 《설역기說疫氣》에서 "집집마다 강시僵尸의 고통과 눈물을 흘리는 슬픔이 있다. 어떤 집은 온 가족이 몰살당해 폐가가 되기도 하고, 겹쳐서 초상이 난 집도 있다."[154]고 했다. 장중경 집안도 전염병의 화로부터 자유롭지 못했으니 "우리 집안은 본래 대가족으로 2백여 명이었다. 건안 원년(196) 이래로 10년이 되지 않아 사망한 자가 3분의 2인데, 그 가운데 상한傷寒으로 죽은 자가 10분의 7이었다."[155]고 했다.

장중경은 당시까지 내려오던 다양한 의서를 참고하고, 임상 경험을 더해 《상한잡병론傷寒雜病論》을 저술했는데, 이를 읽은 화타가 "이것이야 말로 사람을 살리는 책"이라고 감탄했을 만큼 당대에 이미 영향이 컸다. 하지만 그 원본은 전란으로 유실되었고, 그의 제자인 왕숙화王叔和가 진晉의 태의를 지내면서 《상한론傷寒論》과 《금궤요략金櫃要略》으로 정리해 펴냈다고 한다. 장중경은 병의 증상을 태양太陽·양명陽明·소양少陽·태음太陰·소음少陰·궐음厥陰의 6경六經으로 구분하고, 이에 맞추어 각기 다르게 치료해야 한다는 원칙을 제시했다.

역대 의서 가운데 특히 《상한론傷寒論》을 중시했던 '전당의파錢塘醫派'의 대표적 의학가인 장지총張志聰(1610~?)은 "사서를 제대로 이해하지 못하면서 유학자가 될 수 없듯이 《상한론》을 제대로 이해하지 못하면서 좋은 의사가 될 수 없다."[156]고 했다. 그는 "상한의 도에 밝으면, 온갖

153　(淸)趙翼,《二十二史箚記》卷5,〈宦官之害民〉.

154　(後漢)曹植,《說疫氣》: "家家有僵尸之痛, 戶戶有號泣之哀, 或闔門而殪, 或複族而喪."

155　(後漢)張仲景,《傷寒雜病論》: "余宗族素多, 向余二百. 建安紀年以來, 猶未十稔, 其死亡者, 三分有二, 傷寒十居其七."

어려운 병을 만나더라도 범위를 벗어나지 않는다. 그러므로 의학에 입문히는 자는 상한으로부터 시작해 어려움을 극복한 뒤에 쉽게 병에 접근할 수 있다."[157]고 밝혔다.

동아시아 전통의학에서 중요한 경전 가운데 하나로 손꼽히는 《상한잡병론傷寒雜病論》에 대해 중국 학계에서는 2천 년 임상 경험을 통해 의학 방서의 비조로 일컬으며, '변증논치'의 체계를 형성하는 데 커다란 영향력을 행사한 임상경전저작이라고 평가하고 있다. 또한 '자음보신滋陰補腎'의 대표적인 방제方劑인 '육미지황환六味地黃丸'이 장중경의 '금궤신기환金匱腎氣丸'으로부터 비롯되었다는 점을 강조한다. 그러면서 장중경을 중화민족의 유구한 문명사상 걸출한 의학가로 '의문지중경醫門之仲景, 유문지공자儒門之孔子'라는 찬사를 보내고 있다.[158] 장중경의 학문적 성과를 기리기 위해 남양시南陽市에서는 1991년 4월부터 '장중경국제학술연토회張仲景國際學術研討會'를 개최해 오고 있으며, 1993년 영국 런던에 있는 '웰컴 의학사 연구소(Wellcome Institute for the History of Medicine)'는 장중경을 29명의 세계 의학사상 위대한 인물 가운데 한 사람으로 선정하기도 했다.

....

156 (淸)張志聰, 《傷寒論集注》 : "不明四書者不可以爲儒, 不明傷寒論者不可以爲醫."
157 (淸)張志聰, 〈侶山堂類辨〉, 〈醫學入門〉, 人民衛生出版社, 1983, 50쪽 ; "明乎傷寒之
　　道, 千般病難, 不出于範圍焉. 故醫學入門, 當從傷寒始, 先難其所難, 而後易其所易."
158 〈醫門之仲景, 儒門之孔子〉, 《首都醫藥》 2003年 6月 23日.

2. 장중경 고향마을에 전해 오는 이야기들

1) '청출어람 청어람', 스승을 뛰어넘다

장중경이 의사로서 활동한 것은 훗날 많은 이야기의 소재가 되기도 했다. 특히 그가 태어나고 자란 고향에서는 다양한 고사들이 전해 내려오고 있다.[159] 젊었을 때부터 의학에 관한 명성이 높았던 장중경은 사방으로 명의를 찾아 학문의 깊이를 더하기 위해 노력했다고 한다.

어느 해 장중경의 친한 친구가 찾아와 "내가 이번에 장사하러 오랜 기간 외지로 떠나려 하는데 이후 어떤 질병의 증후가 있는지 봐주게." 하는 것이었다. 장중경은 맥을 짚어 보곤 "내년에 등창에 걸리지 않을까 염려되네."라고 답하였다. 그 말을 들은 친구는 크게 놀라며 만약 그러면 어떻게 치료해야 할 것인지를 묻자 "걱정할 필요 없네. 내가 처방을 내려 줄테니 그대로 복용한 다음 부스럼이 부드러운 엉덩이 살 쪽으로 옮겨가면 괜찮을 것이네. 그런 연후에 현지 의사들에게 보여 주고, 그들 가운데 등창을 알아보는 사람이 있으면 부탁해 치료하면 된다고 한 다음 만약 치료가 잘되었으면 나에게 편지를 한 장 써 보내 주게."라고 말하였다. 장중경의 말을 들

---

159 이와 관련하여 醫聖祠(張仲景博物館) 홈페이지(http://www.yishengci.org)에는 네 가지 이야기를 소개하고 있으며, 《首都醫藥》에는 2003년 6월부터 다음 해 6월까지 약 1년 동안 시리즈로 '張仲景 고향의 24개 고사'라는 타이틀로 그와 관련된 이야기를 싣고 있다. 물론 양자 사이에는 내용 면에서 유사한 주제가 두 개 있으니 '堂'과 '교자'의 유래와 관련해서는 거의 동일한 내용을 담고 있다. 다만 의성사 홈페이지에 기재된 '좋은 재상이 되지 못할 바에야 좋은 의사가 되겠다.'는 주제의 이야기는 사실 張仲景보다는 宋代 范仲淹에 관한 것으로, 이를 張仲景에게 이식한 것이라 생각된다.

은 친구는 안심하고 길을 나섰다. 그는 호북성에서 1년 넘게 장사를 했는데, 양양襄陽에 머물던 어느 날 갑자기 등뼈에 통증이 오기 시작했다. 지난해 친구인 장중경이 처방해 준 약을 지어 먹었더니 며칠 지나지 않아 정말로 부스럼이 엉덩이에 나타났다. 이에 양양의 의사들을 찾아 문진했으나 엉덩이에 뾰루지가 난 것으로 독창이라 말하는 것이었다. 그러던 어느 날 양양 동제약당同濟藥堂의 명의 왕신선王神仙을 찾아갔더니 웃으면서 "이것은 원래 등창이었는데, 누가 이것을 엉덩이에 옮겨 놓았나?" 하면서 약을 지어 주었다. 며칠 약을 먹고 고약도 붙였더니 얼마 지나지 않아 부스럼이 사라지자, 즉시 친구인 장중경에게 편지를 보냈다. 편지를 받은 장중경은 기뻐하며 바로 양양으로 향하였다. 동제약당에 도착하여 집사에게 점원으로 고용해 줄 것을 청하였다. 약점 주인인 왕신선은 그에게 약재 포제하는 일을 배우도록 했으며, 이로부터 장중경은 동제약당에 머물게 되었다. 얼마 지나지 않아 배우기를 좋아하고 총명했던 장중경이 약리를 깨우치고, 약재의 포제도 빠르고 정확하게 해내는 것을 본 왕신선은 약포에서 약을 관리하도록 했다. 어느 날 약국 내 사람이 두통을 호소하면서 열이 많이 났을 때 장중경을 찾아 진단과 처방을 받아 병이 낫자 사람들이 그를 칭찬했다고 한다. 이후 왕신선은 그를 곁에 두고 의난병 환자가 오면 진찰하도록 했다. 장중경이 다시 한 번 맥을 짚어 보도록 하는 한편 병이 어느 부위에 있으며, 어떻게 치료할 것인지에 대해 설명해 주었다. 장중경은 의학의 원리를 깨우치고, 중요한 사항은 필기하면서 1년의 시간을 보냈다. 어느 날 당나귀를 몰고 한 노인이 급하게 약점에 와서 왕신선을 찾으며 아들이 위급하다고 말했다. 왕신선이 진찰한 뒤 처방전을 내려 주었고, 장중경은 처방대로 약을 지급했다. 장중경은 처방 가운데 독성이 강한 등황藤黃이 들어간 것을 보고 환자의 배에 충이 있다는 것을 알았는데, 등황이 단지 5돈뿐인 것에 의구심을 갖게 되었다. 진료를 마친 다음 쉬고 있는 왕신선에게 "환자가 머지않아 다시 찾아오게 될 것입니다."라고 말하였다. 왕신선은 "환자의 병은 이미 좋아졌는데 그게 무슨 소리인가?"라고 되물었다. 장중경은 "서생이 직언을 드리면 등황의 독을 이용해 사람 몸 안에 있는 충을 죽이기 위해서는 1냥이 필요한데, 조금 전 선생님께서는 5돈을 처방했으니 충을 잠시 혼미하게 했을 뿐으로 만약 다시 살아나면 더욱 흉악해질 것입니다."고 답했다. 왕신선이 반신반의하고 있는데, 조금 전 그 노인이 땀을 뻘뻘 흘리면서 황급하게 "의사 선생님 우리 아들이 너무 아파 생사를 넘나들고 있으니 다시 한번 와서 봐 주십시오."라고 말하는 것이었다. 이에 당황한 왕선생이 어찌할 바를 모르고 있는데 장중경이 대신 봐드리고 오겠다고 하고선 노인을 따라 나섰다. 장중경이 도착해 환자가 뒹굴고 있는 것을 보고 충이 발삭했다는 것을 알아챈 다음 3촌에 달하는 은침을 충의 머리 부위에 정확하게 놓았다. 순간 환자는 통증으로 정신을 잃고 쓰러졌고, 노인은 놀라 기겁을 했다. 장중경이 환자와 노인에게 "이제 걱정할 필요 없습니다. 충은 이미 침에 찔려 죽었습니다."라고 말한 지 얼마 지나지 않아 환자가 깨어났고, 장중경은 약을 환자가 먹도록 하였다. 잠시 후 커다란 충이 배설됨으로써 환자는 건강을 되찾았다. 소식을 접한 왕신선은 놀라고 기뻐하면서 장중경에게 "선생님은 도대체 누굽니까?"하고 묻자 장중경은 "저는 장기張機로 자는 중경인데, 이곳에 스승을 찾아 의학을 배우러 왔습니다."라고 답하였다. 왕신선은 연회를 베풀고 그동안의 노고를 격려하면서 더 이상 자신에게서 배울 것이 없다고 말하였다. 장중경은 남양으로 돌아왔고, 그 뒤에도 두 사람은 교류를 지속하면서 의학과 관련하여 좋은 친구로 남았다고 한다.[160]

위 이야기를 통해 장중경의 배움에 대한 태도와 열정을 느낄 수 있다. 그가 결국에는 스승을 뛰어넘었다는 점에서 '청출어람 청어람'의 전형으로 볼 수 있겠다.

....

160 〈仲景軼事〉, 《首都醫藥》 2004年 4月 1日.

2) 교자餃子와 의성사醫聖祠에 깃든 사연

'약왕'으로 불리는 많은 의약인물이 정계로 진출하지 않고 민간에서 의료 봉사를 행한 것과 달리 장중경은 관료로서 백성들 진료에 최선을 다했다고 전해진다. 장중경이 관직에 진출하게 되는 과정에 얽힌 다음의 이야기가 전한다.

서기 190년 손권孫權의 부친 장사長沙 태수 손견孫堅은 형주자사荊州刺史 왕예王睿를 살해했다. 한 헌제는 유표劉表를 파견하여 형주를 관리하도록 했는데, 그는 대단한 능력을 지니고 있었다. 당시 형주의 치안은 몹시 불안해서 도적들이 많았는데, 큰 도적 수령만도 15명이나 되었다. 유표는 형주에 부임해서 치안을 정돈하고 15명의 도적 수령을 소탕하면서 안정을 찾았다. 이어서 학교를 세워 인재를 양성하고 군대 관리에도 빼어난 능력을 발휘했다. 이로써 형주는 정치·군사·경제 모든 분야에서 태평성세를 구가할 수 있었으며, 문학가인 왕찬王粲과 같은 천하의 인재들이 몰려들기 시작했다. 장중경 또한 남양南陽에서 형주수부荊州首府 양양襄陽으로 향했는데, 유표는 명의인 그를 대단히 소중하게 여겼다. 그러던 중 건안 3년(198) 일대 사건이 발생했는데 장사 태수였던 장선張羨이 유표에 반기를 든 것이다. 원인은 오만방자한 장선을 유표가 못마땅하게 생각하자 장선이 장사군長沙郡 등 4군을 바쳐 조조曹操에게 귀부한 것이다. 유표는 군대를 일으켜 3~4년의 전쟁을 통해 장사를 평정했다. 건안 7년(202) 유표는 형주의 중요한 지역 가운데 하나인 장사의 인심이 안정되지 않은 상황에서 평범한 사람으로는 이곳을 다스리기 어렵다고 판단하고 장중경을 적임자로 생각했다. 그가 덕과 재를 겸비한 데다가 명의로 일반 백성들의 신임이 두터웠기에 민심을 수습할 수 있을 것으로 보고 202년 정식으로 장사 태수에 임명했다.[161]

. . . .

161 〈張仲景緣何入仕途〉, 《首都醫藥》 2003年 9月 23日.

후한 영제靈帝(재위 168~189) 때 효렴孝廉으로 천거되어 장사태수에 임명된 장중경은 관직에 있으면서도 백성들이 질병으로 신음하는 것에 마음 아파했다고 한다. 특히 영제 후기 전란과 온역의 유행으로 사망하는 백성들이 대단히 많았다. 이에 왕찬王粲은 〈칠애시七哀詩〉에서 "문을 나서니 아무것도 보이지 않는데, (오로지) 백골만이 들판에 가득했다.(出門無所見, 白骨蔽平原)"고 표현하기도 했다. 이러한 상황에서 장중경은 매월 1인과 15일 관아를 개방하고 백성들은 진료하였다. 훗날 사람들이 장중경을 회상하면서 약점 안에 앉아 병을 치료하는 의사를 '좌당의坐堂醫'라 일컬었다. 그리고 이들 의사들은 자신이 개설한 약점을 '○○堂藥店'이라 했으니 이것이 곧 중국 약점에 "당堂"이 들어가게 된 유래라고 한다.[162]

장사 태수를 그만두고 의술에 전념하기로 하고 귀향한 장중경은, 많은 사람들이 혹독한 추위로 병들고 귀에 동상을 입어 괴로워하는 것을 보고 귀 모양의 만두인 교이嬌耳를 빚고 특별한 약재를 넣어 먹이니 모두들 완치되었다고 한다. 그에 관한 이야기는 다음과 같다.

후한 말기 각지의 재난이 엄중한 가운데 전란도 끊이지 않아 빈번한 요역과 과중한 부세로 일반 백성들의 삶은 극도로 빈곤했다. 어느 해 겨울 날씨는 대단히 추웠으며, 남양성 안은 큰 눈까지 내렸다. 벼슬을 사직하고 고향으로 돌아온 장중경 또한 바쁜 나날을 보낼 수밖에 없었다. 그를 찾아오는 환자들이 길게 늘어선 가운데 많은 사람들이 추위로 귀가 얼어 있었다. 동짓날 아침 일찍 일어난 그는 제자들에게 남양 동관의 공터에 '의붕醫棚'을 만들고 커다란 솥에 약을 달여 추위로 상한병에 걸린 백성들에게 베풀었다. 그가 제공한 약은 일종의 '거한교이탕祛寒嬌耳湯'으로 사람들로 하

162 〈'坐堂醫生'的由來〉, 《首都醫藥》 2003年 7月 8日.

여금 '교이嬌耳'는 먹고, '거한탕祛寒湯'은 마시도록 했는데 추위를 물리치고 환자들의 몸을 따뜻하게 해 줌으로써 약용가치가 대단히 높았다. 혈액이 잘 통하고 얼어 있던 양쪽 귀 모두 따뜻해졌다.

후한 말의 혼란한 시대 상황에서 장중경이 추위와 배고픔에 지친 백성들을 위해 내린 처방은 양고기와 날초辣椒(고추)에 추위를 몰아내는 약재를 더한 다음 몇몇 조미용 약재, 곧 계피·백지白芷·대회大茴·정향丁香과 생강 등을 곁들인 것이었다. 이들은 모두 '온양산한溫陽散寒'의 효과를 지닌 것으로 약용과 함께 식용으로도 사용이 가능해 솥에 넣고 함께 끓였다. 양고기는 건져서 잘게 썰어 다진 뒤 밀가루로 만든 귀 모양으로 생긴 만두피 속에 넣고 다시 솥에 넣고 끓인 다음 추위로 귀가 얼어붙은 환자들에게 '교이' 두 개와 탕 한 그릇을 마시도록 했다. 겨울철 들어 추운 중원 지역에서 장중경이 약을 베푼 활동은 음력으로 정월 초하루까지 지속되었는데, 사람들은 신년을 축하하고 추위로 귀앓이를 했던 환자들이 건강을 회복한 것에 감사하는 의미에서 '교이'를 먹었다고 한다. 이후 '교이'나 '교자'는 춘절에 먹는 중국의 중요한 명절음식이 되었다. 또한 이 이야기에 이어서 '의성사'가 현재의 위치에 서게 된 배경을 알려 주는 다음의 이야기가 전해 오고 있다.

장중경이 장사에서 벼슬을 하는 동안 자주 백성들의 병을 치료해 주었기에 그는 장사 백성들로부터 존경을 받았다. 그가 장사 태수의 직을 그만두고 고향으로 돌아간 뒤에도 장사 사람들은 그를 잊지 않았는데, 매년 명망 있는 어르신들이 장사 지역민들의 뜻을 모아 장중경에게 문안 인사를 갔다. 장중경이 병으로 드러눕자 장사 지역의 노인이 말하길 장사에 풍수지리가 좋은 곳이 있으니 장중경이 죽으면 그곳에 묻으면 좋겠다는 의견을 제시했다. 그 뒤 이 문제로 두 지역 사람들 사이에 다툼이 발생하자 장중경은

"나는 남양에서 태어나 고향 사람들이 키워 준 은혜를 입었고, 장사 지역 민들의 정을 잊을 수 없으니, 내가 죽거든 관을 들고 장사 방향으로 향하다가 관을 묶은 줄이 끊어지는 지점에 장례를 지내면 될 것이다."고 말하였다. 이에 더 이상 논쟁이 지속되지 않았다. 그해 동지 장중경은 세상을 떠나게 되었고, 장사에서 많은 사람들이 와서 장중경의 시체를 장사로 운반하였다. 남양과 장사 지역민들이 함께 운반하는데 예전 '거한교이탕'을 백성들에게 베풀던 장소에 이르러 줄이 끊어졌고, 그 자리에 장례를 지냈다. 그곳이 바로 의성사 터이다.

3) 꿈에 나타났던 의성, 20년 뒤의 죽음까지 예언하다

의성 장중경은 종종 후세 사람의 꿈에 등장해 치료를 도왔다고 하니 내용은 다음과 같다.

옛날 고관이 괴질에 걸려 사물을 보는데 밝지 않고, 눈이 침침하면서 눈동자도 움직이지 않았으며 두통이 아주 심했다. 사람이 눈앞에 나타나도 누구인지 분별할 수 없을 정도로 위중했다. 그는 여러 의사를 찾아 진료를 받고 약도 복용했지만 낫기는커녕 더욱 악화되었다. 그러던 어느 날 꿈속에 도인이 나타나 "대인, 내가 당신을 구하러 왔습니다."라고 말하고선 맥을 짚어본 뒤 처방을 알려 주었다. 그에 고관은 황급히 "선생님은 어디 사는 누굽니까?"라고 묻자 "나는 장기張機 중경으로, 집은 남양 위공교에서 동남쪽으로 화살을 한 번 쏴서 도달할 곳에 있습니다."라고 말하곤 홀연히 사라졌다. 잠에서 깬 고관은 꿈속 일이 눈앞에서 벌어졌던 것처럼 생생하게 남아 있는 터라 도인이 알려준 대로 약을 구해 달여 먹었더니 얼마 지나지 않아 병이 완쾌되었다. 그 뒤 고관은 길일을 택해 남양군 위공교로 향하였다. 위공교에 도달한 다음 활을 꺼내 들고 화살을 쏜 다음 화살을 찾도록 했다. 화살은 어느 무덤 위에 떨어져 있었고, 무덤 앞에는 비석이 세워져 있었는데 "한장사태수의성장중경묘漢長沙太守醫聖張仲景墓"라 쓰여 있었다. 고관은 묘 앞에 향로를 설치하고 분향한 다음 예배를 드리면서 "오호라. 의성이시여! 꿈에 나타나 병을 치료하시니 정말로 신인神人이시도다."라고 크게 외쳤다. 이후 고관은 꿈에서 의성이 말한 것처럼 백성들을 위해 정무에 힘썼다.[163]

　　설화 속 장중경은 죽음을 예언한 사람으로도 등장한다. 장중경이 후한의 수도인 낙양洛陽 일대에서 의료 활동을 하던 시기 당시 문학사상 이른바 '건안칠자建安七子' 가운데 한 사람인 왕찬王粲(177~217)과 친분이 두터웠다. 장중경은 오랜 시간 그와 교제하면서 이 20대 청년 작가의 몸에 커다란 병이 숨어 있다는 사실을 발견하곤 "당신은 병에 걸렸으니 빨리 치료해야 한다. 만약 그렇지 않으면 나이 40이 되어 눈썹이 빠질 것이며, 그로부터 반년 안에 죽음을 맞을 수 있다. 지금 '오석탕五石湯'을 복용하면 화를 면할 수 있다."고 말하면서 그에게 약을 지어 주었다. 하지만 왕찬은 몸에 별다른 이상이 없다고 생각해 장중경의 말을 듣지 않고 약을 먹지 않았다. 며칠 뒤 장중경이 왕찬을 만나 약을 먹었는지 묻자 왕찬은 거짓으로 이미 먹었다고 답하였다. 장중경이 면밀히 진찰한 뒤 고개를 흔들면서 "당신 안색이 예전과 마찬가지로 좋지 않다. 왜 자신의 생명을 이토록 경시하는가?"라고 또 다시 약을 권했지만 이번에도 왕찬은 장중경의 말을 듣지 않았다. 그런 지 약 20년이 지난 뒤 왕찬은 정말로 눈썹이 빠지더니 반년이 지나 세상과 이별하고 말았다.[164]

. . . .

163 〈神醫托夢〉,《首都醫藥》 2003年 11月 23日.
164 〈張仲景給王粲治病〉,《首都醫藥》 2003年 8月 23日.

4) 장중경의 신묘한 의술세계

죽은 사람도 살려내는 것이야말로 약왕이 가진 최고의 미덕이 아닐까? 그런 면에서 장중경도 예외일 수 없었으니 남양시 당하현唐河縣 필점진畢店鎭 동쪽 3리 지점에 있는 모자파母子坡라는 지역에 다음과 같은 이야기가 내려오고 있다.

어느 날 필씨畢氏 성의 일족이 회두파回頭坡 위에서 영혼을 떠나보내는 의식을 거행하고 있었다. 죽은 사람은 필점진 필씨 족장의 아내인데, 난산으로 사망했다는 것이다. 바로 그때 장중경이 말을 타고 지나가다가 관목에서 피가 조금 흘러나오는 것을 보았는데, 혈색이 오히려 붉었다. 이에 "관 안에 있는 사람은 어떤 사람이며 죽은 지 얼마나 되었는가?"라고 물어보았다. 그러자 족장의 아내로 어제 난산을 치료하지 못해 죽어서 오늘 영혼을 보내고 저녁에 하관하려 한다고 대답하는 것이었다. 장중경은 "당신들은 왜 살아 있는 사람을 매장하려 하는가?"라고 하자 "분명히 죽은 사람으로 어제 의사도 검사를 했는데, 당신 도대체 누구요?"하고 되물었다. "저는 장중경이고 의술을 조금 아는데, 보아하니 관 안에 있는 사람은 죽지 않았다."고 답하였다. 장중경에 대한 명성이 원근에 자자한 때였기에 족장은 그의 말을 듣고 즉시 관을 열도록 했다. 장중경은 얼굴색이 창백한 산부를 발견하고 그의 맥을 짚어 보았는데 허약부동虛弱浮動하였으며, 입술은 깨문 듯 파랗게 변해 있었다. 산부가 힘을 과도하게 주었는지 일시적으로 담기痰氣가 위로 올라와 목이 막혀 호흡이 곤란하고 질식하였기에 의사도 이미 죽었다고 판정한 것이었다. 하지만 산부를 입관시킨 뒤 사람들이 들어 움직이자 담기가 아래로 내려가고 혈기는 상승하게 되었는데 태아가 놀라 움직이면서 출혈이 발생했다. 장중경은 곧 태아가 나올 것을 알았지만 담기가 막혀 호흡이 약해 모자가 모두 위급한 상황이라는 것을 깨닫고는 주위를 둘러보는데 한 아이가 입에 마르고 누런 총관蔥管을 물고 있는 것이 눈에 들어왔다. 순간 장중경의 머릿속에서 좋은 생각이 떠올랐다. 그는 주변 사람들에게 빨리 파를 구해 오도록 한 다음 잘라 양쪽이 터지도록 했다. 대파의 한쪽을 임산부의 입 안으로 넣고 숨을 크게 내쉰 다음 임산부의 목에 있던 담기를 총관을 통해 흡입하였다. 임산부는 나쁜 담기가 빠져나가자 얼굴색이 붉어지면서 다시 생기를 찾기 시작했고, 이어서 아이도 무사히 태어날 수 있었다. 이로부터 사람들은 장중경이 회두파에서 두 모자의 생명을 구해 준 것에 감사하며, 이름을 모자파母子坡로 부르기 시작했다.[165]

전통시대 의사는 무당과 경쟁 관계에 있었으니 실제로 정신병 등 치료에는 무당들에게 의존하는 바가 많았다. 하지만 좀 더 과학적(?)인 치료 방법을 추구했던 당시의 의사들은 무당들이 치료를 한다면서 행한 굿 등을 미신으로 치부하면서 경계했던 것으로 보인다. 후한 말 의사와 약이 부족해 무의巫醫가 활개를 치던 시기, 장중경은 이들을 어떤 방식으로 극복했을까?

장중경이 장사에서 고향으로 돌아온 어느 날, 남양 인근의 열양涅陽 장장張庄 마을에 들어서는데 어떤 집 안에서 50세 남짓 되어 보이는 무녀가 머리에 꽃 수건을 두르고 도포를 걸친 채 굿을 하고 있었다. 그 집안의 할머니가 귀신에 홀려 헛소리하는 것을 치료하기 위함이라는 것이다. 장중경이 무녀에게 "내가 환자를 치료할 것이니 만약 그렇게 하지 못하면 다시 귀신을 물리치라."고 말한 다음 방안으로 들어갔다. 맥을 짚어 보니 세미삭細微數하고 혀에는 담홍태淡紅苔가 적었다. 이에 마을 사람들에게 급히 소맥小麥 1승, 대조大棗 10매, 감초甘草 3량을 구해 오도록 해 달인 다음 친히 할머니가 먹도록 했다. 그 뒤 얼마 지나지 않아 할머니가 내던 슬픈 소리를 그

165 〈蔥管救人〉, 《首都醫藥》 2003年 11月 8日.

쳤다. 그리곤 무슨 일이 있었던 것인지를 물으니 주변에 있던 사람들이 방금 있었던 일을 말해 주었고, 장중경에게 감사를 표했다. 귀신의 존재를 믿던 사람이 "어떻게 감초와 보리, 대추로 치료할 수 있단 말인가?"하고 묻자 "세상에는 본래 귀신이 존재하지 않는다. 모두 사람들이 만들어 낸 것에 지나지 않는다. 누가 귀신을 직접 본 사람이 있는가?"하고는 "이 병은 '장조臟躁'[166]로, 근심을 과도하게 하여 심음心陰이 손상되고 간기肝氣의 실화失和로 나타나게 된다. 심신을 기르지 못해 정신이 혼미하고 수면을 제대로 취하지 못해 마음이 심란해 생긴 것이다. 소맥·대조·감초 3개의 약재를 함께 사용하면 양심조간養心調肝할 수 있다."고 했다.[167]

3. 한대漢代 예술 형식을 간직한 의성사

하남성 남양시南陽市에 있는 의성사醫聖祠(장중경박물관)는 '의성' 장중경의 묘와 제사를 지내는 사당, 그리고 그를 기념하는 장소로 한대 예술 형식을 간직하고 있다. 대문을 들어서면 장중경의 묘가 있고, 이어지는 정원正院에는 산문山門과 중전中殿, 양무兩廡가, 편원偏院에는 의성정醫聖亭·의성교醫聖橋·하화지荷花池·역대명의소상歷代名醫塑像 등이 있으며, 박물관에는 문물 104건, 고적을 비롯한 간행물 1만여 책을 소장하고 있다.

《장중경사묘지張仲景祠墓志》를 보면 명 가정 25년(1536) 당번왕唐蕃王

---

166 별 이유 없이 자주 슬퍼하며 발작적으로 잘 울기도 하고 하품과 기지개를 자주 켜는 등 증상을 나타내는 정신신경장애 증상의 하나. 주로 여성 환자들에게서 많이 나타나며, 오늘날 히스테리성 발작과 유사하다(〈妙手回春治臟躁〉, 《首都醫藥》2004年 1月 15日).

167 〈甘麥大棗戰巫婆〉, 《首都醫藥》 2004年 4月 15日.

과 지방 유의인 심진沈津·조기趙夔 등이 의성사 설립을 제창하고 공동으로 자금을 모아 중경묘에 더해 의성사를 건립한 것으로 보인다. 그와 관련하여 명대에 세워진 〈한장사태수의성장중경영응비漢長沙太守醫聖張仲景靈應碑〉에는 "남양성 동쪽 인제교仁濟橋 서쪽에 성조묘聖祖廟가 있는데, 10대 명의 가운데 중경 선생의 소상이 있었다."[168]고 했다. 이후 의성사는 청 중기에 규모가 확대되었으니 청말 조덕우曹德宇 편회編繪의 《의성사도지醫聖祠圖志》에는 정원과 편원을 포함한 전체 사묘가 기재되어 있다. 정원 건축에는 산문·중전中殿·정전正殿·양무兩廡 등이 포함되는데, 정전에는 장중경 좌상과 역대명의상 등을 모셨다. 근·현대 들어 1929년 군벌 석우삼石友三이 사원 대부분의 건축물을 훼손한 것을 1935년 장태

◈ 34 남양 의성사

----

168 〈漢長沙太守醫聖張仲景靈應碑〉: "南陽城東仁濟橋西有聖祖廟, 十大名醫中塑有仲景先生像."

염장太炎(1869~1936) 등 99명의 문화계·중의계 인사들이 발의하여 중수했다. 그 뒤 중화인민공화국 수립 이후 여러 차례에 걸쳐 수리를 진행했다.

대문 위에는 곽말약郭沫若(1892~1978)이 쓴 '의성사醫聖祠'가 새겨져 있고, 문 안으로 들어가면 3.5m 길이의 대리석 벽에 '의성 장중경전'이 기술되어 있다. 조벽照壁의 뒷면에는 장중경의 《상한잡병론傷寒雜病論》 서문이 쓰여 있다. 조벽의 양측에는 "음양유삼陰陽有三, 변병환수변증辨病還需辨證"과 "의상무이醫相無二, 활국재우활인活國在于活人"이라는 문구가 대구를 이루고 있다. '음양유삼'은 중의학에서 말하는 '삼음삼양三陰三陽'을 말하며, '변병환수변증'은 병을 잘 치료하기 위해서는 반드시 '변증논치'의 학설에 의거해 병의 근본 원인을 찾아내는 것이 중요함을 말한다. '의상무이'는 의사와 재상의 구별이 없다는 것으로 의사는 '치인治人'하고 재상은 '치국治國'하는 사람이라는 의미이며, 이어지는 '활국재우활인'은 '치국'하고자 하면 먼저 '치인治人'에 힘써야 함을 강조하고 있다.

사당 안으로 들어서면 기백·편작·화타·왕숙화·손사막·이시진 등 10대 명의의 소상을 만날 수 있다. 또 동·서 랑방廊房이 있는데, 동쪽에는 장중경 일생의 의학 학습과 의료 활동에 관한 한대 화상석을 모방한 100여 폭의 그림이 그려져 있다. 서쪽은 '의성림醫聖林'으로 113폭의 신농과 황제로부터 명청대까지 명의 석각 화상을 그려 중국 의학발전사와 중요한 의학 인물들을 전시하고 있다. 장랑을 지나면 산문山門이 나오는데, 산문 동쪽의 춘대정春臺亭과 서쪽의 추풍각秋風閣은 장중경이 의술을 강구하고 저술활동을 했던 곳이라고 한다.

산문 뒤에는 장중경의 능묘가 자리 잡고 있다. 묘 앞에는 순치 13년(1656) 남양부승南陽府丞 장삼이張三異(1609~1961)가 세운 석비가 있는데, '동한장사태수의성장중경지묘東漢長沙太守醫聖張仲景之墓'라 하여 묘의

◈ 35 의성사 백수정百壽亭

주인이 장중경임을 알려 주고 있다. 묘 앞에는 배전拜殿이, 뒤쪽에는 제사를 진행한 공간인 묘정墓亭이 있다. 묘정의 동·서 양쪽에는 행방제行方齋·지원재智圓齋·인술관仁術館·광제관廣濟館 등이 있다. 묘의 뒤쪽에는 청대 사합원 양식의 건축물이 있는데, 3칸의 정전으로 가운데에 의성 장중경張仲景을 모셨으며, 좌우에는 왕숙화와 손사막의 소상이 있다. 서원西院에는 의성정醫聖井·하화지荷花池·지심정池心亭 등이 조성되어 있어 관광객들을 맞이하고 있다.

묘장을 나와 계단을 오르면 주위 경관을 바라볼 수 있는 자모궐子母闕이 나온다. 조망 공간으로 궐신闕身 아랫면에는 한 쌍의 주작이 새겨져 있는데 길상을 상징한다. 또 백수정에는 왕희지王義之(307~365) 등 역대 서예가들이 쓴 '수壽'자 석각을 모아 놓았으니 세상 사람들에게 건강장수를 선물하는 의미가 담겨 있다.

그 밖에 의성사에는 ① 침구도인鍼灸陶人, ② 묘비墓碑, ③ 절판서적絕

版書籍 등 세 가지 보물을 간직하고 있다. 침구도인은 높이 24㎝, 폭 7 ㎝의 침구 혈위를 표기한 학술적 가치가 높은 작품으로, 송대 침구의관 이었던 왕유일王惟一(987~1067)이 설계한 침구동인보다 천 년 앞선다. 예술적 가치가 대단히 높아 《중국미술전집》에도 수록되어 있으며, 복제 품이 중국역사박물관에 전시되어 있다. 묘비는 의성이 사망한 지 111년 이 지난 330년에 제작된 것으로, 역사적·학술적으로 가치가 대단히 높 은 것으로 평가되고 있다. 백운각장본白雲閣藏本 목각판 《상한잡병론》은 장중경의 제46대손이 소장하고 있다가 몇 단계를 거쳐 1982년 섬서성중 의연구원장 미백양米伯讓이 선사 황죽재黃竹齋의 뜻에 따라 의성사에 기 증한 것이다.

현재 의성사에서는 기념사업으로 ① 음력 정월 18일 장중경 탄신 기 념일, ② 음력 매월 1일과 15일 민속제사 활동, ③ '중국남양장중경의약 과학기술문화절' 행사를 진행하고 있다. 의성사는 1988년 국무원으로부 터 전국중점문물보호단위로 지정되었으며, 2007년에는 '의성 장중경 제 사'가 하남성의 무형문화유산으로 등록되었고, 2008년에는 국가중의약관 리국으로부터 '전국 중의약 문화교육기지'의 지위를 부여받기도 했다.

VI. 화타華佗

1. '신의', '오금희五禽戱'를 창시하다

◈ 36 '신의' 화타

후한 말기의 또 다른 명의 화타華佗(145~208). 그는 패국沛國 초현譙縣(현재의 안휘성 박주시亳州市) 사람으로 다른 이름은 부旉이고, 자는 원화元化이다. 화타는 패국의 재상 진규陳圭가 효렴으로 천거하였고, 태위太尉 황완黃琬도 불렀으나 응하지 않았다고 한다. 약과 침, 뜸 등에 모두 정통했으며, 특히 외과에 능해 당시로서는 상상하기 힘든 외과수술을 감행한 것으로 알려져 있다. 만약 침이나 약으로 치료가 어렵다고 생각될 경우에는 마취시키고 환부를 절개했는데, 창자에 질병이 있어 창자를 잘라 씻어 내고 봉합해 고약을 붙이면 4~5일 만에 고통이 없어지고, 한 달이면 완쾌되었다고 한다. 이 때문에 중국에서는 그를 '외과성수外科聖手', 또는 '외과비조外科鼻祖'[169]라 부르기도 하며, 동봉董奉(221~264), 장중경과 더불어 '건안삼신의建安三神醫'로 일컫는다.

화타의 존재가 후세 사람들에게 널리 알려지게 된 데에는 문헌사료가 남아 있어서 가능했으니, 이른바 '화타삼전華佗三傳'이라 불리는 《화타별전華佗別傳》, 진수陳壽의 《삼국지》·〈화타전〉, 범엽范曄의 《후한서》·〈화타전〉이다. 상계동尙啓東은 이들 3종의 전기 자료 가운데 《화타별전》이 원시자료일 것으로 평가했다. 왜냐하면 《화타별전》 가운데 "오보吳普는 화타로부터 배웠는데, 이제 곧 아흔이 된다.(吳普從佗學 …… 普今年將九十)"는 문장을 통해 이 책이 제자인 오보가 90세 되기 전에 이루어졌음을 알 수 있다고 했다. 반면 진수의 〈화타전〉에서는 "오보의 나이가 90여 세(普爲九十餘)"라 한 것을 통해 이 책이 《화타별전》보다 뒤에 편찬되었다는 것이다. 다음 《삼국지》·〈화타전〉에 나오는 배송지裴松之의 주석에서 보충사료로 모두 《화타별전》을 인용하고 있다는 점도 중요한 요소이다. 진수의 〈화타전〉 내용은 《화타별전》과 기본적으로 같은데 여기에서 취했을 것으로 판단되며, 범엽의 〈화타전〉은 이들보다 100여 년 늦게 출간되었다.[170]

외과수술로 유명했던 화타는 연금술과 함께 '도인導引', 곧 건강 체조

---

169 華佗의 의학에 대해 明代 醫史學者 陳嘉謨는 《本草蒙筌》에서 《歷代名醫圖撰》에 수록된 시를 통해 "魏有華佗, 設立瘡科, 剔骨療疾, 神效良多."이라 묘사했다((明)陳嘉謨著, 王淑民等点校, 《本草蒙筌》, 人民衛生出版社, 1988, 38~39쪽).
170 尙啓東, 《華佗考》, 安徽科學技術出版社, 2005, 130~140쪽.

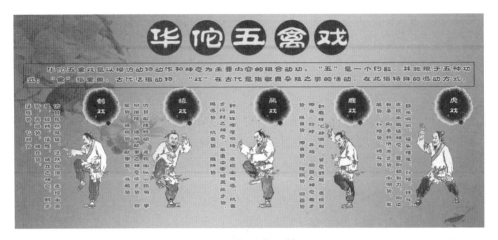

◈ 37 화타의 '오금희'

라 할 수 있는 '오금희'를 창시하여 지금까지도 많은 사람들의 사랑을 받고 있다. '오금희'의 핵심이론은 '호추불두戶樞不蠹, 유수불부流水不腐(문지도리는 좀이 슬지 않고 흐르는 물은 썩지 않는다—움직이거나 운동하는 신체는 단련되고 건강해진다)'는 것이다. 오금희는 다섯 짐승, 곧 호랑이·사슴·곰·원숭이·새의 동작이나 자세를 모방하여 단련함으로써 근육과 뼈를 움직이고 기혈을 소통시키는 체조라 할 수 있다. 이와 관련 《후한서》와 《삼국지》에는 다음과 같이 기술되어 있다.

인체는 운동을 시켜 주는 것이 좋은데, 몸을 움직이면 몸속에서 곡물의 기가 사라지고 혈맥의 흐름이 좋아지며 병이 없어진다. 옛날 선인仙人들은 '도인'을 행하여 신체를 잡아당기고 관절을 움직여 노화를 막았다. 나는 내가 창안한 이 술법을 오금희라고 이름 붙였다. 첫 번째는 호랑이, 두 번째는 사슴, 세 번째는 곰, 네 번째는 원숭이, 다섯 번째는 새다. 이것은 또한 질병을 제거할 수 있고, 수족을 자유롭게 하는 도인 작용이 있다. 몸 상태가 좋지 않을 때 다섯 동물의 행동을 하나씩 따라 실행하면 땀을 흘려 옷을 적시게 될 것이고, 몸이 가벼워지며 식욕이 돋을 것이다. (오吳)보普가 이를 시행하니 나이 90여 세에도 귀와 눈이 밝고 치아 또한 완전하고 견고했다.[171]

　화타는 제자를 키워 후세에까지 영향력을 발휘한 것으로 알려지고 있다. 《후한서》와 《삼국지》 등 화타의 전기를 다루고 있는 사서 끝 부분에서는 그의 제자들에 관한 사항을 언급하고 있다. 화타의 의술을 계승한 인물로는 광릉廣陵(현 양주揚州)의 오보, 팽성彭城의 번아樊阿 및 이당지李當之 등이 있었다. 《후한서》와 《삼국지》에서 오보는 "화타로부터 배운 바에 근거하여 치료함으로써 많은 사람의 생명을 구했다."[172]고 했고, 화타로부터 '오금희'를 전수받아 90세 넘게 살면서 귀와 눈이 밝고 치아도 건강했다고 하며, 그가 저술한 《오보본초吳普本草》는 후세에까지 큰 영향을 주었다.[173] 팽성의 번아는 침술에 뛰어나 "무릇 의사들이 모두 등과 가슴 부위에는 함부로 침을 놓지 않으며, 침을 놓더라도 4푼을 초과해서는 안 된다고 하였으나, 번아는 등에 1~2촌 깊이로 놓고, 가슴 부위에는 5~6촌까지 놓아 병을 치료했다."[174]고 했다. 번아는 화타로부터

171 (宋)范曄 撰, (唐)李賢等注, 《後漢書》, 〈方術列傳72下〉, 中華書局, 2739~2740쪽; (晉)陳壽撰, (宋)裵松之注, 《三國志》 卷29 〈方技傳29〉, 中華書局, 1982, 804쪽. "人體欲得勞動, 但不當使極耳. 動搖則穀氣得銷, 血脉流通, 病不得生, 譬猶戶樞, 終不虧也. 是以古之仙者爲導引之事, 熊經鴟顧, 引挽腰體, 動諸關節, 以求難老. 吾有一術, 名五禽之戲. 一曰虎, 二曰鹿, 三曰熊, 四曰猿, 五曰鳥. 亦以除疾, 兼利蹄足, 以當導引. 體有不快, 起作一禽之戲, 怡而汗出, 因以著粉, 身體輕便以欲食. 普施行之, 年九十餘, 耳目聰明, 齒牙完堅.

172 (晉)陳壽撰, (宋)裵松之注, 《三國志》 卷29 〈方技傳29〉, 中華書局, 1982, 804쪽 및 (宋)范曄 撰, (唐)李賢等注, 《後漢書》, 〈方術列傳72下〉, 中華書局, 2739쪽 : "普依准佗療, 多所全濟"

173 王明强·張稚鯤·高雨, 《中國中醫文化傳播史》, 中國中醫藥出版社, 2015, 108~109쪽.

174 (晉)陳壽撰, (宋)裵松之注, 《三國志》 卷29, 〈方技傳29〉, 中華書局, 1982, 804쪽;

연년익수의 약인 '칠엽청점산漆葉靑黏散' 제조법을 배웠는데, 이 약을 오랫동안 복용하면 심충三蟲을 제거하고 오징을 튼튼히 하며, 몸을 가볍게 할 수 있고, 백발이 되는 것을 막을 수 있었다고 한다. 번아는 이를 통해 100살이 넘게 장수했다고 전해진다. 이당지와 관련해선 송대 장고張杲 《의설醫說》에 "이당지는 출신 지역을 알 수 없다. 화타의 제자로 어려서부터 의학 경전에 능통했고, 약술에도 정통했다."[175]고 했으며, 《이당지약록李當之藥錄》을 편찬하기도 했다.

2. 정사 《삼국지》 속 화타의 활약상[176]

화타는 25사 가운데 중요한 역사서로 평가받는 《후한서》와 《삼국지》에 모두 등장하며 그 속에 다양한 의료 활동 기록이 남아 있는데, 《삼국지》의 기록이 좀 더 많고 자세하다. 화타의 의료 기술을 칭송한 《삼국지》에서는 '절지絕技'라 표현했지만 그는 본래 선비였으므로 의술을 직업으로 삼은 사람으로 간주되는 것을 항상 부끄러워했다고 한다. 화타 의술의 신묘함은 산부인과 특히 출산과 관련하여 뱃속에 있는 태아의

<hr>

(宋)范曄 撰, (唐)李賢等注, 《後漢書》, 〈方術列傳72下〉, 中華書局, 2740쪽 : "凡醫咸言背及胸藏之間不可妄針, 針之不過四分, 而阿針背入一二寸, 巨闕胸藏針下五六寸, 而病輒皆療."

175 (宋)張杲, 《醫說》 : "李當之者, 不知何許人也. 華佗弟子, 少通醫經, 尤精藥術."(王明强·張稚鯤·高雨, 2015, 109쪽 재인용)

176 (晉)陳壽撰, (宋)裵松之注, 《三國志》 卷29, 〈方技傳29〉, 中華書局, 1982, 799~803쪽 참조.

성별이나 삶과 죽음의 문제를 둘러싸고 발휘되었다고 한다. 《삼국지》에
는 다음과 같이 묘사하고 있다.

① 예전 감릉甘陵 지역 재상의 부인이 임신한 지 6개월이 되었는데 복통으
  로 편안하지 못했다. 화타는 그녀의 맥을 짚어 보고 말했다. "태아는 벌
  써 죽었습니다." 사람을 시켜 손으로 더듬어 태아의 위치를 살피게 하고,
  왼쪽에 있으면 사내아이이고, 오른쪽에 있으면 여자아이라고 했다. 위치
  를 살핀 사람이 말하길 "왼쪽에 있습니다."고 했다. 그래서 탕약을 배합
  하여 태아를 내리니 과연 사내아이의 모습이었고, 즉시 통증이 사라졌다.

② 이장군李將軍 처의 병이 심각해지자 화타를 불러 맥을 짚어 보도록 했
  다. 화타가 말하길 "유산이 되었습니다만, 태아가 모체에서 떨어지지 않
  았습니다."고 했다. 장군이 말하길 "유산이 확실하다면 태아는 이미 떨어
  진 것이라고 들었습니다." 화타가 말하길 "진맥을 짚으니 태아는 아직
  떨어지지 않았습니다." 장군은 그렇지 않다고 생각했다. 화타는 진료를
  멈추고 떠났다. 부인의 병세는 점점 호전되었다. 백여 일이 지나 병이
  재발하자 다시 화타를 불렀다. 화타가 말하길 "이 맥에 따라 판단하면,
  태아는 아직 있습니다. 이전에 두 아이가 생겼는데, 한 아이는 먼저 나
  왔으며 출혈이 매우 많았고, 뒤의 아이는 아직 출생하지 못했습니다. 산
  모는 자각하지 못했고, 주위에 있는 사람들 또한 깨닫지 못했으므로 낳
  지 않았기 때문에 출생하지 못한 것입니다. 태아는 죽었고, 어머니의 혈
  맥은 다시 태아에게 돌아가지 않으니, 태아가 말라서 어머니의 등골뼈에
  붙어 있기 때문에 등골뼈에 통증이 많았던 것입니다. 지금 탕약을 주고
  침을 놓으면 죽은 태아가 반드시 나올 것입니다."고 했다. 탕약과 침을
  모두 사용하자, 부인이 격렬한 통증을 느꼈으니 아이를 낳을 때와 같았
  다. 화타가 말하길 "이 죽은 태아는 너무 오래 말라 있었으므로 스스로
  나올 수 없습니다. 마땅히 다른 누군가의 도움을 받아 꺼내야만 했습니

다."고 했다. 과연 죽은 사내아이를 꺼냈는데, 손과 발이 모두 온전하게 갖추어져 있었고, 안색은 검었으며, 몸은 1척쯤 되었다.

출산과 관련하여 화타는 임신 중에 산모의 잘못으로 아이가 질병에 걸린 것을 치료하기도 했으니 "동양東陽 진숙산陳叔山의 작은 아들이 두 살 때 병에 걸려 변을 보지 못해 하루하루 쇠약해져 갔다. 화타에게 묻자 대답하길 '이 아이의 어머니가 아이를 가졌을 때, 양기를 안으로 길러 아이가 모유 가운데 허랭虛冷한 것을 섭취하였기에 어머니의 한기를 얻어 낫지 않은 것입니다.'고 했다. 화타가 '사물여완환四物女宛丸'을 주니 열흘 뒤에 병세가 사라졌다."고 했다.

화타는 몸 안의 기생충을 제거하는 데도 능했던 것으로 보인다. 요즘이야 회충약을 한 번만 복용하면 없앨 수 있지만 고대에는 그러지 못했기 때문에 이를 제거하는 것이 아주 중요한 일이었을 것이다. 다음은 그와 관련된 이야기이다.

화타가 길을 가다가 목구멍이 막히는 병에 걸린 사람이 음식을 먹으려고 했지만 먹지 못하자, 집 식구들이 수레에 태워 의사에게 가려고 하는 광경을 보았다. 화타는 그 사람의 신음소리를 듣고 수레를 멈추게 한 다음 살펴보고 말하길 "방금 지나온 길 옆쪽 빵을 파는 집에 마늘을 부수어서 시게 만든 것이 있으니 세 되를 사서 그에게 먹이면 병이 자연스럽게 없어질 것입니다."고 했다. 화타의 말처럼 했더니 환자는 즉시 뱀 한 마리를 토해냈다. 뱀을 수레 옆에 걸고 화타를 방문하니, 화타는 아직 돌아오지 않았고 어린 아이가 문 앞에서 놀고 있었는데, 맞이하며 말하길 "우리 아저씨를 만난 것 같습니다. 수레 옆에 뱀을 매달았군요." 환자는 화타의 집 북쪽 벽에 이런 뱀 수십 마리가 매달려 있는 것을 보았다.

심리치료의 대가이기도 했던 화타는 어떤 군수가 병이 들었는데 화를 내게 하면 나을 수 있다고 보았으니 《삼국지》에 그 이야기가 전한다.

어떤 군수가 병이 들었는데, 화타는 그 사람이 크게 화를 내면 차도가 있을 것이라고 생각하였다. 이에 많은 돈을 받고 치료를 하지 않은 채 환자를 내버려 두고 떠나면서, 군수를 욕하는 편지를 남겼다. 군수는 화를 크게 냈으며, 사람들을 시켜 화타를 추격하여 잡아 죽이도록 했다. 군수의 아들은 화타의 의도를 알았기 때문에 수하 관리들에게 쫓지 말도록 했다. 군수는 극도로 분노해서 검은 피를 토하자 병이 나았다.

그 밖에 신의 화타의 높은 의학 수준을 보여 주는 것으로, 같은 질병이라도 체질에 따라 치료 방법을 달리해 두 명의 환자를 완쾌시킨 사례도 있다.

부리府吏 아심兒尋과 이연李延이 함께 화타에게 진찰을 받았을 때 두 사람 모두 두통과 신열이 있는데 느끼는 고통이 똑같았다. 화타가 말하길 "아심은 설사를 해야만 되고, 이연은 땀을 내야만 합니다." 어떤 사람이 (병은 같은데 치료 방법이 다른 것을) 이상하게 생각하자, 화타가 말하길 "아심은 체질이 겉으로 튼실하고, 이연은 속이 튼튼하기 때문에 당연히 다르게 치료해야 합니다."고 했다. 즉시 각자에게 약을 주었는데, 다음 날 아침 두 사람 모두 병이 완쾌되어 일어났다.

뛰어난 의술을 지닌 화타였지만 모든 병을 다 치료할 수는 없었다. 그는 죽음을 막을 수는 없지만 죽게 될 것이라는 사실은 알고 있었으니 일반인들의 눈에는 보이지 않는 것을 볼 수 있는 특별한 능력을 지닌 것으로 묘사된다. 화타는 환자가 죽음에 이르게 될 것이라는 사실을 예언하였다. 또한 앞으로 이러저러하게 행동할 경우 죽게 될 수 있으니 조심히리고 경고했건만 회타의 말을 듣지 않고 주의를 기울이지 않아 결국 죽음에 이른 사례도 있다.

① 현리縣吏 윤세尹世는 사지에 열이 나고 입안이 마르고, 소리를 들으려 해도 잘 들리지 않고, 소변도 순조롭지 못했다. 화타가 "시험 삼아 뜨거운 음식을 먹어 보아 땀이 나면 쾌차하고, 땀이 나지 않으면 사흘이 지난 뒤에 죽을 것입니다."라고 말했다. 즉시 뜨거운 음식을 만들어 먹었지만 땀이 나지 않았다. 과연 화타의 말과 같았다.

② 염독鹽瀆의 엄흔嚴昕이 몇 사람과 함께 화타를 찾아왔다. 그들이 도착하자마자 화타가 엄흔에게 물어보기를 "당신의 몸은 괜찮습니까?" 엄흔은 대답하기를 "평상시와 같습니다." 화타가 말길 "당신에게 화급을 다투는 병이 있는 것이 얼굴에 보입니다. 술을 많이 마시지 마십시오." 엄흔 등은 담소를 마치고 집으로 돌아가는데 몇 리를 가다가 엄흔이 갑자기 현기증을 느끼며 수레 위에서 쓰러졌다. 사람들은 그를 부축하여 수레에 태워 집으로 돌아왔지만 밤중에 죽었다.

③ 예전 독우督郵를 지낸 돈자헌頓子獻이 병에 걸렸다가 쾌차하여 화타에게 진맥을 짚어 보게 했다. 화타가 말길 "몸은 아직 허약하며 원래대로 회복되지 않았으니, 수고로운 일(방사)을 하지 마십시오. 그 일을 하면 곧 죽게 될 수도 있습니다. 만일 죽게 된다면 혀를 몇 촌 내놓아야만 할 것입니다." 그의 아내가 돈자헌의 병세가 좋아졌다는 말을 듣고 백여 리 밖으로부터 와서 그를 살펴보고는 밤마다 교접을 하였는데 3일 만에 발병하였다. 화타의 말과 같았다.

④ 독우 서의徐毅가 병이 들었으므로 화타가 진찰해 보았다. 서의가 화타에

게 말하길 "어제 의조리醫曹吏 유조劉租로 하여금 위에 침을 놓게 한 뒤에 찌르는 듯 고통이 와서 눕고자 해도 편안하지 않았습니다."고 했다. 화타가 말하길 "침을 위에 찌르지 않고 잘못하여 간을 찔렀습니다. 먹는 것이 하루하루 줄어들고, 닷새가 지나면 구할 수 없습니다." 마침내 화타의 말처럼 되었다.

3. 두 영웅 조조·관우와의 인연

화타는 동향 사람이자 소설 《삼국지연의》 속 간웅 조조曹操(155~220)와 인연이 깊다. 화타가 조조를 치료했던 사실을 정사 《삼국지》에서는 "태조(곧 조조)가 소문을 듣고 화타를 불러들였으니, 화타는 항상 조조 곁에 있었다. 태조는 두풍頭風으로 고생하였는데, 발병할 때마다 마음이 산란하고 눈이 몽롱했다. 화타가 횡격막에 침을 놓으니 그의 손이 낳는 곳을 따라 병이 없어졌다."고 기술하고 있다. 하지만 조조와 화타의 관계는 그다지 원만하지 않았던 것으로 보이는데, 《삼국지》에는 화타가 조조에 의해 죽음에 이르는 과정을 비교적 자세히 기술하고 있다.

후에 조조가 직접 국사를 처리할 때, 중병에 걸려 화타에게 치료하도록 했다. 화타가 말했다. "이 질병은 단기간에 치료하기는 어렵습니다. 장기간 치료해야만 수명을 연장시킬 수 있습니다." 화타는 오랫동안 고향을 떠나 있었으므로 집으로 돌아가려고 조조에게 말했다. "방금 집에서 온 편지를 받았습니다. 잠시 집으로 돌아가려고 합니다." 집에 돌아온 뒤, 부인이 병에 걸렸다는 것을 핑계 삼아 여러 차례 기일을 연기할 것을 청하여 돌아가지 않았다. 조조는 누차 편지를 써서 불렀고, 또 군현의 관리에게 명령하여 화타를 보내도록 했다. 화타는 자신의 본령을 견지할 뿐 다른 사람을 모셔 녹을 먹는 것을 싫어하였으므로 길에 오르지 않았다. 조조는 매우 노하였으며, 사람을 보내서 살펴보도록 했다. 만약 화타의 처가 정말로 병에 걸렸다면 소두小豆(팥) 열 섬을 내리고 휴가 기한을 더 늘려 주도록 하고, 그것이 거짓이라면 체포하여 압송하도록 명령했다. (결국) 화타는 허현許縣에 있는 감옥으로 보내졌으며, 심문을 받고 죄를 시인했다. 순욱荀彧이 조조에게 간청하며 말했다. "화타의 의술은 확실히 정통합니다. 사람의 목숨이 걸려 있는 바이니 그를 용서해 주십시오." 조조가 말했다. "걱정하지 마시오. 천하에는 그런 쥐새끼 같은 자가 없어야만 하오." 그리고 화타를 가혹하게 고문했다. 화타가 죽으려고 할 때, 책 한 권을 꺼내 옥의 관리에게 주고 말했다. "이 책은 사람을 살릴 수 있을 것이오." 옥의 관리는 법을 범하는 것이 두려워 받지 않았고, 화타 또한 강요하지 않고 태워 버렸다. 화타가 죽은 뒤에도 두통이 사라지지 않자 조조가 말했다. "화타라면 이 병을 치료하여 스스로를 높이려고 했겠지만, 끝내 나를 위해 이 병의 근원을 잘라 버리지는 못했을 것이다." 나중에 사랑하는 아들 창서가 질병으로 위독하게 되자, 조조는 탄식하며 말했다. "화타 죽인 것을 후회한다. 내가 이 아이를 죽게 했다."

화타는 조조뿐만 아니라 소설 《삼국지연의》의 또 다른 영웅, 관우關羽(?~220)를 치료한 것으로도 유명하다. 위魏·촉蜀·오吳 삼국이 정립한 가운데 어느 날 관우가 군대를 이끌고 호북성 번성樊城을 공격하다가 팔에 독화살을 맞고 낙마하여 진지로 되돌아갔지만, 마땅히 치료할 방법이 없었다. 이때 그의 부상 소식을 들은 화타가 치료를 위해 급히 달려왔다. 천하 사람들이 인정하는 외과 명의 화타가 자신을 위해 치료하러 왔다는 소식을 들은 관우는 크게 기뻐하며, 그에게 수술을 의뢰했다. 화타는 바로 수술에 들어갔는데, 그 방법이 주변 사람들의 얼굴이 모두 창백해질 정도로 통증이 심한 수술이었음에도, 오히려 관우의 안색은 조

◈ 38

괄골요상刮骨療傷
(장수 삼황궁 벽화)

금도 바뀌지 않았다고 한다. 이와 관련하여 강서성 장수樟樹에 있는 삼황궁三皇宮 벽화에는 화타가 치료하는 동안 관우가 그 고통을 잊기 위해 바둑을 두고 있는 모습을 그린 벽화가 그려져 있다. 수술을 성공적으로 마치자 관우는 그를 위해 연회를 베풀고 황금으로 사례하고자 했지만, 화타는 거절한 채 치료약을 남겨 두고 돌아갔다.

이것은 화타신앙의 결정체라 할 수 있는 이야기지만 역사적으로 전개되었을 가능성은 아주 희박하고, 소설《삼국지연의》의 저자가 화타를 신의의 경지에 올려놓고자 묘사했을 개연성이 크다. 더불어 명장 관우의 인내심을 칭찬하고 영웅으로 그리려는 의도도 있었을 것이다. 그렇기에 이 이야기는 소설 속에만 등장할 뿐 정사《삼국지》에는 보이지 않고 있다. 히지만 이후 수많은 작품의 소재로 등장하여 정설처럼 사람들의 뇌리에 박혀 전해지고 있다.

4. 명청대 회하유역에서 유행한 화타신앙

'신의'라 불리는 화타는 아주 오래전부터 숭배의 대상이 되어 왔다. 《후한서》에 "양성養性의 술에 밝아 백 살이 되어서도 오히려 장용壯容하였으니 당시 사람들이 신선이라 불렀다."[177]고 했다. 위진남북조 시대에 이미 세상 사람들로부터 신격화되었음을 알 수 있다. 당시 사람들은 화타가 양성의 도에 밝았으므로, 100살 가까이 되었지만 장년의 용모를 지녔다고 생각했다.[178]

당·송대에는 각종 이야기들이 생성·전파되면서 화타신앙도 진일보 발전하게 되고, 그를 모신 사당도 출현했다. 아울러 이 시기 사람들이 화타묘를 찾은 이유가 치병治病·구인救人의 기능이 있었기 때문이라고 묘사한 글도 보인다.[179] 하지만 이들 가운데에는 화타의 신묘한 의학기술, 특히 마비산麻沸散을 이용해 외과수술을 진행했다는 사실에 대해 의문을 품기도 했다. 《송사宋史》〈방기方技·방안시전龐安時傳〉에는 "화타의 일에 대해 물으니 대답하기를 기술이 만약 그러하다면 그것은 사람이 할 수 있는 일이 아니다. 역사 기록이 잘못되었을 것이다."[180]고 했다. 송대 명의인 방안시(1042~1099)는 화타가 행했다는 외과수술은 인간의 능력으

---

177 (劉宋)范曄, 《後漢書》 卷112 〈華佗傳〉, 北京: 中華書局, 1965, 2736쪽 : "曉養性之術, 年且百歲而猶有壯容, 時人以爲仙."

178 (晉)陳壽撰, (宋)裴松之注, 《三國志》 卷29 〈方技傳29〉, 中華書局, 799쪽.

179 예를 들면 (宋)周紫芝, 《太倉稊米集》 卷49 影印文淵閣四庫全書, 臺北, 臺灣商務印書館, 1983, 제1141책, 346쪽에는 "有士人病瘧數歲者, 因道過華佗廟, 作書問之. 以謂: '使余病小可爲, 當明以告我, 可活, 願授一方.' 夜夢神人告之: '以此今年夏余復若, 此用之殊小效, 半夏輒已.' 乃知醫之用藥如將之用兵, 皆偶合耳."라 했다.

180 (元)脫脫, 《宋史》 卷462 〈龐安時傳〉, 北京: 中華書局, 1977, 13522쪽 : "有問以華佗之事者, 日: '術若是, 非人所能爲也. 其史之妄乎.'"

로는 불가능하기에 역사가의 오류가 있었을 것이라고 생각했다.[181]

화타신앙이 본격적으로 확립된 것은 명청대부터라고 할 수 있다. 화타신앙이 유행하게 된 데에는 다양한 요인이 복합적으로 작용했으니 이전 시기에 견주어 인구밀도가 증가하는 가운데 교통이 발달하면서 전염병도 빠르게 전파되었다. 명대 사서에 기록된 전염병은 이전 왕조에서보다 많이 보이는데, 만력연간(1573~1619) 이후 더욱 두드러져 남·북방을 가리지 않고 중국 전역에서 유행했다. 새로운 질병도 출현하였으니 백후白喉·서역鼠疫 등을 들 수 있다. 《고금도서집성古今圖書集成》·《명사明史》·《명실록明實錄》에 기재된 것을 근거로 살펴보면 명조 277년 가운데 역병이 유행한 해는 총 118년으로 평균 2.34년에 한 번씩 전염병이 창궐했다.[182] 청초에는 인구가 1억을 넘어섰고, 후기에는 4억을 돌파했다. 아편전쟁 이후 빈곤과 인구의 유동성 증대, 그리고 전염병이 이전 시기보다 훨씬 광범위하게 유행했다. 의료자원이 유한한 상황에서 전염병, 곧 온역瘟疫이 유행하자 건강을 염려한 많은 사람들이 신령에 의지하게 되었다.

명청대에는 화타신앙의 확립과 더불어 화타를 모신 사당도 많이 출현했는데 조정에서 매년 제사를 지낸 것과도 관계가 있을 것으로 생각된다.[183] 민간에서 화타묘의 건립에 적극 간여한 것은 지방관과 신사 계층이었다.[184] 예를 들면 하북성 무안武安의 화타묘와 관련하여 "화공묘華公廟는 영훈문迎薰門 바깥에 있는데, 삼국시대 때 명의 화타를 제사 지냈

181 張彦靈,〈唐宋時期醫學人物神化現象研究〉, 陝西師範大學 碩士學位論文, 2010, 12쪽.

182 張劍光,《三千年疫情》, 江西高校出版社, 1998, 208~310쪽.

183 張雷,〈明淸時期華佗信仰硏究〉,《中國地方志》2008-5(이하 張雷, 2008b로 약칭), 50쪽.

184 張雷, 2008b, 53쪽.

던 곳이다. 강희 49년(1702) 지현知縣 황지효黃之孝가 건립했다."[185]고 했으며, 강소성 흥하현興化縣익 경우도 이와 비슷했다.[186] 화타묘의 건립은 공공사업의 성격이 강한 것으로 지역 유지인 신사 계층은 비석을 세워 관련 사실을 기술하였다.

화타를 신으로 숭배했던 지역은 대체로 그가 의료 활동을 전개했다고 여겨지는 곳과 일치하는데, 서주徐州·예주豫州·청주青州 등이다. 화타의 인醫案 가운데 언급된 지명을 고찰해 보면 대체로 팽성彭城을 중심으로 동으로는 감릉甘陵(현 산동 임청臨淸), 염독塩瀆(강소 염성塩城), 서로는 조가朝歌(하남 기현淇縣), 남으로 광릉廣陵(강소 양주揚州), 서남으로 초현譙縣(박주시亳州市 초성구譙城區)까지 현재의 강소·산동·하남·안휘 등을 아우른다. 화타 사후 서주徐州 일대에만도 10여 곳의 화타묘가 건립되었으며, 그가 활동했던 곳으로 추정되는 거의 모든 지역에 사당이 세워졌다. 화타 사후, 묘지 또한 화타신앙과 관련하여 매우 중요한 공간적 개념을 제시하고 있는데, 화타묘는 현재의 강소 서주시徐州市, 하남 허창시許昌市, 하남 항성시項城市 및 섬서 화음현華陰縣 등 네 곳에 달한다.[187] 명청대 회하유역에 화타를 모신 사당을 도표화하면 다음과 같다.

....

185 (乾隆)《武安縣志》卷8〈祠祀〉: "華公廟, 在迎薰門外, 祀三國時名醫華佗. 康熙四十九年知縣黃之孝建."

186 (咸豊)《重修興化縣志》卷1,〈興地志之八·祠祀〉: "華神廟, 中營二鋪門額: 漢孝廉華元化先生祠. 明萬曆庚子, 邑庠生宋九苞建, 崇禎甲戌年李長俦同紳士重建, 長俦有記事碑."

187 江蘇 徐州의 華佗墓는《徐州府志》에 "明成祖永樂年初, 徐州知州楊節仲修山川壇, 掘地得一首骨, 疑爲佗首, 加土瘞之, 題其碣."이라 했으며, 許昌 華佗墓는《華佗傳》가운데 曹操가 華佗를 許昌에서 살해했다는 기사에 근거해 이곳을 장지로 보았다. 項城華佗墓는《項城縣志》에 "華公冢, 舊志在縣東北六十里槐店西南里許, 相傳三國時名醫華佗葬此."라 기재되어 있고, 華陰縣의 경우에는《陝西通志》에 "漢神醫華佗墓, 在縣西五里. 按開封府志; 佗墓在項城. 盖佗見殺于操, 未必瘞于秦也."라 한 것을 근거로 삼았다 (張雷, 2008b, 50쪽).

【표 I-2】 명청대 회하유역에 건립되었던 화조묘華祖廟[188]

정 구역(성)	시·현	명칭	수량	참고문헌	건축시기
강소	銅山縣	華祖廟	4	도광 《銅山縣志》 卷12 〈建置制〉	만력, 강희연간
	豊縣	華祖廟	2	광서 《豊縣志》 卷14 〈祠祀類〉	강희, 광서연간
	沛縣	華祖廟	3	민국 《沛縣志》 卷5 〈建置志〉	강희, 광서연간
	甘泉縣	華大王廟	1	광서 《增修甘泉縣續志》 卷11 〈祠祀考〉	성화, 광서연간
	興化市	華神廟	1	강희 《興化縣志》 卷11 〈人物·祠祀〉, 함풍 《重修興化縣志》 卷1 〈輿地志之八〉	만력, 건륭 중수
	高郵市	華藥王廟	1	도광 《高郵州志》, 〈輿地志卷之一〉	건륭 5년
	寶應市	華眞君祠	1	도광 《寶應志》 卷2 〈建置志·寺觀〉	강희 28년
	東臺市	神醫華大王廟	2	가경 《東臺縣志》 卷33 〈祠祀〉	강희연간
	南通市	華王廟	1	만력 《通州志》 卷6 〈儀典志·秩祀〉	송 태평흥국 5년
	소계		16		
산동	菏澤市	華公祠	1	건륭 《曹州府志》 卷9 〈秩祀志·壇廟〉	
	金鄕縣	華祖庵	1	동치 《金鄕縣志》 卷2 〈秩祀〉	건륭연간
	單縣	華佗廟	1	건륭 《單縣志》 卷2 〈建置志·壇廟〉	
	微山縣	華祖閣	1	민국 《沛縣志》 卷5 〈建置志〉	강희연간
	寧陽縣	華佗廟	1	현존, 《寧陽縣志》(中國書籍出版社, 1994)	
	巨野縣	華佗廟	1	《巨野縣志》(齊魯書社, 1996)	
	滕州市	華佗廟	1	현존, 《滕縣志》(中華書局, 1990)	강희연간
	소계		7		
하남	虞城縣	醫祖華公廟	3	광서 《虞城縣志》 卷3 〈廟祀〉	순치, 건륭연간
	夏邑縣	華祖廟	1	민국 《夏邑縣志》 卷3 〈廟祀〉	명계, 광서 중수
	商丘縣	華佗廟	1	강희 《商丘縣志》 卷4 〈祠祀〉	
	永城縣	華佗廟	1	광서 《永城縣志》 〈建置 卷5·寺廟〉	광서연간
	商城縣	華儀寺	1	가경 《商城縣志》 卷3 〈建置志·壇廟〉	천계 3년
	西峽縣	華佗廟	1	考古發現	
	柘城縣	華佗廟	1	민국 《柘城縣志》 卷首 〈城廂圖〉	
	項城縣	華佗廟	2	선통 《項城縣志》 卷10 〈祠廟志〉	
	소계		11		
안휘	合肥縣	華祖寺	1	가경 《合肥縣志》 卷14 〈古迹志·寺觀〉	
	岳西縣	華公廟	1	《岳西縣志》(黃山書社, 1996)	도광 원년
	泗洪縣	華王廟	1	광서 《泗洪合志》 卷2 〈建置志·祠廟〉	
	宿州	華祖廟	1	강희 《宿州志》 卷10 〈古迹·寺觀〉	강희연간
	蕭縣	華祖廟	1	가경 《蕭縣志》 卷7 〈壇廟〉	
	太和縣	華佗廟	2	건륭 《太和縣志》 卷1 〈輿地·壇廟〉	가정, 만력연간
	泗縣	華佗廟	1	건륭 《泗州志》 卷2 〈建置志·祠廟〉	

[188] 張雷, 2008a, 40~41쪽.

亳州	華祖廟	1	광서 《亳州志》 卷4〈營建志·壇廟〉	건륭, 가경 중
涡陽縣	華祖廟	3	민국 《涡陽縣志》 卷5〈建置〉	광서 5년
蒙城縣	華祖廟	3	민국 《重修蒙城縣志》 卷2〈建制置·壇廟〉	
壽縣	華祖廟	1	광서 《壽州志》 卷5〈寺觀〉	건륭 6년
懷遠縣	華佗廟	2	가경 《懷遠縣志》 卷4〈祠祭志〉	
太湖縣	華佗庵	2	동치 《太湖縣志》 卷6〈輿地志·寺觀〉	건륭 12년
六安市	華祖廟	1	동치 《六安州志》 卷7〈輿地志13·寺觀〉	
潁上縣	華佗廟	1	동치 《潁上縣志》 卷3〈建置·寺觀〉	도광연간
	소계	22		

위에서 언급한 지역과 더불어 중국의 다른 지역 통계를 더해 청대 화타묘의 분포상황을 그림으로 나타내면 다음과 같다.

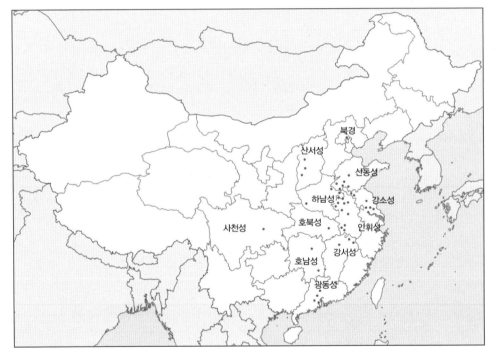

◈ 39 청대 화타묘(점으로 표시) 분포도(張雷, 〈鄕土醫神: 明淸時期淮河流域的華佗信仰硏究〉, 《史學月刊》 2008(4), 42쪽)

5. '화조암華祖庵'

◈ 40 '화조암'

청대 화타묘는 현재의 강소·산동·하남·안휘의 4성 교계 지역에 집중되어 있으며, 그 가운데 특히 화타의 고향인 안휘성에 가장 많이 분포하고 있음을 확인할 수 있다. 화타를 모신 사당 가운데 역사가 가장 오래된 것으로는 화타와 조조의 고향이자 하북성 안국과 더불어 중국 최대의 약재시장이 있는 안휘성 박주亳州 영안가永安街에 있는 화조암華祖庵을 들 수 있다. 장뢰張雷의 고증에 따르면 대략 당 개원연간(713~741)에 고향인 박주에 화타를 제사 지내기 위한 사당인 '화조암'이 세워졌으며, 송대부터 중수가 이루어졌다.[189]

화조암 입구에는 돌사자 한 쌍이 연꽃을 밟고 있다. 문을 들어서면

....

189 張雷, 〈鄕土醫神: 明淸時期淮河流域的華佗信仰硏究〉, 《史學月刊》 2008-4(이하 張雷, 2008a로 약칭), 40쪽.

정전正殿이 있는데, 내부에는 2.7m 높이의 화타 소상과 함께 《화타신방華陀神方》을 비롯히어 《회타유저華陀遺著》·《중장경中藏經》·《화타향토별전華陀鄉土別傳》 등 저작이 진열되어 있다. 좌우 벽면에는 화타의 평생 사적을 반영한 작품들이 걸려 있다. 정전 동쪽에는 두 개의 편문이 있는데, 남쪽 문에는 '회춘回春', 북쪽 문에는 '제세濟世'가 쓰여 있다. 사묘 안에는 화타가 휴식을 취하는 장소인 '자이정自怡亭'과 '화타기념관'이 있다. 실내 진열관에는 '전국화타학술토론회' 논문과 자료들이 전시되어 있고, 벽에 걸려 있는 유화에는 '술비장상術比長桑, 공모양상功牟良相(의술은 장상에 비견되고, 공적은 좋은 재상에 견줄 만하다)'는 글씨가 쓰여 있다. 실외 기둥에는 화타의 '선의선행善醫善行'을 칭송하는 대련, 곧 '선덕선언선행총이선의위선善德善言善行總以善醫爲善, 명산명수명승갱인명인이명名山名水名勝更因名人而名'이 새겨져 있다.

'화조암'은 1962년에 당시의 박현亳縣 인민정부가 재정 지원을 통해 수리 보완하여 화타기념관을 증설하고, 곽말약이 기념관 현판에 이름을 적었다. 이어서 1980년에 다시 재정 지원을 받아 수리하였으며, 현재는 성급 중점문물보호단위로 지정되었다.

Ⅶ. 손사막孫思邈

I. 손사막이 '약왕'으로 추앙받는 이유는?

◈ 41 약왕산
약왕묘 제사광장의
손사막 석상

    당대唐代의 저명한 의학자이자 중국에서 대표적인 '약왕'으로 일컫는 손사막孫思邈은 경조京兆 화원華原(현재의 섬서성 동천시銅川市 요주구耀州區) 사람으로 541년(또는 581년)에 태어나 682년까지 살았다고 전해진다.[190] 그는 위진남북조 시대 말 북주北周부터 수隋를 거쳐 당대 전기까지 전환의 시기에 양생장수의 기술을 연마하여 100세를 넘게 살았다.

그가 중국의 대표적인 약왕으로 추앙받는 것도 관직 제안을 뿌리치고 민생을 살핀 것과 더불어 100세 이상 살았다는 것이 영향을 주었을 것으로 생각한다.[191]

손사막은 어릴 때부터 독서를 좋아했고, 장자와 노자의 학설을 비롯한 제자백가만이 아니라 불교 경전에도 조예가 깊었다고 전해진다. 《신당서新唐書》·〈손사막전〉에는 그가 어린 시절 북주北周의 대귀족인 독고신獨孤信으로부터 '성동聖童'으로 불리기도 했다는 대목이 나온다. 수 문제와 당 태종·고종의 요청을 사양했던 그는 황실의 요구를 뒤로한 채민간에 오랫동안 머물면서 약재를 채취하고 의학을 연구하여 사람들의병을 고쳐 주고 책을 지어 의학 이론을 세웠다. 그의 학문은 족히 관직에 나아갈 정도까지 되었으나 민간에서 의사로서 민중 구제에 힘을 쏟았다.

손사막은 한대부터 당대까지 수많은 의론과 의방 및 용약, 침구 등경험과 식료·도인·안마 등 양생방법을 수집하여 체계적으로 정리하고, 80여 년에 걸친 임상 경험을 결합하여 당대의 대표 의서인 《비급천금요방備急千金要方》 30권과 《천금익방千金翼方》 30권을 편찬하는 등 중국 의학사상 중요한 공헌을 했다는 평가받고 있다.[192] 그는 저서에서 '대의정

190 현재 중국 사학계에서는 孫思邈의 출생연도에 관해 541년과 581년 두 가지 견해가 있는데, 그에 대해서는 쑨리췬 외 지음, 류방승 옮김, 《천고의 명의들》, 옥당, 2009, 181~184쪽 참조.

191 焦振廉은 손사막이 약왕으로 숭배의 대상이 된 요인으로 ① 의학학술 저작의 편찬, ② 저서의 대량 유통 및 전승, ③ 의학 실천 중시, ④ 大慈惻隱之心, ⑤ 생전의 숭고한 명성, ⑥ 신비한 은일생활 등을 거론하였다(焦振廉, 〈孫思邈何以被尊爲'藥王'〉, 《中醫藥文化》 2011-6, 15~17쪽).

192 이와 관련 丁樹棟은 ① 《黃帝內經》 '治未病'의 사상을 계승·발전시켰으며, ② 중국 食養學의 기초를 정립했고, ③ '房中補益'을 강조했으며, ④ 부녀와 아동 보건을 중시했고, ⑤ 道·佛·儒를 융합하고 이를 醫와 일체화하여 양생 방법을 수집·정리·보급

◈ 42 '약왕산'
표지석과 '대의정성'

성大醫精誠'의 윤리를 논하고 있는데, 여기서 '정精'은 훌륭한 의술을 뜻하고 '성誠'은 의사로서 높은 윤리, 곧 의덕醫德을 뜻한다.[193] 손사막은 의사가 환자를 치료할 때 가져야 할 마음가짐을 다음과 같이 표현했다.

　무릇 의사는 환자를 진료할 때 반드시 마음을 평안히 하고 뜻을 가다듬어야 하며, 자신의 욕망과 이익을 좇아서는 안 된다. 먼저 자애로운 측은지심을 발휘하고, 고통 받는 사람들을 돕고 구제하겠다는 마음을 가져야 한다. 질병이 있어 찾아와 진료를 요청하는 사람이 있으면, 귀천·빈부·장유(나이)·외모·친분·화이, 우매한지 아니면 똑똑한지 등을 불문하고 모두 동일하게 가족과 같이 생각하고 (치료에) 임해야 한다.[194]

했다는 점을 강조했다(丁樹棟, 〈孫思邈對中醫養生五貢獻〉, 《中國中醫藥報》 2015年 1月 9日).

193　李相宜, 〈懷邦緣何敬藥王－懷藥文化尋踪探源系列報道之七〉, 《焦作日報》 2005年 3月 22日.

194　孫思邈, 〈大醫精誠〉: "凡大醫治病, 必當安神定志, 無欲無求, 先發大慈惻隱之心, 誓願

노장사상에 조예가 깊은 것으로 알려진 손사막이 유가의 '인仁' 사상과 불교에서 말하는 '대자대비'한 마음을 강조한 것으로 보아 유 불 도 삼교합일의 정신을 지닌 것으로 볼 수 있겠다. 손사막은 모름지기 명의란 '정'과 '성'을 겸비하고 있지 않으면 안 된다고 가르치고 있는데, 그야말로 '대의정성'의 전형이라고 평가받는다.

손사막은 민간에서 민중을 구제했던 의학 활동을 제외하면 은일생활을 즐긴 것으로 보인다. 그의 고향인 요현耀縣 손가원孫家塬과 태백산太白山〔藥王山〕 등에 흔적이 지금까지 남아 있다. 사람들 마음속에 '약왕'은 명의이자 선인에 가까운 신의여야 하는데, 선인의 다수는 은일한 가운데 이루어진다. 때문에 손사막이 지닌 은일생활의 신비한 색채가 '약왕'으로 불리는 데 중요한 요소로 작용했다.

2. '처사處士'에서 '진인眞人', 다시 '약왕'으로

중국 민간에서 손사막에 대한 신격화는 언제부터 시작되었을까? 그리고 그의 이름 앞에 '약왕'이 붙은 것은 또 언제부터일까? 신격화가 시작된 처음부터 '약왕'이라 했을까? 사람들이 손사막을 숭배하기 시작한 것은 아마도 살아 있는 동안에는 나타나지 않았고, 사후 어느 정도의 시간이 흐른 다음 시작되었을 것으로 생각된다. 그 시기가 언제인가에

....

普救含靈之苦. 若有疾厄來求救者, 不得問其貴賤貧富, 長幼妍蚩, 怨親善友, 華夷愚智, 普同一等, 皆如至親之想."

대해서는 학자들 사이에 의견이 다르지만,[195] 대체로 당말에 시작되어 송대에 본격 전개된 것으로 본다. 당말에 신격화가 시작되었음은 몇몇 자료들을 통해서 알 수 있는데, 유숙劉肅의 《대당신어大唐新語》에는 손사막이 "(사후) 달포가 지났음에도 안색이 변하지 않고, 입관하는데 마치 '공空'과 같으니 사람들이 '시해尸解'가 아닌지 의심했다."[196]고 하였다. '시해'란 도가에서 다양한 방법을 통해 장생의 비술을 닦아 육신만을 남긴 채 혼백만 빠져 나가 신선이 되는 것을 의미한다. 이후 손사막이 신격화되어 가는 과정에서 많은 설화와 전설을 양산하기도 했는데, '구룡획선방救龍獲仙方'이나 '기우승천祈雨昇天'과 같은 초자연적인 행적과 관련된 것이 많다.[197] 당말오대의 도사 두광정杜光庭(850~933)이 편찬한 《신선감우전神仙感遇傳》과 송대 장군방張君房의 《운급칠첨云笈七签》에도 손사막의 '구룡기우' 전설을 싣고 있다.

당대 단성식의 《유양잡조》에서는 손사막의 저서 《천금방千金方》을 '선방仙方'에 포함시키고 있는데 이는 무슨 의미일까? 《천금방》은 본래 이전 시대의 의학문헌과 민간의 경험 및 손사막 자신의 임상을 결합하여

·······················

[195] 혹자는 唐代에 이미 나타났다고 주장하기도 하며(張彦靈, 〈唐宋時期醫學人物神化現象研究〉, 陝西師範大學 碩士學位論文, 2010), 또 다른 학자는 宋代부터라고 말하기도 한다(焦振廉, 2011).

[196] (唐)劉肅撰, 許德楠·李鼎霞 点校, 《大唐新語》卷10, 北京: 中華書局, 1984, 156쪽: "月餘顔色不變, 舉尸入棺, 如空焉. 時人疑其尸解矣."

[197] (唐)段成式撰, 方南生点校, 《酉陽雜俎》, 前集卷二, 北京: 中華書局, 1981, 19쪽: "孫思邈嘗隱終南山, 與宣律和尚相接, 每來往互參宗旨. 時大旱, 西域僧請于昆明池結壇祈雨, 詔有司備香燈, 凡七日, 縮水數尺, 忽有老人夜詣宣律和尚求救, 曰: "弟子昆明池龍也. 無雨久, 匪由弟子. 胡僧利弟子腦, 將爲藥, 欺天子言祈雨. 命在旦夕, 乞和尚法力加護." 宣公辭曰: "貧道持律而已, 可求孫先生." 老人因至思邈石室求救. 孫謂曰: "我知昆明龍宮有仙方三十首, 爾傳與予, 予將救汝." 老人曰: "此方上帝不許妄傳, 今急矣, 固無所吝." 有頃, 捧方而至. 孫曰: "爾第還, 無慮胡僧也." 自是池水忽漲, 數日溢岸, 胡僧羞恚而死. 孫復著《千金方》三十卷, 每卷入一方, 人不得曉, 及卒後, 時有人見之."

만든 저서인데, '선방'이라 한 것은 "무덕연간(618~626)에 용으로부터 《복수경服水經》을 받았다."[198]고 한 것과 관련되는 것으로 보인다. 여기에서 룡은 '용신龍神'을 의미하는 것은 아니며 주위상朱偉常은 그것은 마땅히 '용상龍象'이라 해석했고,[199] 풍한용馮漢鏞은 이 용궁방龍宮方은 '실제는 불교 용수보살龍樹菩薩과 관련이 있는 의방醫方'이라는 견해를 제시했다.[200] 하지만 이후 사람들은 손사막에 대한 신격화의 진행과 더불어 그의 《천금방》을 '용방龍方'화했다.

그러면 당대 사람들은 손사막을 어떻게 불렀을까? '진인眞人'이나 '약왕'이 아닌 '처사處士'였던 것으로 보인다. 중국에서 '처사'는 재덕을 갖추고 있었지만 관직에 나아가지 않은 사람을 뜻하는데, 전국시대 문헌에 보이기 시작한다.[201] 손사막은 어려서부터 학문적으로 높은 수준에 이르렀고, 재와 덕을 겸비했다는 평가를 받았으나 여러 황제들의 관직 제의를 사양했기에 '처사'의 조건을 갖추었다고 할 수 있다. 손사막이 일생 동안 어떠한 관직에도 나아가지 않았다는 것이 명확했기에 당대에는 시종 손사막을 '처사'로 불렀다.[202] 신선 관련 고사를 다룬 서적에도 처사로 언급하고 있음을 확인할 수 있으니, 송대에 편찬된 《태평광기太平廣記》·〈신선류〉 가운데 손사막 편이 대표적인 예이다.

....

198 (唐)孫思邈撰, 朱邦賢等校注, 《千金翼方校注》, 上海: 上海古籍出版社, 1999, 389쪽
    : "武德中, 龍賫此一卷《服水經》授予."
199 朱偉常, 〈孫思邈與龍宮方-《千金方》中的佛敎醫學〉, 《上海中醫藥大學學報》 1993-1,
    8~10쪽.
200 馮漢鏞, 〈孫思邈龍宮方新解〉, 《中醫藥信息》 1985-4, 1~2쪽.
201 陳曉捷, 〈從'處士'到'藥王'-歷代對孫思邈的尊稱考述〉, 《唐都學刊》 32(4), 2016, 84쪽.
202 예를 들면 唐 天寶11년(752) 王燾는 《外台祕要》의 서문에서 "近代釋僧深, 崔尙書,
    孫處士, 張文仲, 孟同州, 許仁則, 吳升等十數家皆有編錄, 并行于代."라 했고, 唐人 李冗
    의 《獨異志》에도 "唐天後朝, 處士孫思邈居于嵩山修道."라 하였다.(陳曉捷, 2016, 85쪽)

함통咸通 말년(874) 산 아래 민가에 10여 세 아동이 있었는데, 훈혈葷血을 먹지 않아 부모가 백수승원에 동자로 보냈다. 어느 날 손처사孫處士라는 유객이 승원을 주유하다가 주머니에서 분말 가루를 꺼내어 동자에게 주면서 말하길 '나를 위해 차와 같이 달여서 가져와라.'고 했다. 처사가 한 모금을 마신 뒤 남은 탕을 주었다. 탕을 맛보니 대단히 좋아 한 사발을 달라고 청하였다. 처사가 말하길 '이 탕은 너를 위해 가져온 것이다.'고 했다. 곧 탕 분말을 다시 끓여 마셨다. 동료들에게 말하기 위해 문을 나섰는데, 처사는 이미 사라져 보이지 않았다.[203]

이 고사의 유래는 두광정의 《선전습유仙傳拾遺》와 장독張讀(?~?)의 《선실지宣室志》로 모두 당말 손사막 사후에 편찬된 것이다. 고사 가운데 손사막은 신선으로 출현하고 있으나, 여전히 자칭 손처사라 하고 있으니 이를 통해 당대 사람들의 손사막 존칭이 처사였음을 알 수 있다.

손사막에 대한 호칭은 오대와 송을 거치면서 '처사'에서 '진인眞人'으로 변화하고 있다. 송대는 '문치주의'를 국가의 주요 정책으로 채택함에 따라 대외 군사적인 측면에서 약점을 노출했기 때문에, 민간에서는 외적의 침입에 따른 생명의 위협에 불안감을 늘 지니고 있었다. 건강과 생명을 지켜줄 대상을 역사 속에서 찾던 중 손사막이 대두되었을 것으로 생각된다. 손사막은 숭녕 2년(1103) '묘응진인妙應眞人'에 봉해졌으며, 이 때문에 민간에서는 '손진인孫眞人'으로 불렸다. '진인'이라는 말은 일찍이 전국시대 사상가들 문헌에 보이고 있다.[204] '진인'에 대해서는 다양한 해

---

203 (宋)李昉等編,《太平廣記》:"咸通末, 山下民家有兒十餘歲不食葷血, 父母以其好善, 使于白水僧院爲童子. 日有游客稱孫處士, 周游院中訖, 袖中出湯末以授童子曰:'爲我如茶法煎來.' 處士呷少許, 以餘湯與之, 覺湯極美, 愿賜一碗. 處士曰:'此湯爲汝來耳.' 卽以末方匕更令煎吃. 因與同侶話之, 出門, 處士已去矣."

204 예를 들면《莊子》,〈大宗師〉에 "古之眞人, 其寢不夢, 其覺無憂, 其食不甘 ……"이라 했다.

석이 있어 왔는데, 도가에서는 '천존天尊'의 별명으로 사용되기도 했고, '존양본성存養本性' 또는 '수진득도修眞得道'한 사람을 일컫기도 했다. 후세에는 몇몇 도교 명인에 대해 '진인'이란 용어를 사용해 존중을 표하기도 했다.[205] '진인' 손사막은 송대에 확립된 이래 최소한 명대 중후기까지 회자되었다.

송대에는 손사막 그림 숭배 현상 또한 대단히 유행했던 것으로 보인다. 범성대范成大(1126~1193)의 《오선록吳船錄》에 "진군전 앞에 큰 누각이 있고, …… 양쪽 상방에 옛 그림이 자못 많은데, 절반가량은 이미 벗겨지고 떨어져 나갔으나 오직 장과로張果老와 손사막의 화상만은 손상이 없었다."[206]고 했다. 손사막 화상이 진군전眞君殿 양무兩廡에 걸려 있었으니 그 또한 숭배의 대상이 되었음을 알 수 있다. 《오선록》은 범성대가 송 순희 4년(1177) 사천성 성도成都로부터 수로를 따라 임안臨安(항주)으로 돌아오는 때에 쓴 일지 형식으로 기록한 것인데, 이 책에서 손사막 화상을 고화古畫로 묘사한 것으로 보아 상당히 오래전에 출현했을 것이라는 추측이 가능하다.

손사막을 '진인'으로 부르다가 '약왕'으로 칭하기 시작한 것은 명 만력연간(1573~1619) 전후부터라고 생각된다. 관련 설화가 그의 고향인 섬서성 지역에서 전해지고 있다. 물론 당시에도 손사막을 직접 '약왕'으로 거론했다기보다는 손사막이 수행하고 활동했던 공간을 '약왕동藥王洞', 또는 '약왕산'이라 명명했다고 하는 설화가 있었으니,[207] 현재까지 알려

<hr />

205 이와 관련 《舊唐書》·〈玄宗紀下〉에서는 "天寶元年 …… 莊子號爲南華眞人, 文子號爲通玄眞人, 列子號爲冲虛眞人, 庚桑子號爲洞虛眞人."이라 했다.

206 (宋)范成大, 《吳船錄》: "眞君殿前有大樓, …… 兩廡古畫尙多, 半已剝落, 惟張果老, 孫思邈二像無恙.

207 陳曉捷, 2016, 87쪽.

진 가장 이른 시기의 기록은 동주同州(섬서 대려현大荔縣) '약왕동'에 관한 것이다.[208] 그 밖에 청대 흥안주興安州(주치州治 한음현漢陰縣, 현재의 안강시安康市 한빈구漢濱區)에 약왕산이 있었으며,[209] 동관현同官縣(현재의 동천시銅川市 인대구印臺區)에는 약왕동이 있었다고 한다.[210] 의군현宜君縣 뇌원雷塬 목과성木瓜城의 도광 2년(1822) 〈목과성창수약왕묘비기木瓜城創修藥王廟碑記〉에도 약왕의 '인선진맥引線診脈'·'침룡자호針龍刺虎' 관련 언급 또한 손사막과 관련된 것이다.

다만 명 만력연간부터 청 강희(1662~1722)·옹정연간(1723~1735)까지 섬서에서 손사막을 약왕으로 부른 것이 보편적이었다고 말하기는 어려울 것 같다. 손사막이 은거했다고 하는 오대산五臺山(약왕산)과 그의 고향마을 손가원의 비석에도 손진인이라 기재되어 있지 약왕이라 표기된 것은 없다. 약왕산의 명 가정 21년(1542)의 〈역대명의신비歷代名醫神碑〉에도 당대 '손진인', '약왕위자장藥王韋慈藏'이라 기재되어 있는 것을 통해 가정연간(1522~1566) 요주耀州 지역에서 약왕으로 불린 것은 손사막이 아닌 위자장이었음을 알 수 있다.[211]

그렇다면 요주 지역 사람들은 언제부터 손사막을 약왕으로 칭했을까? 이에 답하기 위해서는 지방지와 당지에서 발견되는 몇몇 비각 자료에서

---

208 劉于義 等修, 沈青崖 等纂, (雍正)《陝西通志》,〈同州〉, 臺北: 華文書局, 1969, 353
   쪽: "孫眞人洞, 在縣西北四十里雙泉鎭. 先是, 居人久議建祠未果, 至嘉靖三十四年地震
   後, 鎌山云起異常, 晝夜恒見, 忽崩裂一洞, 下有涌泉, 洞中自然成像, 仿佛眞人, 因以建樓
   殿云. 又藥王洞亦祀眞人, 在縣西郭, 萬曆三十年建."

209 劉于義 等修, 沈青崖 等纂, (雍正)《陝西通志》 卷12,〈興安州〉, 臺北:華文書局,
   1969, 870쪽: "有藥王山, 以祠祀孫眞人而名."

210 (淸)袁文觀, (乾隆)《同官縣志》,〈建置志〉, "祠祀", 臺北: 成文出版社 乾隆30年抄本影
   印, 1969, 119쪽: "孫眞人祠, 在縣南三里. 明萬曆六年知縣李一本建. 淸康熙二十五年
   重修, 今名藥王洞."

211 陳曉捷, 2016, 88쪽, 각주① 참조.

구해야 할 것 같다. 예를 들면 (옹정)《섬서통지》에 "약왕산은 손진인을
제사 지내는 것으로부터 이름이 붙여졌다", "손진인을 모신 사당은 당대
간의대부 손사막을 제사하는 곳으로 일명 약왕동이라 한다.", "약왕동에
서는 손진인을 제사 지낸다."[212]고 했으니 지방지 가운데 가장 이른 시기
손사막을 약왕으로 칭한 기록이다. 이 밖에도 건륭연간(1736~1795)에
편찬된 《심주지沈州志》·《원주부지沅州府志》·《예천현지醴泉縣志》·《수덕주직
예주지綏德州直隸州志》 등 지방지에서는 약왕묘에서 손사막을 약왕으로
섬기고 있다고 밝히고 있다. 현존 요주 대향산사大香山寺에 도광 15년
(1835)의 〈수향산사도로비修香山寺道路碑〉 가운데 '성동약왕산城東藥王山'의
내용이 들어 있는데, 이는 약왕산과 관련된 가장 이른 시기의 것이다.
이를 통해 약왕 존칭은 이때보다 앞선 시기부터 불렀을 것으로 보인다.
요주 사람들이 손사막을 약왕으로 칭하기 시작한 것은 늦어도 건륭이나
가경연간(1796~1820)이었을 것으로 생각된다.[213]

3. 손사막 설화

1) 기사회생과 인천진맥

'약왕' 손사막은 설화 속 주인공으로 자주 등장하고 있다. 중국을 대

---

212 (淸)沈靑峰, (雍正)《陝西通志》卷290, 淸文淵閣四庫全書本.; "藥王山, 以祠祀孫眞人
　　而名", "孫眞人祠, 祀唐諫議大夫孫思邈, 一名藥王洞.", "藥王洞, 亦祀孫眞人."
213 陳曉捷, 2016, 88쪽.

표하는 약왕으로 당연한 결과일지도 모르겠다. 우선 약왕 설화의 단골 메뉴 가운데 하나이자 '약왕'이라면 반드시 지녀야 할 당연한 덕목으로 거론되는 기사회생에 관한 이야기가 빠질 수 없다. 사실 이 이야기는 앞서 장중경의 사례에서도 비슷한 내용이 보이고 있으므로 여기에서는 간략하게 소개하겠다.

어느 날 손사막이 길을 가다가 관에서 피가 흘러나오고 있는 것을 보고 는 안에 있는 부인이 난산 때문에 잠시 실신하여 죽은 것처럼 보인다는 사 실을 간파하고 관을 열어줄 것을 요청했다. 관을 열고 자세히 진단한 다음 숨이 끊어지지 않음을 안 손사막이 침을 놓고 약을 먹이자 산부가 살아나 고 더욱이 아이까지 순조롭게 낳았다. 이에 사람들은 경탄을 금치 못하고 숭배하지 않을 수 없게 되었으니 또한 이로부터 손사막은 기사회생의 신의 로 불리게 되었다.[214]

이 설화는 침과 약을 결합한 중국 전통의학 치병의 특징을 반영함과 동시에 손사막 의술의 비범함을 보여 주고 있으며, 그가 약왕의 칭호를 받는 까닭을 증명하고 있다. 한 번의 침술로 한 사람이 아닌 두 사람을 구제하였으니 극적 효과까지 배가시키고 있다. 손사막의 비범함을 보여 주는 또 다른 이야기는 바로 '인선진맥引線診脈'을 실시했다는 내용이다.

당 정관연간(627~649) 태종太宗 이세민李世民의 장손 황후가 임신 10개 월이 넘었는데도 분만을 하지 못한 채 중병을 얻어 일어나지 못하고 있었 다. 이에 조정에서는 수많은 태의를 동원하여 치료하고자 했지만 차도가 없 자 태종 또한 불안해했다. 태종은 대신회의를 개최하여 이 문제를 제기하면

---

214 李爽, 〈孫思邈傳說故事硏究〉, 陝西中醫藥大學 碩士學位論文, 2015, 11쪽.

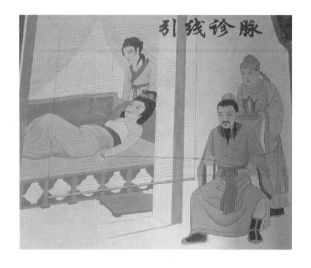

◈ 43 인선진맥
(내구 편작묘 벽화)

서 명의를 찾아보도록 했고, 신하 가운데 한 사람인 서무공徐茂功(594~
669)이 손사막을 추천해 모셔 왔다. 궁정에 들어와 궁녀들로부터 황후의
증상을 전해 듣고 좀 더 자세히 진찰하기 위해 진맥을 해야 했지만 봉건시
대 일개 '민간의'였던 손사막이 직접 황후 곁에서 할 수는 없었다. 홍선紅線
을 이용한 '인선진맥'을 실시할 수밖에 없었다. 진맥 후 손사막은 황제에게
황후의 증상을 설명하고 자신이 침을 놓을 수 있도록 허락해 줄 것을 요청
했다. 황제의 허락을 얻은 손사막이 침을 놓자 황후가 처음에는 고통스러워
하다가 얼마 지나지 않아 건강한 사내아이를 출산하였다. 당태종은 손사막
의 노력으로 순산했다는 소식을 듣고 그에게 벼슬과 함께 황금과 비단 등
을 상으로 내렸으나 정중히 사양했다. 태종은 그의 뜻을 존중하여 문무백관
으로 하여금 황궁 밖까지 배웅할 것을 지시하면서 손사막이 민간에서 진료
활동을 하는 데 어려움이 없도록 도와줄 것을 명했다. 이후 당태종은 손사
막이 거처하고 있던 화원현華原縣 오대산五臺山(약왕산)을 직접 찾아가기도
했으니, 약왕산 남암南庵에는 '당태종 어도唐太宗御道', '배진대拜眞臺', '〈당
태종사진인송비唐太宗賜眞人頌碑〉' 등이 남아 있다.[215]

제1편 '약왕藥王', 중국 민간신앙의 대표주자

2) 호랑이와 용을 치료하다.

중국 약왕 설화의 대표적인 예로 손사막이 호랑이와 용을 치료했다는
이야기를 들 수 있다. 이는 중국의 많은 지역에 남아 있으며 손사막을
모신 사당이나 회관 등에 벽화나 조각 등으로 형상화되어 있기도 하다.
또 이 이야기는 손사막에 그치지 않고 다른 약왕, 예를 들면 민남閩南의
보생대제 오도吳夲 등에게 그대로 이식되어 많은 사람들의 입에 오르내
리기도 했다. 이야기 내용은 다음과 같다.

> 손사막에게는 당나귀가 한 마리 있었는데, 깊은 산으로 약초를 채취하러
> 가거나 멀리 진료하러 갈 때 이용했다. 때문에 손사막은 이 당나귀를 무척
> 이나 좋아했으며 한시도 떨어지지 않았다. 어느 여름날 손사막은 당나귀를
> 이끌고 제자와 함께 오대산五臺山으로 약재를 채취하러 갔다. 계곡 입구에
> 이르자 많은 약재들이 눈에 들어왔다. 이에 당나귀를 나무에 묶어둔 채 약
> 재를 찾아 좀 더 깊은 골짜기로 들어갔다. 그들이 약재를 캐기 시작한 지
> 얼마 지나지 않아 호랑이 울음소리가 들리더니 숲에서 뛰어나와 묶어 두었
> 던 당나귀를 잡아먹어 버렸다. 울음소리에 놀라 가 보니 호랑이는 이미 자
> 취를 감추고 당나귀 뼈만 남아 있었다. 당나귀를 잃은 손사막이 슬픔에 잠
> 겨 있는데, 이상하게도 조금 전 당나귀를 잡아먹은 호랑이가 자신에게로 다
> 가왔다. 손사막 앞에 온 호랑이는 머리를 숙이면서 눈물을 흘리고 있는데
> 자세히 보니 입에서는 피를 흘리고 있는 것이 온순한 고양이처럼 보였다.
> 손사막이 호랑이를 자세히 관찰하니 예전에 그가 치료해 준 적이 있던 호
> 랑이였다. 당나귀를 잡아먹은 것에 화가 난 손사막이 고개를 돌려 가는데
> 호랑이는 후회하는 표정을 지으면서 계속 따라왔다. 이를 이상히 여긴 제자

215 安定洲, 〈藥王的由來〉, 《中國道敎》 1995-1, 57쪽; 李爽, 2015, 11쪽; 〈皇后懷孕患
重病, 引線診脈千古頌〉, 《家庭中醫藥》 2007-1.

◆ 44
'좌호침룡坐虎針龍'
(북경 풍대 약왕묘 벽화)

가 호랑이 앞으로 다가서는데 호랑이가 입을 벌리는 것이었다. 자세히 보니 호랑이 목에 커다란 당나귀 뼈가 박혀 있었다. 손사막은 손으로 그 뼈를 제거한 뒤 상처를 치료해 주고는 "이 나쁜 짐승, 내 당나귀를 잡아먹다니. 내 본래 너를 치료해 주고 싶진 않았으나 너의 통증이 참을 수 없을 만큼 심하고 예전 정을 생각해 한 번 더 치료를 해 준 것이니 이후에는 내 앞에 나타나지 말라."고 했다. 손사막이 돌아가는데 호랑이가 앞을 막아서며 엎드려 자신의 등에 올라타라는 시늉을 하였다. 제자가 호랑이에게 "네가 앞으로 당나귀를 대신해 스승님의 탈것이 되겠다는 뜻이냐? 만약 그렇다면 고개를 세 번 끄덕여라."하고 말하자 그대로 따라했다. 이후 호랑이는 손사막의 약낭이나 약재를 짊어지기도 하고 손사막이 멀리 진료하러 갈 때 탈것이 되어 주었을 뿐만 아니라 다른 맹수나 도적들로부터 손사막을 보호해 주는 역할까지 수행했다.

이와 관련하여 현재 중국 섬서성 약왕산에는 '취호평聚虎坪'이라는 지명이 있는데 손사막이 호랑이를 치료해 주었다는 곳이다. 후세 사람들이 호랑이 등에 탄 손사막 소상을 건립한 것은 모두 이에 따른 것이다.[216] 위의 내용에 이어지는 이야기도 있으니 바로 손사막이 호랑이를 타고 가서 용을 치료했다는 설화이다.

　　죽음의 위기에 처한 수많은 사람들을 살려낸 손사막의 명성이 점차 높아져가고 있던 때에 하루는 용왕이 인간 세상에 내려와 노닐다가 불의에 오공蜈蚣〔지네〕 집과 부딪쳤는데 밤에 푹 잠을 잔 뒤 지네가 용왕의 머리 정수리 아래에서 뇌수를 빨아먹어 대단히 고통스럽고 죽을 지경에 이르렀다. 이에 손사막이 7,749마리의 큰 수탉을 사용하여 지네를 박멸하였다. 용왕의 병이 완쾌된 뒤 그에 대한 답례로 흠뻑 비를 내려줌으로써 오곡과 약초가 잘 자라게 되었다.

3) 음료와 먹거리에도 약왕의 맛이 깃들어 있다

'약왕' 손사막은 의료위생환경과 먹거리가 지금보다 대단히 열악했던 당대에 백 살 넘게 살았다. 그가 이처럼 오래 살 수 있었던 비결은 무엇일까? 이와 관련하여 후세인들은 그가 도교의 양생법에 대단히 능했을 것이라는 점과 더불어 일상적으로 마셨던 차와 관련이 있는 것으로 본다. 사람들은 이 종류의 차를 관음보살이 인간에 사여한 옥로玉露이며, 만병을 제거하고 연년익수에 도움을 주는 '관음차觀音茶'라고 부르기도 한다. 손사막의 명성이 점차 확대되고 후세인들의 숭배 현상이 심화되면

216 〈餓虎凶殘吃了驢, 藥王伏虎當坐騎〉, 《家庭中醫藥》 2006-3.

서 사람들은 이 차를 '약왕차'라 부르게 되었다. 현대 의학 실험 결과 약왕차에는 수백 종에 달하는 미량의 원소를 포함하고 있어 확실히 노화 방지와 질병의 예방에 효과가 있는 것으로 증명되었다고 한다.[217]

중국의 대표적인 명절인 춘절에 먹는 술인 도소주屠蘇酒 또한 손사막이 창안했다고 전해진다.[218] 중국 역사상 온역瘟疫은 인민들의 건강을 위협하는 중대한 전염병이었다. 따라서 어떻게 하면 온역을 뿌리째 제거할 수 있을 것인가 하는 문제는 역대 의가들의 관심사 가운데 하나였다. 손사막은 이 분야에서도 혁혁한 공헌을 한 것으로 평가되고 있는데, 그것은 바로 도소약주屠蘇藥酒의 발명이다. 이에 관한 판본은 두 종류가 있다. 하나는, 손사막이 도소암屠蘇庵에서 신체 강장과 봄철 유행병 발생을 예방하기 위해 연구·개발한 약주를 통해 당시 상주常州 지역의 온역을 제어할 수 있었는데, 후세인들이 손사막을 기념하여 이 약주의 이름을 '도소약주'라 명명했다고 한다. 다른 하나는, 손사막이 해마다 납월(음력 12월) 몇몇 약을 포장해 백성들에게 나눠 주면서 이를 술로 담아 섣달 그믐날 저녁에 전 가족이 함께 마시면 다음 해의 온역을 예방할 수 있다고 말했다고 한다. 이에 손사막이 머물던 집을 '도소옥屠蘇屋'이라 했으며, 사람들은 이 약주를 '도소약주'라 일컬었다고 한다.[219]

위에서 소개한 두 가지 설은 비록 전설이 생겨난 배경이 다르지만 한 가지 공통점을 지니고 있다. 모두 온역을 예방하는 데 효과가 있다는 것이다. 이 때문에 새해를 맞이하기 전 섣달 그믐날 저녁에 도소주를 마시는 풍습이 생겨났으며, 중국의 수많은 지방에서 이어져 내려오고 있다. 손사막은 《비급천금요방備急千金要方》에 "도소주를 마시면 새해의

217 李爽, 2015, 14쪽.

218 도소주와 관련해서는 華佗가 창안했다고도 전해진다.

219 徐正唯, 〈孫思邈與屠蘇酒〉, 《美食》 2003-1; 李爽, 2015, 15쪽.

역기를 피하고 온역과 상한에도 감염되지 않을 것(飮屠蘇, 歲旦避疫氣, 不染瘟疫與傷寒)"이라 했으니 저서 속 내용과 이야기 사이의 상관성을 유추해 볼 수 있다.

약왕은 고향의 먹거리와도 관련이 되어 있다. 현재 서안에는 맛있기로 소문난 '노손가양육포老孫家羊肉泡'·'동성상우육포同盛祥牛肉泡'·'춘발생호로두포春發生葫蘆頭泡' 등 분식 가게 3곳이 있다. 이 가운데 '호로두포막葫蘆頭泡饃'은 돼지 내장을 이용해 만든 것으로 섬서 지역의 특색 음식이다. 그런데 왜 하필이면 '호로두'를 표방했을까? 이 또한 손사막과 관계가 있다.

　　수말·당초 한 의사(손사막)가 장안성長安城 남쪽 성문 밖에서 진료를 마치고 거리를 지나가는데 돼지 내장을 이용해 음식을 만들어 파는 가게가 있어 들어가 음식을 시켜 먹었다. 맛을 보니 창자 냄새가 심하고 기름기가 너무 많았다. 점주에게 물어보니 장사가 그다지 잘되지 않아 가족들 생계를 유지하기에도 어려움이 많다는 것이었다. 손사막은 "내장을 이용해 음식을 만들어 파는 것은 원재료비가 적게 들므로 많은 이익을 남길 수 있지만, 그러기 위해서는 맛있게 만들어야 하지 않겠는가?"하고는 그가 사방을 돌아다니면서 듣고 본 조리법을 알려 주었다. 돼지 내장에 대한 세洗·번翻·괄刮·표漂·량晾 등 가공법과 재료 삶는 방법 등을 알려 준 다음 그가 몸에 지니고 다니던 호로葫蘆(표주박)에서 화초花椒·회향茴香·팔각八角·계피桂皮 등 8~9종의 약재를 꺼내 이를 탕에 사용토록 하였다. 그런 다음 약재를 담았던 표주박도 주인에게 건네주었다. 이를 바탕으로 음식을 만들자 비린 냄새가 없어지고 느끼한 맛이 사라져 장사도 활기를 띠기 시작했다. 이후 식당주인은 약왕 손사막에 대한 감사를 표하고 그로부터 받은 약표주박을 문 위에 걸어두고 '호로두'를 식당 이름으로 내걸었다.[220]

4. 손사막 고향 약왕산 묘회

'약왕' 손사막의 고향에는 그가 생전에 도를 닦았다고 전해지는 약왕산에 사당이 있다. 약왕산이라는 명칭은 손사막이 이곳에서 수련했다는 이야기가 전해지면서 붙여진 이름으로, 이전에는 태백산 혹은 오대산이라 불렀다고 한다. 약왕산에 들어서면 표지석과 함께 바로 옆 커다란 돌에 의사가 지녀야 할 마음가짐을 논한 '대의정성'을 새긴 것이 눈에 들어온다. 잘 정비된 숲속 길을 따라가면 최근 개장한 것으로 보이는 '손사막국의관'이 있다. 조금 더 올라가면 두 갈래 길이 나타나는데, 왼쪽이 북동北洞(약왕대전), 오른쪽은 남암南庵이다.

북동北洞 쪽으로 비탈길을 올라 대전 입구에 이르면 흑호묘黑虎廟와 영관묘靈官廟가 나란히 지나가는 과객을 감시한다. 이어서 약왕이 약초를 씻었다고 전해지는 '세약지洗藥池'를 지나면 약왕대전이 나온다. 대전에는 약왕묘의 주인공인 손사막을 모셔 놓았는데, 뒤쪽에 용의 그림이 인상적이다. 아마도 손사막이 용을 치료해 주었다는 설화와 관계가 있을 것이다. 대전 맞은편에는 중국 역대 명의 10명을 모신 명의전이 있어 도홍경·갈홍·왕숙화·보밀·뇌공·기백·순우의·편작·화타·장중경의 소상을 전시하고 있다.

그 밖에 북동에는 약왕부모전藥王父母殿과 의덕비랑醫德碑廊·재신전財神殿 등도 있다. 의덕비랑에는 '당의약학가唐醫藥學家 손사막', '대의정성大醫精誠', '천금익방서千金翼方序', '비급천금요방서備急千金要方序', '의선 묘응진인妙應眞人 손사막전' 등 손사막과 관련되는 각종 비석이 전시되어 있다. 재신전은 최근에 건축했을 것으로 생각되며, 민간신앙으로 가장

....

220 〈指点迷津生意盛, 佳肴泡饌葫蘆頭〉, 《家庭中醫藥》 2006-5; 李爽, 2015, 15쪽.

◈ 45 약왕전에
모셔진 손사막

쉽게 찾아볼 수 있는 재신을 함께 모신 것은 건강과 더불어 부를 추구
하는 중국인들의 정서를 반영한 것으로 풀이된다.

　남암南庵은 소양암昭陽庵이라고도 하는데, 당태종의 고모인 소양공주昭
陽公主가 이곳 암자에서 비구니로 생활하다 원적에 들었기 때문이라고
한다. 1984년 남암에서 당대의 것으로 추정되는 석관石棺이 출토될 때
관 안에서 소량의 골회가 발견되었는데, 학자들은 이 골회의 주인을 소
양공주로 추측하고 있다. 남암의 제사 광장에는 14.1m에 달하는 손사막
석상이 세워져 있다. 약왕 손사막을 기리면서 제사를 올리는 곳으로 최
근에 조성되었다. 남암의 행원에는 몇 개의 건축물이 있는데, 유교·불
교·도교 등과 관련되는 것으로 중국 민간신앙의 복합적인 성격을 잘 나
타내고 있다. 공자를 모신 지성선사전至聖先師殿, 불교의 송자관음送子觀
音과 괴성魁星을 함께 모신 문창각文昌閣, 현재는 약용식물표본을 전시하
고 있는 칠간전七間殿, 당대의 석관이 비치되어 있는 금전金殿, 도교 '조
원도朝元圖' 벽화가 있는 원전元殿과 송대부터 민국시대까지의 비석 31개
가 늘어선 비랑이 있다. 비랑에 있는 〈요주화원현오대산손진인사기비耀州

華原縣五臺山孫眞人祠記碑〉는 손사막 연구의 중요한 사료로 평가되고 있다.

약왕산 약왕묘에서는 해마다 음력 2월 2일을 기해 묘회가 열린다. '약왕산묘회'는 북경의 '묘봉산묘회妙峰山廟會'와 '동악묘묘회東岳廟廟會', 산동성의 '태산동악묘회泰山東岳廟會', 호북성의 '무당산묘회武當山廟會' 등과 더불어 중국의 중요한 국가급 비물질문화유산(무형문화유산)으로 지정되었다(2008년). 묘회는 당대唐代부터 시작되었다고 하는데 당시에는 약왕산 고택(은거지)에 한정되었으며, 규모 또한 그다지 크지 않았다. 그러다가 도교의 영향과 사람들의 선사先師에 대한 숭배로 북송北宋 가우 4년(1059), '손진인사孫眞人祠'가 창건된 이후 손사막을 기념하는 활동이 남암南庵에서 시작되었으며, 원풍 4년(1081), 손사막 사망 400주년을 기념하여 의례 및 각비刻碑 활동을 전개했다. 숭녕 2년(1103) 송 휘종徽宗이 '정응묘精應廟'라 하고, 다음 해 손사막을 '묘응진인妙應眞人'으로 칙봉하였다. 금金·원대元代를 이어 명 가정 36년(1557)까지 주된 활동 무대는 남암이었다가 이후 북동으로 옮겨진 것으로 보인다.[22]

'2월 2일' 묘회는 초하루에 북동문北洞門을 열고 다음 날부터 '북동'을 중심으로 시작되었다. 회기는 명대에는 비교적 길어 한 달 이상 지속되었으나 청대 들어 10일로 단축되었다. 민국시대는 청대를 이어 10일 회기로 진행되었다. 사람들은 '일천문一天門'을 통해 사묘 안으로 올라가 약왕대전 앞에서 향을 피우고 약왕을 배알한다. '통원교通元橋'와 그 부근 대로변에는 각종 노점상들이 들어서 길거리 음식과 각종 토산품 등을 판매한다. 광장에서는 마희잡기馬戱雜技(원래는 말 위에서 펼친 각종 기예를 의미했지만 점차 말뿐만 아니라 여러 동물들을 이용한 다양한 형태

22] 喬世寧(1503~1563)이 편찬한 〔嘉靖〕《耀州志》에는 "嘉靖年間 중심 장소가 北洞으로 옮겨 오면서 오대산(약왕산)을 찾는 사람이 천 리 밖에서부터 끊이지 않았다."고 했다(張世英 著,《藥王 孫思邈》, 三秦出版社, 2006, 164쪽).

의 공연을 총칭)가 펼쳐지고, 희루戲樓에서는 진강秦腔(Qinqiang Opera)[222]을 공연했다. 이곳 희루에서 공연할 수 있었던 것은 대부분이 관중 지방의 유명한 극단들이었다.

옛 풍속에 따르면 묘회가 시작되는 초이튿날에 부녀자들은 12세 이하의 어린이들을 데리고 와 약왕이 아이들을 지켜달라는 의미로 '대쇄戴鎖'(자물쇠를 매다는 행위)를 하기도 했다. 적지 않은 사람들이 묘회를 마치고 돌아가는 길에 측백나무의 가지나 잎을 머리(또는 옷)에 꽂거나 손에 쥐었던 것은, 이미 약왕을 배알했다는 것을 나타내기도 하며, 약왕이 병을 물리치고 건강한 신체를 유지하기를 보살펴 달라는 의미가 있었다고 한다.

5. '회방懷幫'과 손사막

1) 회경부성의 약왕묘

명청대 '4대회약'을 통해 전국의 약재시장에서 크게 활약했던 회경부懷慶府 출신 약상들은 약왕으로 손사막을 섬겼다. 그들이 손사막을 모시기 시작한 것은 손사막이 당대唐代 회주懷州에서 회약懷藥과 도소주를 이용하여 온역을 치료한 이후부터라고 한다. 이후 약업경제가 전성기에

---

222 중국 한족의 가장 오래된 희극의 하나로 西周 시대에 기원했다고 하며, 주로 중국 서북의 陝西·甘肅·靑海·寧夏·新疆 등지에서 유행했는데, 중심지역은 陝西省 寶鷄市의 岐山과 鳳翔이다. 2006년에 국가급 비물질(무형)문화유산으로 지정됐다.

달했던 명청대에는 회경부 성내를 비롯해 을당파圪攩坡와 이귀작촌李貴作村 등 손사막이 활동했다고 전해지는 지역에 약왕묘를 세웠다. 회경약상들은 회경부라는 지역적 한계를 넘어 전국 각지로 경영 범위를 확대하면서 그들이 진출했던 지역에도 약왕묘를 세웠는데 한구漢口의 담회약왕묘覃懷藥王廟가 대표적이다.

① 하내(심양沁陽) 약왕묘

◈ 46 하내(현 심양)
약왕묘 목패루

명청대 '4대회약'의 최대 집산지로 회경부 부치府治의 소재지였던 하내현성河內縣城의 동북 모서리에 손사막을 모신 약왕묘가 있다. 약왕묘는 남쪽을 바라보고 있으며 면적은 2,800여 ㎡이다. 왼편에는 소박하고 푸른 송백松栢과 어우러지는 동선원東禪院이 있으며, 오른편에는 백묘白廟와 서로 인접해 있다. 남쪽으로는 우뚝 솟은 장관의 조음사潮音寺가 있고 뒤쪽으로는 연꽃이 피고 버드나무가 드리워진 천아호天鵝湖가 있다. 이 약왕묘는 건륭 52년(1787)에 착공하여 가경 13년(1808)에 준공한 것으로 대문 겸 희루戲樓를 비롯해 종루鐘楼·고루鼓楼·패루牌楼·상우廂

宇·소쇄각瀟灑閣 등의 건축물로 구성되었다. 도광 5년(1825)에는 사성전
四聖殿·대정對庭·소쇄각을 증축했다.

　대문 겸 희루는 가로 세 칸, 세로 세 칸으로 정면에는 겹처마 지붕과
바깥쪽 복도가 있고 회색 기둥과 기와지붕으로 만들어져 있다. 정중앙에
대문이 있고 양옆의 바깥 복도 아래에 난간이 있다. 정면 위에는 추녀
가 있고, 아래에는 '약왕묘'라 쓰인 금색 현판이 걸려 있다. 글자의 높이
는 7척 정도이다. 희루 안쪽으로는 홑처마가 있으며 '등춘대登春臺', '고
금일맥古今一脉'이라고 쓰인 현판 두 개가 걸려 있다. 희루 양쪽으로 행
랑방이 하나씩 있다. 희루를 지나면 푸른 바닥 돌이 깔려 있는 복도가
나온다. 복도의 좌우로는 종루와 고루가 우뚝 솟아 있고 사각형의 작고
정교한 정자가 하나 있다. 종루에는 '무경舞鯨'이라는 현판이, 고루에는
'읍학泣鶴'이라는 현판이 걸려 있다.

　목패루는 복도를 가로질러, 기둥 네 개, 방 세 칸의 3층 건물로 지어
졌다. 위아래 처마 사이에는 밝은색 나무판이 있으며, 그 양면으로 반룡
盤龍·행룡行龍·단봉丹鳳·사자·박쥐·사슴 등 상서로운 동물 그림이 세밀
하게 조각되어 있어 영적인 기운이 충만하다. 목패루의 양쪽 현판 가운
데 정면에는 해서체로 '제세자심濟世慈心'이, 뒷면에는 '동환재포洞鰥在抱'
가 새겨져 있다.

　패루를 통과하면 복도 양측으로 가로 다섯 칸, 세로 한 칸의 대정對
庭이 있다. 대정은 홑처마 경산식硬山式 지붕이다. 행랑 누각식 건축물과
연결되며 추녀 아래에는 기다란 기둥 모양의 두공斗拱이 걸려 있다. 복
도를 지나 계단을 올라가면 넓은 공간이 나오고 그 위로 권붕捲棚과 사
성전이 있다. 칸막이에는 운룡도雲龍圖 부조가 있으며 궁전식으로 작업
되어 약왕묘의 비범함을 잘 표현해 준다. 건물 내부 정중앙에는 금장의
손사막 조각상이 있으며, 뒷벽에는 《하내산수도河內山水圖》가 그려져 있

는데, 청대의 유명한 회경부 출신 화가인 보풍고莆風誥의 작품이다. 사성
전은 기로 세 칸, 세로 세 칸으로 되어 있으며, 내부 양측으로 각각 의
학계의 사성상四聖像을 모신 신좌神座가 있다. 사성전 뒤는 넓은 사각형
의 후원이 있고, 그 가운데 팔각형의 초석이 있으며 위로는 흔히 '팔각
정'이라고 부르는 소쇄각이 있다. 소쇄각은 홑처마이며 끝부분은 보주寶
珠로 장식되어 있고 처마 아래 '소쇄각'이라는 현판이 상감되어 있다.
삼황각三皇閣은 약왕묘의 북쪽 끝부분에 위치해 있으며 가로 다섯 칸,
세로 다섯 칸으로 된 겹처마 헐산식歇山式 건물이다. 삼황각 중앙에는
신농상神農像이 있다. 약왕묘를 건설하던 당시 사람들은 신농이 백초百草
를 맛보고 오곡五穀을 분별하며 초약草藥을 발견했다 하여 본초本草의
시조라 여겼다고 한다.

약왕묘는 역사적으로 회약을 바탕으로 한 회경부의 경제 부흥에 적극
적인 역할을 해 왔다. 명대 초보적인 형태의 시장이 형성되었던 회경부
의 약재 시장은 청대 중기 전성기를 맞아 전국의 중요한 약재집산지 가
운데 하나로 성장했다.[223] 당시 부성府城 소재지인 하내는 수륙교통의 요
충지로 매년 2회(음력 5월 20일 및 9월 9일)에 걸쳐 약왕묘에서 '유원약
재대회柳園藥材大會'가 개최되었다.[224] 하지만 청대 말기부터 점차 훼손되
어 1969년에 이르러서는 목패루와 동대정東對庭 등이 일부 손상된 채
남아 있을 뿐 다른 건축물들은 모두 철거되었다.

....

223 지역학계에서는 祁州(安國)·禹州·樟樹와 더불어 중요한 4대 중약재 집산지였다고
주장하기도 하고(李相宜·宋寶塘, 〈古懷慶府的藥王廟-懷藥文化尋踪探源系列報道之三〉,
《焦作日報》2005年 2月 8日), 5대 집산지 가운데 하나(程峰, 〈簡論懷商〉, 《殷都學刊》
2008-3, 64쪽)라고 말하기도 한다.
224 李相宜·宋寶塘, 〈古懷慶府的藥王廟-懷藥文化尋踪探源系列報道之三〉, 《焦作日報》2005
年 2月 8日.

② 을당파 약왕묘

을당파屹攩坡 약왕묘는 '손진묘孫眞廟'라고도 불리며, 하남 박야현博野縣에서 서북쪽으로 7.5km쯤 떨어진 태항산太行山 을당파에 있다. 을당파 아래에서 18계단을 올라 '일천문一天門'을 지나 다시 360여 계단을 올라야 손진묘에 이를 수 있다. 묘의 좌·우측 문을 따라 들어가면 안광전眼光殿이 장엄하게 세워져 있고 양쪽으로 계단이 약 30단 정도 있다. 안광전 뒤쪽의 암석을 넘어 10m 정도 올라가면 현제궁玄帝宮에 이르고, 계속해서 더 올라가면 13.33m 높이의 영험한 대웅전이 산 정상에 위치하고 있다. 약왕묘는 겹집으로 되어 있고 가운데 마당이 있으며, 대웅전 금장주錦帳櫥에 두루마기를 입고 어화御靴를 신고 머리에는 순천관順天冠을 쓴 손진인 초상이 모셔져 있다. 매해 정월 1일부터 16일까지 많은 사람들이 이곳을 찾아 기도를 올린다.

을당파 약왕묘에서는 다른 지역에서는 보기 힘든 그들만의 독특한 민속문화를 보존하고 있으니 바로 '영양領羊'의식이다. 현지 백성들이 손사막에게 생명을 구해 준 은혜에 감사하는 뜻에서 드리는 일종의 제사와 비슷하다. 보통 수백 명이 참가하는 대규모의 행사로, 사자춤, 호랑이춤, 나무다리 타기 등 여러 가지 민간 예술 공연과 함께 진행했다. '영양'의식은 한 마리 양을 제단 위에 올려놓고 술을 끼얹은 다음 몸을 덜덜 떨도록 만드는 것이다. 이것이 곧 '격령激靈'으로 '영領'의 의미를 가지고 있다. 양이 몸을 떨면 '영양'이 성공적으로 이루어진 것이라 보고 돌려보낸다. 만약 '영'하지 않으면 제사가 실패한 것으로 보고 계속 술을 붓고, 술이 효과가 없으면 냉수를 끼얹어 어떻게든 '영양'이 되도록 했다고 한다.

③ 이귀작촌 약왕묘

송대에 처음 건립된 하남성 초작시焦作市 산양구山陽區 백간방향百間房
鄕 이귀작촌에 있는 약왕묘는 원래 이름이 소혜왕행궁昭惠王行宮이었다고
하며, 손사막이 생전에 의술을 펼치고 저서를 집필했다는 전설이 내려오
고 있다. 건축물로는 남향의 대웅전과 사랑방이 있다. 대웅전의 구조는
단순하면서 거칠며, 연결 부위가 빽빽한데, 송대 말기 건축물의 특징을
그대로 보여 준다. 큰 대들보와 기둥, 벽 등에는 모두 용춤 채색화가 있
으며, 대웅전의 문은 칸막이로 되어 있다. 대웅전 정중앙의 좌우로는 청
룡 두 마리가 있었는데 원품은 훼손되고 현재는 복제품이며 그 가운데
놓인 벽돌에 묘주의 성씨를 기록한 위패가 새겨져 있다. 대웅전 초석
서쪽으로는 재건한 비문이 세 개 있는데 그 가운데 하나는 가경 19년
(1814)에 재건한 소혜왕행궁 비문이다.

청대의 기록물인《약왕구고충효보권藥王救苦忠孝寶卷》에 따르면, 손사

◈ 47 이귀작촌 약왕묘 대전

막은 처음 이귀작촌을 방문하여 8년 동안 거주하였으며, 이후 여러 차례 이곳을 다시 찾아 총 28년을 살았다고 한다. 수말·당초 손사막은 이곳에서 직접 천두백千头柏을 재배하였으며, 풀을 엮어 집을 짓고 우물을 파 물을 길었다고 한다. 또한 산에서 약초를 캔 뒤 포제炮制하고, 태항산太行山과 왕옥산王屋山을 넘나들며 약으로 사람을 치료하며, 민간의 약방들을 찾아다닌 것이 훗날 《비급천금요방》과 《천금익방》 등의 의학 저서를 쓰는 데 견실한 기초가 되었다고 한다. 당대의 명장 소혜왕昭惠王 이건신李建臣과 손사막은 친분이 매우 두터워 손사막의 초가집을 새롭게 건축하여 소혜왕행궁으로 삼았다고 한다.[225]

한편 현존하는 비석에 새겨진 〈소혜왕영감기昭惠王靈感記〉에 따르면 당 고종연간(649~683)에 손사막이 황궁의 명을 받들어 공주의 병을 치료하던 때 궁정의 비밀을 알게 되었고, 이 때문에 자칫 목숨을 잃을 위기에 처했다가 지위를 버리고 나왔다는 전설이 있다. 이귀작촌 약왕묘 대전은 2013년 전국중점문물보호단위로 지정되었다.

2) 한구 담회약왕묘

명청대 회경부 출신 약상들은 적극적으로 대외진출을 시도하였으니 성 안의 우주禹州·개봉 등 주요 상업도시뿐만 아니라 성 바깥의 기주祁州·장수樟樹·박주毫州 등 전국 규모의 전업약시와 인구가 밀집한 대도시로 진출했다. 그 가운데 한 곳이 양자강 중류에 있는 호북 한구漢口였다. 한구는 무한武漢의 3진鎮 가운데 하나로 수륙교통이 발달하여 본성

....

225 李相宜,〈藥王故居在山陽−懷藥文化尋踪探源系列報道之八〉,《焦作日報》 2005年 4月 5日.

은 물론이고 외지상인의 출입이 잦았다. 회경부 소속 약상들이 이곳에 진출하기 시작한 것은 명말 숭정연간(1628~1644)부터였다. 이후 사업이 더욱 번창하자 공동출자로 회관을 세우고 상방을 조직하였다.

회경부 소속 하내河內·무척武陟·온溫·맹현孟縣 출신 약상들이 중심이 된 '회방懷帮'은 강희 28년(1689) 약 25무의 토지를 매입하여 '회경회관懷慶會館'을 건립하였다. 건륭연간(1736~1795)에 중수된 뒤에는 '담회약왕묘覃懷藥王廟'로 개명하고 손사막을 약왕으로 모셨다. 건륭연간에는 약왕묘 동쪽에 예성원豫成園이라는 별서를 건립하기도 했다.[226] 당시 약왕묘 사무는 가춘원賈椿園과 진형산陳荊山이 담당했는데, '회방'의 성원은 순수하게 회약을 경영하는 상호에 국한시켰으며, 서화西貨나 서약西藥, 잡화상은 입방入帮을 불허하였다.[227]

이와 관련 최근 약왕묘의 현존 건축물 벽에서 청대 말기에 추가로 조각한 석비 두 개가 발견되었는데, 첫 번째 비문에는 약왕묘의 정확한 범위와 건축 시기가 적혀 있다. 그 가운데 하나는 오래우吳來雨의 토지 매매 계약서로 내용은 다음과 같다.

순례방循禮坊에 위치한 황무지 한 구획을 매입하였는데, 남향이며 북쪽으로는 장제가長堤街, 남쪽으로는 신안가新安街, 동쪽으로는 대항大巷, 서쪽으로는 두가항杜家巷에 이른다. 회경회관에 매도하며 담회방覃懷帮 약왕묘 건설에 사용한다.

매매 시기는 청 강희 28년(1689)으로 기록되어 있다. 이 계약서는 당

226 王默·尹忠華,〈漢正街的"藥帮"與藥王廟〉,《武漢文史資料》 2007-7, 57쪽.
227 王默·尹忠華, 2007, 55쪽; 王婧,〈淸代中後期懷慶藥商的地域經營〉,《株州師範高等專科學校學報》 12-6, 2007, 11쪽.

시 회경회관이 '담회약왕묘'를 건설하기 위해 토지를 매입하였다는 사실을 상세하게 설명해 놓았을 뿐만 아니라 약왕묘 부지의 동서남북 경계를 자세히 묘사하고 있다. 두 번째 비석은 장본원張本原의 토지 매매 계약서로 강희 28년(1689)에 작성되었다. 내용은 "조상께서 남겨 주신 토지가 매년 침수됨에 따라 큰 수확을 얻기 힘들다. 가족들과 상의하여 토지를 매도하기로 결정하고, 먼저 친척들에게 물어보았으나 사려는 이가 없다. 이에 '담회방'에게 판매하고자 하는데 이들은 약왕묘를 세우고 약업에 종사하고자 한다. 토지는 순례방에 있는데 물이 들어오면 호수에 가깝고 물이 빠지면 황무지에 가깝다. …… 토지 가격은 대전大錢 100관串이다."라고 했다.

남향으로 건설된 약왕묘는 전·후 대웅전과 뒤편의 화원花園 등 세 영역으로 구성되어 있었다. '약왕묘' 현판은 앞 대웅전의 정문 위에 걸려 있었다. 대문을 들어서면 종루·고루와 함께 양쪽으로 비각碑閣이 세워져 있는데, 약왕묘 건설 과정이 소개되어 있다. 이어서 희루와 그 양쪽에 공연을 관람할 수 있는 간루看楼가 있었다. 대웅전 감실龕室 안에는 약왕 손사막의 위패를 모셔 두었고, 벽에는 많은 명인들의 글과 그림이 걸려 있었다. 대웅전의 방 두 칸은 참배하는 사람들의 편의를 위해 탈의실로 사용했으며, 제사물품들을 모아 두었다. 대웅전 뒤에는 큰 누각이 있으며 누각의 동·서쪽은 화원이다. 동쪽 화원에는 화신전火神殿·가산假山·연못·정자 등이 있었고, 서쪽 화원에는 다양한 종류의 기이한 꽃과 풀로 조경이 되어 있었다.

I. 민남과 대만의 의신

중국 동남부의 민남閩南(복건 남부) 지역과 대만의 여러 민간신앙 가운데 영향력이 큰 것 가운데 하나로 보생대제保生大帝 오도吳夲(979~1036, 자는 화기華基, 호는 운충雲沖) 신앙을 들 수 있다. 오도의 선조는 중원으로부터 왔는데 그의 부모가 전란을 피해 임장臨漳에서 복건 천주泉州로 이주해 왔다. 송 태평흥국 4년(979) 3월 15일에 태어난 오도는 집안 형편이 어려워 어려서부터 아버지를 따라 바다에 나가 물고기를 잡아 생계를 유지했는데, 아버지가 병에 걸려 돈이 없어 제대로 치료도 받지 못한 채 세상을 떠났다. 얼마 지나지 않아 어머니 또한 마음의 충격과 과도한 노동 때문에 세상과 이별을 고했다. 오도는 이때부터 의학에 입문하게 되었다. 최초에는 사의蛇醫를 스승으로 삼았다가 뒤에는 명산고찰을 유람하고 명의를 찾아다니면서 민간의 경험방을 널리 수집하였다. 점차 의술과 약제 제조방법을 익혀 신처럼 만병을 치료할 수 있는 경지에 이르게 되었다.[228] 송 경우 3년(1036) 5월 2일 오도는 외진을 나갔다가 백초白礁로 돌아오는 도중 산에 들어가 채약하고자 했으나

....

[228] 〈臺灣醫神－保生大帝吳夲〉, 《臺聲》 2007-5, 64쪽.

과로로 피곤한 상태에서 절벽을 오르다 발을 잘못 디뎌 57세의 나이로 세상을 떠나고 말았다.

오도의 생애와 관련해서는 큰 이견이 없는 반면 그가 어디에서 태어났는지를 두고서는 민남 소지역주의의 영향으로 ① 청초설靑礁說, ② 백초설白礁說, ③ 석문설石門說 등 크게 세 가지 학설이 존재한다. 이 문제와 관련하여 분석해 볼 필요가 있는 자료로는 남송대 양지楊志와 장하庄夏가 각각 동·서 양궁에서 제작한 〈자제궁비慈濟宮碑〉(이하 〈양비楊碑〉와 〈장비庄碑〉로 약칭)가 있다. 동궁은 청초동궁靑礁東宮을, 서궁은 백초서궁白礁西宮을 의미한다. 두 개의 비는 모두 오도의 사적을 논술한 것으로 그의 생애와 신앙을 이해하는 데 중요한 자료라 할 수 있다. 양지는 청초를 보생대제의 출생지로 보았으나 장하는 백초229로 보았다.230 이후 청대 전기에는 새로운 학설, 곧 '안계석문인설安溪石門人說'이 등장해 혼란을 더욱 가중시켰다.231

....

229 이와 관련 〈楊碑〉에 "介漳泉之間, 有沃壤焉, 名日靑礁, 地勢砥平, 襟層峦而帶溟渤, 儲精毓秀, 篤生異人, 功鉅德崇, 世世廟食, 是爲慈濟忠顯英惠侯"라 하여 靑礁說을 뒷받침하고 있다. 〈庄碑〉에는 보생대제의 출생지를 직접 언급하지는 않았지만 비문의 내용 가운데 "邑人欲增故居之祠, 而窘于財"라 한 것을 통해 유추할 수 있다. 〈庄碑〉는 白礁慈濟宮을 위해 제작한 것이므로 위에서 언급한 '故居之祠'는 곧 白礁慈濟宮이며, 따라서 보생대제의 출생지 또한 백초라는 것을 간접적으로 표명한 것으로 해석할 수 있겠다(范正義, 〈保生大帝信仰起源辨析〉, 《龍巖學院學報》23(4), 2005, 51쪽).

230 〈楊碑〉와 〈庄碑〉에 나타난 보생대제의 출생지에 관한 의견이 다른 결과 후세의 많은 보생대제 신앙을 가진 사람들에게 혼란을 주어 《泉州府志》·《同安縣志》·《漳州府志》·《海澄縣志》 등 지방지 자료에는 모두 보생대제가 자신들의 현, 혹은 부 출신이라고 주장했다(范正義, 2005, 51쪽).

231 이 說을 주장한 이는 康熙年間의 文淵閣大學士 李光地로, 그는 〈吳眞人祠記〉에서 "吾邑淸溪之山, 其最高者日石門, 峭特高淸, 望之知其有異産焉, 吳眞人者, 石門人也."(李光地, 《榕村全集·續集》, 卷5 〈吳眞人祠記〉, 淸道光9年(1829) 李維迪刊本.)라 하였다. 그 뒤 (乾隆)《安溪縣志》에는 그의 영향을 받아 "宋吳眞人故迹, 在石門尖麓"(庄成·沈鍾·李疇, (乾隆)《安溪縣志》, 卷9 〈仙釋〉, 廈門, 廈門大學出版社, 1988, 308쪽)라 했다

오도에 대한 신격화는 그의 사후 얼마 지나지 않아서부터 시작되었는데, 당시 복건 지역에서는 신을 만드는 이른바 조신造神 경향이 두드러지게 나타나고 있었다. 그 가운데 대표적인 것이 의약의 신과 항해航海의 신으로, 그 배경은 다음 세 가지를 들 수 있다. 첫째, 중원지역에서 복건으로 3차에 걸친 이민이 북송 시기에 완성되면서 외래 이민과 선주민 사이의 융합이 이루어졌다. 둘째, 복건의 정치 상황이 상대적으로 평온했던 반면 온역이 전쟁을 대신해 사람들의 생명을 위협하는 가장 중요한 요소로 대두했다. 셋째, 수당 이래의 개발을 통해 복건 지역 경제가 발전하고 지역민들의 문화적 소양도 높아지면서 의약에 대한 인식도 제고되어 '무巫'보다는 '의醫'에 대한 믿음이 강화되었다.[232] 인구 증가에 따라 바다에서 고기잡이를 통해 생계를 해결하는 사람들이 늘어나면서 조선 기술이 발달하고 항해를 통해 대외 교섭을 진행하는 사례가 늘어났다. 양송 시기에는 이러한 사회·경제적 배경 아래 몇몇 지역성 의신이 출현하였으며, 그를 신봉한 사람들 가운데 일부가 대만으로 이주하면서 대만 지역 의약의 신도 함께 전해져 오늘날까지 이어지게 되었다.

오도가 태어나고 활동했던 민남은 진강晉江·구룡강九龍江 유역에 위치한 복건성 천주泉州·장주漳州·하문廈門 등 산과 바다를 끼고 있는 지형으로 산지와 구릉, 섬을 많이 품고 있다. 민남 지역에서 살아온 각 민족은 산과 바다의 경계에 위치한 생태 환경 아래 '월인한화越人漢化'와 '한인월화漢人越化'의 과정을 통해 독특한 '민남문화'를 형성했다. 오도는 송대 민남 장주와 천주 지역에서 활동했던 민간 의사로, 사후 보생保生 또는 구생救生의 지역 민간신앙의 대상이 된 뒤 '보생대제'의 칭호를 받으

(이상 范正義, 2005, 51쪽 재인용).

232 高熔, 〈閩臺的醫藥之神信仰〉, 《福建中醫學院學報》 14(3), 2004, 41~42쪽.

면서 지역의 신사층은 물론이고 전체 민중으로부터 광범위한 숭배를 받았다. 명청 이래 오도신앙은 민남 사람들의 이주와 함께 대만과 동남아 일대에까지 전파되었다. 현재는 민남의 무형문화유산 가운데 한 항목으로서, 지역 민중들의 생활에 큰 영향력을 행사하고 있다.[233]

2. 보생대제의 세상 구제 이야기[234]

오도에 대한 신격화와 더불어 그에 관한 많은 이야기들이 만들어졌다. 예를 들면 17세 되던 해에 오도는 이미 의리약학醫理藥學에 밝았으며, 채약采藥·연단練丹과 침구鍼灸에도 능통했다. 고향으로 돌아와서는 백초에 집을 짓고 채약·착정鑿井·연단·수도修道하면서 제자를 받아들이기도 했다. 손이 닿는 환자들마다 치유되자, 원근에서 신의로 이름을 읻게 되었는데, 마을 사람 가운데 병이 들면 귀천을 가리지 않고 구제에 힘썼다고 한다. 송 인종의 모친이 유병乳病에 걸려 오래도록 치료해도 낳지 않았는데, 오도가 침자鍼刺와 쑥뜸, 단약丹藥 내복內服, 기공氣功 등의 방법으로 황태후를 치료했다. 이에 송 인종은 그를 '어사태의御史太醫'에 봉하고 궁에 남아 줄 것을 요청했지만, 사양하고 향리에서 백성을 위해 치료에 전념하고 싶다는 뜻을 밝혔다. 인종도 의덕이 높은 그의 의사를 존중하면서 '묘도진인妙道眞人'이라는 호를 봉했다. 송 명도 2년 (1033) 장주와 천주에서 온역이 유행했을 때 오도가 단약을 사용해 수

233 彭維斌, 〈閩南地域社會的成長與吳夲信仰的變遷〉, 《閩臺文化交流》 30, 2012, 76쪽.
234 별주가 없는 한 〈臺灣醫神-保生大帝吳夲〉, 《臺聲》 2007-5, 64~65쪽 참조.

많은 백성을 구제하였으니, 현재의 천주 화교항花較巷의 '진인궁眞人宮'은 그를 기념하여 건립한 것이다. 보생대제는 송대의 유명한 관료이자 시기인 구양수歐陽修(1007~1072)의 질병도 치료했다고 한다.

구양수가 낙양에서 관직생활을 하고 있을 때 며칠 동안 설사가 계속되어 많은 의사들에게 진료를 받았으나 제대로 치료를 하지 못했다. 그러던 어느 날 그의 집에 은침 몇 개를 지닌 '강호의생江湖醫生'이 나타나 민남어로 병을 치료할 수 있다고 말한다. 하지만 구양수는 "수많은 명의가 모두 제대로 치료하지 못했는데, 너를 어찌 믿을 수 있겠는가?"하면서 쫓아내려 하였다. 그때 수하에 있던 하인이 "행색을 보아하니 허풍을 떠는 것 같지는 않으니 처방전을 한 번 받아보십시오."라고 제안했다. 오도는 몇 돈의 차전자車前子 가루를 죽에 섞어 복용토록 했는데, 그대로 따르니 하루 만에 병이 호전되었다. 병이 나은 뒤 "이렇게 훌륭한 의사를 알아보지 못하고 쫓아내려 했단 말인가?" 하고 하인을 시켜 그 의사를 다시 불러오도록 해 강호의생에게 성과 이름을 물어보니 신의 오도였다.[235]

오진인吳眞人은 승천한 뒤에도 백성들의 안위를 돌보았다고 전해진다. 어느 날 일군의 도적떼가 향리에서 소란을 피우자 마을 사람들이 모두 불안해하면서 집집마다 향을 피우고 대제에게 도움을 요청했다. 관군이 도착하여 도적들과 큰 싸움을 벌이는데, 하늘에서 대제가 도움을 주니 관군이 도적의 우두머리를 제거하고, 도적떼는 사방으로 도망하였다고 한다. 또 한 번은 마을에 홍수가 나서 마을 전체가 물에 잠기려고 하는데, 홀연히 학을 물고 와 구름을 제거해 홍수를 물리침으로써 재난을 면할 수 있었다.

....

235 《中國社區醫師》 2011年 5月 20日.

전하는 바에 따르면, 송宋 고종高宗(재위 1127~1162)이 태자 시절에 금金나라에 인질로 잡혀 있었는데, 기회를 봐서 도망치려고 하였으나 말이 없어 어떻게 도망가야 할지 난감해하고 있을 때 갑자기 말 울음소리가 들려 뒤돌아보았다. 말 한 마리가 멀지 않은 곳에 보여 급히 그 말을 타고 남쪽으로 도망치는데, 금나라 병사들이 그를 추격하기 시작했다. 고종이 강변에 도착해 강을 건너려고 하는 순간 뒤돌아보니 '천장신병天將神兵'이 금나라 병사들을 막아서고 있는 것이 아닌가? 이에 그 틈을 이용해 강을 건너 안전하게 고국에 돌아올 수 있었다. 강을 건넌 다음 자신이 타고 온 말이 이마泥馬였다는 것과 그를 도와준 이가 보생대제였다는 사실을 알게 되었다. 이것이 곧 '이마도강왕泥馬渡康王' 고사의 유래이다.

오도의 활약상은 명청대에도 이어졌다. 명 태조 주원장과 진우량陳友諒(1320~1363)이 파양호鄱陽湖에서 대전을 치르고 있을 때 홀연 거대한 풍랑이 일어 태조와 병사들이 위기에 처한 순간 오진인吳眞人이 갑자기 구름 위에 나타나 깃발을 펼치자 풍랑이 잦아들고 태조와 그의 군대는 무사하게 되었으며, 신병神兵의 도움도 받아 대승을 거둘 수 있었다. 주원장은 남경에서 즉위한 다음 오도의 은혜를 기려 홍무 5년(1372) 그를 '호천어사의령진군昊天御史醫靈眞君'에 봉했다. 청대 대북현臺北縣에 온역이 창궐하여 당지 의사들은 속수무책으로 어려움에 처해 있을 때 복건 향민이 바다를 건너와 백초 자제궁慈濟宮의 보생대제가 와서 진압해 줄 것을 청했다. 그러자 오래지 않아 온역이 흔적도 없이 사라졌다. 이에 백성들이 존숭하는 비가 높아지고 사묘에서 향을 피우고 기도하는 것이 더욱 성행하게 되었다.

3. 오도 사후의 봉사奉祀 및 칙봉

　오도 사후 얼마 지나지 않아 민남 민간사회에서는 그를 숭배하는 풍
조가 형성되었다. 초기 오도신앙이 민중에 뿌리내리고 확산된 데에는 지
역 출신 관료들의 활약이 있었다. 장주 용계龍溪 출신으로 남송대 저명
한 관료였던 안사로顏師魯(1119~1193)는 소흥 12년(1142) 진사로 천주
지사泉州知事와 감찰어사監察御史 등을 거쳐 이부상서吏部尚書까지 지냈는
데, 소흥 21년 조정에 오도 사당을 세워줄 것을 주청하였다. 천주 진강
晉江 사람으로 소흥 30년 장원이었던 양극가梁克家(1127~1187)는 묘액
을 청해 '자제慈濟'를 받았다. 장주지사 장하庄夏(1155~1223)는 자제서
궁에 비문을 작성하였다. 경원연간(1195~1200)에 과거에 합격하고 추
밀원지사를 역임한 천주 출신의 증종룡曾從龍(1175~1236) 또한 오도를
숭배했는데, 어려서 두풍병을 앓아 머리카락이 모두 빠지자 진인을 찾아
기도했더니 회복되었다고 한다.[236]

　민간의 오도 숭배와 더불어 송 조정에서도 칙봉을 내렸다. 건도 7년
(1171), '대도진인大道眞人'에 봉하였으며, 경원 2년(1196)에는 '충현후忠
顯侯', 가희 3년(1239)에는 '정우공正佑公', 순우 원년(1241)에는 '부혜진
군孚惠眞君', 이어서 덕우 원년(1275)에는 '부혜현도보우진군孚惠玄道普祐
眞君'에 봉해졌다.[237] 오도는 살아 있는 동안 의술에 능해 많은 사람들을
구제했을 뿐만 아니라 죽은 뒤에도 신령한 기운을 보여 주었기에 조정
관원들도 신격화 작업에 동참했다.[238]

....

236　彭維斌, 2012, 79쪽.

237　徐曉望, 《福建民間信仰源流》, 福州, 福建敎育出版社, 1993, 254쪽.

238　병부시랑 庄夏(?~1217)는 "嘗見今樞密曾公言: '幼年苦風, 頭瘍幾禿, 就侯醫輒愈,
　　嘉定九年(1216)丙子歲, 右股赤腫, 人如杯口, 惟禱于侯, 不事刀匕之劑, 未幾日而平復'"

명대에 들어와서도 그에 대한 칙봉은 계속되었다. 명 태조 주원장은 1372년 '호천어사영의진군昊天御史靈醫眞君'에 봉했으며, 성조成祖 영락연간(1403~1424)에는 '호천의영묘혜진군만수무극보생대제昊天醫靈妙惠眞君萬壽無極保生大帝'에 봉했다. 이로부터 오진인에게 용포龍袍를 입히고 제군의 형상으로 바뀌었으니 이것이 바로 '보생대제'의 유래이다. 전설에 따르면 명 영락 17년(1419) 효자황후孝慈皇后가 유질乳疾에 걸렸을 때 당시 어떤 명의도 속수무책으로 치료하지 못하고 있었는데, 어느 날 한 도인이 나타나 치료에 성공했다. 영락제가 그의 신분을 묻자 성은 오이고 이름은 도라고 말한 뒤 흰 학을 타고 날아갔다고 한다. 이에 오진인이 황후를 치료해 준 것에 감사를 뜻하면서 이렇게 봉했다는 것이다.[239] 이어서 1425년 명 인종仁宗은 '은주호천금결어사자제의영묘도진군만수무극보생대제恩主昊天金闕御史慈濟醫靈妙道眞君萬壽無極保生大帝'에 봉하기도 했다. 이와 같이 송·명대에 걸친 오도에 대한 칙봉은 민남지역 사람들의 보생대제에 대한 신앙을 더욱 확고하게 하는 계기가 되었다.[240]

【표 Ⅰ-3】 역대 왕조의 오도 봉호

시기	봉호
송 건도乾道 7년	奉賜號日 大道眞人
송 순희淳熙 원년	賜廟號日 慈濟宮
송 경원慶元 2년	封 忠顯侯
송 보경寶慶 3년	封 康佑侯

....

이라 했고, 宋 乾道年間 泉州學錄 宋英은 "患背瘍, 禱之于漳之石礁神祠, 有靈驗"이라 하면서 은혜에 감사를 표하기 위해 泉州 育材坊에 慈濟宮을 건립하였다(高熔, 〈閩臺的醫藥之神信仰〉, 《福建中醫學院學報》 14(3), 2004, 42쪽).

239 〈臺灣醫神-保生大帝吳夲〉, 《臺聲》 2007-5, 64쪽.
240 高熔, 2004, 42쪽.

송 단평端平 2년	封 靈護侯
송 가희嘉熙 3년	封 正佑公
송 순우淳祐 5년	封 孚惠眞君
송 보우寶祐 원년	封 守道眞人, 加封廣德
송 경정景定 5년	封 福善眞人
송 덕우德祐 원년	封 孚惠妙道眞君
원대	封 普祐帝君
명 홍무洪武 5년	封 昊天御史醫靈眞君
명 영락연간	封 昊天醫靈妙惠眞君萬壽無極保生大帝
명 홍희洪熙 원년	封 恩主昊天金闕御史慈濟醫靈妙道眞君萬壽無極保生大帝

4. 청초동궁과 백초서궁

중국 동남 연해의 복건성과 대만 지역에는 보생대제 오도의 신상神像
을 모신 사당이 각지에 세워져 있다. 오도가 세상을 떠난 뒤 민남의 부
로父老들이 그의 의덕을 기리기 위해 고거故居 가까이에 용추암龍湫庵[241]
을 세우고 소상을 모셔 제사를 지냈는데, '의령오진인醫靈吳眞人'이라 했
다. 이는 오도를 신으로 모신 첫 번째 사당으로 다음 해에 확대되었다.
용추암을 동궁으로 개건한 전체 과정에 대해서는 〈양비楊碑〉에 잘 나타
나 있는데, 송 소흥 신미년(1151)에 오도를 제사하는 궁묘, 곧 자제궁을
건립하였다.[242] 주변 마을에서 질병으로 고통을 받거나 심지어 전란이나

---

241 龍湫庵은 青礁慈濟宮, 곧 東宮의 전신이다(范正議, 2004, 29쪽).

242 張彦靈, 〈唐宋時期醫學人物神化現象研究〉, 陝西師範大學 碩士學位論文, 2010, 20쪽.

천재지변이 일어나면 진인에게 보우해 줄 것을 기원하면서 향을 피우고 제사를 지냈다. 이로부터 단순히 질병을 고치는 의신으로서만이 아니라 지역을 보우하는 신으로 승화되었다.

오도의 출생지로 거론되고 있는 또 다른 유적지인 백초에서도 그에 대한 제사가 진행되었으니 〈장비庄碑〉에 따르면 경우 6년(1039)부터 봉사가 진행되었다.[243] 이어서 소흥 20년(1150) 현재의 장주시漳州市 백초촌에 궁을 건립하니 백초자제궁白礁慈濟宮(백초서궁)이라 했다. 현지인들은 송대 이래의 다양한 건축과 회화·조소·서법 등을 간직하고 있어 '민남고궁閩南故宮'이라 부르기도 한다.

청초와 백초를 제외하고도 오도가 생전에 활동했던 민남의 장주와 천주 두 부를 비롯해 부근 부府·현縣에도 그를 제사하는 사당이 출현했으니[244] 진군묘眞君廟·만수궁萬壽宮·복수궁福壽宮·후갱자제궁后坑慈濟宮·산미

◆ 48 청초자제궁

243 (宋)庄夏,〈慈濟宮碑〉,《海澄縣志》卷22〈藝文志〉(《中國方志叢書》第92號),臺北: 成文出版社, 1968, 258쪽 : "景祐六年, (侯)卒于家, 閩者追悼感泣, 爭肖像而敬事之."

244 〈庄碑〉에는 "自紹興辛未, 距今垂七十年, 不但是邦家有其像, 而北逮莆陽, 長樂, 建劍,

자제궁山尾慈濟宮·오진인택吳眞人宅·진군암眞君庵·산후암山后庵·육사암六社庵
등이 건립되었다.[245] 하지만 남송대까지만 하더라도 오도신앙이 광동과
광서지역까지 확대되었다고는 할 수 없으며, 궁묘의 공간분포로 볼 때
대부분이 그가 생전에 활동했던 지역을 중심으로 형성되어 있었다.[246]

5. 대만의 오도신앙과 학갑자제궁學甲慈濟宮

대만에는 의약 관련 여러 민간신앙이 있는데, 그중에서도 중요한 지
위를 차지하고 있는 것이 바로 보생대제 오도신앙이다. 일찍이 복건으로
부터 이민자들이 대만을 개발하였는데 초기 이주자들 사이에서 온역 등
질병이 자주 유행하여 피해를 당하자 특별히 의신을 숭배하게 되었다.
그 대표적인 신이 바로 보생대제였다.

복건 지역민들의 대만 진출은 북송대부터 시작된 것으로 보이며, 명
청대 크게 세 번 있었다. ① 명 천계연간(1621~1627)으로 일본에 있던
복건 해징인海澄人 안사제顔思齊, 남안인南安人 정지룡鄭芝龍 등 28인이

....

南被汀潮, 以至二廣, 擧知尊事."((宋)庄夏, 〈慈濟宮碑〉, 《海澄縣志》 卷22 〈藝文志〉(《中
國方志叢書》 第92號), 臺北: 成文出版社, 1968, 258쪽)라 했고, 〈楊碑〉에도 青礁慈濟
宮 건립 후 吳夲信仰이 신속히 발전하여 "數十年來, 支分派別, 不可殫紀. 其在積善里
曰西廟, 相去僅一二里. 同安晉江, 對峙角立, 閩莆嶺海, 隨寓隨創."(宋)楊志, 〈慈濟宮
碑〉, 《海澄縣志》 卷22 〈藝文志〉(《中國方志叢書》 第92號), 臺北: 成文出版社, 1968,
256쪽)라 했다.

[245] 劉青泉, 〈論吳眞人藥方承前啓後的科學意義〉, 厦門市海滄青礁慈濟東宮董事會, 管委會
編, 《聖山春秋》, 福州: 海峽文藝出版社, 1998, 132~133쪽.

[246] 范正義, 2004, 47쪽.

일본 막부와 영주로부터 2중의 착취를 받게 되자 기의를 일으켰으나 일이 누설되자 대만으로 도망한 다음 복건지역의 재민災民을 모아 대만으로 불러들였는데 당시 이민자가 수만 명이었다. ② 정성공鄭成功이 네덜란드 침략자들을 물리치고 대만을 수복한 뒤 복건에서는 또 한 번 대만으로의 이주가 이루어졌는데, 당시 이주자는 1~2십만 명에 달했다고 한다. ③ 건륭(1736~1795)-가경연간(1796~1820)으로 복건순무 오사공吳士功이 〈제준대민반권부대소題准臺民搬眷赴臺疏〉를 비준하면서 복건 사람들의 친척관계를 통한 대만 이주가 이루어졌다.[247]

대만으로의 이주민은 바다를 건너야 하는 위험성과 이주 이후 새로운 환경에 적응해야 하는 한편 토착민의 반발에 직면하면서 신을 찾게 되었다. 그들은 항해술이 그다지 발달되지 않은 상황에서 '해금'정책으로 청 수군에 잡힐 위험성까지 있었기에 무사히 항해를 마칠 수 있게 바다의 신인 '천후마조天后媽祖' 신에게 기도를 올렸다. 이 때문에 마조낭낭媽祖娘娘이 대만에 전해졌다. 대만에 도착한 이후에는 각종 온역 질환을 비롯한 새로운 환경에 적응해야 하는 상황에서 의신약왕에 의지하게 되었다. 대만으로의 이주민 대부분이 복건 장주·천주 출신이 많았기에 이 지역의 의신인 보생대제 오도를 신앙의 대상으로 삼았다.

대만의 인구 구성을 보면 장주와 천주 출신이 약 80%를 점하고 있다. 1918년에 대만에 보생대제를 모신 사당이 109곳에 달해 전체 신사묘神寺廟의 3.14%를 점하였다.[248] 1991년에는 대만에서 '보생대제묘우연의회保生大帝廟宇聯誼會'에 가입한 보생대제를 봉사하는 사당이 253곳에 달했으며, 기타 통계에 잡히지 않는 비교적 규모가 작은 곳이 5~6천

....

247 高熔, 2004, 43쪽.

248 黃福才·李永樂, 〈略論臺灣宗敎信仰的移民特徵〉, 《福建論壇》 2000年 第3期, 93~97쪽.

개 달했다고 한다.[249]

대만에 있는 보생대제묘 가운데 가장 먼저 설립된 것은 학갑자제궁으로, 대남현臺南縣 학갑진學甲鎭에 있다. 대륙으로부터 이주민이 학갑學甲에 정착한 뒤 간단하게 사당을 짓고 봉사하다가 강희 10년(1701)에 당황묘궁堂皇廟宮으로 개건했다. 이후 300여 년 동안을 내려오면서 수리하고 확장하여 전전前殿·후전後殿·종鐘·고루鼓樓 등 건축물을 갖추게 되었다. 정전 안에 모신 보생대제 신상은 천주泉州 동안同安 이민자들이 바다를 건너올 때 동안현 백초자제궁에서 분향하여 가져온 것으로, 800여 년의 역사를 지니고 있다. 함풍 10년(1860) 중수 때 궁벽宮壁과 묘정廟頂 등을 '팔선과해八仙過海', '적청전천화狄青戰天化' 등으로 장식했는데, 당시 작품들은 옛날의 모습을 간직하진 못하지만 여전히 귀한 가치를 지니고 있다. 또한 사당 안에는 '고성회古城會'·'홍문연鴻門宴' 등 대단히 진귀한 작품들이 보존되어 있다.

학갑자제궁에서는 보생대제 탄신일인 음력 3월 15일, '학갑상백초學甲上白礁'라고 불리는 제배祭拜 활동을 매년 개최하고 있다. '상백초'란 학갑 지역민들이 조적祖籍 백초로 돌아가 조상을 알현하는 것을 의미한다. 이후 교통 문제로 직접 백초로 돌아가지 않고 선주민이 도착했던 '백초정白礁亭'에서 제배의식을 거행했다. 과거 학갑에서 백초까지 가는 데 나흘이 소요되었으므로 보생대제가 바다를 건너 고향으로 가는 데 충분한 시간을 주기 위해 제배의식을 음력 3월 11일에 거행했다고 한다.

....

[249] 高熔, 2004, 43~44쪽.

Ⅸ. 소결

약왕은 역사적으로 수많은 신들을 섬겨 왔던 중국인들의 대표적인 민간신앙 가운데 하나이다. 불로장생과 건강한 삶을 꿈꾸었던 중국인들은 약왕신앙을 도교의 신선사상과 결부시키기도 했다. 그들이 약왕을 숭배하고 제사를 지냈던 가장 중요한 목적은 '구신보우求神保佑'와 '거병강신祛病强身'에 있으니 일반 민중들의 염원을 반영한다고 할 수 있다. 또한 약왕은 업종 신으로서도 기능했다. 약왕은 생활 속에서 의약을 생업수단으로 삼고 있었던 의사나 약상들에 대한 사회적 기능, 곧 동업 조직의 단결과 결속을 강화하는 데 기여하기도 했다.

중국에서 약왕신앙은 생명이 기본적으로 보장되는 가운데 어떻게 하면 연년익수할 수 있을지 고민하는 상황에서 탄생했다. 불로장생의 '선방'이나 '묘술' 얻기를 소망하는 사회적 분위기 아래 약왕신앙, 신의숭배 현상이 나타났던 것이다. 역대 '약왕'은 수준 높은 의술로 질병을 치료하고 사람들의 어려움을 해결해 줌으로써 자연스럽게 인민들의 존경을 받고 신앙의 대상이 되었다. 중국인들이 약왕으로 섬겼던 대상에는 크게 세 종류가 있었는데, ① 삼황, ② 편작·화타·장중경·손사막 등 정통 의약 인물, ③ 신선사상과 결부된 도가 인물인 오도와 홍산진인洪山眞人 등이다.

약왕이 중국인들로부터 사랑받고 신격화되는 과정에서 많은 이야기들을 탄생시켰다. 설화 속 약왕은 전지전능한 신의 형상을 하고 있다. 그들은 태어나 의학에 뜻을 두게 되는 과정에서부터 범상치 않은 모습을 보여 주며, 부모에게 효도를 다하니 인간으로서 최고의 덕목을 지닌 것으로 묘사된다. 약왕 가운데 일부는 관료로서 민중의 질병을 구제하기도 하지만, 어떤 이는 나라에서 주겠다는 벼슬을 사양한 채 전국을 떠돌면서 병든 자를 구제하는 데 전력을 다했으니, 그들의 발길이 닿은 곳마다 지역 정서에 맞는 이야기들을 양산하기도 했다. 이야기 속 약왕은 죽은 사람도 살려내는 이른바 '기사회생'을 밥 먹듯이 하는데, 심지어 한 번에 두 명의 생명을 구하기도 한다. 또한 범인들은 엄두도 내지 못할 호랑이와 용도 치료할 수 있다. 그들이 동에 번쩍 서에 번쩍 위급한 상황에 처한 사람들을 때맞춰 찾아갈 때에도 호랑이를 타고 가는 등 판타지 영화에서나 가능할 것 같은 영웅의 모습을 하고 있다. 때때로 그들은 다른 사람의 꿈속에까지 등장해 구원하기도 한다. 비과학적인 방법으로 사람들을 현혹시키는 무당을 신랄하게 비판하며, 겉으로는 멀쩡하지만 속으로 병이 든 자들의 죽을 시기를 정확하게 예언하기도 한다. 이처럼 전지전능한 인물로 인간세상과 신계를 넘나들면서 펼치는 그들의 초능력에 관한 이야기는 약왕에 신성성을 부여하기 위해 지어낸 것들이지만, 그 자체로 민속학적 또는 인문학적 측면에서 가치를 인정하지 않을 수 없다.

약왕설화에는 몇 가지 중국적 특성, 곧 농후한 신화 색채와 종교 색채를 띠고 있다. 탁월한 의술과 가난한 백성들을 무료로 진료해 주는 약왕의 태도는 그 무엇과도 견줄 수 없는 위대한 것이기에 '신선'이나 '보살' 같은 형상으로 그려진다. 설화와 관련하여 재미있는 현상 가운데 하나는 다양한 이야기의 치환 혹은 이식이다. 약왕에 관한 설화는 인물이나 시간, 공간만 다를 뿐 비슷한 내용을 담고 있는 것들이 많다. 원형이 존재했을 것으로 보이지만 시간과 공간의 차이로 내용에 가감이 생기거나 윤색되기도 한다. 비슷한 내용의 이야기가 여러 약왕에 공통으로 적용되는 것이다. 예를 들면 호랑이와 용을 치료했다고 하는 어찌 보면 현실에서 도저히 일어날 수 없는 이야기는 손사막뿐만 아니라 오도에게도 투영되어 있다.

중국에서 '약왕'을 모신 사당인 약왕묘는 근대까지만 하더라도 중국 전역에서 최소 수천 군데 이상 존재했다. 이는 중국 지방지 자료를 통해 알 수 있다. 근·현대의 항일전쟁과 국공내전, 그리고 공산당 집권 이후 문화대혁명과 같은 대규모 전통문화에 대한 비판 등을 거치면서 파괴되거나 변형되기도 했으나 최근 다시 부활의 움직임을 보이고 있다. 약왕묘를 중국 전통문화의 중요한 유산으로 여겨 세계에 널리 알리기 위함이다. 그 결과 최근 중국 정부는 각지의 약왕묘에 대한 대대적인 복원과 중수 작업을 진행하고 있다.

중국의 약왕묘는 비록 같은 이름이 전국에 존재하지만, 각각의 약왕묘에 모셔진 약왕은 동일하지 않다. 즉 교회에 예수 그리스도를, 불교 사찰에 부처님을 모신 것과 달리 중국의 약왕묘에는 지역 특성에 맞는 약왕을 모시고 있다. 또한 약왕묘라고 해서 약왕만 모시고 있는 것도 아니니, 재신 관우를 비롯해 옥황상제, 유교 성인 공자, 불교의 약사불을 함께 모시는 등 유·불·도 삼교합일 성격이 나타나는 곳도 드물지 않게 볼 수 있다.

약왕묘의 건축 규모나 성격은 일반적으로 비슷한 형식을 띠는 경우가 많지만, 지역 특성이나 약왕이 누구인지에 따라 차이가 나기도 한다. 약왕묘 건축물의 배치는 기본적으로 정전에 주인공인 약왕을 모셔 두고, 좌우 상방에 명의를 배치하는 모습이 대부분이다. 건축 양식은 약왕묘마다 조금씩 차이가 나는데, 예를 들면 안국 약왕묘는 그곳 주인이 원래 장군 출신이기 때문인지 마전이 있고 사당의 정전 앞에 묘와 묘비가 세워져 있기도 히다.

약왕묘가 지역마다 조금씩 차이를 보이는 이유는, 그 지역의 특수한 역사나 설화와 관계되는 경우가 많기 때문이다. 예를 들면 북경 지역에 삼황을 모신 약왕묘가 많은 것은, 수도로 국가에서 삼황에 대한 제사를 지냈던 공간이 나중에 민간에서 약왕으로 섬기면서 바뀐 것이다. 안국의 약왕 비동은 송대 지방 왕이 꿈에 나타나 치료법을 알려 주었다는 이야기가 생겨나면서 약왕묘가 세워졌으며, 사당의 명칭도 피장왕묘에서 약왕묘로 바뀌었다. 편작의 경우 사마천의 《사기》에서 편력遍歷했다고 등장하는 지역을 중심으로 사당이 건립되었다. 화타는 고향을 비롯해 그가 활동했다고 전해지는 안휘·하남·강소·산동 등지를 중심으로 사당이 많다. 후한대의 명의로 일컬어지는 의성 장중경은 고향인 하남 남양南陽에 의성사가 있다. 손사막도 고향과 생전에 그가 활동했었던 지역이라고 불리는 곳에 많다.

제2편

'약시藥市',
건강을 사고팔던 공간

Ⅰ. 명청대 약업이 성장할 수 있었던 배경은?

1. 명 중기의 사회변혁과 약재업의 전국적 성행

한의학이나 중의학과 같은 동아시아 전통의학은 기본적으로 경험의학이라 할 수 있다. 고대부터 내려오는 의약지식이 축적되고 경험과 노하우가 아래 세대로 전해지면서 더 많은 사람들이 이를 활용한다. 따라서 역사적으로 의학이나 약물을 이용한 치료기술의 발달은 완만하게 진행되었다. 의약 관련 산업도 그에 비례해 성장했다. 하지만 의약업의 완만한 성장세는 명 중기에 이르러 이전과는 견줄 수 없을 만큼 급속한 발전이 이루어지기 시작했으니 큰 전환이라 하지 않을 수 없다. 당시 의약업이 급속히 발전할 수 있었던 원동력은 어디에서 비롯되었을까?

많은 중국사 전공자들은 명 중기에서 명·청 교체에 이르는 시기를 하나의 전환점으로 인식하고 있다. 정치에서 커다란 변화가 있었던 것은 아니지만, 사상적으로 양명학이 양자강 중·하류의 경제 선진지역을 중심으로 확대되면서 기존의 '존천리存天理 멸인욕滅人欲'의 전통적인 성리학적 분위기가 변화되는 계기로 작용했다. 또한 마테오 리치(Matteo Ricci, 1552~1610) 등 서양 선교사들의 활약으로 서구의 사상과 학문도 유입되면서 사회 전반에 커다란 영향을 주었다. 경제적인 측면에서는 수도를 북경으로 옮긴 뒤 경京(북경)-항杭(항주) 대운하를 정비함으로써 유통업이 크게 활기를 띠는 가운데 '자본주의 맹아'라 불릴 정도로 상품·화폐 경제가 활성화되었다. 명청대 운하가 활발하게 이용되었던 사실은 운하 상의 중요 도시에 관(鈔關)을 세우고 여기에서 통행세를 징수하였다는 사실을 통해서도 짐작할 수 있다.[2]

상품경제의 진전과 더불어 명 중기에는 사회적 유동성도 증대되고 있다. 인구 이동은 이전 시대와 비교해 대규모로 이루어졌으며, 이동거리 또한 매우 길어서 성내 이동뿐만 아니라 성외 이동도 활발하게 전개되었다.[3] 지역 간 경제관계가 강화됨에 따라 유민은 지역한계의 틀을 벗어나 다른 지방으로 이동하였다.[4] 도시 지역으로 인구 이동 가운데 상당수는 상업에 종사하였다. 예를 들면 명대 북경에서 '경성 포호의 대다수는 토착민이 아니다(경성포호京城鋪戶, 다비토저多非土著)'[5]라고 할 정도로 외지인이 상업에 종사하는 비중이 높았다. 그런데 이들 외지에서 온 상인들은 토착민은 물론이고 또 다른 외지인과 경합해야 했고, 정부에 세금까지 납부하면서 영업을 해야 했으므로 그들 나름대로 정보를 수집·교환하고 더 큰 이익 창출을 위해 조직을 결성했다. 지역 상방을 만들고 정보 교환 장소로서 회관을 설립한 것이 대표적인 사례라 할 수 있다. 이러한 가운데 명 중기부터 약재 관련 산업도 폭발적으로 성장했으니

1 중국사에서 '資本主義 萌芽' 문제와 관련해서는 吳金成 外著, 《明末淸初社會의 조명》, 한울아카데미, 1990 등 참조.
2 이민호, 《근세중국의 국가경영과 재정》, 한국학술정보, 2008 참조.
3 명 중기 이후에는 농촌사회의 분해 과정에서 인구이동이 보편화되었는데, ① 先進經濟地域 → 落後地域, ② 農村地域 → 禁山區, ③ 農村地域 → 都市·手工業地域으로 유형화할 수 있다.(吳金成, 《中國近世社會經濟史硏究－明代 紳士層의 形成과 社會經濟的 役割－》, 일조각, 1986 참조.)
4 李龍潛, 《明淸經濟史》, 廣東高等敎育出版社, 1988, 163쪽.
5 (明)沈榜, 《宛署雜記》 卷13 〈鋪行〉.

당시 중요한 변화와 그 원인은 다음과 같다.

첫째, 경제·사회적으로 약용 작물 재배에 유리한 조건이 형성되어 전통적인 식량 작물 재배 방식에서 탈피하여 상품성을 갖춘 약초를 기르는 농가가 점차 늘어났다. 예컨대 명말 기주祁州(안국) 약재시장이 발전함에 따라 당지 농민들은 약초를 재배하기 시작했는데, 약농들의 노력으로 약재의 질과 효능을 제고하기도 했다. 이후 지역 특징을 반영하여 약재 이름 앞에 '기祁'를 넣은 상품을 시장에 출시하기도 했다. '기의미祁薏米'·'기박하祁薄荷'·'기애祁艾'·'기향여祁香茹'·'기국화祁菊花'·'기대황祁大黃'·'기목향祁木香' 같은 약재는 전국적으로도 명성이 자자했다. '천연약장天然藥場'으로 불리는 각조산閣皁山 아래에 위치한 강서성 장수진樟樹鎭은 약업 발전 과정에서 중약 전통 포제 기예를 형성·발전시키기도 했다.[6]

둘째, 약업의 성장은 지역 문화 발전을 견인했다. 명·청대 각각의 약재 도시에는 필연적으로 수많은 외래인이 몰려들었다. 약재를 운송한 약상들은 3개월이나 5개월 정도 머물면서 고향에서 가져온 약재를 거래하기도 했다. 명청대 장수진에서는 "도시민의 다수는 다양한 지역에서 온 외지인으로, 객지 사람이 토착민보다 많은 경우도 있었다."[7]는 말이 생겨나기도 했다. 예를 들면 안휘 출신의 객상 강지화江志華는 18세부터 73세까지 장수에 와서 약재를 판매했는데, 매년 연말에 말린 대추를 장수에서 판 다음 봄에는 그 대금으로 다른 물건을 구입해 돌아가기를 55년 동안 멈추지 않았다고 한다.[8] 도시에는 서로 다른 문화를 지닌 다양한 사람들이 모여들면서 필연적으로 문화 교류가 진행되었다. 명청대 대표

6 靳秀梅, 〈宋元明淸藥肆初探〉, 蘭州大學 碩士學位論文, 2007, 38쪽.

7 (道光)《淸江縣志》卷16〈方技〉: "市人多異民雜處, 有客勝主之患."(靳秀梅, 2007, 38쪽 재인용)

8 (乾隆)《淸江縣志》卷4〈市鎭〉(靳秀梅, 2007, 38~39쪽 재인용)

적인 상업도시인 강소성 양주揚州에는 거대 상인집단 가운데 하나인 휘상徽商이 운집하면서 동시에 상인들의 건강을 돌보고 병을 치료해 주기 위해 다수의 휘주徽州 출신 의가들도 모여들었다. 유학과 결합한 휘상들은 양주에 적지 않은 수의 서원, 독서루 등을 건립하면서 휘주 문화를 이식하였으니 양주 지역의 의약학과 문화 발전에 커다란 영향을 주었다.

셋째, 약상들은 전국 각지에 경제·상업 네트워크를 구축하고 국내·외 거래 시장을 키웠다. 그들은 약물의 판매를 확대하고자 해마다 약시 활동에 적극적으로 참여하였으며, '약재교역대회'를 개최하기도 했다. 안국약시安國藥市의 약재교역대회는 북방 최대 규모로 진행되었는데 옹정연간(1723~1735)부터 매년 청명절 및 10월 15일을 기해 한 달여 동안 개최되었다. 우주약시禹州藥市에서는 건륭연간(1736~1795)부터 약재대회를 시작하였는데 연 1회에서 점차 확대되어 4월 20일, 8월 20일, 10월 20일 등 3회로 늘어났다. 민국 시기에는 중국 국내는 물론이고 외국에서도 상인들이 찾아왔으니 "국내의 전국 22개 성과 국외의 서양, 남양, 동으로 고려, 북으로 몽골의 울란바토르 등에서도 참가했다."[9]고 한다.

넷째, 많은 약상들이 외지로 진출하면서 새로운 사회 현상을 출현시켰다. (만력)《남창부지南昌府志》에는 "남창南昌·풍성豊城의 상인이나 공예 기술자들은 외지로 진출하는 경우가 더 많았다. 진秦(섬서)·촉蜀(사천)·제齊(산동)·초楚(호광)·민閩(복건)·월粵(광동)을 이웃집 드나들듯이 했으니 이리저리 떠돌아다니다가 고향으로 돌아오지 못한 자가 열에 네다섯은 되었다. 그런 까닭에 부모나 형제, 부부지간이라 할지라도 이른 시기에 헤어져 백발이 다 되어서까지 얼굴도 보지 못하고 흩어져 모일 수

---

9 車雲, (民國)《禹縣志》, 卷7 〈物産〉, 民國 26年(1937)刊本 : "內而全國二十二省, 外越西洋, 南洋, 東際高麗, 北極庫倫."

없었으니 원통함을 말로 표현할 수 없었다."[10]고 할 정도였다. 외지로 진출하면 짧게는 3년에서 5년이고, 길면 수십 년씩 헤어져 지낸 경우도 허다했다. 더욱이 약방藥帮의 규정에 외지의 여자와 결혼할 수 없도록 했으니 남자들은 반드시 고향으로 돌아와 결혼해야 했다. 결혼 후 상업 경영을 위해 외지로 진출할 경우 처자식을 고향에 남겨 두고 떠나는 일이 불문율처럼 존재했다. 사정이 이렇다 보니 고향에 남겨진 부인들은 십수 년에서 수십 년 동안 남편을 그리워하며 열녀로 살아가야 하는 것을 강요당하기도 했다.[11] 이처럼 명 중기 이래의 사회변혁은 약업에도 그대로 영향을 주었고, 반대로 약업의 성장은 당시 사회변혁의 하나의 지표가 되기도 했다.

2. 관 중심의 의료체계에서 민간 주도로 전환

명 중기 이래 사회변혁과 약업의 성장은 관 중심 의료체계에도 영향을 주었다. 국가권력이 중심이 되어 담당했던 대민의료체계가 점차 민간 주도로 재편되었던 것이다. 중국사에서 국가권력이 일반 민중들의 의료 환경에 관심을 갖고 본격적으로 대민의료체계를 정비한 것은 송대부터라고 생각된다. 북송대北宋代 신종神宗 희녕 9년(1076), 정부에서 처음으

---

10 (萬曆)《南昌府志》卷3〈風俗〉: "南昌, 豊城商賈工技之類, 視他邑爲多. 無論秦·蜀·齊·楚·閩·粤, 視若比鄰, 浮海居夷, 流落忘歸者, 十常四五. 故父子兄弟夫婦自少至白首, 不相面者恒散而不聚, 無怨語也."
11 靳秀梅, 2007, 40쪽.

로 관약국官藥局인 성약소成藥所(곧 매약소賣藥所)를 설치한 이래 숭녕 2년(1103)에는 7국으로 증설히였고, 남송대 소흥 18년(1148)에는 태평혜민화제국太平惠民和濟局으로 개칭하였으며, 회동淮東·회서淮西·양양襄陽·사천·섬서 등 지방에도 두었다. 관약국에서는 처방에 따라 약을 지어 주거나 만들어 놓은 약을 판매하기도 했으니, 약상들의 투기를 방지하고 의약업을 국가가 통제하기 위한 수단이 되었다.[12] 관내에는 전문적인 숙직인이 있었고, '급한 병에 약을 제때에 팔지 못했을 경우에는 곤장 1백 대를 때린다.'는 규정도 있었다. 또 '오래되어 쓸 수 없는 약품은 제때 폐기해야 한다.', '가난한 집이나 수재·한재·역병이 돌 때에는 비용을 받지 않는다.'고도 했다.[13]

송대를 이어 원말·명초 전란에 따른 혼돈과 그로부터 파생된 일반 백성들 사이에 번진 각종 질병을 치료하고 사회 안전을 도모하는 방편으로 명 조정은 초기에 국가가 중심이 되어 대민의료체계를 정비하였다. 명초에는 송대의 관약제도를 계승하여 홍무 3년(1370) 전국의 주요 도시에 '혜민약국惠民藥局'을 설치하였다. 이어서 양경兩京(남경南京·북경北京)의 태의원 아래 혜민약국을 두고 대사 1인, 부사 1인으로 하여금 관장토록 하였다. 양경을 제외한 각 부·주·현 혜민약국의 경우 부에는 제령提領을, 주·현에는 의관醫官을 두고 군軍·민民 가운데 가난하고 병든 자에게 의약을 공급토록 하였다.[14]

관 주도의 약국운영 체제는 명 중기 이후 점차 기능을 상실하게 되고, 청대에는 완전히 폐지되기에 이른다. 이러한 제도의 변화는 명 중기의 사회변혁과도 궤를 같이하는 것으로 정부의 의지와는 반대로 사회·

12 唐廷猷,《中國藥業史》, 中國醫藥科技出版社, 2003, 83쪽.
13 洪元植 外 編著,《韓中醫學史槪說》, 周珉, 2007, 234쪽.
14 張廷玉 等撰,《明史》卷74〈職官3〉.

경제 각 영역에서 민간의 자율적인 영역이 확대되었던 것이다. 명 중기 이후 관약국 제도가 쇠퇴하게 된 데에는 제도 자체가 지닌 허점과 더불어 통치계급의 상업 활동 관여, 국가의 재정 위기 등이 복합적으로 작용하여 나타났다. 우선 명대의 관약제도는 송대와 견주어 통일적으로 조제약을 만들어 제공하는 기구를 갖추지 못했다. 다수의 혜민약국은 영리를 목적으로 했던 송대와 달리 공기관이 아니었고 가난하고 병든 사람들을 치료하는 기관, 곧 전란으로 생긴 질병을 다스리거나 전염병이 돌면 시약하는 자선 위생기구로 변했다. 또 지방에서는 상시기구가 아니라 특수한 상황, 곧 전염병이 발생했을 때에만 임시로 문을 열어 운영하기도 했다. 예를 들면 가정 41년(1562) 강소 금단현金壇縣에서 수재 후에 전염병이 만연하자 순안어사巡按御使가 해당 지역을 순찰하면서 지역의 양의良醫를 선발하고, 약국을 열어 시약토록 했다.[15]

명 중기 이후 정치의 부패와 더불어 통치자 계층의 상업을 비롯한 각종 이권 개입도 관약제도 쇠퇴의 중요한 요인이 되었다. 명대의 통치자 계층, 곧 황실皇室·권귀權貴·부상富商들은 대량의 토지를 겸병하면서 납세하지 않아도 되는 우면특권을 이용하여 세력을 확장해 나가는 한편, 각종 상업시설을 경영하여 부를 축적해 나갔다. 그들은 특권을 이용해 폭리를 취하는 한편 수입은 방탕하게 소비했다. 명대의 중요한 세무기관이자 창고인 관점官店에 대한 사유화가 진행되면서 많은 문제점을 양산하기도 했다. 관점은 전란으로 황폐화된 도시에서 관이 중심이 되어 창고업을 경영함으로써 객상의 물자를 보관하고, 그 사용료로 관점전官店錢을 징수했던 일종의 관영 상업용 시설물이자 상세징수기관이었다.[16] 그

---

15 唐廷猷, 2003, 98쪽.
16 李龍潛, 1988, 89쪽.

러나 중기 이후부터 사유화가 진행되면서 황실 소유의 황점皇店도 나타나게 되는데, 훤관이 그것을 경영하면서 많은 문제를 일으켰다. 그들은 황제 권력을 등에 업고 각지에서 온 잡화와 서각犀角·상아象牙·진주·인삼·녹용鹿茸·주사朱砂 등 약재를 전문적으로 취급하면서 관약국 체제를 무력화시켰다.[17]

다음 명 중기 이후 계속되는 국가의 재정 압박도 관약국 체제를 유지할 수 없도록 만든 원인이 되었다. 명 정부는 토지겸병에 따른 국가 세수의 감소 및 통치자 계층의 소비 증가와 북방 지역 방어에 따른 과도한 군사비 지출로 만성적인 재정적자에 시달렸다. 국가 재정에 여유가 없어 국가 기관과 관원 축소를 하였으니 관약국에 대한 지원도 그만큼 어려워질 수밖에 없었다. 다른 한편 명 중기 이후 인구 증가와 도시화는 민간에서 약재업이 성장할 수 있는 좋은 기회가 되었다. 상품·화폐 경제의 발전으로 경제적으로 여유가 생긴 도시민이 늘어나면서 점차 건강에 대한 관심도 증대되었다. 이러한 상황에서 민영 약업이 급속도로 성장한 반면 관영 약국의 기능은 상대적으로 축소될 수밖에 없었다.

3. "좋은 재상이 되지 못할 바에야 차라리 좋은 의사가 되고 싶다(不爲良相, 愿爲良醫)"와 "유학을 버리고 의사가 되다(棄儒爲醫)"

사·농·공·상. 이는 봉건전제왕권 시대 한국과 중국의 신분제를 나타내는 말이다. 황제나 관료와 같은 통치계급이 아니었던 사민四民은 피지

----

17 唐廷猷, 2003, 98쪽.

배계급으로서 그 내부에서 또 다른 계층을 형성하고 있었다. 그렇다면 전통시대 의사들의 사회적 지위는 어느 정도였을까? 사민 가운데 어느 계층에 속했던 것일까? 그들은 '병공病工'이라 하여 공인 계층 가운데 하나였으니 선비 계층은 물론이고 농민보다도 아래에 있었다. 현재 한국 사회에서 (한)의사가 갖는 사회적 지위와는 많이 달랐음을 알 수 있다.

의사가 공인에 속한 것은 맞지만 역사적으로 그들의 지위가 일관되게 동일하지는 않았다. 시대 환경에 따라 차이가 있었는데, 사람의 목숨을 관장하는 의사의 실질적 지위는 중국도 마찬가지이지만 한국에서도 다른 공인과 비교해 상대적으로 낮은 위치에 있었던 것은 아니었다. 고려 시대까지만 하더라도 병자가 있는 집에서 말을 보내어 맞이할 정도로 대우가 좋았던 것이다. 그러다가 성리학이 주된 통치이념으로 정착한 조선시대에 들어와 점차 나빠졌다고 생각한다. 이러한 사실은 조선 전기 《실록》의 기록을 통해서도 짐작할 수 있다.

전조前朝(고려) 때에는 의원 수가 적어서, 병자가 있는 집에서 반드시 말을 보내어 맞이하였는데, 지금은 환자의 집에서 모두 말을 보내지 아니하고 예사로 집에 가서 억지로 가자고 독촉하므로, 종과 말이 없는 의원들은 비나 눈에 옷을 적시며 걸어서 병가病家를 찾아가게 됩니다. 이 때문에 본래 어진 마음이 없는 무리들은 먼저 성을 내니 의인들이 마음을 쓰지 않는 이유를 알 수 있을 것입니다. 그러니 종친과 양부兩府 이외의 여러 곳에서 병을 볼 때에는 병가에서 말을 보내어 의원을 청하도록 하는 것이 어떻겠습니까?[18]

· ·

18 《世宗實錄》卷60 世宗 15年(1433) 6月 1日 壬午: "前朝之時, 醫人數少, 患病之家, 必送馬以迎, 今之病家, 皆不送馬, 例告於家, 勒令督送, 無從馬前衛醫員, 或雨或雪, 霑服徒步, 審問病家. 以故素無仁心之輩, 先發嗔怒, 其醫人之不用心可知矣. 臣願宗親兩府外諸處看病, 令其病家, 送馬請醫何如?"

위 기사는 조선 초 의관 황자후黃子厚(1363~1440)가 세종에게 올린 글이다. 이 글을 통해 고려 시대에 견주어 새로운 왕조가 들어서서 의원 수가 많아졌다는 사실을 알 수 있다. 의원이 많아진 만큼 사람들이 의료혜택을 받을 수 있는 기회가 늘어났을 것이고, 이는 사회적 의료환경이 개선되었음을 반영한다고 할 수 있다. 하지만 의료인에 대한 대우가 전 왕조(고려)보다 나빠진 것은, 유학을 국교로 채택하면서 양반사회에 진입하지 못한 의원이 사회적으로 그만큼 낮은 평가를 받았다고 해석할 수 있겠다.

중국에서도 상황은 대체로 비슷했을 것으로 생각된다. 의사의 사회적 지위는 궁정에서 활약했던 어의든 떠돌이 돌팔이의사든 가리지 않고 높지 않았다. '치병공治病工'으로 공인 계층에 속해 농민 다음 순위였으며, 그들이 행한 의료 활동은 상업과 더불어 말업末業으로 인식되었고, 점치는 사람들과 같은 기술자 대열에 끼였으며, 잡류雜類로 분류되었다.[19] 그런 가운데 일찍이 북송대의 저명한 정치가이자 사상가인 범중엄范仲淹(989~1052)은 "좋은 재상이 되지 못할 바에야 차라리 좋은 의사가 되고 싶다.(不爲良相, 愿爲良醫)"고 말한 적이 있으니 중국은 물론이고 현대 한국에서도 의자들이 많이 인용하는 문구가 되고 있다. 이와 관련하여 송대 오증吳曾의 《능개재만록能改齋漫錄》에 다음의 기록이 있다.

범중엄이 어느 날 사당에 가서 제비를 뽑아 길흉을 점치는데, 재상이 될 수 있는지를 물었더니 '불가하다'는 점괘가 나왔다. 그는 한 번 더 제비를 뽑으며 기도하면서 "만약 재상이 될 수 없으면 좋은 의사가 되고 싶다."고 말했으나 이 또한 불가하다는 결과가 나왔다. 이에 그는 "백성을 위해 이

19 林殷 지음, 문재곤 옮김, 《한의학과 유교문화의 만남》, 예문서원, 1999, 93쪽.

익을 도모하고 행복을 추구할 수 없다면, 대장부로서 일생 동안 마땅히 할 수 있는 일이 없다.”고 긴 탄식을 내뿜었다.[20]

하지만 이러한 전통적인 관념은 명 중기 이래 다양한 사회·경제적 요인과 새로운 사상의 출현으로 변화하기 시작했다. 명 중기에는 정치·사회 환경의 변화와 더불어 사대부 가운데 생계를 걱정해야 하는 경우가 많아졌다. 여러 차례 과거시험을 치렀으나 합격하지 못하여 공명功名을 구하기가 어려워지자 상인이나 의사로 진로를 바꿀 수밖에 없었던 것이다.[21] 이러한 현상 뒤에는 인구 증가에 견주어 거인·진사의 정원이 상응하지 못한 것이 가장 중요한 원인으로 작용했다.[22] 명 중기 이후 학위를 가진 자들은 증가하였지만, 그들이 지닌 학위를 활용할 수 있는 사회적 기반이 약한 상황에서 마지못하여 새로운 길을 모색할 수밖에 없었다.

더불어 사상사적 측면에서 성리학적 관념도 변화하기 시작했다. 종래 ‘의義를 숭히 여기고 리利를 가볍게 생각하는(重義輕利)’의식구조에서 탈피하여 개인의 사적인 이익을 중시하는 경향이 사회 전반에 팽배하면서 약재를 판매하는 상업이나 의업에 대한 인식도 바뀌었다. 왕양명王陽明(1472~1529)은 ‘신사민론新四民論’에서 4민은 직업이 다를 뿐 도道는 같

---

20 (宋)吳曾,《能改齋漫錄》卷13,〈文正公愿爲良醫〉;“范仲淹, 有一次到祠堂求簽, 問以後能否當宰相, 簽詞表明不可以. 他又求了一簽, 祈禱說 :‘如果不能當宰相, 愿意當良醫’, 結果還是不行. 于是他長嘆說 :‘不能爲百姓謀利造福, 不是大丈夫一生該做的事.’

21 예를 들면 《本草綱目》의 저자인 李時珍도 여기에 해당한다. 그는 14세에 ‘童試’에 합격하였지만, 이후 세 차례에 걸쳐 武昌에서 거행된 會試에 실패한 뒤 아버지의 업을 이어 醫家 되었다(唐明邦,《李時珍評傳》, 南京大學出版社, 1991, 19~22쪽 참조).

22 周志斌,〈論晩明商潮中的儒士〉,《長白論叢》 1994-2(→復印報刊《經濟史》, 1994-3), 70쪽.

다고 주장했다. 이 이론은 재능에서 결과한 상·하의 '분分'이나 사와 농·공·상의 '분'이 서로 모순하지 않는 기능적·분업적 차이에 지나지 않는 것으로 보아 '사민평등주의'에 입각하고 있다. 그의 이러한 사상은 양명학 좌파(곧 태주학파) 사상가들에 의해 한층 강화되었고, 강학활동을 통해 상인·농부·공인(商賈·農·工)에게까지 널리 전파되었다.[23]

명말의 유명한 삼유로三遺老 가운데 한 사람인 황종희黃宗羲는 "공업과 상업도 모두 본업이다(工商皆本)"고 주장하여 말업이라 천대받던 공·상업의 지위를 농업과 같은 수준으로 끌어올렸다. 이에 명대 사대부 중에서는 '남자는 치생을 급선무로 삼아야 함'(男子要以治生爲急)[24]을 강조하면서 '기유취고棄儒就賈'(유학을 버리고 상업으로 나아가거나)[25] 또는 호광 마성麻城 추순암鄒順菴의 예에서처럼 '기유위의棄儒爲醫'(유학을 버리고 의사가 되는)[26] 현상도 출현하였다. 명 중기부터는 의약업을 통해 경제적 부를 축적하는 것이 가능했기 때문에 많은 사인들이 유자에서 의인의 길로 방향을 바꾸기도 했다.

명 중기의 유학자 가운데 과거를 준비하던 도중 가정의 변화와 자신의 건강 등의 원인으로 의학에 뜻을 둔 경우도 있었다. 강관江瓘(1503~1565)은 14세에 급작스런 병으로 어머니를 잃고 이후 자신도 각혈병을 앓아 수십 명의 의사에게 치료를 부탁하였으나 좋은 효과를 보지 못하였다. 이에 스스로 의서를 공부하여 치유한 뒤 선비의 길을 포기하고

....

23 余英時 著, 鄭仁在 譯, 《中國近世宗敎倫理와 商人精神》, 대한교과서주식회사, 1993, 179쪽.
24 余英時, 1993, 166쪽.
25 周志斌, 1994, 70쪽.
26 (康熙)《麻城縣志》 卷27 〈人物志·藝術〉: "順菴橘泉之六代孫, 長業儒遇異人傳授方脉, 棄儒爲醫, 精於切脉洞悉表裏之微, 卒爲名醫".

의사의 길로 나아갔다. 가정연간(1522~1566)의 진가모陳嘉謨(?~?)는 어려서 유학을 공부하여 시문에 통달하였으나 체력이 약하고 병이 많아 의학에 전념하면서 명의로 이름을 날렸으며, 저서로 《의학지남醫學指南》·《본초몽전本草蒙筌》 등을 남겼다. 명말·청초의 정운붕鄭雲鵬 역시 어려서는 유학을 학습하였지만 학질로 어머니를 잃고 처와 자녀 또한 잇따라 병으로 죽자 집에 소장하고 있던 의서 1,979권을 주야로 송독하여 마침내 의술에 통달하여 일대 명의가 되었으며, 저명한 《상한문답傷寒問答》 등 7종에 달하는 의약서적을 남기기도 했다.

명 중기부터는 유학을 배경으로 한 '유의儒醫'[27]들이 많이 출현했다. 유의라는 명칭이 중국 문헌에 보이기 시작한 것은 송대 홍매洪邁(1123~1202)의 《이견지夷堅志》이며, 그 뒤 많은 저작에서 논의되고 있다. 유의에 관한 설은 크게 세 가지다. 첫째, 명대 이시진李時珍[28]의 《의학입문醫學入門》에 "진·한 이후에 경·사에 통달하고 몸을 닦고 행동을 조심하여 유명한 유자로서 의학에도 통한 사람이 있었다."고 하였는데 그들을 유의라고 불렀다. 둘째 청대 서송徐松(1781~1848)의 《송회요집고宋會要輯考》·〈숭유崇儒〉에 "유학을 익히는 사람으로 의학 경전에 통달하고 진료에 밝으며 질병을 치료하는 사람을 유의라고 한다."고 한 것이 그것이

---

27 儒醫의 정의에 대해 김남일은 "유교적 사상을 바탕으로 의학의 이치를 연구하는 사람을 말한다. 넓은 의미에서는 당시 지식인들 중에서 의학의 이치에 통달하여 의학 연구에 일가견이 있는 사람들을 말하기도 한다. 이 중에는 의학적 지식이나 의료기술에도 정통한 학자가 있었는가 하면 학자라고는 하나 실제로는 의학을 전업으로 삼는 사람도 있었고, 학자였지만 개인적인 필요에 의해 의학을 연구한 사람 등 여러 가지 형태가 있었다."고 했다. (김남일, 〈한국의학의 역사와 산청지역의 의학전통〉,《제11회 한국의사학 학술대회 자료집-지역사회 의료와 한의학 역사발전》, 2008, 18쪽)

28 李時珍의 字는 東璧, 號는 瀕湖이며, 湖廣 蘄州(지금의 湖北省 蘄春縣 蘄州鎭) 사람이다. 그의 학문과 사상, 저술 활동 등 전기에 관해서는 唐明邦 著,《李時珍評傳》, 南京大學出版社, 1991 등 참조.

다. 셋째, 현대의 《사원辭源》에서 유의를 "본업은 유학자이면서 의학을 익힌 사람을 유의라 한다."고 했다.[29] 명대 유의는 이전 시기에 견주어 급속히 증가하여 청대 진몽뢰陳夢雷(1650~1741)의 《의부전록醫部全錄》·〈의술명류열전醫術名流列傳〉에서 거론되는 명대의 의가만 해도 900명 정도로 송·원대보다 4배 증가했다.[30] '이유입의以儒入醫'(유학자로 의사가 된 자), 또는 '역유역의亦儒亦醫'(유학자이면서 의사가 된 자), '역사역의亦仕亦醫'(관리이면서 의사인 자)든 명대 유의의 가장 큰 특징은 유가의 도덕규범을 중시하였다는 점이다.

4. 의사들, 상인들과 함께 외지로 나서다

혈연이나 지연을 중시했던 중국인들은 외지로 나아가 활동할 때 동향 사람들에 무한한 신뢰를 보내면서 서로 도움을 주고받았다. 따라서 상인 집단이 외지로 진출해서 활동할 경우 그들의 건강 문제를 동향 출신 의사들에 의지하는 경향이 두드러지게 나타난다. 상인이 어느 정도 경제력을 갖게 되면서 건강에 대해 새롭게 인식하게 되고, 그에 따른 수요도 증가하게 되었다. 이는 동향 출신 의사가 함께 진출하는 중요한 요인 가운데 하나였다.[31] 연고주의가 강한 중국적 특성상 질병에 걸리면 동향 출신 의사를 찾는 것이 당연시되었던 것이다. 따라서 상업으로 융성했던

---

29 林殷, 1999, 239쪽.

30 林殷, 1999, 300쪽.

31 張海鵬·王廷元 主編, 《徽商研究》, 安徽人民出版社, 1995, 526쪽.

휘주 지역이 의학으로도 명성을 떨칠 수 있었던 것은 어쩌면 당연한 것인지도 모르겠다. 외지로 진출한 특정 지역 상인과 의사의 관계를 보여주는 대표적인 사례가 바로 휘상과 휘주 출신 의료인들이다. 명청대 휘주 상인과 의사들이 진출했던 지역은 수도인 북경을 비롯해 남경·양주·항주 등 당시 정치·경제의 중심지이자 대도시였다. 외지로 진출한 이들이 어떤 형태로 상호 도움을 주고받았는지 양주에서 있었던 사례를 중심으로 보도록 하겠다.

명청대 양주는 경·항 대운하의 요지에 자리 잡고 있으면서 명대부터 초관이 설치될 정도로 상업과 교통의 요충지였다. 중국 염업鹽業의 중심지로 산서와 섬서성 출신 상인들이 먼저 진출했으나 점차 휘주 상인이 우월적인 지위를 차지하였다. 이와 관련 (광서)《양회염법지兩淮鹽法志》의 통계에 따르면 명 가정연간(1522~1566)부터 청 건륭연간(1736~1795)까지 양주에 들어온 객상 80여 명 가운데 휘주 출신이 60여 명이나 되었다고 한다.[32] 이에 양주를 '휘주 상인의 식민도시'라고까지 했다. 이곳에 진출한 휘주 상인은 자주 질병을 앓았으며 그에 따른 의료수요 또한 증대하였다. 그들이 질병 문제로 고심했던 흔적은 양주의 대표적인 사묘 가운데 하나인 '천비궁天妃宮'의 중건에 얽힌 다음과 같은 기록을 통해서도 짐작할 수 있다.

정유용程有容은 흡현歙縣 사람으로 광릉廣陵에서 임시 거처하였다. 부인을 얻어 10년 만에 처음 자식을 낳았는데 걸핏하면 두창痘瘡(천연두)이 생겼고, 그 뒤 둘째 자식도 거듭 천연두로 위독하였다. 꿈에 여신이 그 가정에 임했는데 시위侍衛의 성대함이 마치 왕후와 같았고, 독특한 향기가 공중에

32 葉顯思, 〈徽商利潤的封建化與資本主義萌芽〉, 《徽商研究論文集》, 安徽人民出版社, 1985, 386쪽.

가득하고 정원에 광명이 발생하니 마음에 생각하기를 천비天妃라 여겼다. 정유용 부부는 머리를 조아려 울며 애걸하기를 두 자식을 살려 달라고 하였다. 신은 그를 보며 탄식하며 가로되 "다시 살리는 것은 불가하지만 나는 장차 그대를 위해 다시 갚아 주리니 이후는 병환이 없을 것이고 많은 남아를 얻으리라"고 하였다. ……33

위의 기사에서는 양주에서 염업에 종사했던 휘상 정유용이 그의 두 아들을 천연두로 잃었음을 알 수 있다. 외지로 진출한 상인이나 그 가족이 아프면 어떻게 할 것인가? 대개는 믿을 수 있는 고향 출신 의사에 의지할 수밖에 없다. 따라서 휘주 상인이 대거 진출했던 양주에서는 휘주 출신 명의들이 활동할 수 있는 공간이 만들어졌다. 당시 양주를 중심으로 활동했던 휘주 출신 의사로는 '유통의儒通醫'로 진단과 치료에 뛰어났으며 1632년 《정무선의안程茂先醫案》을 간행했던 안휘 흡현 출신의 정종주程從周를 비롯해 정응모程應旄, 정중광鄭重光(1638~1716), 왕정원汪廷元(1723~1800) 등 대단히 많았다.

휘주 출신 상인들 중에는 도중에 상업을 버리고 의사가 된 경우도 있었으니 '기고이의棄賈而醫' 현상의 출현이 바로 그것이다.34 예를 들면 《적수현주赤水玄珠》·《의지서여醫旨緒餘》·《의안醫案》 등을 저술하여 의학 발전에 크게 공헌하였던 손일규孫一奎(1522~1619)가 이에 해당한다. 그는 절강성 괄창括蒼 일대에서 상업을 하다가 도인으로부터 비방을 전수받아 효험을 얻자 의학으로 진로를 바꾸었다. '기고이의'의 경향은 청대에도 계속되어 흡현 후과喉科 정우풍鄭于豊·우번于蕃 형제는 아버지를 따

---

33 (明)魏禧, 《魏淑子文集》 卷16, 〈揚州天妃宮碑記〉(조영헌, 〈大運河와 徽州商人－明末·清初 淮·揚 地域을 중심으로〉, 서울대 박사학위논문, 2006, 181쪽 재인용)

34 張海鵬·王廷元, 1995, 530쪽.

라 객상으로 강서성 남풍南豐에 갔다가 아버지가 병을 얻자 후과 전문의 황명생黃明生에게 청하여 진단을 받고 치유한 것을 계기로 의사의 길로 접어들었다고 한다.[35]

5. 인쇄·출판업의 성장과 상업서·의약서의 대량 출간

명 중기 이래 약업이 발전하고 전국적인 규모의 약재시장이 활성화될 수 있었던 요인 가운데 하나는 출판문화, 특히 상업서商業書·노정서路程書[36]와 더불어 의약학 관련 서적의 활발한 간행과도 관계가 있다. 중국에서 서적의 출판은 16세기 중반부터 급증하기 시작한다.[37] 송대부터 인쇄술의 발달로 많은 서적이 출판되기 시작하였는데, 특히 명 중기 가정연간(1522~1566)부터 약 100년 동안 발행된 서적의 수량이 송·금·원에서 명 정덕연간(1506~1521)까지 약 600년 동안 간행된 것보다 많다. 송대부터 발전된 인쇄업이 명 중기 이후 큰 전환이 이루어졌음을 알 수

· ·

35 이들 형제는 3년 동안 교육을 받은 뒤 귀향하여 喉症 환자를 치료하였다. 康熙 60年(1721) 정씨 형제는 분가하여 于豊의 宅名을 '南園'이라 하니 사람들이 '南園喉科'라 불렀고, 于蕃의 宅名은 '西園'이라 하니 세인들이 '西園喉科'라 불렀다고 한다.((民國)《歙縣志》 卷10 〈方技〉)

36 길안내서인 路程書는 종래 商業書의 일부분으로 취급되었으나, 최근에는 두 종류의 서적을 구별하여 설명하고 있다. 路程書에 관해서는 山根幸夫, 〈明代の路程書について〉,《明代史研究》 22, 1994; 谷井俊仁, 〈路程書の時代〉, 小野和子編,《明末淸初の社會と文化》, 京都大學人文科學研究所, 1996 등 참조.

37 大木 康, 〈明末江南における出版文化の研究〉,《廣島大學文學部紀要》 50卷 特輯號1, 1991 참조.

있다.

출판업이 활기를 띠게 된 것은 상인이 참여하는 도서시장의 형성과 도서의 상품화가 함께 진행되면서 가능했다. 호응린胡應麟(1551~1602)은 명청대 4대 도서시장으로 북경을 비롯해 금릉金陵·창합閶闔·임안臨安을 들고 있다.[38] 수도인 북경을 제외한 나머지 도시들이 모두 상업이 가장 발달했던 양자강 중·하류 지역에 있다는 점에 주목할 필요가 있다. 당시 강남 지방에 도서시장이 형성될 수 있었던 요인으로는 ① 이 지역의 문화 성장과 서원 수의 증가, ② 장서가와 장서루의 증가, ③ 이 지역에서 많이 생산되는 질 좋은 종이와 목판의 영향, ④ 편리한 교통망 등을 들 수 있다.[39]

출판물의 보급으로 새로운 소식이 전파되었고, 사회상의 여론 형성 혹은 사상의 유통도 이를 매개로 이루어지고 있었다.[40] 이러한 가운데 명대 상인집단이 출현하고 상업경영 규모가 확대되면서 상업에 대한 지식을 요구하게 되었다. 이에 상업서·노정서가 출현하여 그들에게 필요한 지식을 제공해 주었다. 이들 서적은 상인들의 수요를 충당하기 위한 이른바 '일용유서日用類書'이다. 명말 정보전파 매체로서 출판물 대중화의 예로 자주 거론되는 '일용유서'는 일종의 가정용 백과전서로, '만용불구인萬用不求人'이라는 타이틀이 표시하는 바와 같이 생활에 필요한 모든 지식을 타인의 손을 빌리지 않더라도 수중에 넣을 수 있다는 것을 강조하고 있다. 천문·지리·도로·풍속·언어·물산·계약·상업산술·상업윤리 등 다양한 내용을 포함하고 있었다.[41]

....

38 （明)胡應麟,《少室山房筆叢》卷4,〈經籍會通四〉.

39 陳學文,〈論明淸江南流動圖書市場〉,《浙江學刊》1998-6, 108쪽.

40 岸本美緒,〈明末淸初江南の地方民衆と權力者たち〉,《歷史學硏究》651, 1993 참조.

41 예를 들면 1599년에 간행된 《三臺萬用正宗》은 제1권 天文으로부터 시작해서 地理·

상인용 여행안내서 또한 대량으로 출판되었는데, 이는 원거리 교역이 늘어나고 있었다는 사실을 반영한다. 휘주상인 정춘우程春宇의 《사상유요士商類要》에는 100조에 달하는 명대의 중요한 수륙 상업 루트가 기재되어 있다. 그중에는 수도인 북경으로 통하는 10여 개의 수륙 교통로와 육로로 진정부眞定府에서 변성汴城, 여주부盧州府에서 강서, 섬서에서 사천, 덕주德州에서 산동에 이르는 길 등을 소개하고 있다. 또 수로로 경·항 운하를 통해 강남의 각 시진과 연결되고, 다시 남경·소주蘇州·항주杭州 등지에서 복건·광동에 이르는 루트를 제공하고 있다. 휘주상인이 쓴 책이므로 휘주를 기점과 종점으로 설정한 경우가 비교적 많은 부분을 차지한다.[42] 또 이 책에는 '객상규략客商規略'·'잡량통론雜量統論'·'선각총론船脚總論'·'위객십요爲客十要'·'매매기관買賣機關'·'무역부貿易賦'·'경영설經營說'·'선택출행길일選擇出行吉日'·'사시점후풍운四時占候風雲' 등 상업 경영에 필요한 기본 지식을 담고 있다. 그 밖에 전국 주요 도시의 건치建置와 역사연혁, 관리 설치 상황과 함께 '각성왕부各省王府', '역대제왕성씨건도도歷代帝王姓氏建都圖' 등 상업 경영에 필요한 실질적인 인문 지식과 상인이 피해야 할 음식과 수신·양생 방법까지 수록하고 있다.[43]

실용서적의 출판과 더불어 전문적인 약재 관련 서적의 출판도 민간 약업의 성장과 약상들이 활약하는 데 도움을 주었다. 특히 1505년 태의

時令·歷代人物·外夷·敎育·官制·訴訟·音樂·將棋 등의 오락·書法·畵法·蹴鞠·武術·편지 쓰는 방법·冠婚葬祭·契約·房中術·宴席에서의 유희·博打·商旅·算法·身體 制御·煉丹術·養生·醫學·天然痘의 治療法·姙娠出産·별점·人相·卜筮·五行 등의 占·解夢·家相·墓地風水·日時의 吉凶·獸醫學·農業技術·佛敎·神仙·符呪·格言에 이르기까지 총 43개 항목으로 구성되어 있다.(岸本美緒, 1993, 3쪽)

42 陳學文, 〈從《士商類要》來看明代徽商經商之道〉, 《學術界》 1994-6, 49쪽.

43 姜曉萍, 〈《士商類要》與明代商業社會〉, 《西南師範大學學報(哲社社會科學版)》 1996-1, 67쪽.

원에서 심혈을 기울여 편수한 《본초품회정요本草品滙精要》는 1,815종에 달하는 약을 수록하고 정밀한 채도를 그렸으며, 268종에 달하는 약제의 산지를 기재하여 상인들에게 정보를 제공하고 있다. 이 책은 원래 조정에서 각지의 정보를 수집하여 통치를 원활하게 하기 위해 제작한 것이지만, 중앙정부 안에 있는 관료들이 상인집단과 밀접한 관계를 맺고 있는 경우가 많았기 때문에 여기에 수록된 자료가 상인들에게 전해졌을 가능성은 충분하다.[44] 1590년 간행된 이시진의 《본초강목本草綱目》은 약 1,892종과 처방전 11,000수, 그리고 그림 1,000여 폭이 부가되어 있으며, 16세기 이전 중국 약학을 집대성했다. 그는 이 책을 저술하기 위해 전국 각지를 돌아다니면서 본초를 직접 관찰·수집하였고, 여러 명의들과 학자들의 자문을 구하기도 했다.

　의약 관련 서적이 정부뿐만 아니라 민간에서도 활발하게 출간된 데에는 명 중기 이래 대규모 상인집단의 활동과 밀접한 관련이 있다. 예를 들면 휘주 지역의 의약 서적 출판은 휘상의 경제적인 원조에 힘입은 바

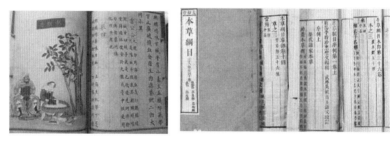

◆ 49 《본초품회정요》(왼쪽)와 《본초강목》

44 상인과 官界의 결합 방법으로는 첫째, 동족이나 동향 사람으로서 재능 있는 자를 원조해서 관계에 진출시키거나, 둘째, 자신의 자제를 관료로 만들고 자신은 관상이 되거나, 셋째, 연납을 통해 자신이 관료로 되거나, 넷째, 면식이 있는 관료의 실력을 이용하는 것 등 크게 네 가지가 있다.(寺田隆信, 〈新安商人と山西商人〉, 《中世史講座 3−中世の都市》, 學生社, 1982, 384쪽)

크다고 할 수 있다.[45] 휘주 최대의 출판가인 오면학吳勉學은 10만 은량의 자본으로 평생 출판 사업에 종사하면서 의약 서적 출판에 대한 공헌이 매우 컸다. 그는 경·사·자·집을 비롯하여 의약류 서적 수백 종을 교간校刊하였다. 특히 만력 29년(1601)에는 왕긍당王肯堂, 《고금의통정맥전서古今醫統正脈全書》 44종 215권을 출간하였으며, 《두진대전痘疹大全》 8종과 단방·경험방을 수집·정리한 《사고재회취간편단방師古齋匯聚簡便單方》 6권을 세상에 내놓았다. 상업 자본이 투입되어 간행된 의약 서적의 보급은 관련 산업의 발전을 촉진시키기도 했다.

6. 상거래와 함께 펼쳐지는 지역 축제, '묘회'

중국에서는 전통적으로 한 가지 전문 상품을 취급하는 전업시장이 전국 각지에 형성되어 1년에 한두 차례 정기적으로 교역 행사를 열었다. 이러한 행사를 '묘회廟會'[46]라 하는데, 중국의 각 전통약시에서도 시장과 약왕묘를 중심으로 진행되었다. '묘회'는 오늘날의 지역축제와 연결되기도 하는데, 상품교역과 더불어 그를 둘러싼 다양한 문화행사, 예를 들면 외지에서 온 손님들을 위해 각종 공연을 선보이기도 했다. 최근 중국에

....

45 張海鵬·王廷元, 1995, 528쪽.

46 중국의 '廟會'는 일반적으로 '年市'를 의미하는데, 정기시인 '市'나 '集'에 대해 단순히 '會'로 불린 경우도 많다. 또 '山會'·'山市'·'會市'·'神集'·'神會' 등으로 부르기도 했으며, '節場'·'輸鋪會'·'廟市'·'年市' 등의 명칭이 사용되기도 했다.(山根幸夫, 《明淸華北定期市の硏究》, 汲古書院, 1995, 78쪽)

서는 전통 묘회를 중요한 문화유산 가운데 하나로 인식하기 시작하여, 전업 약시에서 개최되었던 묘회를 '국가급 비물질(무형)문화유산'으로 지정했다. 전통시대 4대약시로 불렸던 하북성 안국을 비롯해 하남성 우주禹州와 백천百泉, 강서성 장수樟樹의 약시문화와 섬서성의 약왕산藥王山 묘회가 모두 중국의 국가급 문화유산으로 지정되었다.

'묘회'의 역사는 당대에 시작되어 송·원대에 점차적으로 보급되었으며, 명 중기 이후 급속히 발전했다.[47] 일반적으로 알려진 가장 오래된 약시 묘회는 당·송대 사천성 성도成都에서 개최되었다. 당시 약시는 생약을 취급하였던 시장으로 전국 각지에서 생산·소비되는 다량의 약재가 이곳에서 취급되었다.[48] 북경에서도 소약왕묘小藥王廟와 북약왕묘北藥王廟에서 매월 초하루와 15일 묘회를 거행했다.[49]

안국약시의 묘회는 춘묘春廟와 추묘秋廟가 있었다. 춘묘의 개최 시기는 음력 4월 28일로, 이날은 약왕의 생일인 까닭에 춘묘 기간 중에서도 가장 번성한 하루이다. 추묘는 약왕의 제일祭日인 음력 10월 15일로 4월 28일과 마찬가지로 활동이 왕성했다. 안국 약왕묘에서 진행된 묘회에서는 연희演戲, 태대공抬大供, 헌정獻鼎 등의 행사와 '삼배구고三拜九叩'와 '사고례四叩禮' 등 예를 올렸으며, 행사 참가자와 관람객들에게는 면식面食과 삼생제품三牲祭品을 제공했다. 명청대부터 민국시기까지 묘회에서는 '13방'이 교대로 매월 초하루와 15일 제사를 지내기도 했다.

중국의 각종 지방지에도 약왕묘회에 관한 기사를 쉽게 읽을 수 있다. 기사 가운데 묘회의 개최 시기를 명확하게 나타내고 있는 것은 80여 개에 달한다. 약 90%가 4월에 집중되어 있고, 그 가운데 50여 개는 약왕

[47] 山根幸夫, 1995, 79쪽.
[48] 加藤繁, 《支那經濟史考證》(上), 東洋文庫, 1974(제3판), 371~372쪽 참조.
[49] 唐廷猷, 2003, 99쪽.

탄신일인 4월 28일로 기록되어 있다. 그 밖에 산서 낭릉현襄陵縣에서는 2월 2일 개최되었고, 산서 심원현沁源縣 고장촌賈庄村 약왕묘회는 2월 15일 열렸다. 산서 임의현臨猗縣에서는 3월 8일 개최하였고, 산서 익성현翼城縣에서는 3월 22일 시작하였다. 하북 고안현固安縣에서는 5월 5일부터 7일까지, 섬서 화현華縣의 서관약왕묘西關藥王廟에서는 8월 2일, 섬서 청간현清澗縣에서는 9월 9일, 하북 광창현廣昌縣에서는 10월에 열려서 "약왕묘연희삼일개시집藥王廟演戲三日開市集"이라 했다.[50]

묘회 기간은 하루가 가장 많고, 수일에서 길게는 한 달까지 다양하다. 묘회 기간 동안 사람들은 수십 리를 멀다 않고 찾아와 분향하면서 기도를 올렸다. 또한 관원 제배祭拜, 병가病家의 기원, 시의사약施醫舍藥, 약재교역, 집시무역集市貿易, 결사새회結社賽會, 희극공연, 음료와 먹거리 판매 등 일종의 지역축제가 펼쳐졌다. 약시 묘회의 활성화는 약재를 매개로 한 약업이 중요한 산업으로 발전하는 데 일익을 담당하였으며, 문화적으로도 약왕에 대한 제사와 각종 공연 등이 발전하는 계기가 되었다. 또한 묘회는 지역사회만이 아니라 각종 단체들의 소통의 장으로서 활용되기도 했다. 예를 들면 안국 약왕묘회는, 전국에서 모여든 13개 약상 조직이 동종 업계에 종사하는 사람들 간의 화합과 공동의 발전을 모색하는 공간이었다.

50 韓素杰·胡曉峰, 〈基于中國方志庫的藥王廟研究〉, 《中醫文獻雜志》 2015-2, 62쪽.

Ⅱ. 약시의 탄생 — 낭·송대 사전

1. '중의의 고향, 중약의 보고(中醫之鄉, 中藥之庫)'

    중국에는 약재 거래를 기반으로 형성·발전해 온 전업 약시가 적지 않게 남아 있는데, 언제 어디에서 시작되었을까? 학계에서는 대체로 당대唐代에 이미 약재를 취급하는 시장이 출현했으며, 이들 시장을 '약허藥墟', 혹은 '약시藥市'라 부를 수 있다고 주장한다. 현대 중국에서 이른바 '4대 약도'라 부르는 곳에서는 당대나 송대부터 약재를 취급하는 시장이 존재했을 것으로 보고 있다. 다만 기록으로 존재하는 것이 많지 않은 상황에서 정확하게 유추하기란 쉽지 않다. 이런 가운데 최근 중국 사천 지역에서 당·송대에 전문 약재 시장이 출현했다는 글들이 발표되고 있어 그 실상을 가늠할 수 있게 되었다.

    중국에서 파촉巴蜀(현재의 사천성과 중경시重慶市) 지역은 물이 많고, 농경이 발달하여 '천부의 땅'이라 불릴 정도로 물산이 풍부한 지역이다. 반면 해를 보기 힘들 만큼 안개가 많고 습도가 높아 '개도 해를 보면 짖어댄다.'는 말이 있을 정도이다. 사천은 천혜의 자연조건을 바탕으로 좋은 약재도 많아 '중의의 고향, 중약의 보고(中醫之鄉, 中藥之庫)'라 불리기도 한다. 기후가 온난하고 강수량이 풍족하며, 분지를 둘러싸고 산지가 발달되어 있어 삼림자원이 풍부해 약재의 생장에 좋은 자연 조건을 지니고 있다. 사천성에서 생산되는 약재 자원은 5,000여 종인데, 식물약 4,600여 종, 동물약 320여 종, 광물약 130여 종에 달해 중국 전체 약재 품종의 75%를 점하고 있다. 이 가운데 저명한 도지약재道地药材만도 30 여 종이 있으니, 천궁川芎·맥동麥冬·황련黃連·천패모川貝母·동충하초冬蟲 夏草 등을 들 수 있다. 오대말·송초의 도곡陶谷(903~970)이 《청이록淸異 錄》에서 천하에 존재하는 아홉 가지 복[51]을 논하면서 '촉천蜀川, 약복藥 福'이라 한 것은, 사천에 좋은 약재가 많았음을 알려 준다. 이후 시대가 내려오면서 명대에는 '천하구복天下九福'에 대한 인식도 변했지만, 사조제 謝肇淛(1567~1624)는 《오잡조五雜粗》에서 '촉천약복'에 대해 특별한 이 의를 달지 않았으니,[52] 명성이 그대로 유지된 것으로 봐야 할 것이다.

사천에서 생산되는 도지약재는 많은 중국인들로부터 환영을 받았던 것으로 보인다. 문헌에 따르면 섬서·복건·절강 등지의 약상만이 아니라 양절서로兩浙西路의 혜민약국惠民藥局에서도 사천에서 약재를 구입했으며, 남송대 수도였던 임안臨安(항주)에 사천과 양광 약재를 전문적으로 판매 하는 '천광생약시川廣生藥市'가 존재했다는 사실로도 짐작할 수 있다. 또 관약국 성약 표준인 《태평혜민화제국방太平惠民和劑局方》의 처방 중에는 '천川'과 '파巴'가 머리에 붙은 약재, 예를 들면 천궁川芎·천대황川大黃· 천오川烏·천당귀川當歸·천강활川羌活·천련자川楝子·천우슬川牛膝·천강황川 薑黃·천초川椒·천건강川乾薑·천박초川朴硝·천상산川常山·천울금川鬱金·파두 巴豆·파극천巴戟天 등 15종이 거론되고 있으며, 관찬 《태평성혜방太平聖 惠方》에는 '천승마川升麻' 등이 언급되고 있다.[53]

----

51 (宋)陶谷, 《淸異錄》: "天下有九福; 京師, 錢福·病福·眼福·屛帷福; 吳越, 口福; 洛陽, 花福; 蜀川, 藥福; 秦隴, 鞍馬福; 燕趙, 衣裳福"(劉術, 〈宋代成都藥市考〉, 《農業考古》 2015-6, 66쪽 재인용)

52 劉術, 〈宋代成都藥市考〉, 《農業考古》 2015-6, 66쪽.

사천 지역의 풍부한 약재자원은 당·송대 약시가 출현할 수 있는 바탕이 되기도 했으며, 명대부터는 이 지역 출신 약상들의 대외 진출을 가능하게 했다. 사천 출신 약상들은 사천의 품질 좋은 약재를 기반으로 천방川帮을 결성해 안국安國을 비롯해 우주·백천·장수 등지에서 이른바 '13방' 가운데 하나로 영향력을 행사하기도 했다.

2. 재주梓州 및 성도약시成都藥市의 탄생

사천 지역 약시는 언제 어디에서 시작되었을까? 가장 이른 시기의 약시는 당 중기 재주梓州(현 사천성 삼대현三臺縣)에서 출현한 것으로 보인다. 남송대 진원정陳元靚의 《세시광기歲時廣記》 권36·〈치약시置藥市〉에 다음과 같이 기록되어 있다.

당대 왕창우王昌遇는 재주 출신으로 득도하였는데, 호는 원자元子이다. 대중 13년(859) 9월 9일 승천하여 신선이 되었다. 이때부터 천하의 약상들이 9월 초가 되면 재주성에 모였다. 주원가州院街 역원묘易元廟에서 (초하루부터) 8일 밤까지 가져온 약재를 판매했는데, 사천 습속에 따라 약시라 했다. …… 본 왕조(송) 천성연간(1023~1031)에 이르러 용도각학사 연숙燕肅이 지주로 있을 때 3일을 연장하여 11일 동안 열었다. 약시가 흥기한 것은 당대 왕창우로부터 시작되었다.[54]

. . . .

53 唐廷猷, 〈古今藥市一千年〉, 《中國現代中藥》 第16卷 8期, 2014年 8月, 676쪽.
54 (宋)陳元靚 《歲時廣記》 卷36 〈置藥市〉, 北京: 中華書局, 1985, 399쪽: "唐 王昌遇,

◈ 50 진원정의 《세시광기》

위의 글로부터 재주약시의 형성이 왕창우라는 도사의 활동과 관계가 있음을 알 수 있다. 그의 정확한 생몰연대는 알려지지 않았으나 역원묘에서 활동했으며, 의약에 정통했던 도사였다고 한다. 재주성은 남조南朝 유송劉宋 원가연간(424~453)에 축성되었는데 부수涪水를 끼고 육로로는 북으로 장안長安, 서남으로 촉부蜀府 성도成都와 연결된다. 부수는 사천 북부에서 동남 방향으로 흐르는데 중간에 재주를 경유하여 가릉강嘉陵江으로 흘러들어 장강長江으로 통하는 수륙 교통의 요충이라 할 수 있다. 당대 재주는 검남도劍南道에 속해 사직업絲織業의 중심지이자 염업·야동업冶銅業·약업藥業 등이 발전한 6만호, 30만 인구를 지닌 성도成都 다음가는 '촉천거진蜀川巨鎭'이었다. 재주는 또한 약왕 손사막과도 관련이 있다. 정관 10년(636) 손사막이 재주를 지날 때 재주자사 이문박李文博의 소갈병消渴病을 치료했다는 고사가 전한다.[55]

梓州人, 得道, 號元子, 大中十三年(859)九月九日上升. 自是以來, 天下貨藥輩, 皆于九月初集梓州省. 八日夜, 于州院街易元龍池中, 貨其所賣之藥, 川俗因謂之藥市. …… 逮國朝天聖中, 燕龍圖肅知郡事, 又展爲三日, 至十一日而罷. 藥市之起, 自唐王昌遇始也."

55 唐廷猷, 2014, 674쪽.

초기 재주약시 형성의 직접적 원인은 역원묘 도사道士 왕창우를 기념하기 위해서였다. 당대에는 황실에서뿐만 아니라 민간에서도 불로장생의 도교를 숭상하였는데, 역원묘회易元廟會에서 매년 1회 약재를 교역하는 중에 왕창우는 당지는 물론이고 천촉川蜀 내외 약상들 가운데 명성이 높았다. 송대 고승高承의 《사물기원事物紀原》 권8·〈약시藥市〉에도 앞서 인용한 《세시광기》와 같은 내용이 기재되어 있는 것을 보아 사천 지역에서 최초의 약시는 당대 재주에서 시작되었다고 할 수 있다. 매년 9월 초에 시작해 9월 8일이나 9일 새벽까지 진행되었다. 그러다가 송대에 이르러 약재 교역기간이 11일로 확대되었다.

재주약시가 한참 커져 가고 있는 동안 그곳에서 멀지 않은 대도시 성도成都에도 약시가 들어섰다. 송대 축목祝穆(?~1255)은 지리서 《방여승람方輿勝覽》 권51에서 당말 희종僖宗(873~888) 때 이미 성도에 약시가 있었다고 기술했다. 그는 "성도는 옛 잠총씨蠶叢氏의 나라로 그 백성들은 잠사를 중시했다. 그러므로 일 년 가운데 2월 보름〔望日〕에는 꽃과 나무, 잠사용 기구 등을 거래하니 잠시蠶市라 했고, 5월에는 향약을 거래하므로 약시라 하였으며, 겨울철에는 각종 기구를 사고팔아 칠보시七寶市라 했다. 모두 대자사大慈寺 앞에서 이루어졌다."[56]고 하여 대자사 지역에 약시가 형성되었음을 알 수 있다. 대자사는 당 현종 천보 15년(756) 칙령에 따라 당 숙종肅宗 지덕연간(756~758)에 처음 건립되었다. 천보 15년 당 현종(712~756)은 '안사安史의 란'을 피해 1,300여 명의 금위군禁衛軍 관병과 비빈·궁녀들과 함께 성도로 피신했는데, 승려들이 가난한 자들을 위해 죽을 베푸는 광경을 보고 감동을 받아 성의 동쪽에

----

56 (宋)祝穆著, 祝洙增訂, 《方輿勝覽》 卷51 北京: 中華書局, 2003 : "成都, 古蠶叢氏之國, 其民重蠶事, 故一歲之中, 二月望日鬻花木, 蠶器號蠶市, 五月鬻香, 藥戶藥市, 冬月鬻器用者號七寶市, 俱在大慈寺前."

대자사를 건립하라고 했다. 이후 대자사는 점차 확대되어 성도에서 가장 유명한 불교 사원이자 문화장소로 자리매김했다.

성도에 약시가 출현할 수 있었던 요인으로는 첫째, 재주약시의 영향을 들 수 있고, 둘째, 당말 혼란을 피해 전국에서 많은 사람들이 피난을 오면서 상업이 활성화될 수 있는 환경이 조성되었다는 점도 빼놓을 수 없다. 성도시 인구가 급속히 늘어나는 가운데 당시 성도의 저명한 의학자 잠은昝殷(797~859)은 중국의 첫 번째 산부인과 전문서적인《경효산보經效産寶》3권을 편찬했다. 성도 지역에서 약재 수요가 증대하였고, 다른 지역의 사천 약재에 대한 수요가 맞물리면서 성도에서 약시가 흥기하였다. 오대에는 성도를 수도로 하는 촉국이 지금의 사천·중경·섬서 남부·감숙 동남부 및 호북 서부의 광대한 지역에 들어섰는데, 사회가 상대적으로 안정되고 경제도 발달했다. 후촉의 맹창孟昶(919~965)은 방약을 좋아했는데, 그의 모친이 병이 나서 태의원에서 치료를 받았으나 효과가 없자 스스로 약을 제조하여 치료했다고 한다. 이후 맹창의 의학에 대한 관심이 점차 늘어 신하 가운데 병이 나면 친히 진료하기도 했다. 그는 자주 대자사 약시를 순시하였는데 약재의 종류가 많고 교역이 왕성하게 이루어지는 것을 보고 약세藥稅를 징수하기도 했으며, 한림학사翰林學士 한보승韓保昇(934~965) 등에 명해《촉본초蜀本草》를 편찬하게 했다.[57]

....

[57] 唐廷猷, 2014, 675쪽.

3. 송대 성도약시는 언제 어디에서 열렸을까?

1) 대자사와 관가觀街, 그리고 옥국관玉局觀

송대 들어 성도약시는 새로운 단계로 진입하였다. 약시 개최지역도 대자사를 비롯해 관가觀街와 옥국관玉局觀 등지로 확대되었고, 개최 기간은 9월 9일 하루에서 3일 또는 5일로 늘어났다. 대자사와 옥국관 약시는 묘회 형식으로 전개되었는데 다양한 상품들이 교역되었지만 주된 상품은 약재였다. 송대의 적지 않은 사람들이 그에 관한 기록을 남겼다. 대부분 성도부成都府와 익주益州 두 개의 행정구역 이름으로 기재했는데, 당 숙종肅宗 지덕 2년(757) 촉군蜀郡을 성도부로 바꾸었다가 북송 태종 순화 5년(997)부터 인종 가우 5년(1060)까지는 익주로, 그 뒤 다시 성도부가 되었다.

송대 대자사는 성도 사람들의 일상생활 중심지로 자리 잡았다. 이곳을 방문한 사람들은 예불과 같은 종교 활동 외에도 집회 참석, 상품 구입, 각종 오락 활동을 펼쳤다.[58] 후부侯溥는 〈수녕원기壽寧院記〉에서 "불교에서는 고요함을 낙으로 여기니 무릇 탑묘塔廟(사원)는 모두 정결·근엄하여 세속의 번잡함을 멀리하는데, 오직 성도의 대자사만은 저자거리 중심부에 있어 상점들로 가득 차 있으니 찻집과 약방이 점령해 있고, 기생집과 잡극을 공연하는 집들이 들어서 있다."[59]고 했다. 곽인郭印도 〈초오원기超悟院記〉에서 성도 대자사에 대해 다양한 가게들이 즐비해 있

----

58 劉術, 2015, 67쪽.

59 (宋)袁說友 等, 《成都文類》, 北京: 中華書局, 2011, 741쪽 : "佛以靜爲樂, 故凡塔廟皆潔精謹嚴, 屛遠俗紛, 獨成都大聖慈寺, 據閭閻之腹, 商列賈次, 茶爐藥榜, 逢占筵專, 倡優雜戲之類, 坌然其中."

어 시장에서 나는 소리가 우레와 같을 정도로 대단히 활기 넘치고 시끌 벅적했다고 묘사했다.[60] 이로 보건대 대자사 부근에는 일 년 4계절 내내 시장이 존재했으며, 각종 물건이 거래되었다는 사실을 짐작할 수 있다. 송대 성도 3대 전문시장 가운데 하나로 약시 또한 대자사 주변에 성립되었다. 채조蔡條는 《철위산총담鐵圍山叢談》에서 "성도 지역 고사에 따르면, 매년 천중天中(5월 5일 단오), 중양重陽(9월 9일) 시기에 대자사를 개방함에 사람들이 많이 모여든다. 이 기간에 온갖 물건을 가져와 거래하니 약시라 했다."[61]고 했다.

대자사약시가 활기를 띠면서 시장 영역이 주변 지역으로까지 점차 확대된 것으로 보이는데 그 대표적인 지역이 관가觀街이다. 관가약시와 관련해서는 《세화기려보歲華紀麗譜》에 "(2월) 8일 관가약시, 아침 연회는 대자사에서, 저녁 연회는 금승원에서 개최되었다.", "(3월) 9일 관가약시의 아침 저녁 연회는 2월 8일 (약시)와 동일했다."고 했으며,[62] 명대 조학전曹學佺이 쓴 《촉중광기蜀中廣記》에 "(5월) 5일 관가에서 향약 매매가 이루어지니 약시라 했다."고 기술하고 있다. 그렇다면 관가는 어디인가? 그에 대해서는 추측만 무성할 뿐 정확한 지역을 획정하기는 어렵다. 《세화기려보》와 앞선 《방여승람方輿勝覽》에 기재된 5월 죽향약호약시鬻香藥號藥市와 2월의 잠시蠶市, 동일冬日의 칠보시七寶市는 모두 대자사 앞에 있다고 기술한 것으로 보아 대자사 앞이나 그 부근이라는 것을 짐작하게 해 준다.

....

60 (宋)袁說友 等, 《成都文類》, 北京: 中華書局, 2011, 782쪽 : "居沖會, 百工列肆, 市聲如雷."

61 (宋)蔡條, 《鐵圍山叢談》(宋元筆記小說大觀) 卷6 上海: 上海古籍出版, 2007, 3114쪽 : "成都故事, 歲以天中, 重陽時開大慈寺, 多聚人物, 出百貨其間, 號名藥市者."

62 (元)費著, 《歲華紀麗譜》 : "二月)八日觀街藥市, 早宴大慈寺之設廳, 晚宴金繩院.", "(三月)九日, 觀街藥市, 早晚宴如二月八日."(劉術, 2015, 67쪽에서 재인용)

하지만 또 다른 기록에서는 관가가 다른 지역일 가능성을 제기한다. 경력 8년(1048)부터 황우 2년(1050)까지 익주지주益州知州였던 전황田況(1005~1063)이 성도의 주요 세시풍속과 시장 상황 등을 쓴 21수의 시인〈성도오락시成都遊樂詩〉를 남겼는데, 그 가운데는 2월 8일의 관가약시에 관한 것은 없고, 반면 '팔일대자사전잠시八日大慈寺前蠶市'란 시를 언급했다. 만약 2월 8일 대자사 앞에서 약시가 아닌 잠시가 열렸고, 관가가 대자사 앞이라고 한다면, 또 2월 8일 약시가 있었다고 한다면 이날 대자사 부근에서는 잠시와 약시가 개최되었을 것인데 전황의 '팔일대자사전잠시'에서는 주위의 약시 상황에 대해서는 한마디도 남기지 않았다. 또한 '(삼월)구일대자사전잠시九日大慈寺前蠶市'라는 시에서도 당일 대자사 앞 약시가 있었다는 말이 없다. 이로써 3월 9일의 관가약시 또한 대자사 주위에 존재하지 않는다고 볼 수도 있다.[63]

왕문재王文才는 《성도기成都記》에 기재된 송대 성도에 12월시가 있었으며, 그 가운데 2월은 화시花市로 주로 청양궁青羊宮 부근이라고 서술되어 있는 점과 《도교영험기道教靈驗記》에 3월 용흥관약시龍興觀藥市가 있었다고 기재되어 있다는 사실에 근거하여 두 개의 시장 모두 청양사青羊肆 앞이라고 보았다. 그 때문에 왕문재는 관가가 용흥관 앞이라 인식했다.[64] 따라서 관가잠시가 용흥관 앞에 있었다는 명확한 증거가 부족하지만 관가약시와 대자사약시가 동일 지역이 아니라는 것 또한 추론할 수 있다.[65]

남문초문南門譙門 바깥 옥국관오문玉局觀五門 앞에도 약시가 있었던 것으로 보인다. 옥국관은 성도 남문 바깥에 있던 유명한 도교사원이었다.

---

63 劉術, 2015, 67~68쪽.
64 王文才,〈成都城市考(下)〉,《四川師範學院學報》 1982-1, 70~78쪽.
65 劉術, 2015, 68쪽.

후한대 명칭은 옥국치玉局治로 '도교 24치' 가운데 하나였다. 당 개원연간(713~741)에 사원을 중수하면서 이름을 옥국화玉局化로 바꾸었는데 이렇게 개명한 이유는 도교로 세상 사람들을 교화시킨다는 의미였다고 한다.[66] 오대와 송대에 이를 그대로 계승했다. 원대에 이르러 옥국관으로 바꾸었는데 전화戰火로 소실된 것을 명대에 성의 북쪽에 중건했다. 청대에는 소실과 중건을 반복하다가 결국 남아 있지 않게 되었는데, 현재의 하화지荷花池 지역이다.

대자사와 관가 지역에서도 해마다 약시를 거행했다곤 하지만, 송대 성도 약시 가운데 규모가 가장 컸던 것은 중양절 전후에 남문초문南門譙門 바깥에서 옥국관오문玉局觀五門 앞에 걸쳐 열렸던 약시였다.[67] 이와 관련 여행을 좋아했던 장작庄綽(1079~?)은 소흥 3년(1133)에 편찬한 《계륵편鷄肋編》 권상에서 "중양절(9월 9일) 약시에서는 초문 바깥에서 옥국관오문에 걸쳐 갖가지 약재를 파는 가게가 문을 열었는데 무소뿔이나 사향과 같은 진귀한 약재들이 가득 쌓여 있었으니 부윤府尹이나 감사監司도 모두 참여했다. 오문에는 대존大尊(주기酒器)을 마련해 두었는데 용량이 수십 말이나 되어 잔과 술을 담는 주걱을 함께 두었다. 이름난 도인들이 모두 마시는데, 5일 동안 지속하였다."[68]고 했다.

송대 문인들의 글 중에는 옥국관약시를 묘사한 것들이 많다. 예를 들면 북송대 문학가이자 익주(성도)에서 관직을 역임했던 송기宋祁(998~1061)는 가우 2년(1057) 익주지주益州知州로 《익부방물약기益部方物略記》

....

66 唐廷猷, 2014, 675쪽.

67 劉術, 2015, 68쪽.

68 (宋)庄綽, 《鷄肋編》, 北京: 中華書局, 1983, 21쪽 : "至重九藥市, 于譙門外至玉局化五門, 設肆以貨百藥, 犀麝之類皆堆積, 府尹, 監司皆步行以閱. 又于五門之下設大尊(酒器), 容數十斛, 置杯杓, 凡名道人者皆恣飲, 如是者五日."(劉術, 2015, 68쪽 재인용)

에서 "성도에서는 9월 9일 약시가 개최되었는데 …… 오늘날 의학자들은 천궁川芎과 천대황川大黃을 가장 기하게 어긴다."[69]고 했다. 《세시광기》 권36 〈흡약기吸藥氣〉에서는 "성도에서는 9월 9일 약시가 열리는데 아침 일찍부터 사천 전 지역에서 생산되는 진귀한 약초와 도인(상인 포함)들이 모여든다. (성도)사수師守가 개시를 알리는 술잔을 들고, 따로 약시 교역에 참석한 도인들을 위한 주연을 베풀기도 한다. 이날 이른 아침 사인(관원과 백성들)이 모두 약시에 참여하였는데, 전하는 바에 따르면 약의 기운을 흡입하면 질병을 치료하고 사람들이 건강하고 안녕할 수 있다고 한다."[70]고 했다.

남송대 성도약시는 여전히 대자사와 옥국관 두 곳에서 열렸다. 여기에서 수입 인삼·서각犀角·향약香藥만이 아니라 1립에 1,000문이나 하는 고급 중성약을 판매하기도 했다.[71] 의약에 관심이 많았던 시인 육유陸游(1125~1210)가 성도에서 관료로 있을 때 두 곳의 약시를 자주 방문하고 《노학암필기老學庵筆記》 권6에서 "성도약시는 옥국화가 가장 번성했는데, 9월 9일 개최되었다."[72]고 했다. 그의 눈에도 9월 9일 개최된 약시가 퍽 인상적이었던 것 같다.

. . . .

69 (宋)宋祁, 《益部方物略記》: "成都九月九日藥市 ……, 今醫家最貴川芎, 川大黃."

70 (宋)陳元靚, 《歲時廣記》 卷36 〈吸藥氣〉: "成都九月九日爲藥市, 詰旦盡一川所出藥草異物與道人畢集. 師守置酒行市以樂之, 別設酒以犒道人. 是日早, 士人盡入市中, 相傳以爲吸藥氣愈疾, 令人康寧."

71 이와 관련 (宋)蔡條, 《鐵圍山叢談》 卷6에는 약의 판매 현황과 관련하여 "往時川蜀俗喜行毒, 而成都故事, 歲以天中(端午 5월5일), 重陽(9월9일)時開大慈寺, 多聚人物, 出百貨. 其間號名藥市者, 于是有于窓隙間呼'貨藥'一聲, 人識其意, 亟投以千錢, 乃從窓隙間度藥一粒, 號'解毒丸', 故一粒可救一人命."이라 했다.(唐廷猷, 2014, 676쪽)

72 (宋)陸游, 《老學庵筆記》, 北京: 中華書局, 1979, 72쪽: "成都藥市以玉局化最盛, 用九月九日."

2) 약시의 개최 시기 및 기간

당대까지만 하더라도 사천 지역에서 약재 시장이 열린 것은 1년 가운데 딱 한 번, 곧 9월 9일 개최되었다. 그러다가 송대에 이르러 약시가 번성하면서 연 4회 개최되었으니, 2월 8일 관가약시, 3월 9일 관가약시, 5월 5일 대자사약시, 9월 9일 중양 옥국관약시가 그것이다.[73] 2월 8일과 3월 9일의 관가약시는 《세화기려보歲華紀麗譜》에 명확하게 기재되어 있고, 직접 약시라 일컬었다. 다만 5월 5일의 약시는 《세화기려보》에는 적혀 있지 않고, 《촉중광기》에 기록되어 있다. 또 5월 5일 대자사에서는 '채애양독采艾禳毒'과 '축약蓄藥'의 풍속이 한대부터 있어 왔으니 단오절을 맞아 약시가 개최되었을 것으로 생각된다. 이는 채조의 《철위산총담》 권6에서 천중天中(단오 5월 5일)과 중양(9월 9일)절 때 대자사에서 약시가 있었다고 한 것을 통해 짐작할 수 있다.

9월 9일 중양절 옥국관약시와 관련해서는 양억楊億(974~1020)이 《담원談苑》에서 '백약침百藥枕'의 고사를 설명하는 대목에 나타나 있다. 즉 "익주에서는 약시가 7월 7일 개최되었는데, 사방에서 운집하여 약물의 품종 또한 대단히 많았으며, 3일 동안 지속되었다."[74]고 했다. 육유陸游는 《노학암필기老學庵筆記》 권6에서 "양문공楊文公(양억)이 《담원》에서 말한 7월 7일은 오류이다.[75]"라 하여 7월 7일은 9월 9일의 오류라고 지적했다. 육유는 사천 지역에서 여러 해 동안 수차례 옥국관약시를 방문하고 많은 약시 관련 시를 남겼기에 그의 지적은 신빙성이 있어 보인다.[76]

....

73 劉術, 2015, 68쪽.

74 (宋)楊億, 《淡苑》, 上海: 上海古籍出版社, 2012 : "益州有藥市, 期以七月七日, 四運皆集, 其藥物多品甚衆, 凡三日而罷."(劉術, 2015, 68~69쪽 재인용)

75 (宋) 陸游, 《老學庵筆記》, 北京: 中華書局, 1979, 72쪽 : "文公談苑云七月七日, 誤也."

《세화기려보》에 "9월 9일 옥국관약시에서 감사는 손님과 관료들을 초대하여 옛 선조당에서 연회를 열었으며, 저녁에는 오문五門에서 읍(주)할 수 있었는데 이틀 동안 계속되었다."[77]고 하므로 중양절의 옥국관약시는 매년 9월 9일부터 10일까지 이틀 동안 진행되었음을 알 수 있다. 반면 《세시광기》 권36 〈치약시置藥市〉조에 송 인종 천성연간(1023~1032)에는 9월 9일부터 11일까지 전개되었다고 하며, 장작庄綽(季裕)은 《계륵편》에서 중양절 옥국관약시가 5일 동안 지속되었다고 밝힌 바 있다. 또 북송초 지성도부知成都府의 조변趙抃은 《성도고금집기成都古今集記》에서 송대 성도에는 '십이월시十二月市'가 형성되어 있었으며, 그 가운데 '구월약시九月藥市'가 있었다고 기술하였다.[78]

이상 송대 성도 중양약시가 일 년 가운데 가장 성행했던 것으로 보이며, 구체적인 기간은 9월 9일 하루, 9월 9일부터 10일까지 이틀, 또는 9월 9일부터 11일까지 사흘, 중양절 전후의 닷새 동안, 9월 한 달 등으로 상정해 볼 수 있겠다.

76 劉術, 2015, 69쪽.
77 (元)費著, 《歲華紀麗譜》, 北京: 線裝書局, 2003, 1712쪽 : "九月九日, 玉局觀藥市, 宴監司賓僚于舊宣詔堂, 晚飲于五門, 凡二日."
78 劉術, 2015, 69쪽.

4. 사람들이 약시를 찾은 이유는?[79]

송대 사람들이 성도약시를 찾은 이유는 무엇일까? 시장을 찾은 사람들의 모습은 오늘날과 차이가 있었을까? 아니면 예나 지금이나 사람 사는 모습은 비슷한 것일까? 현대인들이 상상할 수 있는 그런 일들이 과거에도 있었던 것으로 보인다. 사람들 사는 모습이 시대가 바뀌었다고 크게 달라지겠는가? 당시 사람들도 시장을 방문해 쇼핑을 하고, 가무와 음주도 즐겼던 것으로 보인다.

송대 중요한 명절과 잠시蠶市·약시 기간은 유락연음游樂宴飲의 중요한 시기였다. 약시에서 거행한 연음 활동은 송대 성도 선비와 서민들이 즐겼던 오락 활동 가운데 하나였다. 앞서 인용했던 《세화기려보》의 내용을 통해 2월 8일은 대자사에서 아침 연회가, 금승원金繩院에서 저녁 연회가 개최되었으며, 5월 5일에는 대자사에서 연회가 펼쳐졌고, 9월 9일에는 구선조당舊宣詔堂과 오문五門 등지에서 역시 연회가 있었던 것을 확인할 수 있다. 약시 기간에는 지방정부 차원에서 약시 교역에 참가한 도인道人들에게 술을 제공하여 마시도록 했다.

성도약시가 번화함에 따라 시장을 구경하면서 물건을 사고파는 사람들이 많았으니 거래되었던 화물의 종류 또한 다양했을 것으로 생각된다. 송대의 많은 문인들이 성도약시를 둘러본 뒤 시문을 작성하기도 했는데, 이들의 글 가운데 특히 '游'자를 많이 사용했다. 그 예로 송대 성도약시를 노래한 대표적인 시 가운데 하나인 〈구일약시작九日藥市作〉을 보자.

중양절 만물이 화합하는 좋은 계절에   陽九協嘉辰

....

79 별주가 없는 한 劉術, 2015, 69~70쪽 참조.

많은 사람들이 새벽부터 와서 즐기고 있구나.　　　斯人始多暇

갖가지 약물을 모아놓은 약포기 들어선 시장에　　五藥會廣座

어깨가 부딪힐 정도로 노닐며 왁자지껄 왕래하네.　游肩闐相駕

위 시는 익주에서 관료로 있던 송기宋祁(998~1061)가 9월 9일 중양절 때 열린 약시의 모습을 생동감 있게 읊은 것이다. 시인들에게는 성도 약시를 둘러보는 것이 일종의 '유락游樂'이었다는 사실을 반증한다. 물건을 사거나 그렇지 않더라도 시장을 구경하는 것 자체가 재미있는 오락의 하나였을 것이다.

약시는 성도의 많은 선비와 상민들이 오락을 즐기는 축제의 장으로, 민간의 잡요와 가무 등이 주루반점酒樓飯店을 중심으로 펼쳐졌다. 송대 문인들의 시사詩詞 중에는 당시 상황을 묘사한 작품들이 적지 않은데, 약시에서 관현사죽管弦絲竹의 소리가 들리고, 약시를 둘러보는 사람들이 가루주관歌樓酒館에서 음주를 즐기면서 가무를 감상하는 매우 번화한 모습을 유추할 수 있다.

5. 전란, 그리고 약시의 소멸[80]

전통시대의 약재시장은 왕조 교체나 전란 등의 영향을 받아 잠시 중단되거나 장기간 침체기를 겪기도 했다. 사천의 약시도 예외는 아니었

---

80 별주가 없는 한 唐廷猷, 2014, 676~677쪽 참조.

다. 송대 전성기를 구가했던 사천의 약재시장은 몽골과 전쟁을 경험하면서 크게 위축되었다. 전쟁은 필연적으로 많은 사상자를 내고 경제를 위축시켜 시장에 좋지 않은 영향을 미치게 된다. 이전에 경험하지 못한 강력한 힘을 지닌 몽골군이 사천성을 휩쓸면서 충격파는 대단히 컸다.

1234년 몽골이 남송과 연합하여 금나라를 멸한 이래 몽골과 송의 본격적인 전쟁이 시작되면서 사천성은 전쟁터로 변모했다. 1251년 즉위한 원 헌종 몽케칸蒙哥汗은 먼저 파촉巴蜀을 취한 다음 장강을 따라 남하하는 전략을 세웠다. 1258년 몽케칸은 친히 대군을 이끌고 사천으로 진입했으나 송군宋軍의 완강한 저항을 받아 결국 다음 해 합주合州 조어성釣魚城에서 전사했다. 하지만 1276년 원의 군대가 항주를 공격해 남송을 멸망시키고 이어서 1279년 사천을 평정했다. 사천에서 몽골과의 전쟁이 44년 동안 지속되면서 인구가 260만호에서 12만호로 격감하는 등 사천의 경제·문화가 급속도로 파괴되었으니 재주는 물론이고 성도약시도 사라졌다.

원이 사천을 통치한 83년 동안 호광·강서·하남 등지로부터 백성들이 이주—제1차 '호광전사천湖廣填四川'—해 오고, 원 세조世祖(1260~1294)와 성종成宗(1295~1307) 시기 성도로成都路에 혜민약국惠民藥局을 설치하기도 했다. 그러나 성도는 세 차례에 걸친 원군의 도성屠城으로 140만 군민이 피살됨으로써 공성空城과 다름없었고, 약시 또한 회복될 기미를 보이지 않았다. 그러다가 원대 후기 혜종惠宗(순제順帝, 1333~1368) 지정 4년(1344)에 정식으로 혜민약국이 설립되고 성도약시 또한 짧은 기간 동안 성 남쪽의 옥국관玉局觀에서 다시 열렸다. 하지만 오래지 않아 전국에서 반원反元의 기치를 내세운 홍건군이 기의했다. 1361년 홍건군 명 옥진明玉珍 부대가 성도를 공격 점령하면서 회복되었던 성도약시는 다시 정지되었다. 이처럼 몽골군의 침략 이래 원말에 이르기까지 성도약시는

◈ 51 (현재의 성도)
'하화지' 중약촌 전업시장

폐지와 복원을 반복하다가 원말에는 다시금 정지되는 운명과 마주해야
만 했다.

　명대 전기 사천 지역의 인구 증가와 경제 성장에 힘입어 약재 산업
도 활기를 되찾은 것으로 보인다. 이를 입증하듯 《본초품회정요本草品滙
精要》에는 강활羌活·독활獨活·승마升麻·파극천巴戟天·울금鬱金·대황大黃·부
자附子·후박厚朴 등 47종의 사천 지역 도지약재를 기재하고 있으며, 이
들 약재는 멀리 동북 지역까지 팔려 나갔다. 하지만 명 중기 이후 토지
겸병 현상이 출현하고 농민들에 대한 부세가 가중되면서 이를 견디지
못한 농민기의가 끊이지 않았다. 더욱이 명말 청초의 약 60년 동안 전
란이 계속되었는데, 특히 강희연간(1662~1722) 청조가 '삼번三藩의 란'
을 평정하는 과정에서 사천 지역 인구 열에 여덟아홉은 죽거나 떠돌아
다녔다고 한다. 청초 정부에서 다시 한 번 '호광전사천'의 대규모 이민
정책을 전개하여 이후 1~2백 년 동안 지속하였다. 건륭연간(1736~1795)
에 이르러 사천 지역의 인구와 경제가 회복되었으나 약재시장만큼은 그
러지 못했다.

　신중국 성립 이후 다시금 문을 열게 되었으니 성도의 '하화지荷花池'

약재시장은 중국 중앙 정부에서 비준한 전국 17대 전문 약재시장[81] 가운데 하나로 서부 지역 최대의 중약재 전문 시장이자 세계 최대의 동충하초 집산지로 성장했다. 최근 성도 시내 중심부의 좁은 시장터에서 벗어나 교외로 옮기면서 규모 또한 커지고 현대화된 시설 속에서 성장을 계속해 가고 있다.

[81] 중국 정부가 비준한 17개 중약재 전문시장은 ① 安徽省 亳州 ② 河南省 禹州 ③ 成都市 荷花池 ④ 河北省 安國 ⑤ 江西 樟樹 ⑥ 廣州市 淸平 ⑦ 山東 鄆城縣 舜王城 ⑧ 重慶市 解放路 ⑨ 哈爾濱 三棵樹 ⑩ 蘭州市 黃河 ⑪ 西安 萬壽路 ⑫ 湖北省 蘄州 ⑬ 湖南 岳陽 花板橋 ⑭ 湖南 邵東縣 廉僑 ⑮ 廣西 玉林 ⑯ 廣東省 普寧 ⑰ 昆明 菊花園 등이다.

Ⅲ. '천하제일약시天下第一藥市', 안국

1. '4대약도지수四大藥都之首', 안국이 약재도시로 성장할 수 있었던 요인은?

◈ 52 현재의 안국
약재 교역센터

중국 역사상 가장 위대한 희곡가로 꼽히는 관한경關漢卿[82]의 고향이자 교통의 요지에 위치한 안국安國은 중국 최대의 약재 집산지로 '천하제일

---

82 현재의 안국 伍仁村에서 태어난 關漢卿의 생졸연대는 정확하게 알 수 없으나 대개 금나라 말기에 태어나 원나라 초기(13세기 중 후반, 혹은 14세기 초)에 사망한 것 으로 보고 있다. 대표적인 元曲 작가로 60여 종의 잡극을 창작했는데, 선량한 과부 가 무고한 刑을 받고 죽어 가는 이야기를 통해 당시 사회를 비판했던 〈竇娥寃〉이 최고의 걸작으로 꼽힌다. 그 밖에 〈救風塵〉·〈望江亭〉·〈調風月〉등도 유명하다(寇建斌 外 編著,《藥界聖地 唯一皇封 安國藥王廟》, 香港銀河出版社, 2002, 6~10쪽 참조).

약시',[83] 또는 '4대약도 가운데 으뜸(四大藥都之首)'[84]으로 불리고 있는 것에서 알 수 있듯이 명청 이래 이른바 '10대 약시'[85] 중에서도 중추적인 역할을 담당하였다. 그렇다면 안국이라는 도시가 명 중기 이래 전업 약시로 발전할 수 있었던 요인은 무엇일까? 첫째, 환경적 측면에서 잘 발달된 교통의 요지에 자리 잡고 있었다는 점을 들 수 있다. 후한 광무제 光武帝 유수劉秀(재위 25~57)의 발양지이기도 한 안국은 교통 요충지에 자리하고 있어 역사적으로 병변兵變[86]이 많은 지역이었으며, 왕조 교체와 더불어 지명도 자주 바뀌었다.

【표 Ⅱ-1】 안국 연혁[87]

시대	주지州地	속속屬	할할轄
춘추	선우경鮮虞境		
전국	중산경中山境	진晉→위魏→조趙	
진	중산경	거록鉅鹿	
한	안국安國	기주冀州	해독解瀆
동한	안국	중산中山	
후한·위	안국	위魏	
진	안국	박릉博陵	
십육국	안국	모용연慕容燕→부진苻秦→후연後燕	
북위-북주	안국	박릉博陵	심택深澤

....

83 吳岩, 〈安國藥王文化與藥市〉,《光彩》1996-3, 8쪽.

84 張瑞賢, 〈中國古代醫藥諸神(7)-皮場大王〉,《光明中醫雜志》1994-1.

85 전통 중국의 10대 약시로는 河北 安國·江西 樟樹·河南 百泉·禹州·安徽 毫州·廣西 玉林·西安 康復路·廣州 淸平路·成都 荷花池·湖南 邵東을 들 수 있다.(吳岩, 1996, 8쪽)

86 역사상 祁州 지역에서 발생했던 兵變에 대해서는 (淸)宋蔭桐 纂修, (民國年間補抄稿本)《安國縣新志稿(二)》,〈歷代兵事弟七〉, 成文出版社, 401~432쪽 참조.

87 (淸)宋蔭桐 纂修(民國年間補抄稿本),《安國縣新志稿(一)》,〈沿革弟二〉, 成文出版社.

수	의풍義豊	박릉博陵	
당	의풍義豊	여주蠡州	
오대(양·당·진)	의풍義豊	기주	
오대(한漢·주周)	포음蒲陰	기주	
북송	기주祁州	하북서로河北西路 중산부中山府	포음蒲陰·기주鼓州·진주鎭州·무극無極·심택沈澤
남송(금)	기주祁州–포음군군蒲陰郡軍	하북서로–진정로眞定路	포음蒲陰·고성鼓城·심택深澤
원	기주	보정保定	포음蒲陰·심택深澤·동록束鹿·안평安平·무강武強·요양饒陽
명	기주	보정부保定府	박야博野·심택深澤·동록束鹿
청	기주	보정부	
민국	안국		

명대 안국은 대운하에 바로 붙어 있지는 않았지만 수로를 통해 대운하와 연결되고 남·북 역도驛道상에 위치하여 수도인 북경과 천진天津 등 대도시와의 접근성도 용이하다.[88] 태항산 동록, 기중冀中 평원의 중부에 위치하여 동·북으로는 박야현博野縣, 서로는 정주시定州市, 남으로 심택深澤·안평安平 두 현과 접해 있다. 도시를 동서로 가로질러 당唐·사沙·자滋의 세 하천이 흐르고 있으며, 이들은 저룡하猪龍河로 이어지는데, 계속된 대청하大淸河를 통해 대운하와도 연결되고, 이어서 해하海河를 이용하면 천진까지 도달할 수 있다. 또한 안국 남쪽의 심택현을 동서로 가로지르는 호타하滹沱河를 이용할 경우 역시 대운하와 직결된다. 이처럼 잘 발

---

88 明代 祁州는 保定府 남쪽 120리 지점에 위치하여, 東으로는 河間府에서 170리, 南으로 眞定府 晉州에서 130리, 西로는 眞定府 定州에서 120리 떨어져 있다((淸)宋蔭桐 纂修, (民國年間補抄稿本)《安國縣新志稿(一)》,〈輿圖弟一〉, "疆輿全圖", 成文出版社).

달된 수로 교통망[89]은 안국이 전국적인 규모의 약시로 성장하는 데 크게 도움을 주었다.

둘째, 배후에 수도인 북경이라는 거대한 소비도시를 두고 있다는 점이다. 알려져 있다시피 명 중기 이후 북경은 전국 최대의 상업도시로 성장했다. 황실을 포함한 지배층은 물론이고 정부의 사민徙民정책으로 북경으로 인구 유입이 증가했는데, 이들의 건강을 위한 약재 수요도 많았을 것으로 생각된다. 현재도 북경에서 소비되는 중약재의 많은 부분이 안국약시에서 거래되고 있다.

셋째, 안국 지역에서는 수십 종의 약재가 생산되었는데, 이 또한 약시 형성에 영향을 주었다. 《기주지祁州志》에는 이 지역에서 생산되는 약재로 구기枸杞·견우牽牛·자소紫蘇·토사자菟絲子·맥문동麥門冬·상백피桑白皮·익모益母·인진茵蔯·지골피地骨皮·소회향小茴香·의이인薏苡仁·박하薄荷·질려蒺藜·차전자車前子·산조인酸棗仁·행인杏仁·창포菖蒲·지황地黃·괴각자槐角子·창이蒼耳·백합百合·애艾·적작약赤芍藥·백작약白芍藥·금은화金銀花 등을 들고 있다.[90] 그 밖에 약재로 분류되지는 않지만 약재로 사용될 수 있는 재료들이 많이 생산되고 있다.

넷째, 안국에서는 명대부터 의학醫學을 중시했다. 이는 기주공서祁州公署 옆에 문묘文廟·유학儒學·음양학陰陽學과 더불어 의학을 두고 있다는 점을 통해서도 알 수 있다. 의학은 정덕 7년(1512)에 지주知州 서애徐愛[91]가 음양학과 함께 이곳으로 옮겨 설치한 것이다.[92] 중요한 관공서의 하나였

<hr>

89 安國의 수로 교통과 관련해서는 (淸)宋蔭桐 纂修, (民國年間補抄稿本)《安國縣新志稿(一)》, 〈河渠弟五〉, 成文出版社, 141~192쪽 참조.

90 (明)郭應響, (崇禎)《祁州志》卷1, 〈輿地志〉, "土産".

91 徐愛는 浙江 餘姚縣 출신이며, 正德年間의 進士로 벼슬이 兵部員外郞까지 올랐다(郭應響, (崇禎)《祁州志》卷6, 〈職官志〉, "職員" 및 同書 卷8, 〈人物志〉 참조).

던 '의학'의 존재는 의약지식의 보급에 영향을 주었을 것으로 생각되며, 이를 바탕으로 약재도시로 성장할 수 있었다.

다섯째, 안국이 약시로 성장한 과정에는 이곳에 가면 병을 치료할 수 있는 신비한 기운이 자리하고 있다는 전설과 관련이 있다. 이는 안국 약왕묘와 관계되는 것으로, 문화적 측면에서 안국약시가 형성·발전하는 데 중요한 요소로 작용했다. 이곳 약왕묘를 빼고서는 안국약시의 형성과 발전 과정을 설명할 수 없다.

안국약시는 약왕묘에서 개최되었던 묘회와의 관계 속에서 발전을 거듭했다. 약시의 개최 시기와 기간은 남송·원대에는 남관南關 약왕묘에서 4월과 10월 약시가 개최되었는데, 봄에는 20일, 가을에는 30일 동안 지속되었으며, 가까이는 산서와 섬서, 멀리는 사천과 광동·운남·귀주 등에서 약상들이 몰려들었다고 한다.[93] 명 영락 2년(1404), 약왕묘를 다시 세우고 비교적 큰 묘시廟市가 열린 이래 만력 26년(1598)과 36년·38년에는 하북·산동·하남·산서·안휘·복건 등 8개 지역의 약상들이 출자하여 세 차례에 걸쳐 약왕묘를 수리하고 매년 청명절을 기하여 약재를 교역했다.[94]

92 郭應響, (崇禎)《祁州志》卷2,〈建置志〉, "醫學".

93 加藤繁, 《支那經濟史槪說》, 弘文堂, 1944, 93쪽 참조.

94 唐廷猷, 《中國藥業史》, 中國醫藥科技出版社, 2003, 95~96쪽.

2. 안국약시에서 활동했던 상인들의 유형

안국약시에서 활약했던 상인들은 어떤 사람들이었을까? 그들의 존재 양태는 어떠했을까? 약시의 주인공으로 거래에 활력을 불어넣었던 이들을 경영형태에 따라 분류하면 다음과 같다.

① 탁화붕과 편자붕

탁화붕拆貨棚은 시장에서 천막을 치고 경영한 데서 유래하였다. 탁화붕 경영자는 대부분 해당 지역 출신자이며, 도매 형식으로 방상帮商에게서 생약을 사서 절편하거나 음편으로 가공하여 다시 약포藥鋪에 도·소매로 판매하였다. 1900년대에 들어서 탁화붕은 각지에 인력을 파견하여 약재 구입과 판로 확대를 도모하였는데, 이를 '하로下路'라 한다. '하로인下路人'은 약행의 상황과 각 지역 약포에서 필요로 하는 약재 품종과 수량에 관한 정보를 수집하는 역할을 수행하였다. 일부 상호는 각지의 약포에 도착한 '하로인'에게 필요한 약재의 품종·수량·규격을 단자 위에 적어 주면 나중에 이를 포장해 보내 주는 방법을 사용하기도 했다. 청말 안국약시에서 탁화붕을 경영한 상호는 약 450가에 달했다. 자본금은 대호가 10만 위안 이상, 중등호는 5만 위안 적어도 만 위안 정도로, 평균 3.5만 위안, 합계 1,500만 위안 이상이었다.[95]

편자붕片子棚은 묘회가 개최되는 시기에 임시로 천막을 치고 절편·가공했던 것에서 유래했다. 경영자는 대부분이 현성 부근의 농민으로 규모 또한 매우 작았다. 한 사람이 직접 운영하거나 몇 사람을 고용하여 약

95 趙英·李文策·朱孟申 主編, 《安國中醫藥志》, 香港銀河出版社, 2002, 90쪽.

도약도藥刀 몇 자루를 갖춰 놓고 영업했다. 그들은 중개인을 통하거나 직접 딕화붕으로부터 상품을 구입하여 포제 또는 간단하게 가공히여 소매업자나 약포에게 판매하거나, 가공비를 받고 탁화붕 대신 가공해 주는 일을 했다.

② 숙약행 및 종성약점

숙약행熟藥行은 약재를 포제·가공하거나 약을 직접 제조하는 상호를 말한다. 안국약시에서 약을 제조하기 시작한 것은 명대부터였다. 대부분 상호 앞쪽에 점포가 있고, 뒤쪽에 공장을 두고 영업하는 형태였다. 약의 판매와 더불어 의사를 초빙하여 환자를 진단·치료하기도 했다.

숙약熟藥을 경영하는 자는 전문적으로 고방古方이나 집안 대대로 내려오는 비방에 따라 약을 제조하여 판매하기도 했다. 예를 들면 동덕당同德堂의 고약膏藥, 영춘당永春堂의 안약眼藥, 후덕당厚德堂의 화류약花柳藥 등이 있었다. 청대 초기에 이미 환丸·산散·고膏·단丹 제품이 500여 종에 달했다고 한다. 약물의 배합과 조작기술·보관·금기 등 각 분야의 경험이 풍부해지고, 상품의 질도 좋아지면서 환자와 상인들의 환영을 받았고, '기祁'자가 붙은 안국산 조제약이 중국 국내를 넘어 멀리는 홍콩과 동남아 지역까지 판매되었다. 약재가공업의 발전은 북경의 동인당同仁堂을 비롯한 대규모 제약회사가 적극적으로 안국약시와 관계를 맺고 활동하는 계기가 되었다. 제약회사가 안국약시에서 거래하는 방법에는 다음 몇 가지가 있다.

첫째, 약재교역회에 직접 참가하여 대량으로 약재를 거래한다. 예를 들면 산동 황현黃縣 등인수登仁壽 약국은 생약을 위주로 경영하였는데, 안국에서 약재를 구입하여 가공·포제한 뒤 다시 대·소 약포에 판매했다.

해마다 봄과 가을 2회에 걸쳐 열리는 약왕묘회에 직접 사람을 파견하여 구매토록 하였다.

둘째, 분장分庄 또는 분점을 개설하고 점원을 파견하여 장기간 안국에 머물면서 질 좋은 약재를 구매하고, 본점의 수요에 응해 공급할 수 있도록 했다. 산서 곡옥曲沃 건육창乾育昶, 광승취廣升聚 등이 대표적이다.

셋째, 아행牙行[96]에게 위탁하여 적시에 구매한다. 비교적 규모가 큰 약점은 당지에 모두 고정된 아행을 두었는데, 이들은 위탁자의 의지에 따라 적시에 시장 상황을 보고한 다음 감별하고 수매토록 했다. 심지어 어떤 약점에서는 묘회에 직접 참가하지 않고, 필요한 약재와 수량 등을 아행에게 알려 주고 대신 구매토록 한 경우도 있었다.[97]

북경 중약업中藥業의 4대가로 불리는 동인당同仁堂·학년당鶴年堂·경인당慶仁堂·천지당千芝堂도 안국약시에서 약재를 구입했다. 중국 중의약 업계를 대표하는 동인당은 청 강희 8년(1669)에 건립된 이래 1723년부터는 청 궁정에도 약을 제공하기 시작했는데 약재를 안국약시에서 구입하였기 때문에 안국약시의 명성도 함께 상승하였다.[98] 동인당과 안국약시의 긴밀한 관계는 청대부터 민국시기를 거쳐 현대까지 지속되고 있는데, 안국약왕묘를 중수할 때 자금을 지원하기도 했다.[99] 민간에서 "환·산·고·단이 필요하면 동인당을 찾고, 탕제음편湯劑飮片이 필요하면 학년당으로 가라"는 말이 있을 정도로 한약으로 유명했던 학년당에서도 매년 봄과 가을 두 차례에 걸쳐 안국에 사람을 파견하여 좋은 약재를 구입하고

----

96 牙行은 牙人·牙儈·駔儈·經紀·行家·行機·九八行 등으로도 일컬어졌다(山根幸夫, 《明淸華北定期市の研究》, 汲古書院, 1995, 55쪽).

97 楊二蘭, 〈祁州藥市的歷史考察〉, 蘇州大學碩士學位論文, 2008, 21쪽.

98 陳新謙, 〈阿片戰爭以前的藥店和藥市〉, 《藥學通報》 1987-3, 166쪽.

99 楊二蘭, 2008, 22쪽.

자 노력했다.[100]

안국 본지의 약상들도 약재 구입의 편의성을 무기로 점포를 열었다. 그들은 진료를 담당할 의사와 제약공을 고용하여 자신들이 제조한 약을 브랜드화하여 시장에 판매했다.[101] 명 가정연간(1522~1567)의 여학엄呂學嚴은 삼괴당三槐堂을 개설하여 중성약 제조를 위주로 약포를 열고 의사와 제약공을 두고 영업하였는데, 그가 연구 개발한 '지유괴각환地榆槐角丸'은 치루痔漏(치질)와 변혈便血 치료에 효과가 좋았다. 여학엄의 사후에도 삼괴당의 명성은 계속되어, 1938년 일본 제국주의가 안국을 점령하고 영업을 정지시킬 때까지 10여 세대에 걸쳐 이어졌다. 그 밖에 명만력연간(1573~1620)에 장張모씨가 개설한 체연당體延堂과 청 건륭연간(1736~1795)의 서생당瑞生堂 등도 크게 활약하였다.

③ 판운상, 비발상 그리고 영수상

판매 방식에 따라 약재 상인을 구분할 수도 있으니 판운상販運商·비발상批發商 그리고 영수상零售商이 그들이다. 판운상은 약재를 산지에서 직접 구매하여 운반한 객상을 일컫는다. 운반한 약재는 국내·외 약재가 모두 포함되며, 생약은 물론 숙약도 있다. 이들은 정보가 빠르고 각 지역 시장의 수요 상황을 잘 알고 있기 때문에 생산과 공급 판매를 연계하여 영업했다. 민국 시기 안국약시에서 판운에 종사했던 상호는 100여 가에 달했다.[102]

....

100　安冠英·韓淑芳·潘惜尘, 《近代中國工商經濟叢書－中華百年老藥鋪》, 中國文史出版社, 1993, 3쪽.
101　楊二蘭, 2008, 24쪽.
102　趙英·李文策·朱孟申　主編, 2002, 91쪽.

비발상은 일괄 구매하여 판매하는 도매약상이다. 상품은 판운상과 방상帮商이나 직접 산지에서 구입하는 경우도 있었다. 비발상의 영업은 큰 모험이 따르는 것으로, 시장상황을 보고 값이 오를 것으로 예상되는 상품을 집중적으로 구입하기도 했는데, 이러한 상품을 '압화壓貨'라 칭했다. 하지만 시장 상황에 대한 분석이 잘못되거나 돌발 상황이 발생할 경우에는 큰 손해를 입기도 했다. 예를 들면 청대 말기 하남 박야현博野縣 출신 이모李某 상인은 100만 위안으로 안국약시에서 황기를 매점매석한 이후 판매시기를 저울질하고 있었지만, 시장에 황기가 점차 많아지면서 가격이 떨어져 결국 파산했다고 한다.

영수상은 비발상이나 방상, 또는 판운상으로부터 약재를 공급받아 객상, 혹은 일반인을 대상으로 장사하는 소매 약상으로, 직접 소비자를 대상으로 영업했다.

3. 약시에서는 약만 팔았을까?

안국약시에서는 기본적으로 약재교역이 중심이었지만 다른 업종의 상업 교류도 활발하게 이루어졌다. 약재시장의 규모가 확대되면서 좋은 시장 환경을 이용하여 이윤을 추구하고자 하는 다른 업종도 빠르게 발전하여 '오대회五大會'가 형성되었다. '오대회'는 해당 지역 출신 약상과 외지의 기타 업종에 종사하는 상인들의 모임으로, 규모나 자금 면에서 13방에 견주어 크지 않았으나 그들 역시 안국약시의 번영에 윤활유 역할을 하였다. '오대회'는 약업을 비롯해 다음 몇 가지 업종을 포함한다.[103]

① 남대회南大會

남약시南藥市·소약시小藥市를 지칭하며, 약재 경영이 중심이 되고, 아울러 대량의 '남화南貨'를 취급하는 상호가 영업했다. 자금과 취급하는 화물량이 비교적 큰 상호로는 형길태亨吉泰·만성괴萬盛魁·영경화榮慶和·경태창慶泰昌·동덕유同德裕·집중당集衆堂·광생화廣生和·동발창同發昌·복합흥福合興 등이 있었다.

② 북대회北大會

북약시北藥市(대약시大藥市)로 남관南關에 있었기 때문에 남관약시南關藥市로 불리기도 한다. 산화약재山貨藥材와 북화北貨를 경영하는 상호가 영업했다. 이곳의 경영자는 본지 상인 외에도 산서·수원綏遠[104] 등지의 행상이 있었다. 안국의 남관약시는 현성縣城 남관에 위치해 있는데 남성문南城門에서 약 0.5km 떨어져 있다. 송대 약시가 처음 흥기했을 당시 교역시장은 약왕묘 앞쪽에 불과했으나, 약왕 숭배자가 늘어나고 약재 교역이 점차 활발해짐에 따라 약시 또한 번성하였다. 명청대에는 약왕묘를 중심으로 확대되어 대약시와 소약시의 전문 약재교역시장이 형성되었다. 대약시의 4방에는 모두 약재 상호가 자리 잡고 있었으며, 가운데에 약 2,500㎡에 달하는 교역 장소가 마련되었다. 소약시는 약왕묘 북쪽 대약시 남쪽에 자리 잡아 소수의 거민 주택을 제외하면 대부분이 본지와 외

---

[103] 安慶昌, 〈安客堂和十三帮五大會〉, 《安國文史資料》, 1988, 72~73쪽; 劉華圃·許子素, 〈祁州廟會-馳名全國的藥材集散地〉, 《河北文史資料》 11, 1983, 196쪽.

[104] 綏遠은 민국시기 塞北 4省(熱河省·察哈而省·綏遠省·寧夏省) 가운데 하나이다. 성도는 綏(현재의 呼和浩特市)였다.

지 약재 상점이었다. 청 강희연간(1662~1722)에 이르러 약시의 범위가 동대가東大街까지 커졌다. 건륭연간(1736~1795) 이후 13방·5대회와 안객당安客堂이 형성되면서 남관약시는 전국에서도 저명한 중약재 집산지가 되었다. 청대 말기에서 민국 초기에는 약시의 범위가 더욱 확대되어 (광서)《기주향토지祁州鄕土志》에는 "남관약시는 직예성에서 규모가 가장 컸으니 동으로는 요동·심양沈陽, 서로는 사천·섬서, 남으로 운남·귀주, 북으로 장성 밖에서 교역하러 오니 화물이 운집하였다."[105]고 기술되어 있다.

③ 피화고의회皮貨估衣會

가죽이나 모직제품 또는 고의估衣(헌 옷) 등을 거래한다. 경영자는 서북 황토고원 또는 각 성의 피화상이거나 북경·천진天津·보정保定 등지에서 온 고의상들이다.

④ 잡화회雜貨會

각종 산山·건乾·선鮮·해海와 잡화를 판매하는 상호 및 노점상으로, 안국 본 지역 상인이거나 북경·천진·보정 등지의 상인이다.

⑤ 은전호회銀錢號會

대소 전장錢庄·은호銀號가 포함되며, 많을 때는 100여 가에 달했다.

----

105 (光緒)《祁州鄕土志》: "南關藥市獨甲直省, 東購遼沈, 西接川陝, 南交雲貴, 北來塞外, 雲屯物集"(楊二蘭, 2008, 20쪽 재인용.)

경영자는 대부분이 산서성 태곡太谷·유차楡次 출신 사람들이었다. 그들은 풍부한 자본력과 숙련된 경영으로 약시의 금융업을 장악하였다. 은호 가운데 규모가 비교적 큰 것으로는 30여 가가 있었는데 자본 규모는 평균 20~30만 위안에 달했다. 소규모의 은호 또한 수십 가가 있었는데 자본 규모는 대략 4~5만 위안이었다. 은전호회 가운데 비교적 유명한 것으로는 경창호慶昌號·보창호寶昌號·복성공復盛公·복형공復亨公 등이 있었다.

이상 '오대회五大會'의 주요 구성원은 좌상·행상·소상인으로 구분되는데, '7·7사변' 직전에는 좌상이 856호, 행상이 247호, 노점상이 309호였다.[106] 이들은 상호 간에 어떤 구속이나 간섭 없이 독자적으로 영업했으며, 약왕묘를 수리할 때에 한해 통일적으로 기부금을 납부하기도 했다.

4. 장궤掌櫃의 역할과 임무는?

약시에서 영업했던 상호 내부의 모습은 어떠했을까? 약재 가게를 이루는 구성원들은 누구이며, 이들의 관계는 어떻게 설정되었을까? 약을 판매하는 가게는 일반적으로 동가東家(주인), 장궤掌櫃(지배인), 과계夥計(점원), 학도學徒(실습생) 등 네 종류의 사람들로 구성되었다. 이들은 각자 다른 역할을 수행하였으니 업무상 역할은 다음과 같다.

----

[106] 楊二蘭, 2008, 20쪽.

① 동가

동가東家는 투자자로 자본을 내지만 실제 관리 업무는 유경험자를 초 빙하여 장궤掌櫃가 담당하도록 했다. 몇몇 상호는 자금을 모아 본인이 직접 경영하는 경우도 있었다. 방상帮商의 동가에는 상업자본가가 많았 는데 본지 약상에는 지주도 있었다. 민국시기의 광방廣帮에는 관료자본 도 있었다. 광승유廣升裕·광무신호廣茂新號의 동가는 송씨 세 자매의 큰 언니인 송애령宋靄齡(1889~1973)의 남편이자 장개석蔣介石의 재정고문 이었던 공상희孔祥熙(1881~1967)였다.

② 장궤

경리經理라고도 하며, 자본가의 대리인 성격이 강하다. 점포에서 일하 는 시간이 길고, 업무에 능통하여 자본가의 신임을 얻은 자가 담당하였 다. 상호의 거의 모든 경영 업무를 관리했는데, 비교적 큰 상호에는 부 수副手(부경리)를 두기도 했다. 점포 안에서는 장궤掌櫃가 가부장적인 관 리를 실행하였는데, 과계夥計나 학도를 하인처럼 부리기도 했다. 그들에 대한 대우로는 일반적으로 '인신고人身股'[107]와 '월전月錢'이 제공되었다.

각 상호에서는 일반적으로 3년 또는 5년마다 결산하였는데, 이 기간 을 '장기帳期'라 한다. '장기'가 새로 시작될 때 동가와 장궤는 새롭게 계약을 체결하고 규정한 '장기'가 끝났을 때 만약 잉여가 있다면 2:8이 나 3:7로 이익을 나눠 가졌다. 이 가운데 7, 8할은 '후성고厚成股'라 하 여 자금으로 축적하였는데 실제는 동가의 소유로 귀속되었다. 그리고 나

---

107 주식회사 형태의 운영에서 연말 결산 이후 이익금을 주식으로 배당하는 것이다. 중국에서는 山西商人이 明代부터 시행한 것으로 알려지고 있다.

머지 2할 또는 3할로 동가와 장궤 및 대과계大夥計(업무시간이 길고 어
느 정도의 업무 수준에 도달한 점원)가 나눠 가졌으며, 소과계小夥計는 받
지 못했다.

③ 과계

과계夥計는 실습 기간을 모두 마친 뒤에 승진한 점원으로, 대우는 학
도보다 약간 높다. 이들의 임금은 상호마다 차이가 있었는데 성과를 얼
마나 내느냐에 따라 월급에 '인신고'를 지급하기도 했고, 단지 월급만을
주는 경우도 있었다.

④ 학도學徒

일반적인 상호의 규정에 따르면 학도의 수련 기간은 3년이고, 이 동
안에는 임금을 지급하지 않으며, 숙식만 제공할 뿐이다. 명절, 곧 춘절
등을 기해 지배인으로부터 약간의 격려금을 받기도 했다. 학도는 상점
내 일체의 노무 외에도 지배인이나 손님의 잔일까지 수행해야 했다.

5. 약시의 가격 결정 및 화폐와 저울

약시에서 사용한 저울과 화폐는 무엇이었고, 가격은 어떻게 결정되었
으며, 결재 방법과 수단에는 어떤 것들이 있었을까? 안국약시만의 독특

한 운영 방식을 검토해 보고자 한다.

① 은색銀色

약시에서 사용한 화폐는 백은白銀·모은毛銀·원은元銀·은원銀元의 네 종류가 있었고, 대전大錢·경전京錢 등은 이에 포함되지 않는다. 4종의 화폐 가치는 모두 달랐는데, 백은이 가장 귀했다. 안국에서 사용한 은색은 약재의 품종에 따라 차이가 있었다. 예를 들면 같은 천화川貨라고 하더라도 천련川連은 원은元銀, 천패川貝는 모은毛銀, 사향麝香은 백은白銀을 사용하였다. 또한 같은 품종이라 하더라도 질량 차에 따라 사용한 은색이 달랐다. 예를 들면 웅담熊膽의 경우 질이 좋은 것은 백은白銀을 사용했으며, 그렇지 못한 것은 원은으로 계산했다.

② 개반開盤

묘회의 약재 가격은 방상 가운데 대표적인 상호가 부르는 값을 '개반開盤'으로 삼았다. 기타 약상이 임의로 매매 가격을 정하여 거래하는 가격을 '수반隨盤'이라 한다. 청대 후기와 민국 초기 북경 동인당同仁堂 가격을 '개반'으로 삼았다. 동인당이 역사가 오래되고 자본도 많을 뿐 아니라 지명도 또한 전국에서 가장 높았기 때문이다. 또한 안국 통제원通濟元의 재력이 풍부하고 명망도 비교적 높았기에 묘회 기간 동안 북경의 약상이 안국에 와서 약을 구매할 때 통제원의 가격을 기준으로 삼았다. 결국 안국 약시에서의 거래를 위한 '개반'은 동인당과 통제원을 중심으로 이루어졌다고 볼 수 있다.

③ 칭 제秤制

약시에서 사용하는 저울은 각 방화幇貨의 품종에 따라 달랐다. 저울
은 16량·18량·20량·24량의 네 종류가 있었는데, 16량짜리를 작은 저울
〔小秤〕, 18량·20량·24량짜리를 큰 저울〔大秤〕이라 했다. 사천·광동 화물
과 일반 세화細貨, 곧 천황련川黃連·천패川貝·천궁川芎·광계廣桂·광각廣
角·서각犀角·인삼·사향 등은 모두 작은 저울을 사용했고, 산화山貨, 예를
들면 감초·대운大蕓·황기黃芪·요세신遼細辛 등은 큰 저울을 사용했다.

④ 결장結帳

안국 묘회에서는 특수한 교역 결산 방식이 있었다. 묘회에 참가한 약
상은 현금을 가지고 있지 않더라도 교역할 수 있었는데, 중매인을 통해
전장錢庄이나 은호銀號에서 돈을 빌릴 수 있었다. 매매가 성사된 이후
현금이 마련되면 묘회 기간 안에 결산하고, 만약 그렇지 못하면 다음
묘회 기간에 결산하기도 했다. 춘묘春廟(봄 묘회)의 결산 기간은 음력 5
월 17일~19일, 동묘冬廟(겨울 묘회)의 결산 기간은 음력 12월 17일~19
일이다. 두 묘회의 결산 기한은 늦어도 3일을 초과할 수 없었다.

6. 약시 관리, 안갱당에서 상회로

안국약시에는 명초까지 전문적인 관리기구가 설치되어 있지 않았고,
지방정부 관청 호방戶房이 관련 세금을 징수하고 질서 유지와 분쟁을

해결하는 정도였다. 그러다가 명대 중·후기 약시의 규모가 점차 확대되자 관부에서도 약시에 대한 관리를 강화하였는데, 호방에서 좌상坐商에 대한 등기를 실시하고, 지역의 유력한 신사조직을 만들어 약시의 질서유지에 힘썼다. 청대 초·중기에 이르러 각 지역 약상들이 경영의 편리를 위해 지역 상방을 조직하고 내부 규정을 만들어 가격을 결정하는 등자신들의 상업 신뢰도와 지명도를 높이기 위한 활동을 전개하면서 시장운영도 질서정연하게 변했다. 도광연간(1821~1850)에 이르러 신사들을 중심으로 약시 관리를 위한 기구인 안객당安客堂[108]이 조직되었으며, 이후 상회商會가 그 자리를 대신했다.

'안객당'에서는 객상을 접대하는 일 외에도 묘회의 제사를 관리하고, 객상 사이의 분규를 조정하며, 아행(중개인)을 관리하는 등 그 역할이 점차 확대되었다. '안객당'의 운영은 지역 유력인사가 실질적인 영향력을 행사했는데, 대표적인 가문으로는 안국 본지의 최崔·복卜 양 가문이 담당했다.[109] 이들 두 가문은 대규모로 약재업을 경영하면서 관부 및 13방 등과 긴밀한 관계를 유지함으로써 장기간에 걸쳐 '안객당'의 실권을 장악할 수 있었다. '안객당'은 묘회 준비 단계의 회비 모집부터 각 단계의 의례 절차, 길거리 상점에 대한 장식, 연예단체에 대한 초청 및 객상의 숙식문제 해결까지 전 과정을 담당했다. 묘회 기간 동안 객상이 어떤 사항에 대해 이의나 불만을 제기하면 바로 수정하기도 했다. 예를 들면 객상이 머무는 숙박업소의 위생상태가 좋지 않아 불만을 제기하면 관리자가 곧 문제를 해결하기 위해 노력했으며, 만약 '안객당'의 개선 요구

....

[108] 安國市地方志編纂委員會編, 《安國縣志》, 1996, 382~384쪽; 安慶昌, 1988, 67쪽; 劉華圃·許子素, 1983, 192~193쪽.

[109] 崔氏 집안에서는 崔洛朝·崔子興·崔志遠·崔洛朴 등이 있었고, 卜氏 집안에서는 卜慶甫·卜繼彬·卜繼榮·卜繼彰 등이 있었다(楊二蘭, 2008, 31쪽).

에 응하지 않으면 묘회 기간이라도 영업 자격을 정지시키곤 했다.[110] 약시에서 분쟁이 일어나면 대부분 '안객당'에서 처리했다. '안객당'의 설립 취지가 객상의 이익을 보장하고 원활한 상품유통에 있었기 때문에 객상들이 약재업에 전념할 수 있도록 숙박시설을 잡는 일부터 대출 보증 역할까지 담당했다. 또한 표준 저울을 설치하여 그로 말미암아 발생하는 문제를 해결하기도 했다.

명청대 안국약시에는 '경기經紀'·'경수經手', 또는 '포합적跑合的'이라 불린 중개인이 존재했는데, 이들에 대한 관리 또한 '안객당'에서 담당했다. 관리내용은 당지 중개인에 대한 허가증을 발급하고 규정을 위반한 중개인은 처벌하는 것 등이었다. 민국 및 그 이전 시기부터 '안객당'에서는 중개인에 대한 엄격한 자격 제한을 두었는데, 반드시 안국 지역 주민으로 충당하고, 일정 수준의 가업 자산을 가지고 있어야 하며, 두 점포 이상의 연대보증인을 세워야만 가능했다. 묘회가 개최될 때마다 중개인은 반드시 '안객당'에 등기하고 심사를 통해 영업 허가증을 발급받아야만 했다. 중개인이 가짜약을 판매하거나 도량형을 속이는 등의 규정을 위반할 때에도 '안객당'에서 엄하게 처벌하였다. 죄가 가벼우면 벌금에 그쳤지만, 중할 경우에는 중개인의 자격을 취소하기도 했다.

'상회商會'는 '안객당'의 후기 발전 형식으로 약상의 이익을 보호하는 대표자이고, 약재시장의 조력자로 권위가 매우 컸다. 1904년 1월 청조 상부商部에서 상회의 설립을 권유한 이래 안국약시에서는 선통 2년(1910) 9월 10일 '안객당'을 '상무분회商務分會'로 개명했다. 이어서 민국 3년(1914) '상무분회'를 다시 안국현 상회로 고쳐 '안객당'의 유풍을 계승하고 이전 규칙에 따라 일을 처리하였다. 이는 안국약시가 다시 번영

110 楊二蘭, 2008, 32쪽.

할 수 있었던 중요한 요인 가운데 하나로 작용했다.[111] '상회'의 조직과 형식에 대해서는 송여빈宋汝彬, 《속안국현지초고續安國縣志初稿》에 다음과 같이 기재되어 있다.

> 상무분회는 안객당 구지舊址에 개조하였다. 각 상호에서 입회한 회원 가운데 자본력이 있고 신망이 두터운 자 17인을 회동會董으로 삼았다. 각 회동은 또 상정商情에 밝은 1인을 총리로 추천했다. 민국 3년 '안국현상회'로 개조하고, 회원들의 투표를 통해 회동 30인을 선출하고, 회동 가운데 회장과 부회장 각 1인을 선출하였는데 임기는 2년으로 했다. 민국 18년(1929) 8월 국부國府에서 반포한 상회법商會法 및 공상동업공회법工商同業公會法에 따라 주석 1인, 상무위원 4인, 집행위원 15인, 감찰위원 7인과 문독·서무·회계·서기 각 1인을 뽑아 사무를 분담했다. 직무는 공·상업 및 대외교역의 발전과 공·상업 복리 증진 도모를 종지로 삼았다.[112]

안국 상회의 회원은 매월 회비 5각을 납부하였는데, 상호가 많았기에 상회의 수입이 적지 않았다. 상회에서는 재무 관련 분규를 해결해 주고 수수료를 받을 때에도 일정한 규정이 있었는데, 비회원 상호에게는 조금 적게 받았지만 기타 상호에게는 동일하게 적용했다. 일반 상호와 상회 사이에서는 분쟁 해결 외에 기부금 납부 문제가 있다. 상회의 기부금 할당은 일정한 액수와 회수가 정해져 있는 것은 아니며, 상회에서 필요할 때마다 부과하였다. 예를 들면 묘회에서 희극 공연을 할 경우 상회에서 각 상호로부터 기부금을 받아 진행했다.

....

111 楊二蘭, 2008, 33쪽.
112 宋汝彬, 《續安國縣志初稿》, 民國 20年(鄭合成, 《民國時期社會調査叢編－安國縣藥市調査》, 福建教育出版社, 2005, 155쪽).

일반적으로 상회는 ① 내부 단결과 대외 교류에 힘쓰면서 시장을 안정적으로 운영하며, ② 분규를 조정하면서 상인익 이익을 보호하고, ③ 각종 상품 박람회를 개최하는 등 대외 교류를 진행하며, ④ 상업 인력을 양성하는 등의 기능을 지니고 있었다.[113] 안국약시의 상회 또한 이와 비슷했다. '13방'이 안국에서 약재를 거래하는 것은 이윤을 위해서이므로 상회는 상호 간 질서를 유지하고 방과 방 사이에 일어나는 모순이나 분쟁을 조정하는 역할을 수행하기도 했다. 상회에서는 묘회가 끝난 뒤 각 방의 대표자를 모아 각종 의견에 대한 자문을 구하기도 했다. 상회는 상민 보호, 분규의 조정, 시장질서의 유지 같은 방면에서 크게 공헌했다. 또 근대 화폐제도가 문란해지자 원활한 금융유통을 위해 상회에서는 일정 기간 사표私票[114]를 발행하여 관의 관리가 어려운 상황에서 일정 정도 약시의 화폐 수요를 만족시켰다. 그 밖에 상회는 치안 유지 임무도 수행하여 상순商巡 20여 명이 시장을 순찰하기도 했다.

113 馬敏·朱英, 《傳統與近代的兩重變奏－晚淸蘇州商會個案研究》, 巴蜀書社, 1993, 141~230쪽.
114 戴建兵, 〈近代河北私票研究〉, 《河北大學學報(哲學社會科學版)》 2001－4, 37쪽.

Ⅳ. 중원中原(하남성)의 두 약재 도시 이야기, 밀현과 우주

1. 산지와 시장, 그리고 신앙의 결합

◈ 53 우주약시

　　황하문명의 탄생지 가운데 하나로 역대 왕조의 주 활동무대였던 중원 지역은 약업과 관련해서도 대단히 중요한 지역이다. 근대 이후 연해 지 역에 견주어 경제적인 측면에서 뒤처지는 운명에 놓이게 되었지만, 명청 대까지만 하더라도 중국의 중심은 북경의 서북에서부터 남쪽으로 황하 유역에 이르는 태항산맥을 중심으로 그 서쪽의 산서와 섬서, 그리고 동 쪽의 하북·하남·산동 등 드넓은 화북평원을 지닌 중원이었다. 이 지역 은 태항산맥이라는 천연의 약재보고를 지니고 있으며, 대단히 많은 인구가 살고 있어 약업이 발달할 수 있는 천혜의 조건을 지니고 있었다. 이곳은 명청대 중국의 중요한 4대 약시 가운데 3곳(안국·우주·배천)이 자리 잡고 있었으며, 하남성의 내향현內鄕縣 마산구馬山口, 하내현河內縣 을당파圪壋坡(현 박애현博愛縣), 사수沁水 노의묘盧醫廟, 홍산묘洪山廟와 이당李堂 약왕묘 등지에도 비교적 큰 규모로 약시가 들어섰다.

지리공간적으로 이들 약재시장은 대부분 동부 평원과 태행산·복우산伏牛山 등 서부 산지의 교계지역에 위치해 있다. 동부 평원이 인구밀도가 조밀해 약재에 대한 수요가 많은 반면 서부는 구릉과 산지로 각종 동·식물 자원이 풍부하다. 예를 들면 숭산嵩山 동쪽 기슭의 구릉 지역에 있는 밀현에서는 중요한 약재들이 많이 생산되었는데, (민국)《밀현지密縣志》에는 향부·익모초·토사자·원지·금은화 등 22종의 중약재를 열거하고 있다. 그 가운데 금은화에 대해서는 "특히 서북 마을에서 많이 재배되고 있으며, 사람들이 이를 통해 이익을 얻고 있다."는 주석을 곁들여 설명하고 있다.[115]

문화적인 측면에서 이들 약재시장은 모두 묘회로부터 발전해 왔으니 농후한 민간신앙의 기초를 지니고 있다. 홍산묘약시는 홍산신앙, 이당 약왕묘 약시는 기백신앙, 백천약시百泉藥市는 위원묘 하신河神신앙, 상가약시上街藥市는 노의신앙으로부터 흥기하였다. 다른 지역을 보더라도 이러한 경향이 뚜렷하게 나타나는데, 예를 들면 안국약시는 비동신앙으로부터, 박주약시는 신의 화타신앙에서 유래했다. 약업 경제가 성장하는 과정에 필연적으로 민간신앙과 그로부터 파생되는 묘회라는 문화적 요소가 결합되었던 것이다.

....

115 (嘉慶)《密縣志》 卷11 〈風土志·物産〉과 (民國)《密縣志》 卷13 〈實業志·物産〉, 民國 13年 鉛印本에는 본문에 "金銀花, 鮮者香味甚佳, 山中種植者多, 頗獲利"라 했으며, 그에 대한 주석으로 "西北鄕種植頗多, 土人因以爲利"라 했다.

이처럼 명청대 중원지역에서 약재시장이 대량 출현하고 발전할 수 있었던 것은, ① 약재 자원이 많이 생산되고, ② 주변에 거대한 소비시장이 존재하며, ③ 약왕신앙으로 대표되는 민간신앙의 영향 등이 중요한 요소로 작용했다.

2. 홍산신앙과 밀현약시

명청대 중원의 황하 이남에 있는 두 약재도시 밀현과 우주 가운데 먼저 시장이 활성화되었던 것은 밀현이었다. 밀현 홍산묘 약재시장은 서쪽 산지의 약재 생산지와 동쪽의 거대한 소비시장을 연결하고, 거기에 홍산신앙이 결합한 형태로 발전해 간 경우였다. 명청대 홍산신앙과 홍산묘는 이곳을 비롯해 우주禹州·허창許昌·여주汝州·서화西華·녹읍鹿邑·개봉開封·통허通許·언성鄢城·언릉鄢陵·태강太康·침구沈丘·등봉登封·형양滎陽·박주亳州 등 중원 각지에 분포해 있었으니 대외大隗 홍산묘촌洪山廟村에 있는 사당이 곧 그 전형이라 할 수 있다.[116] 하남성 신밀시新密市에서 동남쪽으로 25㎞ 떨어진 대외진大隗鎭[117] 진장촌陳庄村(홍산묘촌) 홍산묘는

....

116 李留文, 〈洪山信仰與明淸時期中原藥材市場的變遷〉, 《安徽史學》 2017-5, 28쪽.
117 '大隗'라는 지명의 유래는 대단히 오래되어 《莊子》, 〈徐無鬼〉에 "黃帝將見大隗乎具茨之山"이라 했다. 具茨山은 新密과 新鄭 교계지에 있는 산으로 大隗山이라고도 한다. 《山海經箋疏》, 〈中山經〉(中國書店, 1991年版, 28쪽)에 "又東三十里日大騩之山"이라 했는데, '騩'는 '隗'와 통하므로 '大騩山'은 곧 '大隗山'이다. 漢初에 密縣을 설치하고 縣治를 大隗에 두었으나, 수나라 때 홍수 범람으로 현치를 이전함에 따라 鎭이 되었다. 고대 大隗鎭에는 '大隗眞人祠'가 있어 大隗眞人을 모셨다. 《金史》, 〈地理志〉

홍산진인洪山眞人을 약왕으로 모신 사당으로, 지금까지도 보존상태가 비교적 양호한 명청대의 고전축물이다.[118] 현존 약왕묘에는 산문山門·대진大殿·침전寢殿·약왕전藥王殿·조사전祖師殿·종고루鐘鼓樓 등 건축물과 비석 30여 개가 남아 있다. 홍산묘는 원대에 처음 건립된 것으로 보이며, 명청대에 수차례 중수하면서 확장되었다.

홍산진인의 원적지는 하북으로 본래 이름은 고삼顧三이며, 혼란한 세상을 피해 홍산[119]에 은거하였는데, 세상을 떠난 뒤 이곳에 장사지냈다. 홍산진인이 죽은 뒤 얼마 지나지 않아 전염병이 크게 유행하여 소와 말 등 많은 가축이 죽어 나가자 사람들이 그의 무덤을 찾아 가축을 보호해 줄 것을 기도했는데, 이에 응해 주었다고 한다. 이로부터 밀현 홍산묘회가 시작되었다. 묘회와 더불어 홍산진인 신격화가 진행되었는데, 그가 본래 어떤 사람이었는지에 대해서는 학자들 사이에 이견이 존재한다. 양건민楊建敏과 허경생許敬生·유문례劉文禮의 글에서는 홍산진인이 진사進士였으나 관직을 버리고 향촌에 은거하였으며, 의술이 높았던 인물로 그리고 있으나, 이유문李留文은 홍산진인을 농사 짓던 빈궁한 용공傭工으로 당지에서는 '사우랑使牛郎'이라 불렀다고 주장했다. 그 증거로 명대 중기에 이르러 홍산신앙이 매우 빠르게 전파되어 중원 각지에 홍산묘가 세워졌는데, 각 지방지에도 그에 관한 정보를 기록할 때 우랑牛郎 신분으로 기술하고 있다는 것이다.

....

(中華書局, 1975年版, 597쪽)에 "密有大隗山, 溱水, 洧水. 鎭二：大隗, 鏷水."라 한 것을 통해 金代에 大隗는 여전히 密縣의 중요한 集鎭이었음을 알 수 있다.(李留文, 2017, 28쪽 각주 ①)

[118] 河南省 인민정부는 2008년 7월 중점문물보호단위로 지정하였다.

[119] 洪山이라는 명칭은 지역 사람들에 따르면 고대 이 지역에 홍수가 자주 발생했는데, 그때마다 사람들이 홍수를 피해 산 위에 거주하였기에 洪山이라 명명했다고 한다. (許敬生·劉文禮, 〈鄭州新密洪山廟及洪山眞人考〉, 《中醫學報》第27卷, 2012, 150쪽)

그럼에도 왜 홍산진인의 신분을 향촌에 은거한 진사라고 말하고 있는가? 이유문은 신으로 숭배하게 된 홍산진인을 신분이 낮은 우랑이라고 심리적으로 받아들일 수 없었기 때문이라고 주장한다. 명초 조정에서는 학교와 과거제도를 실시함으로써 상층 문화가 민간에 보급되었는데, 명말에 이르러 학생·감생 등 신사계층이 넓게 형성되어 향촌사회의 가치관념을 변화시켰다. 이에 홍산진인을 포장해 그를 유학자로 묘사하기 시작한 것이라는 견해를 제시했다. 가난하고 비천한 신분의 우랑이 어떻게 백성들이 숭배하는 신령이 될 수 있었는지에 대해서는 세 가지 요인으로 설명한다. 첫째, 우랑 고삼顧三은 토착민이 아니라 외지에서 온 사람이다. 일반적으로 외지에서 온 사람에 대해 신비감을 갖기 마련이다. 둘째, 일반인들이 갖지 못하는 자애로움을 갖고 있었다. 셋째, 일반인과 달리 부좌趺坐 상태에서 세상과 이별하였다.[120]

그렇다면 홍산진인이 숭배의 대상이 된 것은 언제부터일까? 많은 학자들이 최소한 원말·명초에는 이미 홍산신앙이 확립되었을 것으로 추측한다. 다만 명초까지 홍산신앙의 발전 상황에 대해서는 사료가 많지 않기 때문에 실체를 알기 어렵다. 홍산묘 안에 있는 명 성화 원년(1465) 〈밀현감응홍산신묘지비기密縣感應洪山神廟之碑記〉가 그나마 홍산신앙의 초기 발전 과정을 이해하는 데 진귀한 자료가 된다. 비문의 주요 내용은 다음과 같다.

지금의 왕조[明]에 이르러 신령한 기운이 크게 일어나니 사방의 백성들이 어려움을 당할 때, 곧 (목축·농사) 흉년이 들거나 역병이 만연할 때마다 천리를 멀다하지 아니하고 찾아와 사당에서 기도한다. 일 년 내내 등불이 휜

. . . .

120 李留文, 2017, 29쪽.

히 켜져 있고, 분향이 끊이지 않는다. 벌들이 운집하듯이 성황을 이루는데 매년 청명절에 전성을 이룬다. …… 오늘날 사당의 면모가 웅장하고 신령의 법도가 매우 정밀하니 원근에서 보고 듣고 흠모하여 숭배하지 않을 수 없다. 오히려 부족한 것은 공公(홍산진인)의 훌륭한 뜻을 돌에 다 새길 수 없음이니, 밀현 사도회 손우도孫友道가 정성을 다해 신령을 받들어 특별히 공경하는 마음으로 삼가 완염琬琰을 바친다.[121]

위의 비문 내용을 통해 ① 명대 전기에 이미 홍산신앙이 대단히 흥성했으며, ② 원말 형성된 홍산묘 청명절 묘회는 계속 발전해 큰 규모의 민간묘회로 자리매김했고, ③ 홍산진인에 대한 신격화가 확대되고 있음을 알 수 있다.[122] 홍산진인은 본래 민중들이 만든 우마생축을 보우하기 위한 우왕牛王이었으나, 신앙을 실천에 옮기는 과정에서 신력이 계속 증가하여 성화연간(1465~1487)에 생육과 질병 치료 및 전염병을 제거하는 능력을 지녀 민중들로부터 일종의 신의로 받들어지게 된 것이다.

홍산묘회를 중심으로 한 약재시장이 처음 출현했던 시기는 정확한 근거사료가 충분치 않아 고증하기 쉽지 않다. 묘회의 특성상 상거래가 수반되는 경우가 많았기에 명대 전기에는 비교적 큰 규모의 묘회가 진행되었다는 것을 통해 약재교역도 이뤄졌을 것으로 생각한다. 명말에 더욱 활성화되었으니 만력연간(1573~1619)에 세워진 비각에 "(홍산진인의) 위령이 고금에 끊임없이 계속되는데 매년 청명절에 진향하는 사람이 만

----

121 〈密縣感應洪山神廟之碑記〉: "迨及今朝靈風大振, 而四方之民, 凡有嗣續之艱, 畜産之耗以及疫病患難, 不遠千里絡繹而來. 禱于祠, 四時燈燭熒煌, 篆烟緩緩, 無頃刻之息, 而其間如雲集蜂聚之盛, 尤在每歲之清明焉." "今日廟貌巍峨, 神儀嚴雅, 而遠近見聞無不欽仰, 而所缺者, 公之懿迹未勒于石, 粤有密之道會孫友道至誠好善, 寅奉靈祇, 特起丹衷, 敬施琬琰."(李留文, 2017, 29쪽 재인용)

122 李留文, 2017, 29~30쪽 참조.

여 명에 달한다."[123]고 한 것을 통해서도 짐작할 수 있다.

묘회로부터 시작된 홍산묘 약재시장의 역사가 대단히 오래되었다는 사실은 홍산묘 안에 있는 〈중수약왕묘기〉를 통해서도 확인할 수 있는데,[124] 홍산묘 안에는 홍산진인을 모신 대전 동쪽에 동전東殿이 있어 약왕과 관제 두 신위를 모셨다. 옹정연간(1723~1735)에 이르러 관제묘를 새로이 건립하면서 동전에는 약왕만을 모셨으며, 건륭 원년(1736)에 약왕전을 새롭게 하면서 약왕신상 또한 대전의 중앙에 모셨다. 약왕을 모신 것은 홍산묘회에서 약재교역이 이뤄졌음을 반영한 것이다. 관제는 상인, 특히 진상晉商(산서상인)이 숭배하였는데, 약왕을 관제와 함께 하나의 전각 안에 모셨다. 이는 정덕 6년(1511) 홍산묘 대전을 수리할 때 산서의 택澤·로潞 두 주州 사람들의 원조가 있었다고 했으니 산서상인의 영향이 반영되었다고 할 수 있다.[125]

홍산진인이 신앙의 대상이 되면서 상객들로부터 자금을 모아 홍산묘의 건축 규모가 점차 확대되어 약왕묘 안에 복희·신농·황제의 3황과 손사막을 모시고, 건륭 17년(1752)에는 〈중수약왕묘기〉를 세웠다. 홍산진인이 생전에 의술에 능해 역병을 물리치고, 백성을 보호한 덕행이 사방에 전해져 청명절이 되면 그를 제사 지내기 위해 사람들이 몰려들면서 점차 대규모의 청명묘회로 발전했다.[126] 해마다 청명절이면 홍산신앙의

....

123 張學水, (明萬曆13年)〈重修紅山祀祠記〉: "威靈振古今而無間退邇, 進香每歲淸明者萬有餘人矣."

124 (洪山廟)〈重修藥王廟記〉: "普濟觀有東西兩殿, 東殿內藥王之遺像存焉, 第神之凭依于玆也. 當其始僅與關帝配享耳, 自元迄今未之有改也. 迨雍正年間建關帝□觀東, 而神方獨居其尊矣. 然而神像未遷于中央, 棟宇尚嫌其卑隘. 道人高和鳴用是募化賞財重修, 今日者規模再易, 而廟貌煥然畢新, 丹獲更張, 而神像肅然可敬, 于以妥靈爽而澟觀□也."

125 李留文, 2017, 30쪽.

126 楊建敏, 〈河南新密藥王信仰與藥王廟考證〉,《中醫學報》26, 2011-3, 293쪽.

전파와 함께 약재교류대회가 열려 "약은 홍산묘에 들어가지 않으면 향기롭지 않고, 홍산 노인을 알현히지 않으면 영힘이 없다.(藥不進洪山廟不香, 藥不拜洪山爺不靈)"는 말이 생겨났으며, 전성기 때에는 한 달 동안이나 계속되었다고 한다.[127]

3. 지역 경쟁과 중원지역 약시의 변천 : 밀현에서 우주로

특정 지역의 약시가 발전하기 위한 가장 중요한 요소 가운데 하나는 상인들이 활동하기에 얼마나 편리한 조건이 갖춰져 있는가이다. 판매자가 물건을 팔기 위한 좋은 조건이 갖추어 있고 구매자의 접근성도 좋아야 한다. 이 과정에 해당 지방 정부의 역할 또한 중요하다. 약재라고 하는 부가가치가 대단히 높은 상품을 유치하고, 기존에 있던 시장을 확대·발전시키기 위한 노력을 얼마나 기울이느냐에 따라 그 지역 또는 도시의 성장 가능성 여부가 결정된다. 명청대 중국 중원 지역에 존재했던 두 도시 밀현密縣과 우주禹州의 약시 변천사는, 약시를 둘러싸고 지역 간 경쟁이 얼마나 치열하게 전개되었으며, 또 상인들을 유치하기 위한 노력을 얼마나 기울였는지를 잘 보여 주고 있다.

홍산묘 약재시장이 전성기를 향해 갈 무렵 인근 우주로부터 도전에 직면하게 되었다. 우주는 명 홍무 원년(1368) 태조 주원장이 전국의 약상들에게 명령을 내려 '약재 무역이 번성한 이곳에 집결하여 교역하도

127 楊建敏, 2011, 294쪽.

록'함으로써 초보적인 약재시장이 형성되어 있었지만, 당시 중원 지역 약재시장의 중심은 여전히 밀현 홍산묘였다. 그러다가 청대 들어 홍산묘 약시가 점차 우주로 이전하기 시작한 것으로 보인다. 민국 24년(1935) 에 간행한 (민국)《우현지禹縣志》에 "건륭연간 밀현 홍산묘로부터 우주 서관西關으로 이전했다."[128]는 기록으로 알 수 있다. 밀현은 우주의 관할 아래 있었고 더욱이 산길이 험난하여 약재 운반에 용이하지 않았기에, 우주 약재교역회가 흥기하자 홍산묘 약재대회는 점차 쇠락의 길로 접어 들게 되었다.[129]

밀현 지역의 관료와 신사 계층은 쇠락해 가는 약시를 그냥 두고만 보지는 않았다. 어떻게든 회복시키기 위한 노력을 기울였던 것으로 보인 다. 새롭게 부상하는 우주의 도전에 맞서 약시를 회복하기 위한 노력의 일환으로 〈중흥청명성회비기重興淸明盛會碑記〉를 제작하기도 했다. 홍산묘 약왕전을 중수한 지 불과 10년 밖에 지나지 않은 건륭 29년(1764) 시 점에서 위기가 찾아왔기에 시장의 기초 시설을 정비하면서 청명절에 개 최되었던 묘회를 다시금 활성화시켜 보겠다는 의지를 담았다. 비문에 "밀동(밀현의 동부 지역)에 홍산묘가 있는데 원·명대부터 지금에 이르기 까지 400여 년 동안 청명절 때마다 사람들이 팔방에서 모여드니 오가는 이들로 북적이고 수레바퀴가 서로 부딪칠 정도였다. 상인들도 천리를 마 다 않고 왔으니 어찌 양원梁苑에 약롱藥籠뿐이겠는가? 묘회의 규모가 중 주中州 지역에서 첫 번째로 손꼽을 만했다."[130]고 하여 홍산묘 약재시장 의 유구한 역사와 규모를 설명하고 있다. 비에는 또 많은 약재상호와

....

128 (民國)《禹縣志》卷7〈物産志〉.

129 楊建敏, 2011, 294쪽.

130 張森吉, (洪山廟)〈重興淸明盛會碑記〉: "密東之有洪山廟, 由元明迄今照臨四百餘年, 每 逢淸明佳節, 人叢八方不減, 齊門轂擊, 商來千里, 何啻梁苑藥籠, 盖盛會甲中州云."

상인들 이름이 보이니,[131] 당시 우주약시의 흥기와 더불어 홍산묘약시의 기능이 약화되었음에도 여전히 많은 약상들이 이곳을 무대로 활동했음을 알 수 있다. 상인들이 멀리 사천을 비롯해 박주亳州와 산서 등지에서 찾아온 것으로 보아 전국적 규모를 지닌 시장이었음을 실증한다고 할 수 있다.

하지만 비문에서도 밝히고 있듯이 밀현 홍산묘는 자연지리 조건이 열악하여 담회覃懷(회경부)·천천(사천)·강회江淮(강소) 등지의 상인들이 강장康庄, 곧 우주약시를 선호함으로써 그 세가 점차 쇠락해 갔다.[132] 이에 건륭 29년(1764) 봄 지현이 친히 나서 도로를 수리하고, 상인들을 모집하고자 했으나, 약시가 우주로 옮겨간 것은 이미 대세로 굳은 상황이라 아무리 노력해도 어쩔 도리가 없었다.[133] 약시가 우주로 옮겨간 뒤에도 밀현 홍산묘 청명절 묘회는 여전히 진행되었으나, 회기가 1개월에서 3일로 단축되었고, 진秦·진晉·천川·광廣 등에서 더는 큰 객상들이 찾아오지 않았다. 반면 우주약시는 홍산묘약시를 대신해 빠른 속도로 성장해 갔다.

· ·

131 예를 들면 覃懷和順號·廣藥行同□號·□興號·順號·順興號·正興號·亳州同興號·萬成號·復生堂·弼發號·永福號·至成號·張國興·趙榮□·萬育堂 등과 西藥行 및 懷藥行의 약상, 그리고 山西·江西·陝西·四川·許州·單縣 출신 약상들의 제명이 보인다.

132 張森吉, (洪山廟)〈重興淸明盛會碑記〉: "地面四圍皆溝, 加以雨水頻仍, 市基半就坍塌, 覃懷川江淮各商遂不免別就康庄, 則其勢亦漸衰矣."

133 張森吉, (洪山廟)〈重興淸明盛會碑記〉: "邑侯馬明府慨然以扶衰起廢爲念, 調理市廛, □貿易之要地, 平治道路, 拓往來之冲衢. 復諭附近居民依前招致舊商, 商人聞之莫不于于以來, 一呼百應, 動若鳴雷, 千□萬□, 奔如集雨, 或欲建廟異域, 要各商而分其利, 能如是之人心□圖形勢不搖也哉."(李留文, 2017, 33쪽 재인용)

4. '북에 기주가 있다면 남에는 우주가 있다(北祁州, 南禹州)'

일찍이 대우大禹의 도읍지였고, '천하의 명도名都'로 상업이 번성했던 하남 우주禹州는 복우산伏牛山 동쪽 허주許州(현 허창시許昌市) 서쪽 70리에 자리 잡아 교통이 편리하고 약재 자원 또한 풍부하다. 현지인들은 우주를 '중국 의약의 발상지'라고 하면서 중화민족의 시조인 황제黃帝가 기백·뇌공 등을 거느리고 우주 북부의 구자산具茨山 일대에서 활동하며 의학을 창립했다고 한다.[134]

【표 Ⅱ-2】 역대 우주의 명칭 변화

시기	명칭	비고
요순시기	하夏	하우국夏禹國
상말-서주초	역歷 또는 역櫟	
주양왕-원말	양적陽翟	
명 홍무연간	균주鈞州	
명 만력 3년(1575)	우주禹州	피휘避諱 주익균朱翊鈞의 균鈞
민국 원년(1913)	우현禹縣	
1988년	우주시禹州市	

요순시기에 우주는 하夏로 불렸으며, 대우大禹가 하부족의 우두머리였다. 따라서 사서에서는 이곳을 '하우국夏禹國', '우禹' 또는 '하백夏伯'으로 일컬었다. 그 뒤 상대商代 말기에 제후 역歷을 이곳에 봉했으므로 이 지역을 '역歷' 또는 '역櫟'이라 했다. 주周 양왕襄王 16년(B.C.636) 북방의 '적적翟', 곧 적인狄人이 역櫟땅에 들어와 거주하였는데 이곳은 또한 숭산嵩山의 양陽(남쪽)이 되므로 이때부터 양적陽翟이라 하였다. 이러한 명칭

....

134 南林坡, 〈漫談禹州中藥材交易〉, 《今日禹州》 2011.4.13.

은 진·한을 거쳐 원말까지 2,000년 동안 지속되었다. 명 홍무연간(1368
~1398) 우주에 '균대鈞臺'가 있는 것 때문에 양적陽翟을 균주鈞州로 바
꾸었으나 명 만력 3년(1575) 신종神宗 주익균朱翊鈞의 '균'자를 피하고자
우주로 바꾸었다. 그 뒤 민국 원년 하남성 관할 우현으로 변경했다가
중화인민공화국이 성립된 뒤 1988년 우주시로 승격되었다.

우주는 고대에 초보적인 약시가 형성된 이래 원말까지 적지 않은 외
지의 약상들이 약재를 구매했다. 이러한 사실은 (가정)《균주지鈞州志》의
다음과 같은 기사 내용을 통해서 짐작할 수 있다.

> 주周 안왕安王 5년(B.C.397) 서관西關 섭정대聶政臺 아래에 이미 지역 약
> 재교역시장이 형성되었다. 남북조와 당대唐代를 지나면서 약재 경영 규모가
> 점차 확대되었는데, 특히 북송 시기에는 어느 정도의 규모를 갖추게 되었
> 다. 원 세조世祖 지원 원년(1264) 우주는 전부터 약재 집산지 역할을 하고
> 있었기 때문에 농가 중에서 심산深山·대학大壑에서 약초를 캐 왕래하는 것
> 이 끊이지 않았다.[135]

우주는 주원장이 명을 건국한 그해(1368) 조령詔令을 반포하여 전국
의 약상이 집결하여 교역토록 한 이래 명 중기부터 점차 규모를 갖추어
나갔다. 숭정 17년(1644) 약상들이 방을 결성하여 전국적인 규모의 약
재시장으로 성장했다. 청대 들어 우주 약업은 더욱 활기를 띠기 시작했
으니 여기에는 다음 몇 가지 요인이 작용했다. 첫째, 우주는 풍부한 약
재자원을 지니고 있었으니 형개荊芥를 비롯해 남성南星·백합百合·차전자
車前子 등을 들 수 있다.[136] 둘째, 명대에 17명의 황실 왕손이 이곳에 분

----

135 南林坡,〈漫談禹州中藥材交易〉,《今日禹州》 2011.4.13일자에서 재인용.
136 韓素杰,〈基于地方志文獻的禹州藥市研究〉,《中醫文獻雜志》 2015-6, 28쪽 표 '역대

봉을 받을 만큼 중앙 정부에서도 중요시했던 곳으로, 시장이 번화하고 교통이 발달함에 따라 약재 교역이 활성화될 수 있는 기초를 제공했다. 이러한 지리적 이점이 약재 무역의 범위를 확대하는 데 기여했다. 셋째, 청대 우주 지방정부는 "우리 지역의 상업은 약재를 가장 중시하여 화물의 대종을 이루었다."[137]고 하여 약시의 발전을 적극 추진했다.

강희 25년(1698) 우주지주禹州知州 유국유劉國儒는 약상을 모집하여 남가에 시장을 개설하고 매년 1회(음력 3월) 회기 한 달 일정으로 약시를 개최하였다. 진상晉商(산서상인)이 해외의 진귀한 약물을 전문적으로 판매하니 이들을 '양화방洋貨帮'이라 했다.[138] 하지만 당시까지만 하더라도 인근 홍산묘 약재시장이 번성했던 시기여서 우주 남가 약재시장의 인기는 그다지 없었으며, 영향력 또한 크지 않았다.[139]

건륭연간(1736~1795) 우주 지방정부 관료의 노력으로 밀현 홍산묘회洪山廟會를 우주로 옮기고 대규모로 약상을 모집하여 거래할 수 있는 조건을 제공함으로써 약재시장 발전의 기초를 마련했다.[140] 건륭 13년(1748) 우주통판 하찬何纘은 다시 상인들을 불러 모으고자 했으니 "이전에는 약시가 밀현의 홍산묘에 있었는데, (건륭) 13년 주판 하찬이 상인들을 불러 모아 우주 남가에 (약시를) 개설했다."[141]고 했다. 이를 통해

우주 중약재 자원 일람표' 참조.

137 車雲 修, 王琴林·陳嘉桓 纂, (民國)《禹縣志》卷4 : "卑州商業頗重藥材一項, 爲入貨之大宗."

138 孫彦春主編,《禹州中藥志》, 光明日報出版社, 2006, 10쪽; 南林坡,〈漫談禹州中藥材交易〉,《今日禹州》 2011.4.13.

139 李留文, 2017, 31쪽.

140 韓素杰, 2015, 27쪽.

141 (道光)《禹州志》卷2,〈大事記下〉, 臺灣學生書局, 1968年版, 201쪽 : "先是, 藥市設于密縣之洪山廟, 十三年州判何纘招來商人, 設于禹之南街."

하찬이 생각했던 주요 대상은 밀현 홍산묘의 약상이었음을 알 수 있다. 그의 이러한 계획이 바로 성공한 것은 아니었으며, 상당한 기간 동안의 노력을 거쳐 건륭 27년(1762) 밀현 홍산묘에서 거행하던 묘회를 이곳으로 옮겨오면서 점차 활성화되기 시작했다. 이와 관련 (도광)《우주지》에 "(건륭) 27년 3월 약시가 서관에서 비롯되었다."[142]고 했고, 《우주중약지禹州中藥志》에는 "건륭 27년 병란으로 우주약시가 남가에서 서관으로 이전했다."[143]고 했다. 이로써 건륭 27년이 하나의 전환점이 된 것은 분명하며, 약시 또한 기존의 남가에서 서관으로 옮겨졌음을 알 수 있다. 이들 자료에서는 약시의 장소가 변경되었다는 것을 논하고 있을 뿐이지만, 우주 산서회관에 있는 동치 2년(1863) 〈고수조의대부조서우주정당마관부마대로야영금개설거행비誥授朝議大夫調署禹州正堂馬寬夫馬大老爺永禁開設車行碑〉의 글에서는 우주약시가 크게 활성화되었음을 말해 주고 있다.

우주 약재 교역회장은 예전에는 밀현 홍산묘 지역에 있어 산길이 험난하여 약물 운반이 어려웠다. 건륭 27년에 이르러 많은 사람이 참여하여 우주의 도로를 평탄하게 함으로써 운반이 비교적 쉽고, 또한 사람들이 소박하고 풍속이 질박하여, 상인들에게 우주로 옮겨와 매매하기를 청하니 왕래하는 객상들로부터 모두 편리하다는 소리를 들었다. 십 년도 되지 않아 상고商賈가 폭주했다.[144]

....

142 (道光)《禹州志》卷2, 〈大事記下〉, 臺灣: 學生書局 1968年版, 202쪽 : "二十七年三月, 起藥市于西關."

143 孫彦春主編, 2006, 10쪽 : "乾隆二十七年, 因兵亂, 禹州藥市由南街遷之西關."

144 〈誥授朝議大夫調署禹州正堂馬寬夫馬大老爺永禁開設車行碑〉: "禹藥會場舊在密治洪山廟地方, 山路崎嶇, 藥物難運. 至乾隆二十七年, 衆首事以禹州道路平坦, 搬運較易, 且人朴風古, 請衆商人遷禹做賣買, 往来脚運, 俱廳客便.不数十年間, 商賈輻輳."(http: //www.zynews.com 2005. 10. 28 〈"药不到禹州不香"青砖碧瓦承载历史辉煌〉; 孫彦春主

약시의 이전을 추진했던 주판州判 하찬은 풍수에도 밝았다.[145] 그는 우주의 지세를 관찰하여 중악中岳 숭산嵩山의 영기가 통과하여 산세가 뱀이 꿈틀거리는 것처럼 한 길로 앞으로 와서 멀리 돌아 가까이 품는 형상임을 알았다. 이에 우주 지역 앞날의 발전 전망을 인식하고 마침내 밀현 홍산묘 약상들이 우주로 이동하여 이곳에서 정기적으로 약재 교역 대회를 거행할 것을 요구하였고, 그의 이러한 결정은 많은 약상들의 환영을 받았다.

그러면 우주 약시의 발전과정에서 예전의 남가약시보다 서관약시가 성장할 수 있었던 요인은 무엇일까? 두 가지 측면에서 접근이 가능할 것으로 보인다. 첫째, 우주서관의 라마대회騾馬大會이다. 라마대회에서는 라마나 소, 당나귀의 교역뿐만 아니라 부근 농민의 약재 교역도 이뤄졌으니 이는 훗날 약시 번성의 요인 가운데 하나였다.[146] 둘째, 우주의 홍산진인 신앙이다. 홍산묘가 있는 밀현은 우주에서 멀지 않아 우주 사람 가운데 홍산신앙을 믿는 자가 적지 않았으니, 정덕 6년(1511) 밀현 홍산묘 대전을 수리할 때 우주 사람으로 헌금한 사람이 적지 않았다. 홍산묘 안에 남아 있는 강희 38년(1699) 청명절 때의 '대청국하남개봉부우주성동북이십오리자금각리인씨大淸國河南開封府禹州城東北二十五里子金各里人氏'가 세운 〈금장좌화홍산신상비기金粧坐化洪山神像碑記〉에 28인의 회수가 기재된 것으로 보아 그 규모가 컸던 사실을 짐작할 수 있다.[147] 우주의 신도들은 부단히 향회香會를 조직하여 밀현 홍산묘를 찾아가 진향·배알하고 우주에도 사당을 건립해 줄 것을 관부에 건의하기도 했다. (순

編, 2006, 258쪽)

[145] 孫彦春主編, 2006, 258쪽.
[146] 李留文, 2017, 32쪽.
[147] 李留文, 2017, 32쪽.

치)《우주지》에 "홍산묘는 두 군데가 있었는데, 하나는 주 서관 바깥 금구북애禁溝北涯에, 다른 하나는 주 서남 모퉁이에 있었다."[148]고 했다. 금구북애는 현재의 현성 서쪽 0.5㎞ 지점에 있는 영하潁河 남안南岸으로 서대가판사처西大街辦事處 관할이며, 주州 서남 모퉁이는 우주성 안의 홍산묘가 있던 자리이다. 지금은 없어졌지만, 우주성 안에는 여전히 '홍산묘가'라고 하는 거리 이름이 존재한다.

지리 위치로 봤을 때 흥미로운 점을 발견할 수 있다. 새롭게 우주약재시장이 들어선 서관, 곧 라마대회 장소는 우주성 서문 밖 섭정대攝政臺 부근으로 서쪽으로 조금 더 가면 금구북애 홍산묘로부터 1리도 안되는 거리이고, 동쪽으로는 성 안의 서남우 홍산묘와 수백 m밖에 떨어져 있지 않다. 서관 약재시장이 우주에 있는 두 홍산묘 사이에 있다는 사실을 발견할 수 있다. 우주는 수십 년 동안 남가에서 약시를 개최하기 위해 노력했지만 성과를 거두지 못했는데, 서관으로 옮겨오면서 흥성하기 시작했으니 이 지역의 홍산신앙과 관련이 있다고 할 수 있다. 훗날 우주약시는 서관에서 점차 성내로 이전하게 되는데 그러면서 자연스럽게 홍산묘는 전체 약시의 핵심 지역이 되었다.[149] 이는 우주 현지인의 회상을 통해 실증되었다. 그에 따르면 "건국(1949년) 이전 우현 성내 '약행가'라 불리는 홍산묘가의 도로 양쪽으로 약행이 들어서 사람들의 왕래가 끊이지 않았다."고 했으니 우주 최대의 항춘약장恒春藥庄도 홍산묘가에 자리 잡았다.[150]

....

148 〈順治〉《禹州志校注》卷9 〈建置·廟宇〉, 中州古籍出版社, 2009, 339쪽 : "洪山廟, 有二, 一在州西關外禁溝北涯, 一在州西南偶."

149 李留文, 2017, 33쪽.

150 王樹廉·賈應乾·王庚臣, 〈禹縣藥業之首－恒春藥庄〉, 禹縣文史資料委員會, 《禹縣文史資料》第2集, 1986, 109~110쪽.

◈ 54 호랑이 등에 올라 탄
손사막(우주 회방회관)

 다음 우주가 약시로서 명성을 떨칠 수 있었던 또 다른 요인으로는 중국을 대표하는 수많은 의약 인물이 이곳에서 활동하였고, 그에 관한 전설들이 내려오고 있다는 점도 무시할 수 없다. 즉 신의 편작, 의성 장중경, 약왕 손사막 등이 모두 이곳 우주에서 의술을 행하고 약을 채집하였으며 책을 편찬했다고 전해진다.[151] 특히 '약왕 손사막 제2의 고향'[152] 으로 불리며, 그와 관련된 전설이 약시 형성과도 밀접히 관련되어 있다. 손사막 사후 양적陽翟(곧 우주) 사람들이 그의 공덕을 기리기 위해 성내 서남 모서리에 '약왕사藥王祠'를 세우고, 호랑이 등에 올라 용왕을 치료하는 형상을 조각하였다. 약왕사 대전의 양측에는 각각 석비를 세웠는데 좌측에는 손사막의 우주 의료활동과 사적을 소개하는 것이고, 우측에는 당대 손사막을 '묘응진인'으로 칙봉한 것을 알리는 고사비誥詞碑이다. 이

151 이민호, 《中國 傳統醫藥 文化遺産 硏究》, 한국한의학연구원, 2011, 203쪽.
152 〈弘扬藥王文化發展特色藥業—寫在"藥王孫思邈醫藥文化節暨2007中國禹州中醫藥交易會" 開幕之前〉, 《河南日報》 2007.10.25.

로부터 환자가 있는 집안에서는 약왕사에서 기도하는 풍습이 생겨났으며, 각지의 약상이 약왕사 북쪽 문 앞에 점포를 열고 약을 판매함으로써 약 350m 길이의 약왕사가藥王祠街가 형성되었다.[153]

5. '약은 우주를 거치지 않으면 효험이 없고, 의사로서 약왕을 배알하지 않으면 영험함이 없다(藥不到禹州不香, 醫不拜藥王不靈)

우주약시는 청대 중기인 18세기 후반부터 전성기를 맞이한다. 건륭 60년(1795)에 이르러 우주성 안에서 약재를 경영하는 상호가 876가에 달했으며, 약시는 기존의 춘계대회에 국한되지 않고 춘·추·동 3개 대회로 확대되었다. 이후 우주는 중원 지역 최대의 약재시장으로 성장하면서 민간에서는 '약은 우주를 거치지 않으면 효험이 없고, 의사로서 약왕을 배알하지 않으면 영험함이 없다(藥不到禹州不香, 醫不拜藥王不靈)'는 말이 생겨날 정도였다.

우주약시가 성장하면서 약시 내부의 상인들도 자본금의 다소에 따라 점차 분화되었다. 객상을 대신하여 매매하고 수수료를 수취하는 약행藥行을 비롯해 약붕藥棚과 거상이 개설한 약장藥庄, 그리고 약잔藥棧과 약점藥店 등이 있었다. 약행藥行은 화행貨行과 산화행山貨行으로 나뉘는데, 이들은 일정한 자본과 장소, 창고 등을 보유하고 객상을 대신하여 매매하거나 포장·운반 등에 종사했다. 예를 들면 '동신덕同愼德'은 자본이 30

---

153 http://www.zgzyy.com, 禹州市藥業管理委員會, 〈禹州藥王祠〉 참조.

여 만 은원에 달할 정도로 규모가 큰 대표적인 양행으로, 번화가에 점포를 열고 산서·강서·운남 등지에 약상 12가를 운영했다. 1916년에는 수석 동사 조신귀曹新貴가 우현禹縣 상회 회장을 겸하였다. 그 밖에 비교적 규모가 큰 양행으로는 화태창和泰昌·항대恒大·전승덕全勝德·서풍瑞豐·성기成纪·건신합乾新合 등이 있었다.

약붕은 붕구棚口라고도 한다. 양행이나 약장으로부터 원재료를 구매한 다음 노동자를 고용하여 가공 과정을 거쳐 음편으로 만들어 각지의 중약포에 판매했다. 자본금은 대체로 4만 은원 이하가 많았다. 우주 약시의 주요 약붕으로는 중태中泰·의창구義昌久·쌍부흥雙復興·화신華新·동풍영同豊永·예성항豫聖恒 등을 꼽을 수 있다.

약장藥庄은 속칭 내자호內字號라고도 한다. 자본력이 있고 국내 주요 도시에 분점을 두고 각지의 상황을 살펴 약재를 조달하고 판매함으로써 시장을 농단하는 능력을 지니고 있었다. 예를 들면 항춘약장恒春藥庄은 서안西安·성도成都·광주廣州·상해上海 등 13개 도시에 14개 분점을 두고 매일 약재 관련 동향을 수집하여 보고서 형식으로 우주의 총 본부에 보고토록 하였다. 시장은 전쟁터와 같아서 누가 좀 더 많은 정보를 갖고 있느냐에 따라 주도권 장악 여부가 결정된다. 격렬한 시장 경쟁에서 약상들은 정보 수집을 매우 중시했다. 항춘약장은 전국 시장의 소식을 빨리 입수하기 위해 매월 30은원을 우편집배원에게 뇌물로 주기도 했다. 우주약시에서는 항춘 외에 융흥복隆興福·복생원復生元·청합당淸合堂·서흥무瑞興茂·송무림松茂林 등의 약장이 활동했다.

약점藥店(또는 약당)은 각종 환·산·고·단 중성약中成藥을 제조 판매하였다. 약당은 건륭연간(1736~1795) 100여 가였는데, 모두 한두 가지의 특효 약품을 지니고 있었다. 비교적 유명한 약점으로는 양영선楊永先 안약점眼藥店을 비롯해 복흥공福興公의 구천아교九天阿膠, 임동인任同仁·한보선韓寶善 환산점丸散店 등이 있었다. 이 가운데 양영선 안약점은 청 가경 연간 양영선이 창시한 이래 양우전楊玉田→양봉춘楊逢春→양육문楊育汶→ 양청림楊淸林에 이르기까지 가전家傳되었다. 기타 약재 경영을 보조하는 업종인 간약揀藥, 타포打包(포장) 및 운반에 종사하는 거마장車馬場과 경 광잡화京廣雜貨·음식서비스〔飮食服務〕·전장은호錢庄銀號·약재중개藥材中介 같은 업종도 출현했다.

우주의 약재 교역은 산화山貨·중약中藥·절약切藥·환산丸散의 4대 시장 이 큰 길을 중심으로 형성되어 있었다. 서관西關에는 산화행山貨行이 시 호柴胡·방풍防風·익모초·단삼丹參 등의 약재를 경영하였다. 서대가西大 街·광명가光明街·삼관묘가三官廟街·사각당가四角堂街·홍산묘가洪山廟街에서 는 중약행이 각 성의 도지약재道地藥材, 예를 들면 우주에서 생산되는 백지白芷·남성南星·백부자白附子·토원土元·전충全虫·백맥柏麦·조인枣仁·조 자皂刺와 회방懷帮의 4대회약四大懷药과 수입 약재인 혈갈血竭·인삼·주사 朱砂·육계肉桂·원촌元寸 등을 거래했다. 산림가山林街와 괴맹가槐萌街는 절약업切藥業 지역으로 음편가공飮片加工을 위주로 약행·약장이 약재를 구입하여 가공·포장 후 판매했다. 삼관묘가三官廟街·팔사방가八士坊街·황 가구黃家口·성황묘가城隍廟街·어사방가御史坊街·고가괴高家拐·당가괴康家 拐·덕화가德化街 및 시독묘가旗毒廟街에서는 환산업丸散業을 영업했다. 시 장에서 원료를 사들여 명의의 처방이나 스스로 연구 개발한 처방에 맞 게 환·산·고·단을 만들어 행상이나 시장 상인들을 통해 판매하였다.

장기간의 약재 교역은 약상들 간의 경쟁을 유발하기도 했다. 약상들 은 자신의 이익을 보호하기 위해 업종별 또는 지역별 조직을 결성하기 도 했다. 업종별 조직체로는 약행방藥行帮·약붕방藥棚帮·당삼방黨蔘帮·감 초방甘草帮·복령방茯苓帮·환산방丸散帮 등이 있었고, 동향 사람들을 중심 으로 형성한 지역 약방으로는 산서방山西帮·강서방江西帮·섬서방陝西帮·

회경방懷慶幇·한구방漢口幇·사천방四川幇·영파방寧波幇·노하구방老河口幇·기주방祁州幇·박주방亳州幇·광방(광주방廣州幇)·금릉방金陵幇·상성방商城幇·우주방禹州幇이 대표적이다. 이들 방회는 자신들의 경제 실력을 나타내고자 회관, 묘당 등을 세우고 손님들을 맞이하거나, 제례를 거행하는 등 활동 장소로 삼았다.

우주약시에서 약품 교역은 현화現貨〔현물〕·기화期貨〔선물〕·사소賒銷〔외상〕 등 거래가 존재하였다. 현물은 사고팔 때 현금으로 거래하였으며, 외상 거래는 사고파는 쌍방이 '경기인經紀人〔중개인〕'의 알선을 통해 협약을 체결하고 매매가 이루어진 이후에는 각각 중개인에게 3%의 수수료를 지불했다. 매년 4월 20일, 8월 20일, 11월 20일은 각각 약재 매매 쌍방이 자금을 결산하는 시기로 만약 기한 안에 물품이나 외상값을 갚지 못하면 이자로 3%를 받는 것 외에 이로부터 쌍방 간 일체의 업무 왕래가 단절된다. 약재 가격은 '아침과 저녁의 가격이 다르고, 현장의 협상으로 결정되는' 우주 약시 매매 쌍방의 성문화되지 않은 규정으로 전국에 큰 영향력을 끼쳤다. 각 성의 약재 가격은 우주 거래 가격의 영향을 받아 등락이 결정되기도 했다.

하지만 우주약시는 민국시기 내전과 일본 제국주의의 침략 등으로 위기를 맞기도 했다. 군벌투쟁과 비적들의 창궐로 약상들이 수탈당하는 사건이 빈번하게 일어나면서 규모가 비교적 큰 약행은 정주鄭州로 옮기거나 중·소 약행 가운데 일부는 아예 영업을 정지하기도 했다. 일본 제국주의 세력이 우주로 진입하면서 상황은 더욱 악화되어 1948년에는 약행 28가, 약장 60가, 약붕 50가, 약포 11가만이 남게 되었다.[154]

근·현대 전쟁과 혁명 등으로 어려움을 겪었던 우주약시는 최근 다시

----

[154] 南林坡,〈漫談禹州中藥材交易〉,《今日禹州》 2011.4.13.

활기를 띠기 시작했다. 1983년 우현정협위원들은 연명으로 '우현 중약재
교류대회 및 약재시장 건립 회복'을 위한 건의안을 제기한 것을 계기로
다음 해 우현 남관 약재시장이 문을 열었다. 1985년에는 '우현중약재교
류대회禹縣中藥材交流大會'를 개최해 부흥을 위한 서막을 알렸다. 1990년
9월 30일, 채원가茶園街 등평로鄧平路 서1호의 우주중약재시장에서 '약왕
손사막상' 제막식을 거행하고 10월 1일부터 정식으로 영업을 시작했다.
1996년에는 정부로부터 중요한 중약재 전업시장에 선정되었고, 2004년
부터는 '약왕 손사막 국제의약문화절' 행사를 개최하고 있다.

V. 태항산의 약재집산지, 백천

1. '천연약고', 태항산 아래의 소강남小江南

하남성 서북부에 위치한 휘현시輝縣市 백천百泉은 태항산맥의 지맥 소
문산蘇門山 남쪽 기슭에 자리 잡고 있으며, 위원하衛源河의 발원지이기도
하다.[155] 천천의 흐름이 백도百道를 이룬다 하여 백천百泉이라는 지명이
생겨났다. 태항산 아래의 소강남小江南으로 불리는 백천은 진대秦代에는
삼천군三川郡, 한漢·진晉·수대隋代에는 하내군河內郡에 예속되어 공현共縣
이라 불리었으며, 명청대에는 하남포정사河南布政使 소속 위휘부衛輝府 아
래 휘현輝縣이라 했다. 현재 동북으로 위휘시와 경계를 이루고 있으며,
동남으로는 신향新鄕, 서남으로는 획가獲嘉·수무현修武縣, 서북으로는 산
서성 능천陵川, 북변은 임주시林州市와 닿아 있다. 이곳은 역대로 군사
요충지이기도 하였으니 고대에는 주 무왕이 주紂를 토벌하였으며, 송대
에는 악비岳飛가 금나라 군대를 대파하였고, 근현대에는 중국 공산당 계
열의 신사군新四軍이 휘현 태항산 일대를 항일투쟁의 근거지로 삼기도
했다.

....

155 (順治)《衛輝府志》："源出蘇門山下, 泉通百道, 故名. …… 一名衛源, 以衛之河發源于
此, 其河卽衛河."

◈ 55 소식의 '소문산용금정' 글씨

백천은 자연경관이 수려했기에 역사적으로 문인·은사·관원·객상들의 발길이 끊이지 않았다고 한다. 위·진대의 명사 손등孫登(209~241)이 소문산蘇門山에 은거하면서 호를 소문선생이라 했고,[156] 북송대의 이학대사 소옹邵雍(1012~1077)은 백원百源(천泉)서원書院에서 저술과 강학 활동을 전개했으며, 저명한 문학가인 소식蘇軾(1037~1101)도 백천을 방문한 적이 있으니 '소문산용금정'의 제명을 남겼다. 금대의 문학가 원호문元好問(1190~1257)은 백천을 유람할 당시 〈용금정시동유자제군涌金亭示同游者諸君〉이라는 시詞를 남겼으며, 원대의 한림대학사 요추姚樞(1203~1280)는 관직을 버리고 백천에서 태극서원太極書院을 열었고, 명대에는 문학가 원굉도袁宏道(1568~1610)가 백천을 유람한 뒤 〈유소문산백천기游蘇門山百泉記〉를 쓰기도 했다. 이상 수많은 인물들이 백천을 찬미하는 각종 시사가부詩詞歌賦를 남겼을 뿐만 아니라 소대嘯臺·안락와安樂窩·아부묘餓夫墓·삼비정三碑亭·청휘각淸暉閣·소부자사邵夫子祠 등 각종 문화유적이 생겨났다.

도시의 약 70%가 산악과 구릉으로 이루어진 휘현의 지리적 특성을

---

156 張燕妮, 〈輝縣百泉藥材業發展的影響因素研究〉, 《河南科技學院學報》 37(5), 2017, 20쪽.

보면 서북 지역에는 높은 산들이 서 있고, 동남쪽으로는 계단 모양으로 해발고도가 점차 낮아진다. 온대 대륙성 계절풍 기후 지역으로 겨울철에는 서북풍이, 여름철에는 동남풍이 불어오며, 사계절이 뚜렷하고, 연평균 서리가 내리지 않는 날이 약 214일 정도이다. 이러한 자연환경과 기후는 약재들이 생장하는 데 아주 적합하여 '천연약고'로 불리기도 했다. (광서)《휘현지輝縣志》에는 이 지역에서 생산되는 약재로 ① 산지에서는 황정黃精·지모知母·천동天冬·맥동麥冬·황금黃芩·창출蒼朮·대황大黃·길경桔梗·시호柴胡·승마升麻·방풍防風·목통木通·갈근葛根·초오草烏·고본藁本·과루瓜蔞·연교連翹·산사山楂·저령猪苓·하수오何首烏·오령지五靈脂·야명사夜明沙·산수유山茱萸·오미자五味子·음양곽淫羊藿 등을, ② 평지에서는 창이蒼耳·목적木賊·지황地黃·자소紫蘇·박하薄荷·형개荊芥·산약山藥·구기枸杞·포황蒲黃·지정地丁·향부香附·비마자萆麻子·차전자車前子·금은화金銀花·선복화旋覆花·익모초益母草·희렴초稀莶草·지골피地骨皮·천화분天花粉·토사자菟絲子·백자인栢子仁·산조인酸棗仁 등을 거론하고 있다.[157] 또한 특별히 충부蟲部에 속하는 것으로 전갈을 거론하며 이를 약용으로 사용하고 있음을 강조하기도 했다.[158] 그 밖에 인공으로 약재를 재배하기도 했는데, 천궁川芎·당삼黨蔘·원삼元蔘·단삼丹蔘 등이다. 오늘날에도 야생과 인공 배양 약재의 종류가 수천 종에 달한다.

명청대 휘현輝縣에는 박벽薄壁·북채北寨·현성縣城의 3대 화물 집산지와 조고趙固·오촌吳村·욕하峪河·남촌南村·고장高庄의 5대 집진이 있었다. 산서상인은 3대 화물집산지를 중심으로 활동하였으며, 특히 현성의 백천 약재시장에서 두드러졌다. 명청대 이래 백천약시는 하북 안국安國, 강서

157 (淸)周際華·戴銘 等, (光緒21年刻本)《輝縣志》 卷4, 〈物産〉, 36쪽 反面－37쪽 正面.
158 (淸)周際華·戴銘 等, (光緒21年刻本)《輝縣志》 卷4, 〈物産〉, 37쪽 反面 : "全蝎比尋常蝎多兩足, 入藥用."

장수樟樹 등과 더불어 중요 약시로 성장하였고, 민국 초기에는 주변의 산서·하북·산동·안휘지역까지 그 영향력을 확대하여 '따뜻한 봄날 꽃이 피어 백천에 이르는데, (만약) 백천을 경유하지 않은 약은 온전할 수 없다(春暖花開到百泉, 不到百泉藥不全)'는 말이 생겨나기도 했다.[159]

2. 사통팔달 각지로 통하는 교통 네트워크

휘현 일대가 '천연약고天然藥庫'로 불릴 만큼 다양한 약재가 생산·재배된다고는 하지만, 이것만으로는 전국적인 규모의 약재집산지로 발전할수 없고, 주변 지역에서 생산되는 약재를 함께 모을 수 있어야만 가능하다.[160] 그러기 위해서는 필수적으로 교통이 편리해야 한다. 명 (가정)《휘현지輝縣志》·〈강성疆域〉에 "서남으로 수무현에 이르며, 백 리를 가면회경부와 통한다."[161]고 했으니 백천은 '4대회약'의 산지이자 유명한 회경약상懷慶藥商의 발원지인 회경부와 인접해 있다. 따라서 약업이 발전할수 있는 조건이 어느 정도는 갖추어져 있다고 할 수 있다. 실제로 백천에는 회경약상들이 '4대회약'을 가져와 교역에 참가함으로써 시장에 활기를 불어넣었다.

· ·

159 張燕妮, 2017, 20쪽; 曹鴻云·張金鼎, 〈百泉藥材交流大會發展史略〉, 《中藥通報》 11(8), 1986, 58쪽.

160 姬永亮, 〈淸代輝縣百泉藥會與度量衡管理考略〉, 《科學與管理》 35卷 3期, 2015, 45쪽.

161 (明)范玹·張天眞 等, 《輝縣志》, 天一閣藏明代方志選刊續編, 上海書店, 1990, 17쪽 : "西南到修武縣, 一百里通懷慶府."

명청대 위휘부衛輝府는 육로 교통 면에서 매우 중요한 위치에 있었으니, 수도인 북경에서 하남을 거쳐 호광·광서에 이르는 길과 북경에서 섬서를 경유해 영하에 이르는 길, 북경에서 섬서를 거쳐 사천에 이르는 길, 북경에서 귀주·운남으로 향할 때 모두 지나야만 했다. 따라서 위휘부 관할의 휘현 또한 자연히 육로 교통의 혜택을 누리게 됨과 동시에 전국적인 네트워크를 형성할 수 있게 되었고, 백천약시는 이러한 지리 장점을 활용하여 약재교역시장으로 거듭날 수 있었다.

위휘부에서 출발해서 서쪽으로 사천, 남으로 정주鄭州를 거쳐 운남과 귀주까지 가기 위해서는 사문沙門에 도착한 다음 연진延津과 정점丁店, 그리고 개봉開封 대량역大梁驛을 거쳐 주선진朱仙鎮에 도달해야 한다. 위휘부 남 → (20리)사문 → (50리)연진 → (25리)제익齊益 → (40리)정점 → (35리)개봉 대량역 → (40리)주선진.[162] 그런데 명청대 주선진은 전국의 4대 명진名鎮 가운데 하나로 상인들의 왕래가 주야로 끊이지 않았으며, 화물이 산처럼 쌓여 있었을 정도로 번성했으니 사통팔달 교통 네트워크의 중심지였다. 이 또한 백천약시의 성장에 호재로 작용했다고 할 수 있다. 다음 위휘부에서 출발하여 섬서와 사천에 도달하기 위해서는 위휘부 → (50리)신향현新鄉縣 → (50리)획가獲嘉 → (50리)수무현修武縣 → (50리)무척현武陟縣 → (20리)청화진淸化鎮 → (40리)회경부懷慶府 → (20리)맹현孟縣 → (30리)맹진孟津 → (65리)하남부河南府(현 낙양) → (70리)신안현新安縣 → (50리)의창역義昌驛(현 의마시義馬市) → (40리)민지현澠池縣 → (130리)섬주陝州 → (60리)영보현靈寶縣 → (110리)동관潼關[163]에 이르는 길을 거쳐 다시 섬서성 각 지역과 사천으로 향

162 (明)黃汴 著, 楊正泰 校注, 《天下水陸路程》, 山西人民出版社, 1992, 16쪽.
163 위의 책, 23쪽.

했다. 민국 초에는 경한철도京漢鐵道가 개통하면서 약재교역이 더욱 발전할 수 있는 조건이 만들어졌다.

백천은 육로 교통의 중심지였을 뿐만 아니라 조운 또한 대단히 발달했다.[164] 수 대업 4년(608), 영제거永濟渠를 개착하면서 백천의 물을 끌어들여 경락京洛과 북방의 양도糧道를 통하게 하였으므로 속칭 운량하運糧河라 부르기도 했다.[165] 청 강희 34년(1695), 휘현 지현 주제화周際華가 쓴 〈중수위원묘비기重修衛源廟碑記〉에 백천이 조운상 중요한 역할을 담당하고 있다는 사실을 묘사하고 있다.[166]

3. '위원묘회'에서 '사월회'로

휘현 백천의 약재시장은 수 대업연간(605~611)의 묘회廟會로부터 시작되었다. 묘회의 형성·발전은 지역의 종교활동과 관련이 있으며, 정해진 날짜에 신에 제사를 지내고 각종 오락과 상업 활동을 펼쳤다.[167] 고대에 백천 지역민들은 위원하가 마을에 축복을 내려 주며, 그 가운데 반드시 신령이 깃들어 있다고 생각했다. 수대에 이르러 소문산 아래에 사당을 짓고 '위원신령衛源神靈'에 제사를 지냈다.[168] 당시(대업연간) 백천

164 常雲秀, 〈百泉藥會的歷史溯源與當代重建〉, 《河南科技學院學報》 2018-1, 23쪽.

165 周國義, 《中原風文叢·共城唱晚》, 北京: 大衆文藝出版社, 2006, 164쪽.

166 胡蔚先, 〈重修衛源廟碑記〉: "迤邐千餘里, 通漕濟運, 千艘銜尾, 以達神京."(常雲秀, 2018, 23쪽 재인용)

167 張燕妮, 2017, 21쪽.

168 姬永亮, 2015, 42쪽.

호 북쪽 기슭에 대전大殿을 짓고 이름을 '청휘淸輝'라 했으니 이것이 곧 '위원묘衛源廟'이다.[169] 이후 '위원묘'는 많은 사람들이 정신적·육체적으로 힘든 일이 생길 때마다 찾아 기도하는 장소로 기능하였으며, 이로부터 묘회도 시작되었다.

당 고종연간(659~683) 불교를 신봉했던 조정의 영향을 받아 묘회가 더욱 융성했다. 석가탄신일이기도 한 음력 4월 8일 위원묘회는 정기 묘회로 발전하여 주변의 많은 사람들을 끌어모음으로써 다양한 물품을 매매하는 교역 장소로서 역할도 수행했다. 당 천보 6년(747) 현종은 하독신河瀆神을 영원공靈源公에 봉함으로써 위원신을 영원靈源으로 일컫고 사당은 영원사라 했다. 송 선화 7년(1125) 영원공을 위혜왕威惠王에 봉했으며, 원 지원 21년(1284)에는 홍제위혜왕洪濟威惠王을 가봉했다.[170] 명(가정)《휘현지輝縣志》에 다음과 같이 기록되어 있다.

> 백문천百門泉 위에 청휘전淸輝殿이 있었는데, 천泉은 위하衛河의 원류이다. 사당은 수나라 때 창건되어 물을 주관하는 신을 섬겼으니 세간에서 영원공이라 불렀다. 송 선화 7년에 위혜왕으로 봉했으며, 원 지원 21년 홍제위혜왕을 가봉했다. 역대에 걸쳐 누차 수리한 바 있으며, 원말 병변으로 없어졌다."[171]

위원묘는 역사적으로 당대부터 송·원·명·청대에 이르기까지 정부가

---

169 常雲秀, 2018, 20쪽.

170 (民國)柯劭忞 等, 《新元史》 卷87 〈志第54·禮志7, 名山大川忠臣義士祠〉, 吉林人民出版社, 1990, 1826쪽 : "(元 至元)21年 加封衛輝路永淸河神爲洪濟威惠王"

171 (明)范玹·張天眞 等, (嘉靖)《輝縣志》, 天一閣藏明代方志選刊續編, 上海書店, 1990, 43쪽:"在百門泉上, 殿名淸輝, 泉乃衛河之源, 廟創于隋, 以主此水, 世稱靈源公, 宋宣和7年(1125) 封威惠王, 元至元21年(1284)加封洪濟威惠王, 歷代累修, 元末兵毁."

나서 증건과 중수를 반복적으로 행했으며, 당·송·원대에는 하신河神에 대해 봉호를 내리기까지 했다.[172] 이처럼 정부 주도로 제사를 주재한 가운데 4월 8일을 기해 각종 물건도 교역하면서 묘회가 시작되었다. 명 홍무 8년(1375) 4월 8일 주원장이 이곳에서 제사를 지내면서 정식으로 약재를 주거래 품목으로 하는 시장이 형성되었으니 600여 년의 유구한 역사를 지니고 있다. (가정)《휘현지》에 "명 홍무 11년(1378) 위원신으로 개칭하고, 본부本府의 지부知府가 4월 8일 제사를 올리는데, 가뭄이나 홍수에 기도하면 들어주었다."[173]고 했으니 해마다 이날을 전후하여 많은 태항산 약재와 외지 약상들이 참여하여 교역이 이루어졌고 명 중기에는 전국 규모의 시장으로 발전했다.

수백 년의 전통을 이어오면서 '위원묘회'의 영향력은 점차 확대되었다. 명초에는 산서상인까지 참여해 상품을 판매하였다. 산서상인이 명 중후기의 가정-만력연간(1522~1620)까지 지속적으로 왕래했던 사실은 소문산 위에 있는 삼청관三清觀 석각 등 관련 자료들을 통해 확인할 수 있다. 청대 들어와서도 4월 8일 묘회는 계속되었다. 호울선胡蔚先이 강희 34년(1695)에 쓴 〈중수위원묘비기〉에는 다음과 같이 기술되어 있다.

수대에 창건되어 위원의 신을 제사 지내는 것이 역대로 계승되어 바뀌지 않다가 명 홍무연간(1368~1398)에 이르러 매년 4월 8일 군수 주재로 제사를 지냈다. 청대에 들어와 그대로 계승했다. 수리를 이롭게 하고 국계민생에도 도움을 주니 그 공덕에 보답하고자 한다.[174]

....

172 常雲秀, 2018, 20쪽.

173 (明)范玹·張天眞 等, (嘉靖)《輝縣志》, 天一閣藏明代方志選刊續編, 上海書店, 1990, 43쪽: "國朝洪武11年(1378) 改稱衛源之神, 本府知府, 歲以四月八日致祭, 每于旱潦, 祈禱有應."

강희 57년(1718) 비각 〈창건약왕묘비기〉에는 "공성共城 서북 모서리 소문산 기슭은 매년 늦봄부터 초여름까지 남북 약상이 모여 교역하는 곳이다."[175]라고 했고, 건륭 22년(1757)《휘현지》·〈풍속〉에 "4월 8일 위원신을 사당에서 제사 지낼 때 사방에서 무역하는 사람들이 모두 모이는데 남북의 약재도 10여 일 동안 교역한 뒤 흩어진다."[176]고 했다. 가경 13년(1809)에 세운 〈읍후가주가장대로야반정회창장정유령청복약회상민양편비기邑候加州街張大老爷頒定會廠章程諭令請復藥會商民兩便碑記〉에도 백천 4월 8일 묘회에 객상들이 운집했다고 기술하였다.[177] 백천묘회가 해마다 4

◈ 56 백천 약왕묘, 임진년(2012) 약왕배제의식을 알리는 현수막

174 胡蔚先, 〈重修衛源廟碑記〉: "衛源廟) 創于隋, 以祀衛源之神, 歷代相沿, 未之惑改, 迄明洪武, 以每歲四月初八日, 勅郡守主祭, 載在祀典. 國朝因之. 盆以職司水利, 有裨于國計民生, 報厥功也."

175 (百泉)〈創建藥王廟碑記〉: "茲共城西北隅蘇門山麓, 每春末夏初, 爲南北藥商交易之所."

176 (乾隆)《輝縣志》,〈風俗〉: "四月初八日, 祭衛源神廟, 四方貿易者皆至, 南北藥材, 亦聚十餘日始算."

177 〈邑候加州街張大老爷頒定會廠章程諭令請復藥會商民兩便碑記〉: "百泉四月初八廟會, 時

월 개최됨에 따라 후세 사람들이 이를 '백천사월약재대회(사월회)'라 칭하기도 했다. 《사월회조사四月會調査》에 따르면 백천 사원회는 홍무 8년부터 시작되었지만 당시에는 일반 묘회의 성격이 짙었고, 17세기 말에 이르러 약재를 중심으로 한 정기시로 발전했다. 이처럼 약시가 발전하는 과정에서 묘회가 중요한 요소로 작용했다.

4. 청대 중·후기 백천약회의 도전과 응전

백천묘회가 성장하는 가운데 약재상인의 수가 점차 늘어나면서 약왕묘를 창건해야 한다는 목소리가 높아졌다. 강희연간(1662~1722)에 이르러 약왕묘가 건립된 것으로 보이는데, 현존하는 〈창건약왕묘비기〉에 따르면 강희 57년(1718) 섬서 서안 및 하남성 회경부 하내 출신 약상들이 함께 약왕묘를 건립한 것으로 보인다. 비문에는 당시 약왕묘를 건립하게 된 배경과 의의를 설명하고 있는데 주요 내용은 다음과 같다. 우선 신농·황제·기백 이래 명의들이 대대로 전해 내려왔는데 그 가운데 특히 화타·위자장·손사막 3인은 성품이 바르고 의술에도 정통하여 후세에까지 신묘한 영령이 전해지므로 각지에서 사묘를 건립하고 이들을 제사 지낸다. 백천도 해마다 늦봄부터 초여름에 걸쳐 각지에서 약상들이 모여 교역하는 장소가 되었으나 사당이 없어 신을 모실 수 없는 까닭에 섬서 서안부西安府 화음현華陰縣과 하남 회경부懷慶府 하내현河內縣 약상

....

代以遠, 客商雲集."

◆ 57 백천 약왕묘
정전 내부

들이 공동으로 발의하여 자금을 모아 사당을 건립하였다는 것이다. 상인들 가운데 능력 있고 신망이 두터운 이세영李世榮을 '동사董事'로 삼아 사당 건립을 추진하니 강희 57년 맹하孟夏(음력 4월)에 완성되었다.[178] 이후 백천 약왕묘는 점차 약상들의 의사교섭 장소가 되었다.

강희연간부터 건륭 초기까지 백천약회의 빌진은 비교직 안징직이있다. 그러다가 건륭 15년(1750) 역사상 첫 번째 위기가 찾아왔다. 지현 왕춘王椿이 건륭 16년에 쓴 〈백천위원묘복회비百泉衛源廟復會碑〉에 따르면 "건륭황제가 백천으로 유람을 오는데 그를 위해 행궁을 건축하고자 토목공사를 실시했다. (행궁이) 절도 등으로 훼손될까 걱정하여 묘회를 현성 동관으로 이전토록 했다. 다음 해에도 계속해서 동관 개최를 주장하니 백천 거민들이 힘을 다해 원래의 곳으로 돌려 진행할 것을 청하였다."고 했다. 이를 통해 당시의 장소 이전은 정부 주도로 실시한 것이어서 일반 상민의 의사가 반영된 것이 아니었음을 알 수 있다.[179]

178 輝縣史志編纂委員會,《百泉藥材會志》, 1986, 9쪽.
179 姬永亮, 2015, 43쪽.

가경연간(1796~1820)에 이르러 묘회 개최 장소 이전과 관련하여 두 번째 도전이 있었다. 가경 9년(1804) 맹하孟夏(음력 4월)에 새긴 〈복회 비기復會碑記〉와 가경 13년(1808) 4월 15일의 〈읍후가주가장대로야반정 회창장정유영청복약회상민양편비기邑候加州街張大老爺頒定會廠章程諭令請復 藥會商民兩便碑記〉 및 《사월회조사》에 따르면 가경 7년(1802)부터 3년 동안 일부 외래 약상들이 백천 현지의 지주와 방주房主들의 외래 객상 들에 대한 대우에 반발하여 백천에서 신향新鄉으로 옮겨 3년 정도 교역 을 진행했다. 이 때문에 백천 지역에 위기가 찾아오는가 싶었지만 가경 10년(1805)에 다시 백천에 모여 약재 교역이 진행되었다.

청대 전성기의 백천약시에는 전국 각지의 객상이 참여했으니 회방懷 帮과 창덕방彰德帮·산서방 및 섬서방 등이 있었다. 회방으로 참여한 상 호로는 두성흥杜盛興·협성전協盛全을 비롯해 삼화성三和成·곡동인曲同仁· 인동인人同仁 등이 있었는데, 주로 '4대회약'을 취급했다. 창덕방에서는 쌍화의雙和義와 적성합積盛合을 비롯해서 중성점中盛店·덕화경德和慶·복태 공福泰公 등이 참여했다. 약재경영에 참여한 상인은 크게 좌상坐商(고정 된 경영장소를 가지고 있으면서 자본력이 큰 도매 위주), 탄상攤商(고정 지 점에 도·소매 위주), 아인牙人(중개인) 등으로 구성된다. 그들은 약재 교 역 때 필요에 따라 도량형 공구를 달리하였는데, 교역 종류에 따라 여러 종류의 저울을 사용했다. 예를 들면 서남약재의 교역에는 평칭平秤, 곧 16량을 1근으로 사용하였으며, 산화약재山貨藥材에는 이십양평二十兩秤을 사용하였고, 그 밖에 이십사양칭二十四兩秤, 사십팔양칭四十八兩秤을 사용 하기도 했다.[180] 결재는 거래 후 닷새를 넘기지 않으며, 늦더라도 반드시 교역회가 끝나기 전에는 마무리하는 것을 원칙으로 했다. 묘회에 참여한

....

180 張燕妮, 2017, 22쪽.

상인들은 회비를 납부했는데, 규모에 따라 달리했다. 예를 들면 민국 20년(1931)에는 약왕묘에 각각 3원, 2.1원, 1.2원, 0.7원을 납부했다.[181]

백천약시는 1840년 아편전쟁 이후 혁명과 국공내전, 항일투쟁 등 정치적 격변기를 거치면서 수차례 위기를 경험하기도 했다. 우선 선통 3년(1911)에 첫 번째 위기가 찾아왔다. 《사월회조사》에 따르면 이 해 묘회가 개최되기 바로 직전에 위휘부에서 갑자기 백천에서 더 이상 묘회를 열지 않겠다고 선언했다. 그렇다고 약시가 안전히 소멸된 것은 아니었으니 약재 교류는 이후에도 얼마 동안은 지속되었다. 통계조사에 따르면 민국 18년(1929) 백천약시에서 거래된 교역액은 300만 은원에 달했는데, 당시 국민당 정부는 약재대회를 통제하기 위해 자위단·상회 등을 동원하여 '임시상회'를 조직하기도 했다. 민국 20년(1931) 백천약재대회 화물의 총 가치가 416,745은원인데 그 가운데 약재가 차지하는 액수는 128,025은원에 달했다.[182] 백천약재대회에는 예豫(하남)·기冀(하북)·노魯(산동)·진晉(산서)·경京(북경)·휘徽(안휘) 등 6개 성시省市의 42개 현 623가 포호鋪戶에서 매일 평균 2만 5천 명에서 3만 명이 참가했다고 한다. 약시에서 교역했던 품목은 크게 세 부류로 구분할 수 있다. 첫째는 남화南貨로 사천·운남·귀주·호광 등지에서 생산되는 약재이며, 둘째는 회경부에서 생산되는 이른바 '4대회약'이고, 셋째는 하남·산서·태행산구 등지에서 생산되는 당지약재로 산화山貨라 칭하기도 했다. 하지만 백천약시는 중·일 전쟁이 발발하면서 1938년부터 1949년까지 결국 중단되고 말았다.

. . . .

181 輝縣史志編纂委員會, 1986, 51쪽.
182 曹鴻云·張金鼎, 1986, 59쪽.

5. 백천약시는 옛 영광을 재현할 수 있을까?

1949년 신중국 성립 이후 13년 만에 백천약재시장도 다시금 회복되었다. 1950년부터 1967년까지 정부의 지원을 받아 백천 지역에는 약화구藥貨區·괘화掛貨(오금류五金類)구·경화구京貨區(비단, 포백류布帛類) 등이 전문 시장으로 분화·발전했다.[183] 1950년 5월 9일에는 백천약재대회 관리위원회가 성립되어 대회 규칙을 제정하였다. 1950년 대회에는 47,482근의 약재가 시장에 나와 45,414근이 판매되었다. 대회에 참가한 상인들은 경京(북경)·예豫(하남)·기冀(하북)·노魯(산동)·진晉(산서)·무한武漢·서주徐州 등지의 약재행藥材行 306호로, 1937년 이전과 비교하면 참가한 포호는 약 40%, 화물은 15%, 참가인원은 10% 수준이었다. 1951년 약재대회 관리위원회는 휘현 현위원회와 정부에서 통일적으로 지도하기 시작하였으며, 약재를 주요 교역 상품으로 지정하였다. 당시 약재대회에 공급된 약재는 총 139,000근, 그 가운데 산화 약재가 약 6만 근이었는데, 외지 약상들의 수요는 12만 근에 달해 공급이 수요를 충당하지 못하는 상황이 발생하기도 했다. 1953년에는 약재 교역대회 기간을 7일로 확대했다가 1954년에는 3월 15일 개시하여 37일 동안 진행했으니 이로부터 약재시장의 발전도 빠르게 전개되었다. 이후 1959년 약재교역 금액이 1,962,000원元에 달했다.[184] 1960년대 이후 약재교류대회 발전이 신속하게 이뤄져 대회에 참가하는 약상들의 수가 점진적으로 증가하였다. 1963년에는 총 교역금액이 7,241,113원, 참가 객상이 900호에 달했다. 1964년 불완전한 통계지만 거래된 약재 품종이 1천여 종에 이르렀으며,

. . . .

183 常雲秀, 2018, 21쪽.
184 曹鴻云·張金鼎, 1986, 60쪽.

◈ 58 현대(2012년)의
백천약시

28개 성과 자치구에서 약상 대표 967인 참가했다. 1968년부터 1979년까지는 문화대혁명의 영향으로 약재교역도 중단되었다.

1980년에는 다시 회복되어 배천 약교회藥交會가 전국 3대 약회藥會, 10대 약시 가운데 하나로 지정되었으며, 1983년부터 1990년까지 번영을 지속했다. 그러던 중 1990년 시정부는 국내외 객상들의 요구를 만족시키기 위해 3,500만 위안(RMB)을 투자하여 67,000㎡에 달하는 약재교역시장을 새롭게 건설하였는데, 건축면적은 36,000㎡로, 내부 400여 칸에 4,000여 점포를 갖춰 수만 명이 동시에 교역할 수 있도록 하였다. 1991년 백천약회는 정부의 6개 부처로부터 전국 규모의 약재교역회로 인정을 받았으며, 1993년에는 약재 교역대회가 크게 성공하여 약 5만에 달하는 객상이 참여하기도 했다.[185] 2000년과 2001년에는 백천보건품박람회百泉保健品博覽會와 중원中原(백천)의료기기박람회醫療機器博覽會를 개최

---

[185] 常雲秀, 2018, 21쪽.

함으로써 백천 약재교류회의 내실을 더욱 공고히 할 수 있었다. 2001년에는 긴축비 580만 위안을 투자하여 5,000㎡의 전시 공간을 마련하기도 했다. 최근 이곳에서 연간 약재교역량은 11억 위안(RMB) 이상에 이른다. 2007년에는 백천약재교역회가 국가의 비물질(무형)문화유산 목록으로 등재되기도 했다.

백천약시는 오랜 역사와 발전상에도 불구하고 최근 그 성장세가 주춤하고 있으니, 지역 학계에서도 우려를 표함과 동시에 새로운 발전 동력을 찾기 위해 골몰하는 분위기가 감지된다. 특히 명청시대부터 누려왔던 하북 안국, 하남 우주, 강서 장수와 더불어 이른바 '4대약도'의 지위를 최근 안휘 박주에 내주었다는 받아들이기 힘든 사실에 마주하게 되면서 위기감도 고조되고 있다. 이에 학자들 사이에서는 백천약시를 중건하기 위해 갖가지 건의 사항을 제안하기도 했다.[186] 예를 들면 옛 묘회 기간에는 약왕묘 희루에서 다양한 공연이 있었으나 지난 1952년 약왕묘를 소학교로 바꾸는 과정에서 철거되어 사라진 희루를 복원하여 문화가 있는 공간으로 재탄생시켜 약회의 활력을 되살리고 약회의 지명도를 끌어올리자는 것 등이다. 과연 백천약시는 지역민의 자각과 지방 정부의 노력을 더해 약시의 활력을 되찾고 옛 영광을 재현할 수 있을까?

186 常雲秀, 2018, 21~24쪽 참조.

VI. 화타와 조조의 고향, 박주

I. 중원의 전략적 요충지

화타와 조조의 고향으로 유명한 박주亳州는 안휘성 서북부에 위치해 있으며, 은殷(상) 탕왕湯王이 도읍으로 정했던 때로부터 3,500여 년의 역사를 간직한 고대 도시이다. '남북통구南北通衢, 중주쇄월中州鎖鈅'이라 불릴 정도로 중원의 전략적 요충지라 할 수 있는 박주는 오랜 역사만큼 이나 지명도 정치 상황에 따라 자주 바뀌었다. 주대周代 초기에는 박주 경내에 초국焦國을 설치하였지만 이어서 진국陳國, 그리고 초국楚國에 속하게 되었다. 진대秦代에는 사수군泗水郡에 예속되었다가 뒷날에는 탕군碭郡에 편입되었다. 전한대에는 패군沛郡 소속으로 후한 건안연간(196~220)에는 초군譙郡을 두었다. 위魏 황초 2년(221) 초위도譙爲都로 바뀌었다가 남북조 시기 초현을 소황현小黃縣으로, 그리고 초군에는 남연주南兗州를 두었다. 북주 대상 원년(579) 남연주를 박주亳州라 했으니 박주라는 명칭은 이때 처음 등장했다. 수 대업大業 3년(607)에 소황현을 다시 초현으로 바꾸었다. 송대 박주는 회남동로淮南東路에 소속되었으며, 원대에는 귀덕부歸德府에 편입되었다. 그러다가 원 지정 15년(1355), 유복통劉福通이 반원의 기치를 들고 기병하자, 이 틈을 타 한림아韓林兒가 박주에서 제帝를 칭하면서 '한송韓宋' 정권을 건립하고 박주를 도성으로 삼았으니 박주를 '삼조고도三朝古都'라 부르기도 한다. 명초 박주는 봉양부鳳陽府에 예속되었다기, 청 옹정 2년(1724)에 직예주直隸州 땅이 되었다. 신해혁명 뒤인 1912년 박주는 박현亳縣으로 바뀌었으며, 1986년 박현에서 박주시(현급)로 되었다가 2000년 지급地級 박주시로 승격되어 그 아래에 초성구譙城區·와양현渦陽縣·몽성현蒙城縣·이신현利辛縣을 두고 있다.[187]

박주에는 화타를 모신 사당인 화조암華祖庵을 비롯해 장자사庄子祠·화희루花戲樓·지하운병도地下運兵道·고정주古井酒 등 다양한 문화재를 간직하고 있다. 화타의 고향답게 화조암 앞 광장에서는 시민들이 화타가 처음으로 창시한 것으로 알려진 '오금희五禽戲'로 몸을 단련하는 모습을 쉽게 볼 수 있다. 이곳에서는 중국인들에게 가장 일반적으로 알려진 양생술인 태극권이나, 광장에서 추는 단체 무용(광장무) 대신 오금희를 즐긴다. 박주 사람들은 오금희를 지역의 중요한 무형문화유산으로 여기고 있으며, 이를 유네스코 세계무형문화유산으로 등재시키기 위한 노력을 계속하고 있다.

박주는 고대부터 중요한 약재 도시로 최근에는 안국·우주·장수와 더불어 중국의 4대 약시 가운데 하나로 일컬어진다. 명청대 4대 약도 가운데 하나였던 백천에서 약재 교역이 부진한 틈을 타 그 지위를 물려받았다. 이처럼 박주가 약재 도시로 성장할 수 있었던 요인은 무엇일까? 무엇보다 지리적 요인을 들 수 있다. 중원의 전략적 요충지에 자리 잡은 박주는 위로는 중주中州에 접해 있고, 아래로는 강회江淮와 연결된다. 명청대 박주 경내의 주요 도로로는 박영도亳潁道·박귀도亳歸道·박록도亳鹿道 및 박와도亳渦道 등이 있었는데,[188] 모두 성내에서 교차하며 사방으

. . . .

187 王軍 外, 〈亳州藥市及藥材種植業發展沿革考〉, 《中藥材》 40(5), 2017, 1228쪽.

로 차마대도와 연결되어 주변 지역과 소통할 수 있었다.[188] 또한 성내에는 다수의 마거행馬車行이 있어 중약재 거래에 유리한 조건을 제공했다.

박주는 수로교통 또한 편리해 와하渦河를 비롯해 자회신하泚淮新河·서비하西淝河·부몽신하阜蒙新河·이감신하利闞新河·혜제하惠濟河 등 6개의 하천과 연결된다. 이 가운데 박주약시에 인접해 있으면서 약재의 운송과 직접 관계되는 하천으로 박주의 젖줄이라 할 수 있는 와하는 회하淮河의 비교적 큰 지류 가운데 하나로, 하남성에서 안휘성 박주로 진입해 와양渦陽·몽성蒙城·회원懷遠을 거쳐 봉양鳳陽 임회臨淮에서 회하로 흘러 들어 간다.[190] 이 때문에 고대부터 교통의 요충지로 중요한 위치를 차지했던 와하는 북송대에 수도인 개봉과 강남을 연결하는 운량하運糧河로서 기능하였는데, 박주에서 방부蚌埠에 이르는 구간은 하면이 더욱 넓어 통행에 유리했다.[191]

188 亳州市地方志編纂委員會, 《亳州市志》, 黃山書社, 1996, 205~206쪽.

189 박주가 육로교통이 발달했다고 하는 사실은 劉治堂, 《亳州志略》, 〈形勢·水路〉, 民國 25年 鉛印本, 1936에서 "亳縣陸路交通, 可別爲南北東西二大幹線. 一爲歸信公路, 由河南歸德起, 經宋顏集·張家集·縣城·十字河·雙溝集, 過雙濟南十里, 入太和境, 位通阜陽三河尖至河南信陽至大道. 一爲蚌鹿路, 由河南鹿邑, 經太淸宮·澗淸鋪·縣城·大寺集·沙土集, 以達渦陽之儀門集, 爲通渦陽蒙城懷元蚌埠之要道."라고 한 것에서도 알 수 있다.

190 이와 관련 (淸)鐘泰, (光緒)《亳州志》光緒20年 刊本 卷2 〈山川〉에 "按亳州之水, 渦爲大, 淝次之, 宋溏等河又次之. 今渦河上自河南省鹿邑縣入州境懷家溜東, 流經城北北門又東經釣魚臺, 又東南經白龍王廟, 至雉河集草橋, 出州境入蒙城縣界, 在境內一百四十五里."라 했고, 劉治堂, 《亳州志略》, 〈形勢·水路〉, 民國 25年 鉛印本, 1936에서도 "亳縣水路交通, 端賴渦河航運, 帆船來往, 絡繹不絶. 該河發于河南, 經本縣鴻陽蒙城懷遠入淮. 在隴海路未通車前, 皖北豫東, 以及魯西各縣, 運輸貨物, 胥惟渦河是賴."라 했다.

191 王軍 外, 2017, 1228쪽.

2. '4대박약'과 풍부한 약재자원

박주가 약재 도시로 성장할 수 있었던 두 번째 요인은 이른바 '4대박약四大亳藥'을 비롯한 풍부한 약재 자원에 있다. 박주에서는 화타 시대부터 약재 재배가 이뤄졌다는데, 문헌에는 삼국 위 문제 조비曹丕(187~226) 집권 시기 백작白芍을 재배했다는 기록이 있다.[192] 북송대인 1061년 《본초도경本草圖經》에 "작약은 중악의 냇가와 계곡 및 구릉지에서 자란다. 오늘날 곳곳에서 자라지만, 회남淮南 지역의 것이 우수하다. …… 지금 쓰이는 것의 대부분이 인공으로 재배되고 있는데 회남 진양眞陽에 특히 많다."[193]고 했다. 송대 회남로는 15로 가운데 하나로 현재의 강소·안휘의 회북 지역과 하남의 영성永城·녹읍鹿邑 등지를 포함한다. 박주는 송대에 회남로에 속해 있었으니 《본초도경》은 안휘 북부 지역에서 백작약이 많았음을 반영하고 있다.[194]

명청대에 들어와서는 재배 약재 종류가 더욱 늘어났으니 대표적으로 백작을 들 수 있다. 명 설봉상薛鳳祥의 《박주모란사亳州牡丹史》에 기재된 모란 품종만도 74종에 달한다. 명 가정 43년(1564)《박주지》와 명 만력 20년(1592)《몽성지蒙城志》에 적힌 도지약재는 41종이었다. 청대 박주의 약재 재배는 더욱 증가하여 국화菊花·자완紫菀·백지白芷·호로파葫蘆巴 등이 있었다. 광서연간(1871~1908)에 편찬된 《박주지》·〈물산物産〉 가운데 약재 46종이 기재되어 있는데, 작약芍藥과 모란 등은 화류로 분류했다.

....

192 (清)孫馮翼, 《皇覽》, 上海: 古籍出版社, 1996, 346~432쪽.

193 (宋)蘇頌, 《本草圖經》, 合肥: 安徽科學技術出版社, 1994, 154~155쪽 : "芍藥, 生中岳川谷及丘陵, 今處處有之, 淮南者勝. …… 今世所用者多是人家種植 …… 今淮南眞陽尤多."

194 王軍 外, 2017, 1229쪽.

【표 Ⅱ-3】 1949년 이전 지방지에 기재된 박주 지역 특산약재 현황[195]

저자	출전	판본	약재 종류	비고
손원경 孫元卿, 이선방 李先芳	명 가정 《박주지亳州志》 권6 〈물산物産〉	가정 43년 각본刻本	산약 등 41종	봉방蜂房, 선태蟬蛻, 모려牡蠣, 봉밀蜂蜜 등 4종 동물약 포함. 작약芍藥, 모단牡丹 기재되지 않음
조예창 趙裔昌	강희 《몽성현지蒙城縣志》 권5 〈물산〉	청 강희 15년 간본刊本	산약 등 38종	봉료蜂療, 노봉방露蜂房, 모려牡蠣 등 3종 동물약 포함, 모단, 작약은 화류花類에서 기재
종태 鐘泰	광서 《박주지》 권6 〈물산〉	청 광서 20년 간본	자울 등 45종	화류 중에 약용 가능한 '갈화葛花', '모단', '작약' 등 기재
왕호 汪筬	민국 《중수몽성현지서 重修蒙城縣志書》 〈약류藥類〉	민국 4년 연인본鉛印本	산약 등 81종	선태蟬蛻, 봉밀蜂蜜, 오공蜈蚣 등 동물약 수록. 모단牡丹, 작약은 화류에서 기재. 물산 가운데 약용 가능한 광물, 곧 한수석寒水石, 청석靑石 등 기재
황패란 黃佩蘭	민국 《와양현지渦陽縣志》 권8 〈물산〉	민국 14년 연인본	적작 등 43종	약류를 전문적으로 기재하지 않고 물산의 후반부에 초약草藥 부가됨

조율황趙燏黃이 편찬한 《기주약지祁州藥志》에 "본방本帮(곧 기주방)에서 취급하는 자울은 박주에서 기주로 이식한 것"[196]이라 했으며, 《안휘성의약지》에 따르면 민국 시기 박주에서 생산된 주요 약재로는 백작白芍·국화·결경桔梗 등이 있었다.[197]

박주의 재배 약재 가운데 대표적인 품종으로는 이른바 '4대박약'으로

195 周鴦, 〈試論四大藥都形成與發展的影響因素〉, 中國中醫科學院 碩士學位論文, 2016, 69~71쪽.

196 趙燏黃·樊菊芬点校, 《祁州藥志》, 福建科學技術出版社, 2004, 22쪽 : "紫菀自本帮所得者, 乃亳州移植于祁州之種."

197 安徽省醫藥管理局, 《安徽省醫藥志》, 黃山書社, 1994, 28~29쪽.

불리는 박백작毫白芍·박국화毫菊花·박상백피毫桑白皮·박과루毫瓜蔞(박화분毫花粉)이다. 특히 박주작약은 생산량도 많고 약효도 좋아 전문적으로 채취·가공·판매하는 '화자반花子班'이 생겨나기도 했다. 박주 지역에서 많은 약재들이 재배되고 있음에도 유독 네 가지 약재 이름 앞에만 '박'자가 들어가 있는 이유는 무엇일까? 화타와 관련이 있다. '4대박약'과 화타. 둘 사이를 연결하는 이야기는 물론 후세에 꾸며졌을 것으로 생각되는데, 다음과 같다.

후한 말기 고향에 의관醫館을 개설한 화타는 각종 약재를 재배해 사용할 목적으로 약원藥園을 조성했으니 그의 약원에는 기이한 약재들로 넘쳐났다. 약초 가운데 수백 리 수천 리 밖에서 들여온 것도 있었으니 화타는 약초들을 반복적으로 시험하고 약리와 기능을 명확하게 확인한 뒤에 사용했다. 점차 약원에 약재들이 늘어나는데, 이들 약재를 뭐라고 부를 것인가? 여러 의서를 살펴보니 어떤 것은 하나의 약초에 몇 가지 이름이 붙여져 있는 것도 있었다. 그런데 만약 그러한 약초에 새로운 이름을 붙인다면 더욱 혼란을 줄 수 있지 않을까? 이렇게 생각한 화타는 1년은 4계절이므로 각 계절별로 대표적인 약재를 선정하여 그 앞에 '박'자를 사용하기로 했다. 봄철에는 약원에 꽃들이 만발한데 특히 작약은 개화기가 길고 꽃이 붉고 크며, 수확한 이후 작약분의 품질이 좋아 다른 지방 작약에 견주어 약효 또한 우수하므로 '박백작毫白芍'이라 명명하였다. 여름에는 약원 내 초약들이 무성한데, 특히 등과 식물인 과루의 생산량이 많으며 거기에서 나오는 화분의 품질이 우수하므로 이를 '박과루毫瓜蔞(박화분)'이라 하였다. 가을에는 국화가 꽃을 피우는데 다른 지역의 국화에 견주어 희고 선명하며, 향기 또한 독특하고 약효도 좋으니 이를 '박국화'라 하였다. 겨울철, 대부분의 약재들이 시들어 생기를 잃으매 무엇을 대표로 한단 말인가? 화타가 이리 보고 저리 찾다가 문득 상수桑樹에서 눈길이 멈췄다. 상수를 자세히 살펴보니 모두가 다 보배라 봄에는 상지, 여름에는 상심, 가을에는 상엽, 겨울에는 상피가 모두 약으로 사용될 수 있었다. 이에 겨울철을 대표하는 약재로 '박상 백피亳桑白皮'를 선정했다.[198]

박주는 오늘날에도 여전히 약재 재배로 유명하여 중국 최대의 재배 가공 단지를 지니고 있다. 재배 약재가 300여 종에 달하며, 면적은 100만 무를 상회하니 중국 전체 약재 재배 면적의 10%를 차지한다. 그런데 최근 박주시 정부는 이러한 약재 재배 단지를 단순히 약재를 공급하는 목적으로서만 아니라 지역의 관광자원으로도 활용하고 있다.

3. 명청대 박주약시의 성장

박주에서 약재 시장이 형성된 것은 당대부터라고 하는데, 문헌에서 그 증거를 찾지는 못했다. 이 시기의 약재 교역은 민간의 자발적 묘회 형식으로 이뤄졌을 것으로 생각된다. 송대 들어 화타를 제사 지내기 위한 공간인 '화조암'이 건립되면서 약재 교역의 계기가 마련되었다. 박주 지역 의약학 종사자들은 매년 중양절을 기해 화타에 제사를 지내고 사당 앞에 간이 의료시설을 두고 진료 활동을 전개했으며, 백성들은 이곳에서 스스로 재배한 약재를 판매하기도 했다. 화타에 대한 제사를 중심으로 한 행사가 점차 발전하여 묘회 성격이 짙은 약시로 성장해 갔다. 이에 각지의 약재상들도 이곳을 찾아 약재를 거래함으로써 초보적인 형태의 약시가 형성될 수 있었다.[199]

....

198 邢穎, 〈華佗與四大亳藥〉, 《中國中醫藥報》 2002年 2月 2日.

명대에 이르러 박주에 드디어 어느 정도 규모를 갖춘 약재시장이 들어선 것으로 보인다. 당시 박주는 교통과 운수의 중심지로 산서·섬서·하남·산동·강소·안휘 각지에서 상인이 운집하여 경제적으로 번영하였으니 '칠십이조가七十二條街, 삼십육조항三十六條巷'을 지닌 '소남경小南京'이라 말할 정도였다고 한다.[200] 더불어 약재시장도 더욱 활성화되었다. 2005년에 편찬된 《우주시지禹州市志》에 "명 홍무 원년(1368) 주원장이 전국의 약상들을 균주鈞州(우주)에 집결시켜 약시가 형성된 이래 약재 집산지의 범위가 귀덕歸德(하남 상구商丘)·회경懷慶·기주祁州(안국)·박주 등지로 확대되었다."[201]고 한 것을 통해 박주는 명대에 이미 약재집산지로서 기능하고 있었음을 알 수 있다. 명말·청초 들어 더욱 활성화되었는데, 《안휘성지》·〈의약지醫藥志〉에 "명말·청초 박주는 비로소 약재집산지를 이루어 청초에는 박주성 안에 대상인들의 저택이 지어졌고, 큰 배들이 연이어 모여들었다. 청 중엽에는 더욱 발전하여 회서淮西 지역을 대표하는 도시로 성장하였으니 우주·기주·장수와 더불어 4대 약재 집산지 가운데 하나가 되었다."[202]고 했다.

청대에는 비교적 장기간 전국의 약재가 박주에 운집함에 따라 시장 규모 또한 확대되어 성내 4~5개 거리에 약재를 전문적으로 취급하는 행行·호號·잔棧·점店 등이 연이어 등장했다.[203] 상업 번성의 지표 가운데 하나인 각종 회관이 30여 개나 들어섰는데, 약업 관련한 것이 가장 많았다. 그 가운데 고증 가능한 것으로 화희루花戱樓를 들 수 있는데, 원

199 王軍 外, 2017, 1229쪽.
200 張軫, 《中華古國古都》, 長沙: 湖南科學技術出版社, 1999, 148쪽.
201 禹州市地方史志編纂委員會, 《禹州市志》, 北京: 方志出版社, 2005, 760쪽.
202 安徽省地方志編纂委員會, 《安徽省志·醫藥志》, 北京: 方志出版社, 1997, 110~111쪽.
203 亳州市地方志編纂辦公室, 《亳州市志》(2000-2009), 北京: 方志出版社, 2010, 179~181쪽.

◈ 59 박주
화희루(대관제묘)

래 이름은 대관제묘大關帝廟이며 산섬회관山陝會館으로도 불렸다. 화희루
는 순치 13년(1656) 산서상인 왕벽王璧, 섬서상인 주공령朱孔領 등의 발
기로 처음 건립했다. 강희 15년(1676)에는 관제묘 안에 희루를 건축하
였으며, 섬서성 출신 약재 상인들이 자금을 내어 정문 입구 양쪽에 한
쌍의 반룡비봉蟠龍飛鳳 철기간鐵旗杆을 세우기도 했다. 사묘 앞에 세워진
철기간은 안국 약왕묘에서도 보이는데, 그 역시 약상들이 출자하여 세운
것으로, 아주 닮았다. 화희루는 박주에서 활동하는 산서와 섬서성 출신
약상들의 집회장소로 사용되었으니 청대 박주 약시가 흥성했다는 좋은
증거라 할 수 있다.[204] 조조의 고향에 산서와 섬서 지역 출신 약상들이
진출해 활동한 것도 그렇지만 관제묘를 그들의 모임 장소로 택했다는
점도 흥미롭다. 명청대 신안상인과 더불어 최대 규모의 상인집단을 형성
했던 산서상인들이 고향 출신이자 재신으로 불린 관우를 모신 사당을
세우고 이곳에서 회합을 가진 데에는 또 그만한 이유가 있지 않았을까?
화희루는 1988년 중국 국무원이 전국중점문물보호단위로 지정하였다.

....

[204] 王軍 外, 2017, 1229쪽.

4. 청말-민국 초 박주약시의 전성기, 그리고 쇠락

역사적으로 박주약시의 전성기는 언제였을까? 많은 학자들이 청대 말기에서 민국 초기라고 생각하고 있다. 그 구체적 증거는 다음과 같다. 청말 성내에 회관이 30여 가, 약잔藥棧이 거의 100가에 달했으며, 외지에서 약상을 경영한 것이 60여 가나 되었다. 특히 성내 화자가花子街에는 200여 개체호個體戶가 약재 가공과 판매에 종사했다. 유명한 약점도 많이 생겨나 송수당松壽堂·춘생당春生堂·송산당松山堂 등에서는 전문적으로 포제를 담당하는 약공藥工을 수백 명이나 거느리고 있었는데, 아교를 생산해 상해 등지에 팔기도 했다.[205] 민국 초기 전성기에는 박주의 자본을 축적한 대형 약재공사가 20여 가에 이를 정도였다고 한다.[206]

민국 초기 박주의 지방가紙坊街·이인가里仁街·노화시老花市 등에는 약잔藥棧이 100가 가까이 있었는데, 이들은 약업공회藥業公會를 만들기도 했다.[207] 당시 개업한 가게들 앞에는 '천광운귀川廣雲貴, 서북회산토西北懷山土, 도지약재道地藥材'라는 글씨가 새겨진 편액을 걸고 영업을 했으니 당지의 도지약재뿐만 아니라 사천과 광동·운남·귀주 등 중국 전역의 약재를 취급했다는 사실을 알 수 있다.

하지만 박주 약시가 발전만을 계속한 것은 아니었으니 다른 약재 도시들과 비슷하게 1920년대부터 쇠락의 길로 접어들게 되었다. 1925년 손전영孫殿英이 박주를 공격·함락시킨 사건은, 근대 박주가 융성에서 쇠

---

205 周嶲, 2016, 28쪽.

206 이와 관련 劉治堂,《亳州志略》民國 25年 鉛印本, 1936, 11쪽에 "亳州爲産藥區域, 如白芍, 菊花, 均爲出産大宗, 其他如瓜蔞, 桑白, 二丑等, 産量亦豊. 在昔藥號, 共二十餘家, 營業十分暢旺, 如德泰, 保全, 勝祥數家, 每年營業達三十萬元."이라 했다.

207 亳州市地方志編纂辦公室,《亳州市志》(2000-2009), 北京: 方志出版社, 2010, 179~181쪽.

【표 Ⅱ-4】 박주의 주요 약점[208]

상호 명칭	설립 시기	경영 품종	자산	비고
인수약점 仁壽藥店	청 가경 20년 (1815)	약재 음편과 중성약	10,500원(1933년)	가내 특산품으로 팔보 안약八寶眼藥이 유명
장항춘약호 張恒春藥號	청 함풍 5년 (1855)	약재 음편과 중성약	1929년 보관 중인 화 물만 36만괴 은원 가치	무호蕪湖 장항張恒春藥 號 分號
여량경호 余良卿號	청 함풍 5년 (1855)	중성약	연간 영업액 최고 3만 ~4만 은원(1894~1934) 에 달함	이어고약鯉魚膏藥이 대표 상품이며, 호골 추풍주虎骨追風酒, 풍 손고약風損膏藥, 취이 산吹耳散, 하감산下疳 散 등을 다른 성에까 지 판매
장립달당 張立達堂	청 동치 원년 (1862)	약재 음편과 중성약	항전전 연간 영업액 10만 은원에 달함	주변 각 현·진을 왕 래하면서 영업
동덕인약점 同德仁藥店	청 동치 2년 (1863)	약재, 성약 200여 종	청 광서 25년(1899) 투자액이 11,100은원에 달힘	휘주徽州에서도 유명한 대약점

락으로 전환하는 결정적 계기가 되었으며, 이어진 일본 제국주의의 침략은 박주약시 침체를 더욱 가속화하였다.

208 周蕎, 2016, 61~62쪽.

5. 박주약시, 다시 성장의 길에 들어서다

중화인민공화국 성립과 더불어 박주약시도 새로운 여정에 들어선다. 1949년 이후 박주에서 개업한 약행이 41가로 회복되었다. 1955년 정부는 박현약재공사를 설립해 조직적으로 약재를 판매했다. 하지만 1958년 사영을 금지하고 모든 약재업무를 약재공사에서 관리하였기 때문에 개체 경영 행行이나 호號는 공사에 편입되거나 휴업하게 되었다. 더욱이 1966년부터 '10년 대동란'이라 불리는 문화대혁명이 이어지면서 개혁·개방으로 새로운 길을 모색하기 시작한 1970년대 후반까지 약 10여 년 동안 박주약시도 다시금 쇠락하였다.

문화대혁명이 종결된 1977년 이후 박주의 약재시장도 점차 활기를 찾기 시작했다. 박주 개체 약행이 화평서로和平西路·탕릉북로湯陵北路·초릉로譙陵路·박와로毫渦路 약재시장 일대에 집중되면서 총 300여 가에 달하였다. 박주약상이 전국에 진출하고, 각 성의 약상들 또한 박주에 와서 약재를 구매해 가기 시작했다. 당시 외지 상인들에게 판매했던 약재 품목이 14종에 달하는 등 약재시장은 복구되었다. 1984년 박주 지방정부 관리 부서에서는 동관東關 부근에 중약재 무역시장을 개설하였으니 '대약행'이라 부르기도 했다. 이는 현대 박주약시의 첫 번째 이전으로, 무질서한 상태에서 벗어나 좀 더 규범화되었다. 그리고 다음 해 9월 11일~16일까지 전국적 규모의 제1회 중약재 교역대회를 개최했다. 1986년 9월 개최된 제2회 전국약재교역대회에서는 전국 규모로 약재 교류가 진행되었을 뿐만 아니라 홍콩·영국·인도·싱가포르 등지에서도 참가했다.[209]

1995년 '대약행'의 제2차 이전이 이뤄졌으니 작화로芍花路에 총면적

---

209 毫州市地方志編纂委員會, 《毫州市志》, 合肥: 黃山書社, 1996, 137~141쪽.

◈ 60 박주 중약재 교역시장

387무, 건축면적 3.2만㎡의 '중국·박주 중약재 전업시장'이 건설되어 사무공간과 약재교역센터, 전시관 등이 들어섰다. 특히 교역센터 안에는 6,000여 개 상호가 2,000여 종의 품종을 경영하면서 연간 20억 위안 이상의 교역액이 발생했다. 그 뒤 2013년에는 총면적 1,000무에 건축면적 120만㎡로 확충하였으며, 연간 교역량은 230억 위안에 달했다. 현재 박주는 안국과 더불어 중국 약재산업을 선도하는 가장 큰 규모의 시장으로 발전했다.

VII. 중국 남방의 약재 수노, 상수

I. 약도 장수의 자연지리환경과 약재자원

강서성 중부에 위치한 장수樟樹를 약재 도시로 성장시킨 원동력은 무엇일까? 다른 약재도시들과 비슷하게 장수도 우수한 지리·환경적 요인과 더불어 의약문화 및 민간신앙과의 관계, 그리고 이 지역 출신 약상집단인 장수방의 활약 등을 들 수 있겠다. 장수방과 관련해서는 3편에서 다루기로 하고, 우선 장수가 지닌 우월한 자연지리환경을 검토해 보자. 강서성을 관통하는 감강贛江과 호남·강서의 경계지역에서 발원하여 강서 중부를 동북쪽으로 흐르는 원하袁河의 합류 지점에 위치한 장수는 '사회요충四會要沖, 팔성통구八省通衢'라 불릴 만큼 교통의 요충지라 할 수 있다. 장수진樟樹鎭은 감강을 따라 건虔(감주贛州)·길吉(길안吉安)·양광兩廣(광동, 광서)에서 환皖(안휘성)·악鄂(호북성)에 이르며, 동으로는 민閩(복건성)·절浙(절강성)과 통하고, 서로는 상湘(호남성)·천川(사천성)에 연결된다.

장수진이 명청대에 전국 최대의 약재 전업시장으로 번영을 누릴 수 있었던 것은, 교통의 요충지에 자리 잡은 지리적 이점과 더불어 '광동무역체제(청 건륭 22년:1757～도광 22년:1842)'[210]의 영향 아래 상품의 유통량이 급격히 증가하면서 가능했다. 장수는 원래 감강의 수로와 접하고 있지 않았으나, 명 성화 21년(1485) 폭우로 감강이 범람하면서 수로가 바뀌어 감강과 원하의 합류지점이 장수진 서남 지역으로 옮겨지면서 전부터 누려온 '약시'에 수륙교통의 이익까지 얻게 되었다.[211]

장수는 기후가 온난하고 강우량이 많아 각종 약재의 재배에도 적당하다. (정덕)《건창부지建昌府志》에는 이 지역에서 생산되는 약재로 지황地黃·천궁川芎·갈葛·향유香薷·차전車前·반하半夏·괴실槐實·익모초·상백피·향부香附·백지白芷·적작赤芍·백작·산약·오가피·지각枳殼(실)·치자梔子·동청冬靑·협죽도夾竹桃·백합·인진茵蔯 등 수십 종이 거론되고 있다. 장수 동남부에 위치한 각조산閣皁山 또한 풍부한 약재 자원을 지니고 있었다. 복령·사삼沙蔘·오약·갈근·수오首烏 등 200여 종에 달하는 약재가 생산되어 '천연약장天然藥場'으로 불리기도 한다. 역사상 유명한 인사들이 약초밭을 직접 운영하기도 하였는데, 대표적인 인물로는 명말의 방이지方以智(사람들은 그를 약지화상藥地和尙이라 불렀다고 함)와 청말의 구양명성歐陽明性을 들 수 있다.

이 지역의 대표적인 약재 가운데 하나인 지각枳殼은 명말 원하와 감강 양안의 삼호三湖에서 장수 면연綿延에 이르는 50~60리 지역에 심었다. 이시진도 《본초강목》에서 "지각은 상주商州(현 강서성 장수)의 강변에서 생산되는데, 9~10월에 따 응달에 말린다. 지금 강이나 호수가 있

....

210 '廣東貿易體制'는 청조가 서양과의 무역항을 광주항만으로 제한하고 대외무역은 '13行'이라는 특정 상인에게만 독점적으로 허가한 무역제도이다. 그 결과 북경-대운하-양주-양자강-파양-감강-대유령-주강-광주로 이어지는 교통로가 수도 북경에서 광주에 이르는 최단거리 교통로로 각광받게 되었고, 서양과 교역할 거의 대부분의 수출입 상품은 이 수로로 운반되었다(오금성, 《矛·盾의 共存-명청시대 강서사회 연구-》, 지식산업사, 2007, 101쪽; 劉石吉, 〈明淸時代江西墟市與市鎭的發展〉, 《山根幸夫敎授退休記念明代史論叢》(下), 汲古書院, 1990, 796쪽).

211 오금성, 2007, 110쪽.

는 주州·군郡에 모두 자라지만, 상주 것이 가장 좋다."[212]고 했다. 이에 상주는 '지각의 고향[枳殼之鄕]'이라 불리기도 했다. 상주 지각은 생산량이 많을 뿐 아니라 품질도 우수했으며, 청말까지 청강현淸江縣의 대표적인 토산품이었다. 현대에도 그 품질을 인정받아 1964년 전국 중약재 품질평가에서 지각 부문 수위를 차지했다.

장수는 교통 환경이 좋고, 지역에서 생산되는 약재가 많다 보니 자연스레 외지의 약상들도 각 지역의 특산 약재를 가지고 와서 거래하기 시작했다. 예를 들면 호북 영산英山·나전羅田의 복령茯笭, 절강 용유龍游·난계蘭谿의 봉밀蜂蜜, 의오義烏·외산巍山의 현삼玄蔘·현호玄胡·백출白朮, 복건 포성浦城의 후박厚朴, 건구建甌의 택사澤瀉, 안휘 동성桐城의 길경桔梗·추석秋石, 흡현歙縣의 조피棗皮·국화 등이 있었다.[213] 전국 각지에서 약재상들이 모여들어 각종 약재를 거래하면서 장수는 남방 최대의 전업 약시로 발돋움할 수 있었다.

2. 갈현·갈홍 설화와 삼황궁 '약왕회'

자연지리환경의 장점과 더불어 장수에 전문 약시가 형성되고, 약재 관련 산업이 크게 융성할 수 있었던 또 다른 요인으로는 갈현葛玄(164~244)·갈홍葛洪(284~364)이 이곳에서 활동했다는 설화와도 밀접한 관

---

212 (明)李時珍, 《本草綱目》: "枳殼生商州川谷, 九月十月採, 陰乾. 今各江湖州郡皆有之, 以商州者爲佳"
213 劉石吉, 1990, 805쪽.

련이 있다. 갈현은 후한 건안 7년(202) 장수 동남쪽에 위치한 각조산에 들어왔다. 동오東吳 가화 2년(233)에 각조산 동쪽 산봉우리에 '와운암臥雲庵'을 짓고, 적오 7년(244)까지 약초를 캐고 씻어 단약을 만드는 데 온 정성을 쏟았다. 그는 이 기간 동안 연단을 위한 물과 흙의 선택, 약물과 약성에 대한 치료 효과의 식별·감정·가공포제에 관한 경험을 축적함으로써 훗날 장수의 약재 가공과 포제의 창시자라는 명성을 얻게 되었다.[214] 각조산에서는 갈현·갈홍의 뒤를 이어 수·당대의 많은 도교인사들이 의약활동을 전개했다고 전해진다.[215] 당대唐代 도를 닦는 학의學醫가 많을 때는 500명에 달했다고 하는데, 이들은 연단의 도를 배우면서 약을 캐고 의료 활동을 펼치기도 했다.

민간의 고사를 수집하여 《신선전神仙傳》을 편찬한 갈홍은 중국의학사상 중약화학제약中藥化學製藥의 창시자로 의약 발전에 크게 공헌한 인물로 평가된다. 《진서晉書》 권72, 〈갈홍전葛洪傳〉에 따르면 그는 81세에 세상을 떠났는데, 그때 얼굴빛이 살아 있는 것 같았고, 몸은 부드러웠으며, 시체를 관에 넣을 때에는 대단히 가벼워 마치 비어 있는 옷과 같았으므로 세상 사람들이 그를 '시해선尸解仙'이라 불렀다고 한다. 그는 《신선전》을 통해 신선의 실재를 뒷받침하는 한편 신선에 이르는 방법을 체계적으로 정리했다. 즉 병을 치료하는 여러 의학적 노력과 더불어 노장철학에 바탕을 둔 청정 무위의 삶, 조식調息·도인導引 등의 양생술, 종교적 금기를 포함한 다양한 방술方術 등을 수용하는 한편, 금단金丹을 제조하여 복용하는 외단술外丹術을 최고의 방법으로 제시했다.[216]

....

214 龔千峰·祝婧·周道根, 〈樟樹藥帮的歷史與特色〉, 《江西中醫學院學報》 19-4, 2007, 27쪽.
215 (道光)《南城縣志》: "葛洪, 字稚川, 丹陽句容人也, 自號抱朴子. 究覽典籍, 尤好神仙道養之法. 洪見天下已亂, 避地南城麻姑山. 有葛仙丹幷相傳, 洪于此煉丹故名."
216 金洛必, 〈갈홍의 신선사상과 도교의학〉, 《대한한의학원전학회지》 16-1, 2003, 21쪽.

의학에 관심이 많았던 갈홍은 민간에 전해지는 경험방들을 널리 수집히여 《옥함기玉函記》 100권과 《주후비급방肘後備急方》을 저술했다. 그는 당시 의사들이 합리적인 의술에 대한 천착 없이 무적巫的 방술에 호소하는 것을 '요위妖僞'라고 비판하면서 부단한 양생 노력과 경험에 바탕을 둔 처방과 약의 제조를 중시하였다.[217] 갈홍은 약을 상·중·하 3단계로 분류하였는데, 상약은 몸을 안정되게 하고 수명을 늘려 천신이 될 수 있고, 중약은 본성을 기르는 것이며, 하약은 병을 제거하여 독충이 덤비지 못하고 맹수가 침범하지 못하게 하며, 모든 요사스러움을 물리칠 수 있다고 하였다.[218] 또한 약재들을 ① 금은, 주옥珠玉 등의 광물질류, ② 지초류芝草類, ③ 복령茯笭·지황地黃·천문동天門冬 등으로 대별하였는데, 이 가운데 ③의 부류에 속하는 것은 현대 동아시아 전통의학에서

◈ 61 갈현 연단 벽화
　　(장수 삼황궁)

- -
217 (晉)葛洪, 《抱朴子》, 〈內篇·道意〉.
218 (晉)葛洪, 《抱朴子》, 〈內篇·仙藥〉.

광범위하게 사용되는 것으로 본초학의 발달에도 크게 기여했다고 평가되다.

갈홍이 연단煉丹·제약製藥했다고 하는 전설은 가까운 건창建昌에도 전해진다. 예를 들면 마고산麻姑山에는 '갈선단정葛仙丹井'·'연단조煉丹竈'·'연단실煉丹室' 등 그와 관련된 유적지가 많이 남아 있다. 명대의 유명한 화가인 마징馬徵은 《마고산도》에 '갈선단정'을 그려 넣기도 하였다. 그 밖에 명 (정덕)《건창부지建昌府志》와 《도교대사전道敎大事典》 등에는 당대의 동남도교주東南道敎主 등자양鄧紫陽과 등연강鄧延康과 같은 많은 도사가 이곳을 중심으로 활동했다는 사실을 기술하고 있다.[219]

약왕으로 불리는 손사막도 각조산에서 약재를 길러 채집하고, 약물에 대한 포제를 진행한 다음 의료활동을 전개했다는 고사가 내려오고 있다. 손사막은 장수 약업신 가운데 가장 중요한 약왕으로 약왕묘가 건립되었다.[220] 하지만 장수 약왕묘가 처음부터 약왕묘라는 이름으로 불렸던 것은 아니다. 그에 앞서 '약사원藥師院'이 있었으니 송 보우 6년(1258) 장수 약상들이 성동城東에 '약사원'을 건립하고 여래불과 약왕보살을 모셨다고 한다. 이후 명 중엽에 '약사원'을 '약사사藥師寺'로 개칭하고 부근에서 '약허藥墟'를 개설하여 매년 음력 9월 이곳 약허에서 묘회를 열었으니 이는 곧 장수의 약재교류회였던 것이다.[221] 강희연간(1662~1722)에 이르러 '약사사'를 '약왕묘'로 바꾸었다. 동치 9년(1870)《청강현지淸江縣志》에 "약왕묘, 하나는 현치 남쪽의 양가산楊家山에 있었는데 함풍 7년(1857)에 훼손되었으며, 다른 하나는 청강진에 있다."[222]고 기재되어 있

---

219 曹萍外, 〈江西建昌藥帮的歷史考證〉, 《江西中醫學院學報》 14-2, 2002, 7쪽.

220 王中良·楊小敏, 〈明淸以來'南樟北祁'藥市之比較〉, 《保定學院學報》 27(4), 2014, 125쪽.

221 周雋, 〈試論四大藥都形成與發展的影響因素〉, 中國中醫科學院 碩士學位論文, 2016(a), 41쪽.

다. 약왕묘에는 손사막을 모셨으며, 9월 묘회를 바꿔 손사막의 탄신일인 4월 28일에 기행했다.

장수의 약재교류회, 곧 '약왕회'는 장수 의약계가 약왕 손사막을 기념하기 위해 거행하는 경전慶典활동이다. 약왕회의 활동은 4월 27일 저녁에 시작되어 5월 5일까지 계속된다. 해마다 묘회 기간 동안 장수약시는 사람들로 대단히 붐비는데, 사방에서 약상들이 몰려들어 약왕에 제사하고 연회를 즐기며 동시에 약재 교역이 진행된다. 이러한 활동의 중심 지역은 약상회관과 삼황궁三皇宮·약왕묘藥王廟·인수궁仁壽宮 등이다.[223] 장수시 정부는 1984년 삼황궁을 중점문물보호단위로 지정한 데 이어 2004년부터 대외 종교활동 장소로 개방했다.

3. '약은 장수에 이르지 않으면 가지런해지지 않고, 장수를 거치지 않으면 효험이 없다(藥不到樟樹不齊, 藥不過樟樹不靈)'

중국 남방의 약재 수도라 불리는 장수. 중국 남방 약재 집산과 가공·포제의 발상지로 '약허藥墟'·'약시藥市'·'약마두藥碼頭' 등으로 불렸으며, '10대 약시' 가운데 하나이자 하북성 기주祁州(현 안국)와 더불어 남·북의 양대 약시로 거론되면서 '남장북기南樟北祁'로 불리기도 했다.[224]

그렇다면 장수에는 언제 어떤 연유로 약재시장이 들어선 것일까? 약

---

222 (清)潘懿·胡湛 主修, (同治)《清江縣志》, 臺灣: 成文出版社, 1975, 卷之三 : "藥王廟, 一在縣治南楊家山, 咸豊七年毁; 一在清江鎭"

223 周鶱, 2016(a), 42쪽.

224 王中良·楊小敏, 2014, 124~128쪽.

재 시장이 들어선 다음 시대별로 어떤 과정을 거쳐 성장하고 발전했을
까? 장수약시의 역사는 매우 오래되어 후한 건안 7년(202) 갈현이 장수
동남에 위치한 각조산에 들어와 약초를 캐고 단약을 제조한 시기까지
거슬러 올라갈 수 있다.[225] 그가 채약과 연단을 실행함에 촌민들이 그를
따라 약재를 캐서 감양洤陽(현 장수시)에서 약을 판매하였다고 한다.[226]
이어 삼국시대에는 '약우藥圩'[227]가 형성되기 시작했고, 당대에는 '약허藥
墟'[228]가 있었다고 한다.

송대에 이르러 장수 의약업은 정부의 의학진흥정책과 맞물려 발전 속
도 또한 대단히 빨랐다. 당시에는 《태평혜민화제국방太平惠民和劑局方》을
편찬하고, 부府·주州에 관약국을 설치하고 각종 조제약을 판매하였으며,
사인이 경영하는 약포가 계속 증가함에 따라 장수를 통해 운송되는 약
재도 증대되면서 약시 또한 활기를 띠었다. 남송대에는 강남지역 경제가
활성화되면서 장수의 약업도 진일보 발전할 수 있었다.[229] 송대 원섭袁燮
(1144~1224)의 《건창군약국기建昌軍藥局記》에는 당시 건창 사람들의 약
물에 대한 인식에 비교적 큰 진전이 있었음을 보여 주고 있으며, 약국
의 설립과 관련해서는 관부가 약업을 중시하는 태도를 나타낸다.[230]

원대에는 우강盱江 지역에 명의가 계속 출현하면서 지역 의학체계가
형성되고, 건창建昌 약업도 발전하였다. 저명한 의학 서적인 《서죽당경험
방瑞竹堂經驗方》은 원 태정연간(1323~1328) 건창 태수 살겸재薩謙齋가

225 柳培元 主編, 《淸江縣志》, 上海: 上海古籍出版社, 1989, 186쪽.
226 周舊, 〈樟樹藥市發展的相關因素淺析〉, 《中國現代中藥》18卷 3期, 2016(b), 379쪽.
227 范文·杜堅, 〈江西樟樹和南城兩地藥帮發展的歷史考證〉, 《中國藥業》1997-11, 36쪽.
228 周舊, 2016(b), 379쪽.
229 龔千峰·祝婧·周道根, 2007, 27쪽.
230 曹萍外, 2002, 8쪽.

재임 기간 이 지방에서 유행했던 경험들을 수집하여 편찬한 것이다. 이 책에 수록된 방약에는 내복탕제內服湯劑와 환丸·산散·고膏·단丹·부첩제敷貼劑 및 세발제洗髮劑, 세안제洗眼劑, 열위제熱熨劑 등 여러 가지 형태의 제형劑型 방법을 소개하였고, 초炒·포炮·외煨·단煅·자炙·수비水飛 등 포제의 일반적인 방법과 '의이거피薏苡去皮'·'당귀거루當歸去蔞'·'마황거절麻黃去節' 등 개별 약재의 가공 방법이 서술되어 있다. 이 책은 원저작물이 전하지 않지만 《본초강목》은 물론이고, 조선시대의 《의방유취醫方類聚》에도 인용되었으며, 한국과 일본에 여러 간본이 존재한다. 원대에는 또한 '삼황궁'을 짓고 뒤에 10대 '약왕'을 더해 제사 지냈다. 이후 약왕묘를 중심으로 해마다 묘회를 개최하고 이 지역 사람들뿐만 아니라 다른 지역의 약업 종사자들까지 참가하는 약재 교역이 진행되었다.

명청대는 장수 약업 발전의 전성기였으니 각지의 약상들이 운집하였으며, 특히 사천과 광동의 약상이 큰 비중을 차지하였다. 명대의 저명한 약학 저서 《본초강목》에 수록된 많은 해외 약재들, 예를 들면 울금鬱金·번목별番木鱉·대풍자大風子 등도 모두 장수에서 거래되었다고 한다. 장수 약시에서 거래되었던 약재는 품종이 다양하고, 포제가 우수하였기 때문에 만력 27년(1599) 전후 명 황실에서 환관을 특파하여 약재를 구매토록 하였다.[231] 명말 장수에는 약업을 경영하는 곳이 200여 호에 달해 기본적으로 전국적인 시장이 형성되었다.[232]

명말·청초 전란으로 잠시 위축되기도 했으나, 청대 사회가 비교적 안정되면서 장수를 떠났던 상인들이 다시 모여들기 시작했다. 장수의 약시는 활기를 찾았으며, 중기에는 전국 각지의 약상이 점차 방파帮派를 형

231 龔千峰·祝婧·周道根, 2007, 27쪽.
232 오금성, 2007, 21쪽 주) 82 참조.

성했다. 장수 약상들도 경쟁력 확보를 위해 '장수방'을 결성하였으니 그들은 최상의 재료를 선택하고, 뛰어난 포제기술과 다양한 품종을 모두 구비하여 '약은 장수에 이르지 않으면 가지런해지지 않고, 장수를 거치지 않으면 효험이 없다.(藥不到樟樹不齊, 藥不過樟樹不靈)'[233]는 명성을 얻기도 했다.

장수약시는 개항 이전 건륭·가경·도광연간(1736~1850)에 최전성기를 구가하며 강서 제2의 대진大鎭으로 알려졌는데, 특히 도광연간에는 '삼황궁'과 '약사원'을 중수하여 약재 교류의 중심이 되었다. 개항 이후 제국주의의 침략이 거세지면서 장수진 상업의 8~9할이 타격을 받은 시기에도 "그 무역품은 약재가 가장 많아서 세액이 수십만 원이었다."고 했으며, 20세기 초에도 장수에서 거래되는 약재가 수백만 근이었다고 한다.[234] 또한 장수진은 이미 전국 중요 지역에 약재 시장이 생긴 민국시대에도 거민의 80%가 약재 경영에 종사하였다는 보고가 있을 정도로 약재 전업시장다운 면모를 유지하였다.

4. 현대 장수약시의 회복과 발전

장수약시도 다른 약시와 마찬가지로 근·현대 중일전쟁과 국공내전의 영향으로 일시 쇠락의 길을 걷다가 중화인민공화국 성립과 더불어 회복

233 許懷林著,《江西史稿》, 江西高校出版社, 1993, 2, 6, 107, 470쪽.
234 오금성, 2007, 116쪽.

◈ 62 현대의 장수약시
거리 모습

되었다. 중앙 정부의 중의약 진흥 정책으로 약업의 발전이 이루어졌으니 1958년 국가의약관리국에서는 장수를 전국 약재교류센터의 하나로 확정하고 그해 10월 첫 번째 약재교류대회를 개최했다. 당시 참여 인원은 100여 명이었으며, 교역액은 150만 위안이었다.[235] 이후 1958년부터 1965년까지 모두 10차례에 걸쳐 장수 전국 약재교류대회가 열려 총 교역액은 5억여 위안에 달했다. 하지만 문화대혁명이 발발하면서 이후 10년 이상 중지되었다가 1980년에서야 다시 열리게 되었다. 1991년 6월 10일부터 14일까지 장수시는 제1회 국제중약절 행사를 개최하였으니 13개 국가와 지역에서 만여 명이 참가하였다. 1996년 장수시는 전국 17개 중약재 전업시장 가운데 하나로 지정되면서 더욱 활기를 띠게 되었다.

현재의 시장은 2001년 짓기 시작되어 2003년 5월부터 실제 사용하게 되었다. 시장 업무 영역은 총 235무에 건축면적이 20만㎡, 1,000여 호의 약상이 경영에 참여할 수 있다. 2002년에는 장수중약재전업시장 안에 비즈니스센터를 설치하여 300여 개체상인들이 영업할 수 있는 공간을 만들었으며, 별도로 800여 개의 노천 약재 상가가 들어서 있다.

....

235 周鶩, 2016(b), 381쪽.

2012년의 제43회 약재 교역대회에는 530여 기업과 92,000여 명이 참여하였으며, 13,000여 품종에 달하는 상품이 전시되었는데, 교역액은 48.8억 위안에 달했다.[236]

236 周馨, 2016(b), 382쪽.

VIII. 소결

중국에서 약업은 시기와 장소에 따라 부침을 겪었다. 200년이나 300년 단위로 왕조가 교체되었기에 필연적으로 약업도 영향을 받을 수밖에 없었다. 전설시대부터 진·한대까지는 중국의약학의 태동기로 고전 의서가 편찬되고, 때때로 명의가 활동하던 시기였다. 당대에는 유종원柳宗元(773~819)이 《송청전宋淸傳》에서 당대 장안의 대약상이었던 송청宋淸의 경영활동을 기재하고 있는 것을 통해 약업이 이미 성행하였음을 알 수 있다.[237] 이를 반영하듯 당대 사천에서는 이미 약시가 모습을 드러냈다.

송대에는 중앙정부 차원에서 의약 발전을 위한 노력을 지속하여 대형 의서를 편찬하는 등 관 중심의 의약학 체계는 명 중기까지 지속되었다. 그러다가 명 중기 의약업 분야도 일대 전기를 맞이하게 되었다. 이른바 '자본주의 맹아'라 불릴 정도로 활발하게 전개된 상업 활동의 번성과 의약업에 대한 사회적 인식의 전환과도 관계된다. 당시에는 인구의 폭발적 증가와 더불어 사회 지도계층을 형성하고 있던 사대부 계층이 고급 일자리 부족으로 유학의 길을 버리고 의학이나 상업의 길로 나아가는 '기유위의棄儒爲醫'나 '기유취고棄儒就賈'와 같은 사회 현상이 출현하였다.

명 중기 이후 약업이 국가의 중요한 산업 가운데 하나로 성장하면서 약재만을 전문적으로 취급하는 약재도시도 출현하였으니 안국·우주·장수·박주·백천 등을 들 수 있다. 개별 약시의 구체적인 형성 배경에는 다소간 차이가 있지만 일반적으로는 편리한 지리교통 조건[238], 풍부한

---

[237] (唐)柳宗元, 《柳宗元散文選集》, 天津: 百花文藝出版社, 2005, 245~253쪽.

[238] 樟樹는 특히 수운에 유리한 조건을 갖추고 있었으며, 安國은 육로 교통에 이점이 있었다. 禹州와 亳州는 陸運을 바탕으로 水運이 보조하는 형태였다(周雋, 〈試論四大藥都形成與發展的影響因素〉, 中國中醫科學院 碩士學位論文, 2016, 1쪽).

약재자원, 약왕 설화 및 묘회와 같은 문화적 환경을 바탕으로 성장했다.

안국은 수도인 북경이라는 거대한 소비시장의 존재, 남북역도의 요충에 자리 잡고 있으며 수로를 통해 대운하와 직결되는 지리적 우월성, 다양한 약재가 생산되고 있다는 점 등에 힘입어 약시로 성장했다. 또한 이 지역에 가면 병을 치료하는 신령한 기운이 존재하며, 그를 기리는 '약왕묘'가 있다는 사실도 약시 성장에 중요한 역할을 담당했다. 안국약시의 경영형태는 천막을 치고 경영에 임했던 탁화붕拆貨棚을 비롯해 약재를 포제·가공해 판매하는 숙약행과 중성약점, 그리고 약재 산지에서 구매하여 운반 판매하는 상인과 도·소매상 등 다양한 유형으로 나타난다. 안국약시는 약재교역이 주된 산업이었지만 그와 관련된 다른 업종의 상인들도 활발하게 활동하였으니 '오대회五大會'의 번성이 이를 반증한다. 이들은 '약왕묘'를 수리할 때 약상들과 보조를 같이 함으로써 상호 유대를 강화했던 것으로 보인다. 이 점은 전업약시가 단순히 약업에 종사하는 상인들만의 공간이 아니라 그를 보조해 주는 다른 업종이 함께 공존하는 곳이었음을 증명하는 것이기도 하다.

우주의 약시 형성 배경에도 중국의 다른 약시와 마찬가지로 중요한 의약 인물이 있다. 홍산신앙과 더불어 '약왕' 손사막이 이 지역에서 활동했다는 설화가 있다. 물론 약시가 형성되기 위해서는 설화만 관련되는 것은 아니다. 명 태조 주원장이 '이곳에서 약시를 개최하라'는 조령을 반포한 것처럼 정부의 정책적 판단과 편리한 교통망으로 접근이 용이해야 한다는 점도 작용해야 한다. 이는 청 중기에 밀현 홍산묘 약시를 폐쇄하고 그곳의 약상들을 모두 우주로 옮기면서 우주약시의 전성기가 시작되었다는 것으로도 알 수 있다. 우주약시에는 중국의 다양한 지역에서 상인들이 몰려들었는데, 그들은 경쟁이 점차 치열해지자 자신들의 권리를 확보하기 위한 방안의 하나로 각종 상방을 조직하기도 했다.

하남성 서북부의 태항산 지맥 소문산蘇門山 남쪽 기슭에 위치한 백천약시 또한 주변에 풍부한 약재가 많고 교통이 편리하다는 점과 더불어 묘회의 발달이 약시의 성장을 이끌었다는 점에서 다른 약시와 비슷하다. '천연약고'로 불릴 정도로 약재가 풍부했던 이곳은 4대회약으로 유명한 회경부와 인접해 있어서 그곳 출신 상인들이 일찍부터 진출해 약시로 커 나갔다.

조조와 화타의 고향으로 안휘성 북부에 위치한 박주는 '남북통구南北通衢, 중주쇄월中州鎖鑰'의 지리적 이점을 활용하여 약시로 성장한 도시이다. 이른바 '4대박약'으로 불리는 박백작毫白芍·박과루毫瓜蔞·박국화·박상백피毫桑白皮가 유명한 이곳은 또한 편리한 교통과 더불어 '화조암'이 건립되고 난 뒤 화타에 대한 제사활동을 전개하는 과정에서 묘회 성격이 짙은 약재 거래 시장으로 발전해 간 특징이 있다.

장수는 감강과 원하를 통해 남북으로 연결되는 강서성 수륙교통의 요충지라는 이점을 배경으로 역사상 유명한 의약학가가 이곳에 운집하여 강학하거나 의료와 제약에 종사하면서 약시로 성장하였다. 장수진 부근의 각조산은 동진 이래로 중국 남방의 중요한 도교 기지로, 유명한 도가와 의약학가 갈현과 갈홍이 이 모두 이곳에 와서 의료와 제약에 종사하였고, 지금도 '단정丹井'과 '세약지洗藥池'의 유적이 남아 있다. 이 점은 중국에서 약시 형성이 지리적인 조건과 더불어 문화적인 요소가 중요한 배경이 되고 있다는 것을 시사해 준다. 장수약시의 역사가 매우 오래되었지만 크게 번성하기 시작한 것은 명청대로, 이때부터 남방의 '약도藥都'로 자리 잡았다.

중국의 약시는 탄생과 성장 그리고 쇠락과 회복이 일정한 역사적 단계를 거치고 있는데 대개 비슷한 흐름을 유지하고 있다. 구체적인 약시의 탄생 시기는 약간의 차이가 있지만 대체로 명말부터 청초에 걸쳐 약시가 활성화되기 시작해 청말부터 민국 초에 걸쳐 전성기를 구가했다. 명청대 지역 약시의 성장은 단순히 약업의 발전만을 견인한 것에서 그치지 않고 포장이나 운반 등 관련 업종의 흥기와 기타 은행이나 중개업의 활성화도 이끌었다.

근·현대 이후 약시는 시대상황과 맞물려 쇠락과 회복·발전을 반복하기도 했다. 1920~30년대의 국공내전 및 중일전쟁 등의 여파로 일시 쇠락했다가 중화인민공화국 성립 이후 점차 회복되었다. 하지만 그것도 잠시 1966년부터 이른바 '10년 대동란'이라 불리는 문화대혁명 시기 일시 정지되었다가 개혁개방 정책과 함께 다시 발전하는 추세를 보이고 있다.

제3편

'약상藥商',

중국 전역을 누빈 인삼장수

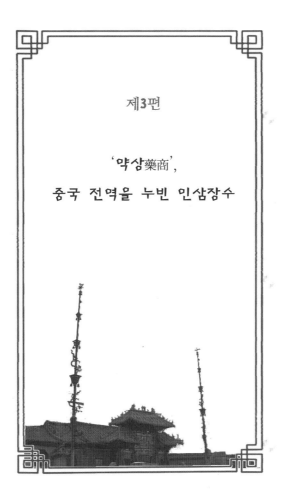

I. '13방'

I. 약상, '방帮'을 결성하다

'방파帮派'의 나라 중국! 중국에는 수많은 '방'과 '파'가 존재한다. 예를 들면 현대 중국의 정치 세력을 논할 때 크게 3개의 계파, 곧 '태자당'·'상해방'·'공청단' 등으로 구분하기도 한다. 혈연과 지연·업연業緣 등 각종 연고주의 성향이 강한 중국인들이 각종 '방'을 결성한 역사는 대단히 오래되었다. 고향을 떠나 타지에서 상업 활동에 종사하는 상인들도 마찬가지였으니 명청대 사회경제사를 논할 때 빠지지 않고 등장하는 것이 바로 지역상방의 존재이다. 명 중기부터 결성되기 시작한 상방은 조직망을 점차 확대하여 전국적인 규모를 가진 단체로 발전하는 경우가 많았다. 산서상인과 휘주상인이 대표적이며, 그 밖에 강서상인이나 영파상인 등도 활발하게 활동하였으니 이들을 크게 10대 상방으로 분류하기도 한다.[1] 상방은 동향 출신으로 동일 업종에 종사하는 사람들이 중심이 되어 조직하는 경우가 많았다.

명 중기 이후에는 외지인의 유입이 비교적 많았던 북경을 비롯한 대도시와 양자강 중·하류의 경제 선진지대에서 상인들 가운데 동향 사람

....

[1] 張海鵬·張海瀛 主編, 《中國十代商帮》, 黃山書社, 1993 참조.

들을 중심으로 '회관會館'을 설립하여 운영하기 시작했다.[2] 회관은 상인들이 정보를 수집하고 이익을 공유하기 위해 만든 공간이었다.[3] 또한 동일 업종에 종사하는 사람들이 만든 조직체인 '공소公所'도 점차 모습을 보이기 시작했다. 회관·공소[4]는 공·상업을 경영하는 것 외에도 '월연月捐' 등의 방법으로 자금을 모아 지역사회의 약자 계층을 원조하기도 하였다.[5] 약재업에 종사하는 상인들도 동향 사람들을 중심으로 방을 조직, 운영하기 시작했다. 예를 들면 명대 북경의 약재업이 발전하면서 가정연간(1522~1566)에는 동업조합이라 할 수 있는 '약행상회藥行商會'가 설립되었다.[6] 동업조합의 출현은 약재업의 발전을 전제로 성장할 수 있었고, 이들의 활동으로 약재업이 한층 더 발전할 수 있는 계기가 마련되기도 하였다.

　대규모의 지역 상방 내부에서 특정 업종, 그중에서도 약재업에 종사하는 동향 지역 상인들이 중심이 되어 그들만의 조합을 만들어 운영하기도 하였다. 절동浙東 지역을 대표하는 영파상방寧波商帮은 자계慈溪 출신 약재 상인들이 중심이 되어 명대 북경에 은현회관鄞縣會館을 설립하기도 했다.[7] 중국의 대표적인 중약 제약회사인 동인당同仁堂도 이 지역 출신이 설립한 것이다.

⋯⋯⋯⋯⋯⋯⋯⋯⋯⋯

2　明代 北京에는 총 41개의 會館이 건립되었는데 이에 대해서는 孫健 主編, 《北京古代經濟史》, 北京燕山出版社, 1996, 207쪽 참조.

3　이민호, 〈명대 북경의 상업·상세와 환관〉, 《중국학보》 56, 2007; 이윤석, 〈회관·공소의 출현과 사묘-강남지역의 사례를 중심으로〉, 《명청사》 21, 2004 등 참조.

4　'會館'은 객지에서 같은 고향 출신 사람들이 건립한 것이고, 같은 업종에 종사하는 사람들이 건립한 것은 '公所'라 하였지만 이 양자는 엄격히 구분되는 것은 아니고 용어상 혼용되는 경우도 있다(이윤석, 2004, 90쪽 참조).

5　唐力行, 〈從碑刻看明清以來蘇州社會的變遷-兼與徽州社會比較〉, 《歷史研究》 2000-1, 67쪽.

6　唐廷猷, 《中國藥業史》, 中國醫藥科技出版社, 2003, 249쪽.

7　이민호, 2007, 263쪽.

외지로 진출한 객상들이 '방'을 결성했던 가장 중요한 이유 가운데 하나는 각종 위험 요인에 대처하기 위해서였다. 교통이 그다지 발달하지 못했던 시기, 산지에 가서 약재를 구입하기 위해서는 산 넘고 물 건너, 심지어 수천 리 길을 가야 하는 일도 허다했다. 그에 수반해 위험이 따르는 것 또한 너무도 당연하다. 장수약상은 고향을 떠나 멀리 귀주나 운남·사천 등지에까지 진출했는데, 한 번 집을 나서면 2년 또는 3년 만에 고향으로 돌아오기도 했다. 그 가운데 적지 않은 사람들이 도중에 목숨을 잃고 결국 귀향하지 못한 경우도 있었다. 그들이 귀향하지 못한 사연도 다양해 호북 통성通城에서는 학도가 과중한 노역을 견디지 못하고 비상을 먹고 자살하는 참극이 빚어지기도 했다. 호남 상담湘潭에서는 임풍방臨豊帮의 '행공行工〔약공〕'과 당지의 '라공鑼工〔하역인부〕' 사이에 약재의 하역권을 둘러싸고 세 차례의 대규모 계투械鬪가 발생했는데, 민국 35년(1946) 6월에는 유혈충돌이 일어나기도 했다. 상담 지역의 약업이 부진한 가운데 '행공'과 '라공'의 생활이 어려워지자 서로 많은 짐을 하역하기 위한 과정에서 충돌이 일어났다. 당시 상담현 경찰국장이 앞장서 병력을 이끌고 임풍방의 '행공'을 탄압하던 중에 상담 동화약행 행공을 총으로 쏴 죽이는 사건이 발생했다. 이에 행공들이 임풍방 약상들의 주요 모임장소였던 삼황궁에 모여 항의하는 집회를 열자 참여한 35명 전원을 연행하였다. 이후 조정을 거쳐 사건은 점차 안정되었다. 무한에서도 부두 하역을 둘러싼 이와 유사한 분쟁이 자주 발생했다. 복건 무풍현武豊縣 성내의 동춘당同春堂은 광서연간(1871~1908)에 개설한 약점인데, 민국 19년(1930) 보안단장 종모鍾某가 수백 명을 모집하여 늦은 밤에 점주이자 장수 출신 약상인 진춘년陳椿年 등 4인을 결박하고 귀중품과 약재 등을 약탈하였다. 이에 위협을 느낀 진춘년은 몇 달이 지난 다음 광동 산두汕頭의 고가顧家로 피난하였다가 외상으로 약재를 구입하여 사업을 다시 시작하기도 했다.[8] 객지로 진출한 상인들은 수많은 경쟁에 내몰리면서 집단적인 상호부조의 필요성을 느껴 상방을 조직하고 세력 확대를 도모하기도 했다. 이러한 그들의 경영상의 특징을 '혈족·향당적 鄕黨的 결합 관계'[9]로 묘사하기도 한다.

2. 소설 속 약상은 어떤 모습일까?

소설은 가상현실이다. 그 속에는 정사에 기재되어 있는 역사적 사실보다 더 현실성 있게 당시 사회상을 담고 있기도 하다. 중국에서는 명말에 이르러 시대의 자화상격인 통속소설이 많은 이들의 사랑을 받았는데, 등장인물 가운데 상인, 특히 약상이 많이 등장한다. 당시 약재업이 중요한 경제활동 가운데 하나였음을 반영한다고 하겠다.

예를 들면 명대 4대기서四大奇書 가운데 하나로 손꼽히는 소설 《금병매金瓶梅》속의 주인공인 서문경西門慶도 처음에는 약재업에 종사한 것으로 나온다. 즉 서문경의 부친인 서문달西門達은 중국 서남부의 사천과 광동을 오가며 약재 장사를 하다가 청하현淸河縣에 생약포를 차리고 대저택을 지어 살았다고 묘사된다. 서문경은 아버지 가업을 이어 약재업으로부터 시작해 비단과 전당포 등으로 사업을 확장하여 큰 재산을 모은다. 소설 《금병매》는 16세기 중국 사회의 다양한 모습을 그려내고 있는데, 그 가운데 주인공이 약재상을 경영했다는 사실을 통해서 약업이 당

....

8 彭公天, 〈樟樹藥帮縱橫談〉, 《藥學通報》 23(8), 1988, 490쪽.
9 藤井宏, 〈新安商人の研究〉(三), 《東洋學報》 36-3, 1953, 76쪽.

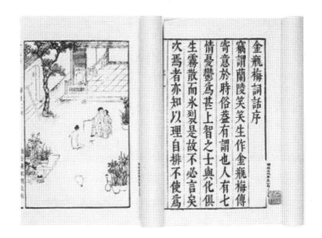

◈ 63 《금병매》

시 경제에서 상당히 중요한 위치에 있었음을 알 수 있다. 실제로 그가 경영했던 다른 사업들 예를 들면 전당업이나 비단점 등도 당시의 대표적인 산업들이었다.

　이 시기 또 다른 소설 《이각박안경기二刻拍案驚奇》에는 당시 중국 최대의 상인집단의 하나였던 휘주상인徽州商人 가운데 외지로 나가 약재업에 종사했던 사람을 배경으로 한 이야기가 나온다. 이 소설의 권37에는 휘주 출신 상인으로 요녕성 요양遼陽에서 활동했던 정채程宷와 정재程宰 형제 이야기가 실려 있다.[10] 정씨 형제는 명 정덕 원년(1506)에 수천 냥의 자본을 가지고 요양 지방에 와서 인삼·송자松子·초피貂皮·동주東珠 같은 약재를 판매하며 생계를 꾸려나갔으나 운이 나빠 실패했다고 한다. 당시 휘주에서는 상업을 하러 외지로 나갔다가 성공하여 거액의 이익을 남기고 돌아오면 종족·친구로부터나 가족에 이르기까지 존경을 받지만, 실패한 뒤에 고향으로 돌아오면 웃음거리로 전락하고 만다. 따라서 정씨 형제는 고향으로 돌아가지 않고 요양에서 점포를 내어 운영하고 있던

10　이하 程宷와 程宰 형제의 이야기는 藤井宏, 1953(二), 47쪽 참조.

또 다른 휘주상인의 점포에 점원으로 들어갔다. 그로부터 약 10여 년의 세월이 지난 정덕 14년(1519) 여름 동생 정재는 꿈속에서 장사를 통해 이익을 남길 수 있는 방법을 배운다. 그리고 그해 여름 약재를 팔러 요동에 온 상인이 판매하고 남은 황백黃栢과 대황大黃 처치에 곤란을 겪고 있을 때 정재는 점포에서 노동으로 번 돈 약 10냥을 투자하여 그것을 모두 매점하였다. 그 뒤 얼마 지나지 않아 요동 지역에 전염병이 돌자 그는 큰 이익을 남길 수 있었다.

소설 속 정채·정재 형제의 사례를 통해 몇 가지 사실을 파악할 수 있다. 우선 당시 약재업이 중요한 상업 활동의 한 분야로 자리 잡고 있었으며, 외지로 나가 상업에 성공하지 못한 사람들은 귀향조차 생각하지 못하고, 동향 사람의 점포에 종업원으로 들어가 권토중래를 모색하였다는 사실을 통해 중국인들의 강한 연고주의 의식과 더불어 사업 성공을 향한 의지를 엿볼 수 있다. 또한 전염병이 한 번 유행하면 이를 계기로 큰 이윤을 남긴 약재업의 특성을 그대로 반영하고 있다. '매점매석'과 큰 이익 남기는 것을 당연시했던 중국인에게 전염병이 잇따라 나타났던 전근대에 약재업이 다른 업종보다 매력적이었을 것이다.

3. 안국약시에서 활동했던 상방들

명 중기 이후 활성화된 전업 약시에는 각 지역에서 상인들이 모여들기 시작했는데, 이들은 끈끈한 지연에 기초하여 '지역약방'을 만들었다. 약재만을 전문적으로 취급하는 상인들의 모임인 약방이 가장 먼저 출현한 곳은 안국약시에서였다.[11] 안국약시에서는 '방'의 성립 이전에도 각지역 상인을 중심으로 회관이나 공소 등을 설립하였다. 광방(광동방)의 광동회관, 절강방의 절강회관, 회방懷幫의 하남공소, 장방樟幫의 만수궁萬壽宮, 한구방漢口幫의 우왕궁禹王宮, 섬서방의 삼원묘三元廟 등이 그것이다. 그러다가 청 중기, 약업의 전성시기에 각 지역 약방의 결성이 두드러지게 나타났는데, 건륭연간(1735~1796) 북경·통주通州의 약상이 경통행京通行을, 산동약상이 산동행을 조직하여 교역에 참가했다. 안국 약왕묘에서 건륭 56년(1791)에 건립된 〈중수약왕묘비기〉에는 건륭 44년(1779) 회경懷慶 하내현河內縣(현재의 하남성 심양沁陽) 상인들이 자금을 모아 '약왕묘'를 수리하였음을 밝히고 있다. 비문 기록을 보면 당시 '회방懷幫'[12]이 아직 성립되지 않았지만 공동으로 활동하고 있음을 알 수 있다.

가경연간(1796~1820)에 세워진 비문에는 '산서방山西幫'과 북경·통주 약상들이 조직한 '경통행', 산동약상들이 조직한 '산동창山東廠', 단일 약재를 취급하는 '황기행黃芪行', '감초창甘草廠' 등이 보인다. 이로 보건데 '방' 이전에는 '행行'과 '창廠'으로 일컬어지기도 했던 것이다. '고북구방古北口幫'은 이 시기에 아직 형성되지 않았기에 비문에는 단지 '고북구 중상衆商'으로 칭해지고, 안국 본지의 약상들도 '남약가南藥街 중상衆商', '화읍가華邑街 중상衆商'이라 했다.[13]

도광 9년(1829)에는 각지의 약상들이 자금을 모아 약왕묘 앞에 두

11 唐廷猷, 2003, 251쪽.

12 이민호, 〈淸代 '懷慶藥商'의 상업활동과 네트워크 형성-'協盛全'과 '杜盛興'을 중심으로〉,《명청사연구》35, 2011; 王婧,〈淸代中後期懷慶藥商的地域經營〉,《株洲師範高等專科學校學報》12-6, 2007; 程峰,〈明淸時期懷商崛起的原因〉,《南都學壇》(人文社會科學學報) 27-4, 2007; 崔來廷,〈略論明淸時期的河南懷慶商人及貿易網絡〉,《河南理工大學學報(社會科學版)》7-3, 2006 등 참조.

13 趙英·李文策·朱孟申 主編,《安國中醫藥志》, 香港銀河出版社, 2002, 87쪽.

◈ 64 약상들이 자금을 모
아 건립한 안국 약왕묘 철
기간

개의 철간鐵杆을 주조하였는데 아래쪽에 자금을 출연한 관동방·섬서방·
산서방·산동방·황기방黃芪帮·경통위방京通衛帮·고북구방古北口帮의 명단을
새겼다. 이 가운데 '황기방'은 안국 본지 상인들이 조직하였는데, 약방들
가운데 약재 명칭을 따서 황기를 전문으로 취급하였다.[14] 이후 안국에는
서북구방西北口帮·회방懷帮·박주방亳州帮·영파방寧波帮·강서방江西帮·광방
廣帮·창무방彰武帮 등이 생겨났다.

방의 결성은 청 동치 4년(1865)에 안국 약왕묘 안에 건립된 〈하남창덕
부무안현합방신립비河南彰德府武安縣合帮新立碑〉에 "객상들이 화물을 가지
고 와서 판매하는데, 각 성별로 이루어졌으며, 성마다 방을 만드니 13방
이 되었다"[15]고 하고, 구체적으로 관동방·섬서방·산서방·산동방·경통위

14 〈同治十二年至光緖五年(1873~1879)衆商義捐布施碑記〉에 따르면 光緖 2年(1876)
'黃芪帮'에는 德興永·德和公·萬和永·根深茂·德盛堂·永和泰·廣慶堂·德慶源·德成公·復
成堂·居仁堂·三元堂·四美堂·通生慶·同興茂·三合堂·三盆公·三義堂·九德堂·三合義·雙
盛公·常在堂·三德常·興盛店·趙洛魁·左殿·劉樹淸·焦柏銀·李老邁·王萬三·同起富 등 32
家의 藥行 商戶가 있었다.

15 〈河南彰德府武安縣合帮新立碑〉: "凡客商載貨來售者, 各分以省, 省自爲帮, 各省共得十

방·고북구방·서북구방·회방·박주방·영파방·강서방·광방·창무방 등 13방[16]
이 열거되고 있다. 이후 청말에는 더욱 증가하여 전국적으로 대략 17방
이 있었다고 한다.

안국약시에 성립되었던 '방'의 성격과 관련해서 왕방중王方中·능요凌耀
는 1959년에 발표한 《하북안국현약업역사조사보고河北安國縣藥業歷史調査
報告》에서 다음과 밝히고 있다.

> 방회帮會에는 명확한 조직 기구가 있는 것이 아니었고, 다만 회수會首가
> 있을 뿐이었다. 회수는 추천하여 선발하였고, 교대로 담당하였다. 몇몇 방의
> 경우 방판帮辦(조수 혹은 보좌관)을 두고 묘회 기간에 4일 동안 희극 공연
> 을 하였는데, 필요한 경비는 회수가 각 상호의 자금 상황을 고려하여 부담
> 토록 하였다. 방의 역할은 대외적으로 발생한 문제를 해결하는 측면이 강하
> 였는데, 예를 들면 방 내 상인과 다른 방에 속한 상인 사이에 분쟁이 발생
> 했을 때 방 성원 전체가 힘을 합쳐 도와주는 것이다. 자금을 모아 공연하
> 는 것도 외방外帮 및 고객을 상대로 재력을 보여 주기 위함이었다. 이들
> 상업자본가가 조성한 방과 중세 도시 수공업자가 결성한 길드의 차이점은
> 방 내부의 구속력에 제한이 있었다는 점이다. 방 내부 상호 간의 분쟁이
> 발생하면 회수는 이를 조정하는 역할을 수행하였지만, 약재의 가격이나 이
> 윤 책정 등은 전적으로 개별 상호가 자주적으로 결정하였다.[17]

三帮"(唐廷猷, 2003, 251쪽 재인용)

16 祁州藥市를 배경으로 활동한 13방에 대해서는 이설도 존재한다. 喬冀民은 關東帮·京
通衛帮·古北口帮·陝西帮·山西帮·彰武帮·懷帮·山東帮·浙寧帮·禹州帮·亳州帮·江西帮·
廣帮이라 했고, 《當代中國的醫藥事業》에는 關東帮·京通帮·古北口帮·西北口帮·陝西帮·
山西帮·懷帮·彰武帮·山東帮·寧波帮·川帮·江西帮·亳州帮이 거론되고 있다(唐廷猷, 2003,
251~252쪽).

17 趙英·李文策·朱孟申 主編, 2002, 89쪽.

안국약시에서 '13방'의 영향력은 절대적인 것으로, 7.7사변이 일어나기 바로 직전 전체 교역액 5,000만 위안 가운데 이들이 차지하는 비중은 3,200만 위안으로 전체의 60% 이상을 차지하고 있었다.[18] 안국약시에서 활동했던 주요한 17개 약방의 특징을 간단히 소개하면 다음과 같다.

【표 Ⅲ-1】 청대 안국약시의 주요 약방[19]

구분	명칭	지역	집산지	주요 취급 품목
1	관동방	요녕, 길림, 흑룡강	영구營口	인삼, 황기黃芪, 호골虎骨, 목통木通, 담초膽草, 목적木賊, 방풍防風, 오미자, 녹용 등
2	고북구방	고북구(북경 밀운 동북)와 열하(승덕承德)	승덕, 영구	황기, 방풍, 지모知母, 시호柴胡, 육종용肉蓰蓉, 감초, 적작赤芍, 녹용
3	서북구방	호화호특, 포두包頭, 장가구	포두	감초, 황기, 적작, 육종용, 당귀當歸, 대황
4	경통위방	북경, 통주, 천진	북경, 기주	북경 동인당 중성약中成藥, 황기, 천산갑穿山甲, 자뇨사紫硇砂, 수입 녹용, 장홍화藏紅花, 양계지洋桂枝, 양지실洋枳實, 양지
5	기주방	하북 기주 일대	기주약시	의이인薏苡仁, 박하, 황기, 기백지祁白芷, 판남근板藍根, 초결명草決明, 우슬牛膝
6	산서방	산서, 섬서 일부	태곡太谷	황기, 당삼, 감초, 창포, 연교連翹, 진구秦艽, 관동화款冬花, 원지遠志, 영양각羚羊角, 구기拘杞, 자초紫草, 서패모西貝母, 육종용, 소회향小茴香
7	섬서방	섬서, 감숙, 영하	서안, 한중	당귀, 구기, 강활羌活, 대황, 영양각, 사향麝香, 녹용
8	산동방	산동	제남	전갈全蝎, 아교阿膠, 은화銀花, 과루瓜蔞, 백자인柏子仁, 조주단피曹州丹皮
9	회방	하남 회경, 심양	회경, 정주	회산약懷山藥, 회우슬, 회국화, 회지황, 사향麝香, 주사朱砂

18 劉岩, 〈安國藥材産業發展的經濟文化基礎〉, 《地理研究》 1998-17 3卷, 306쪽.
19 唐廷猷, 2003, 252~254쪽 참조.

10	창무방	하남 창덕彰德(안양), 무안	창덕	홍화紅花, 과루瓜蔞, 향부香附, 백지, 창포, 당삼, 연교, 사향
11	우주방	하남 우주	우주	우백부禹白附, 회전갈會全蝎, 밀은화密銀花
12	영파방	절강, 강소	영파, 상해	'절팔미浙八味'(절패모, 절맥동浙麥冬, 절현삼浙玄參, 절현호浙玄胡, 절조피浙棗皮, 항백술杭白術, 항백작, 항국화), 치자梔子, 이홍피二紅皮
13	박주방	박주 및 안휘 기타 지역	박주	박국毫菊, 박작, 과루瓜蔞, 백개자白芥子
14	강서방 (장방樟幇)	강서(청강현 일대 약상 위주)	장수	지실枳實, 지곡枳殼, 반하半夏
15	한구방	한구 및 호북 기타 지역	한구	복령茯笭, 저령猪苓, 길경桔梗, 연자蓮子, 귀판, 별갑鱉甲, 오공蜈蚣
16	천방	사천, 운남, 귀주	성도, 중경重慶, 곤명昆明, 대리大理, 귀양貴陽, 존의遵義	천맥동川麥冬, 천황련川黃蓮, 천패모, 천지각, 천지실, 천불수川佛手, 천진피川陳皮, 천대황, 천단삼川丹參, 천궁川芎, 부자附子, 충초虫草, 사향麝香, 천마天麻, 치자, 두중杜仲, 후박厚朴, 황백黃柏, 삼칠三七, 오수유吳茱萸, 주사, 웅황
17	광방	광동, 광서	광주, 홍콩	중성약, 광곽향廣藿香, 석곡石斛, 전칠田七, 합개蛤蚧, 수입남약收入南藥

① **판동방**

동북3성과 내몽골 및 고려(조선)의 약상. 적어도 400~500호[20]에 달했으며, 집산지는 길림吉林·영구營口 등이었는데, 저명한 상호로는 세익당世益堂·보화寶和·만옥萬玉·영덕호永德號 등이 있었다. 주요 취급 품목으로는 인삼·황기·호골虎骨·황백黃柏·목통木通·세신細辛·담초膽草·목적木賊·

---

20 이 숫자는 시기에 따라 달라지기도 하며, 楊小敏 등의 연구에서는 210호라 하여 역시 안국약시에서 대방으로 분류되었다고 한다(楊小敏·王中良·李林, 〈祁州藥市的關東幇和山西幇〉, 《黑龍江史志》 2014年 7月, 359쪽).

당삼黨蔘·방풍防風·오미자五味子·녹용鹿茸 등 관외關外 약재로 수량이 매우 많았다. 관동방은 약제를 판매한 뒤 주로 남방의 약제인 천폐고川貝母·천궁川芎·백출白朮·절패모浙貝母·적작赤芍·원호元胡·계피 등을 매입하였다. 평한철로平漢鐵路(북평北平, 곧 북경-한구)가 건설되기 이전까지 이들이 묘회에 참가하기 위해 동원된 표거鏢車[21], 수레의 왕래가 끊이지 않아 안국약시에서는 이들을 '관동대군關東大軍'[22]이라 일컬었다. 조선 상인들도 인삼을 매개로 활동했을 것으로 보인다. 그것은 청대의 또 다른 전업 약시이면서 안국과 더불어 '북기주北祁州 남우주南禹州'로 알려진 우주약시에서 "22개 성은 물론이고 서양西洋·남양南洋, 고려高麗(곧 조선) 등 해외 약상들도 참가했다"[23]는 (민국)《우현지禹縣志》의 기사를 통해서 짐작할 수 있다. 매년 가져오는 약재가 약 270여 만근에 달했으나, 안국에 상주하는 약상은 많지 않아 3~4호에 지나지 않았다. 대개 봄철 묘회에는 참여하지 않고 겨울에만 참여했는데, 그 이유는 관동지역 도지 약재의 시령時令과 관계가 있는 것으로 생각된다. 묘회에서 이들이 차지하는 비중이 매우 컸기 때문에 만약 참가하지 않을 경우 묘회 매출의 절반이 줄어든다고 말하기도 했다. 이 방의 방회수幇會首로는 세익당世益堂의 곽보정郭寶幀, 영청합永淸合의 곽낙이郭洛二 등이 있었다.[24]

....

[21] 여객 또는 화물의 안전을 위해 주로 산동 사람이 경영하였던 일종의 운송업으로, 각지의 강도와 내통하여 매년 금품을 제공하여 안전을 도모하고 鏢客·鏢師를 고용하여 호송 임무를 맡긴 것을 鏢局이라 한다. 이때 운송업에 사용되었던 수레나 배를 鏢車 또는 鏢船이라 했다.

[22] 唐廷猷, 2003, 252쪽; 趙英·李文策·朱孟申 主編, 2002, 88쪽.

[23] 車雲 修, (民國)《禹縣志》卷7〈物産志〉.

[24] 楊小敏·王中良·李林, 2014, 359쪽.

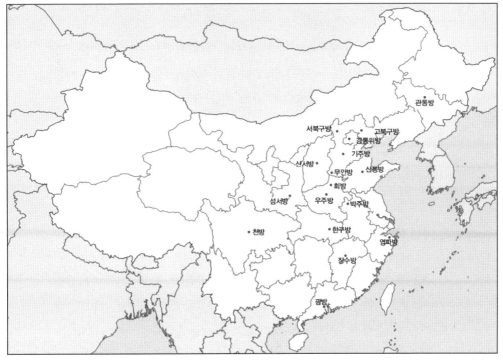

◈ 65 중국의 주요 약방(17방)

② 고북구방

　　고북구古北口(북경 밀운密雲 동북)와 승덕承德·팔구八溝(평천平泉) 일대의 약상으로 집산지는 승덕과 영구營口이다. 저명한 상호로는 장춘당長春堂·광덕당廣德堂·금태당錦泰堂·복원당福元堂·증수당增壽堂 등이 있다. 묘회 기간 동안 안국에서 활동한 것은 130호 정도였다. 황기黃芪·방풍防風·지모知母·시호柴胡·육종용肉蓯蓉·감초·적작赤芍·녹용·저령豬苓·길경桔梗 등을 판매하였고, 갑편甲片·청목향靑木香·인삼·세신細辛 등을 구입하였다.

③ 거북구방

호화호특呼和浩特·포두包頭·장가구張家口 일대의 약상으로 집산지는 포두이다. 이름난 상호로는 중화이中和李·춘화유春和裕·영화정永和正·태화당太和堂·이수당頤壽堂 등이 있었다. 묘회 기간 동안 안국에서 활동한 것은 30호 정도였다. 이들은 고륜庫倫 황기·양주凉州 대황大黃·방풍·영양각羚羊角·사항麝香 등을 가지고 와서 판매하고, 구입한 품목은 고북구방과 거의 동일하였다.

④ 경통위방

북경·통주通州·천진天津 일대의 약상을 가리킨다. 한때 영파방이 경방京帮에 부속되었던 적도 있었다. 묘회 때 안국에 왔던 상호는 310호 정도 되었다. 유명한 곳으로 북경의 동인당同仁堂·천지당千芝堂·동제당同濟堂·협성인協盛仁·경인당慶仁堂·영성합永盛合, 천진의 융순용隆順榕·취흥합聚興合·송무당松茂堂·만년청萬年靑·건곤일당乾坤一堂·위생당衛生堂·보심당寶心堂·만전당萬全堂·서지당瑞芝堂, 통주通州의 보흥공寶興公 등이 있었다. 북경에서 들여온 상품은 주로 동인당, 동제당의 환丸·산散·고膏·단丹이 주를 이루었다. 이들이 매입한 것으로는 우황牛黃·사항麝香·인삼 등과 당귀·대황大黃·목향木香·사인砂仁·당삼 등이다. 천진에서 온 상품으로는 천궁川芎·빈랑檳榔·양홍화洋紅花이고, 홍콩으로부터 들여온 광화廣貨, 예를 들면 목향·서각犀角·정향丁香·산갑山甲 등도 있었다. 감초·적작赤芍·대황·대청엽大靑葉·용갑龍甲·지모知母·자완紫菀·황기·도인桃仁 같은 약초도 사들였다. 청말 이들 상품의 대부분은 천진을 경유하여 홍콩에서 판매되었다. 통주 출신은 많지 않아 몇 호의 성약포成藥鋪가 있었을 뿐으로 가져온 약은 매우 적었고, 묘회 기간 동안에는 주로 생약을 구입하였다.

⑤ 기주방(황기방)

안국 본지의 약상으로 약 300여 호가 있었으며, 잘 알려진 상호로는 인화당人和堂·신덕창新德昌·태화춘太和春·돈생당敦生堂·영화당永和堂·서천석西天錫·덕흥안德興安·덕화공德和公·삼합당三合堂·통생당通生堂·삼성덕三盛德 등이다. 이들은 약재집산지의 장점을 살려 각지에 대규모로 약재를 판매하였다.

⑥ 산서방

섬서 일부 지역을 포함한 산서의 약상으로 산서방 가운데 광약廣藥을 판매하는 상인은 광방廣帮으로 불린다. 묘회 기간에 안국에 오는 것은 240호 정도이다. 태곡太谷과 서안이 집산지로 저명한 상호로는 영춘원永春遠·광무원廣茂遠·광재원廣財遠·취승경聚升慶·영화당永和堂 등이다. 이들은 원지遠志·영양각羚羊角·구기拘杞·자초紫草·서패모西貝母·육종용肉蓯蓉·소회향小茴香 등을 팔고 인삼·산사山楂·천황련川黃連·목향木香 등을 사들였다. 평요현平遙縣 출신 약상들도 묘회 기간 동안 직접 안국에 와서 거래하였는데 대표적인 상호로는 연수당延壽堂·도생명道生明·운금성雲錦成·서생상瑞生祥·생무창生茂昌 등이 있었다.[25] 안국 약시에서 산서방의 활동은 단순히 약재교역에만 그치지 않고, 화폐 유통 분야에서 더욱 두드러졌다. 즉 안국약시의 이른바 '5대회五大會' 가운데 하나인 '은전호회'는

....

25 劉崇生, 〈平遙縣中藥材經營史話〉, 《山西文史》 1995-2, 154쪽.

산서상인들이 가장 큰 세력을 형성했다. 안국약시의 은호 가운데 가장 일찍 설립하고 세력이 가장 컸던 것은 산서인이 경영했다. 가장 이른 시기의 은호는 건륭연간(1736~1795)에 개설한 '흥성은호興盛銀號'였다. 은호는 북방의 신용기구(남방의 대大·중전장中錢庄에 상당)로 예금과 대출 등의 업무를 보며, 오늘날 어음에 해당하는 장표庄票, 은전표銀錢票를 발행하기도 했다. 안국약시에서 은호를 경영했던 사람들은 산서성의 태곡太谷·유차榆次 출신이 많았으며, 저명한 것으로 공집성公集誠·흥성호興盛號 등이 있었다.[26]

⑦ 섬거방

섬서·감숙·영하 일대의 약상으로 집산지는 서안西安·한중漢中이다. 이름난 약상으로는 영륭전永隆全·복수창福壽昌 등이 있고, 묘회 기간에는 10여 호가 활동하였으며, 장기간 거주한 것도 3~4호 되었다. 당귀當歸·영대황寧大黃·구기拘杞·강활羌活·영양각·서사향西麝香 등을 팔고, 관동인삼關東人蔘·세신細辛·광서각廣犀角·목향木香·사인砂仁·산갑山甲 등을 사들였다.

⑧ 산동방

산동 일대의 약상으로 묘회 기간 중에 활동하였던 것은 약 120호 정도이다. 제남濟南이 집산지로 저명한 상호로는 덕성공德成公·익리공益利公·덕흥당德興堂·공순성公順成·금성리金成利·만성공萬盛公·미성공美成公·항흥당恒興堂·육합태六合泰·광덕당廣德堂·원륭호源隆號·천성덕天成德·복성덕福成德 등이 있었다. 이들이 들여온 상품으로는 전갈全蝎·아교阿膠·금은

---

26 楊小敏·王中良·李林, 2014, 359쪽.

화金銀花·청반하淸半夏 등이었고, 감초·황기편黃芪片·오미자·지모知母·황기 등을 매입하였다.

⑨ 회방

하남 회경懷慶·심양沁陽 일대의 약상으로 회경·정주鄭州가 집산지이다. 잘 알려진 곳으로는 두성흥杜盛興·수성괴水盛魁·영태항永泰恒·영흥덕永興德 등이 있었고, 묘회 기간 동안 80여 호가 활동하였으며, 10여 호가 상주하였다. 산약山藥·우슬牛膝·국화·지황地黃 등 이른바 '4대회약四大懷藥'과 사항麝香·주사朱砂 등을 판매하고, 인삼·황기 및 기타 북방 약재를 구입하였다. 회방은 안국 약시의 약왕묘 수리에 많은 공헌을 하였는데, 〈동치12년춘회지광서4년동회객방은전연항비기同治12年春會至光緒5年冬會客帮銀錢捐項碑記〉에 따르면 당시 약왕묘 수리에 회방은 51가의 상호에서 자본을 출연했으며, 특히 두성흥은 가장 많은 77량을 기부하기도 했다.[27]

⑩ 창무방

하남 창덕彰德(현 안양安陽), 무안武安(현재는 하북성에 속함) 일대 약상들이 조직한 방. 집산지는 창덕이다. 이름난 상호로는 대유항大有恒·쌍화의雙和義·적성합積盛合·덕의패德義沛·의성덕義盛德·덕취성德聚盛 등이 있다. 묘회 때는 190여 호가 안국에서 활동했다. 창포菖蒲·백지白芷·홍화紅花·도인桃仁·행인杏仁·과루瓜蔞·향부香附·당삼黨蔘·연교連翹·사항麝香을 판매하고, 빈랑편檳榔片·광각廣角·목향木香·지실枳實 등을 구입하였다.

....

27 王興亞, 〈淸代懷慶商人的經營之道〉, 《石家庄學院學報》 2006-1, 243쪽.

⑪ 우주방

하남 우주禹州 일대의 약상으로 잘 알려진 상호로는 신복흥新福興 약장藥庄이 있으며, 10여 호가 안국에 상주했다. 우주방은 사천·운남·귀주의 약재를 한구漢口나 우주를 거쳐 안국으로 운반하여 팔고 안국에서 구입한 약재를 되팔았다. 우백부禹白附·회전갈會全蝎·밀은화密銀花·당귀·대황大黃·천궁·황련黃連 등을 판매하고, 관동과 북방의 상품을 사들였다.

⑫ 영파방

절강 영파 일대의 약상으로 집산지는 영파·상해이다. 저명한 상호로는 창기호昌記號·형길태亨吉泰·정형호鼎亨號·화태호和泰號·원윤호源潤號 등이 있다. 묘회 기간 동안 160호가 안국에서 활동하였고, 6~7호가 상주해 있었다. '절팔미浙八昧'(절패모浙貝母·절맥동浙麥冬·절현삼浙玄參·절현호浙玄胡·절조피浙棗皮·항백출杭白朮·항백작杭白芍·항국화杭菊花)와 치자梔子·이홍피二紅皮 등을 판매하고, 황기·대운大蕓·구기·동화冬花·은화銀花 등을 구입하였다. 영파방은 주로 남약南藥을 북약北藥과 교환하고 빈번한 수출입 업무로 홍콩·일본·동남아 지역 상인들과도 교역하였다.

⑬ 박주방

안휘 박주 일대의 약상으로 유명한 상호로는 동경항東慶恒·괴흥장魁興長 등이 있었다. 묘회 기간에는 90여 호가 활동하였고, 14호가 상주해 있었다. 박국毫菊·박작毫芍·박고자毫故子·과루瓜蔞·백개자白芥子 등을 판매하고 동북 및 산동의 상품을 구입하였다.

⑭ **강서방**(장방樟帮)

강서성 청강현淸江縣 일대의 약상이 주를 이루며, 묘회 기간 동안 안국에서는 20여 호가 활동하고 4~5호가 상주했다. 이름난 상호로는 섭진무聶振茂·지성신志誠信·덕후창德厚昌·항의태恒義泰·제춘당濟春堂·영무호榮茂號 등이 있었다. 택사澤瀉·주사朱砂·황련黃連·천강川羗·진피陳皮·지실枳實·지각枳殼·반하半夏 등을 팔고, 동북·산동의 상품을 사들였다.

⑮ **한구방**

한구를 비롯한 호북 지역의 약상으로 복령茯苓·저령猪苓·길경桔梗·연자蓮子·귀판龜板·별갑鱉甲·오공蜈蚣 등을 취급했다. 한구를 집산지로 삼으며, 주로 장강長江과 한강漢江을 비롯한 대운하 등 주로 수로교통을 이용해 안국 약시와 교류했다.

⑯ **천방**川帮

사천성 약상으로 성도成都가 집산지이며, 유명한 상호로는 오주약장五洲藥庄이 있었다. 천맥동川麥冬·천황련川黃蓮·천패모川貝母·천지각川枳殼·천지실川枳實·천불수川佛手·천진피川陳皮·천대황川大黃·천모삼川丹參·천궁川芎·부자附子·충초虫草·사향麝香·천마天麻·치자梔子·두충杜仲·후박厚朴·황백黃柏·삼칠三七·오수유吳茱萸·주사朱砂·웅황雄黃을 판매하고 국화·백지·세신·담초膽草·당삼黨蔘 등을 구입하였다.

⑰ **광방**

광동·광서·남양南洋 일대의 약상으로 집산지는 광주廣州·홍콩이다. 명칭은 광방이지만 대부분의 약상은 산서인이었다. 묘회 기간 동안 30여 호기 참가하였고, 10여 호기 상주하였다. 광전취廣全聚 광승인廣刃遠 등이 유명하였다. 청말 광방이 운반·판매했던 약재의 대다수는 수입한 것으로, 예를 들면 유럽의 용연향龍涎香, 아프리카의 서우각犀牛角, 미국의 화기삼花旗蔘, 일본의 서약西藥, 인도의 목향木香·유향乳香·몰약沒藥, 베트남의 사인砂仁·두구豆蔲·육계肉桂 등이 있다.

4. 우주의 외래약상과 '4대약방회관'

중국의 어느 특정 약시에서 외래 약상들이 활동한 증거를 찾는 것은 어렵지 않다. 앞서 안국약시에서는 중국 전역에서 모여든 13방이 활동했던 사실을 거론했는데, 우주라고 해서 다르지 않았다. 안국약시에서 외래 약상들이 방을 결성하여 활동했던 사실은 약왕묘의 철간 지주 등에 직접적인 기록으로 확인할 수 있는 것처럼, 우주에서는 외지에서 온 상인들이 건립했던 각종 회관을 통해 짐작할 수 있다. 청대 중후기의 약 200년 동안은 우주약시에서 약재 교역 규모가 점차 확대되는 전성기로 "동서남북의 모든 약재는 반드시 우주를 통해 매매된다(東西南北地道貨, 買賣必經禹州過)"고 할 정도였다. 실제로 우주에는 다양한 루트를 통해 각 지역의 특산 약재가 유입되어 거래되었으니《우주의약지禹州醫藥志》에는 다음과 같이 묘사했다.

　　매년 교역 때나 약재 생산 시기에 서북 내몽고의 감초·감숙의 대황大黃·

당귀 및 영하·청해 등의 약재는 짐승의 등에 짐을 싣고 낙양과 등봉登封에 이르러 아림구阿林口를 거쳐 사람이 직접 운반하거나 수레 또는 말을 이용하여 복우伏牛산맥을 넘어 우주로 진입한다. 남방의 양호两湖(호남·호북)·양광两廣(광동·광서)·운남·귀주·사천 등의 약재는 수로를 통해 노하구老河口에 이르러 다시 육로를 통해 우주로 들어온다. 동남의 소蘇(강소)·환皖(안휘)·절浙(절강)·민閩(복건) 등의 약재와 수입한 남약南藥은 안휘 방부蚌埠를 따라서 먼저 수운으로 예동豫東(하남성 동부)의 주구 부두에 도착한 다음 마차로 옮겨 실어 우주에 도달한다. 북방의 약재는 황하 수운을 따라 사수汜水에 도착한 뒤 정주鄭州를 거쳐 우주로 진입했다. 동남아·서양·남양 각국의 약상도 우주에 와서 교역했다. 우주 상업의 번영은 상객의 왕래가 끊이지 않았으며, 사람과 차량의 왕래도 주야를 가리지 않았다. 전국 약재가 몰려 품종이 천 종을 넘었으며, 왕래하는 차와 사람 등에 짐을 실은 동물의 행렬이 수 리에 달하고, 쌓인 화물 수가 백만을 헤아릴 정도였으니 화물 꼭대기에 오르면 사방의 산천을 바라볼 수 있을 정도였다.[28]

위의 기사를 통해 긱지에서 약싱들이 우주에 와시 약업에 종사했음을 알 수 있다. 우주에 가장 먼저 발을 들여놓은 외지상인은 산서성 출신 약상들이었다. 그들은 강희연간(1662~1722)에 우주에 운집하여 성내 서북 지역에 '산서회관'을 세웠다. 이후 각지의 상인들이 모여들어 이른

---

28 任文政主編 《禹州醫藥志》, 中国科教出版社, 2005; 胡一三, 〈禹縣中藥材集散地史料〉, 《禹縣文史資料》 第2集, 54쪽 : "每年會期或藥材産季, 西北路内蒙的甘草, 甘肅的大黄, 當歸及寧夏, 青海等省的藥材, 用馱帮運至洛阳登封途經阿林口, 用人担, 土車, 馬匹翻過伏牛山脉進入禹州; 南路两湖, 两廣, 雲, 貴, 川等省藥材由水路運至老河口, 再經陸路轉運禹州; 東南路蘇,皖,浙,閩等省的藥材及进口南藥, 順安徽蚌埠, 界首水運到豫東周口碼頭, 轉乘馬車運到禹州; 北方各省地道藥材則由黄河水運至汜水下輪, 經鄭入禹; 東南亞, 西洋, 南洋一些國家的藥商也紛紛到禹州進行藥材交易. 整個禹州商業繁榮, 商客絡繹不絶, 人來車往, 晝夜不息。全國藥材集中一地, 其品種多達千種, 往來車脚, 馱帮延至数里. 堆積貨物数以百萬計, 登至垛頂可环眺四郊山川."

바 '13방'을 결성하고 각자의 이익을 도모하기 위한 회관을 건립하기 시작했다. '산서회관'을 필두로 '13방회관'·'회방회관'·'강서회관'이 계속 세워졌으니 이를 4대약방회관이라 한다. 하지만 이들 회관 건물 가운데 현재 남아 있는 것은 '13방회관'과 '회방회관'뿐이다.

① '13방회관'

13방은 우주약시를 중심으로 활동했던 전국의 13개 약상 조직이다. 하북 안국에도 13방이 존재하지만, 그 구성원에는 차이가 있다. 이들은 우주에서 약업을 원활하게 수행하고, 친목도모와 상호부조를 위해 공동의 공간을 마련하고자 회관을 건립했다. 동치 10년(1871) 회수會首 곽광덕郭廣德·연문중連文中·반승염潘升炎·완요상阮耀祥·왕릉운王凌雲·상천복常天福·고유방高有幇·채한문蔡漢文·호건지胡乾之·왕이원王二元·범정동范廷棟 등이 자본을 내어 13방 담장[원장院墻]과 관제묘關帝廟를 건립했다. 이어서 동치 12년(1873) 6월 약행방藥行幇·약붕방藥棚幇·당삼방薰蔘幇·감초방甘草幇·복령방茯苓幇·강서방·섬서방·회경방懷慶幇·한구방漢口幇·사천방·영파방·노하구방老河口幇·기주방祁州幇 등 13개 약방이 자금을 모아 20무의 토지를 구매하고 13방회관을 세웠다. 그 뒤 광서 20년(1894)에 회수 서장취徐長聚·무청武淸·경금용耿金鏞 등이 자금을 모아 13방 약왕전과 연희루를 세웠다. 광서 26년(1900)에 십삼방회관주방十三幇會館廚房·양병원養病院·음택원陰宅院·도원道院·이문二門·영벽장影壁墻을, 광서 29년(1903)에는 십삼방회의소十三幇會議所를 건립했다.

'13방회관'은 배치상 묘원廟院·중배원中配院·회의소會議所의 세 부분으로 나뉜다. 그 가운데 묘원은 회관의 서쪽에 위치하였는데 구룡벽九龍壁·철목기간鐵木旗杆·산문山門·종루鐘樓와 고루鼓樓·희루戱樓·동서랑방·배대배대臺·배전拜殿·대전大殿 및 배전配殿으로 구성되어 있다. 전체 건축물은 남향이고, 앞쪽이 낮고 뒤쪽이 높은 구조로 되어 있다.

근·현대의 혼란기에는 우주 약업이 일시적으로 쇠퇴하고 회관은 군벌 부대들의 주둔지 등으로 변질되기도 했다. 1922년 섬군陝軍 조세영曹世英이 '13방회관'을 사령부로 삼아 회관 주위에서 홍창회紅槍會[29]와 격전을 치르기도 했다. 1926년부터 1930년까지 '13방회관'은 이진아李鎮亞·왕로오王老五·유흑칠劉黑七 등 토비나 군벌이 장기간 웅거하기도 했다. 1932년에는 형장으로 사용되기도 했으며, 1936년부터 1947년까지는 사립 동산중학東山中學이었다가 1947년 겨울 인민해방군 중원군 사령부가 보풍寶豊에서 우현禹縣으로 천도함에 따라 등소평 등이 이곳에서 업무를 보기도 했다.

② '회방회관懷帮會館'

이른바 '4대회약'을 무기로 전국 각지로 진출했던 회경부懷慶府 소속 약상들이 산서상인의 뒤를 이어 우주에 발을 들여놓기 시작한 것은 강희연간(1662~1722)부터이다. 이들은 초기에는 '굴동인屈同仁'·'협성전協盛全' 등 따로따로 문을 열기 시작했다.[30] 이후 우주에 진출한 회경약상이 많아지고, 상방 간 경쟁이 치열해지자 공동으로 '회방懷帮'을 결성하고 대응해 나갔다. '회방'은 '우주 13방'[31] 중에서도 그 영향력이 상당했

---

29 紅槍會는 紅學會로도 칭해지며, 의화단운동 실패 후 민국시기 각지에서 토비가 창궐하자 1916년 산동지역에서 다시 결성한 비밀결사단체이다. 1917년 河南에 전파되었고, 1923년에는 直隸, 1924년에는 江蘇·陝西 등지에서도 출현했다.

30 王婧, 〈淸代中後期懷慶藥商的地域經營〉, 《株州師範高等專科學校學報》 12-6, 2007, 11쪽.

31 禹州藥市의 13帮은 漢帮·藥行帮·藥棚帮·黨參帮·甘草帮·寧波帮·四川帮·山陝帮·江西帮·懷帮·老河口帮·祁州帮·廣帮 등이다(王興亞, 〈淸代懷慶會館的歷史考察〉, 《石家庄學

◈ 66 우주
회방회관

는데, 우주성 안 서북쪽에 위치한 회방회관을 통해 짐작할 수 있다.

회관은 도광연간(1821~1850)에 세우기 시작하여 동치 11년(1872) 3월 완성한 것으로 우주에서 약재업에 종사하던 회경부 출신 거상들이 출자하여 세운 것이다. 대표 인물은 굴긍당屈肯堂을 경영하던 조영온趙永溫이며, 그와 함께 했던 9명의 회수 명단이 회관 대전에 새겨져 있다. 동치 13년(1874)에는 희루를 세우는 등 회관 부속건물의 증축과 수리가 민국연간까지 지속되었다.

회방회관은 '13방회관'의 동쪽에 위치하고 있으며, 남·북간 길이 120m, 동서 폭 78m, 총면적 9,360㎡로, 내부에는 조벽照壁·산문·희루·종鐘·고루·좌우랑방·대전 등으로 구성되어 있다. 이곳은 건축학적으로도 뛰어나 "13방 큰 건물이 회방 하나의 전만 못하다.(十三幇一大片, 不如懷幇一座殿)"32는 찬사를 듣기도 했다. 또한 모든 건축에 사용된 벽돌에도 '회

院學報》9-1, 2007, 63쪽).

32 王興亞, 《明淸河南集市廟會和會官》, 中州古籍出版社, 1999, 199쪽.

방'이라는 두 글자가 새겨져 있는데 이는 중국 건축사상 자주 보이지 않는 독특한 점이다.[33] 우주의 회방회관은 전국에 있는 약상 회관 가운데 규모가 크고 현재까지 보존 상태 또한 비교적 온전하다. 대전에는 회방의 정신적 지주라 할 수 있는 약왕 손사막을 모셔 놓았다. 회방회관은 1958년 우현 인민정부로부터 문물보호단위로 지정되었다.

③ '산서회관'과 '강서회관'

명초 주원장의 조령으로 약시가 개설되어 약상들이 균주鈞州(우주)에 모여들기 시작한 이래 가장 먼저 이 지역에 진출한 외래상인이 바로 산서약상이었다. 산서 중에서도 태곡太谷 지역 출신이 많아 이들을 '태곡방'이라 부르기도 했으며, 이어서 태원太原·대동大同 출신자가 뒤를 이었다. 당시 우주 약시에는 '진晉'이나 '태太'자 상호가 많았는데 이들 대부분은 산서 출신 상인들이었다.

강희연간(1662~1722)에 신서약상은 우주 성 시북 모시리에 회관을 건립했다. 이른바 우주 4대약방회관 가운데 첫 번째 건축물이다. 회관 건축물은 묘원廟院과 배원配院의 두 부분으로 구성되었다. 묘원은 제사활동 공간으로 산문·희루·동서상방·배대拜臺·배전拜殿 및 대전으로 조성되었다. 건륭 29년(1764)에는 397무의 땅을 매입하여 회관 건축 규모를 확대하였다. 이어서 도광 2년(1822)에는 회관 묘문廟門·벽장壁墻·환원環垣·도원道院·포주庖廚 등을 건립했다. 도광 6년(1826)에는 이사 시통유柴統裕·적윤약翟允若·의화창義和昌·시륭흥柴隆興·부유대富有大·옥성정玉成貞·복태공復泰公 등이 연합하여 관제묘를 중수하면서 산서회관의 종鐘·고루

33 http://www.zgzyy.com, 禹州市藥業管理委員會, 〈禹州懷慶會館〉.

鼓樓를 새롭게 세우며, 묘문·벽장壁墻·환원環垣을 고치고, 도원道院과 포주庖廚는 중수하였다. 이와 관련 당시(1826년) 〈중수관제묘병회관비기重修關帝廟并會館碑記〉에 다음과 같이 기술되어 있다.

> 강희연간(1662~1722)에 성 서북 모서리에 관제묘를 건립하고, 좌측에 회관을 지었다. 건륭연간(1736~1795)에 중수하였으나 비바람에 깎이고 부식되어 점차 허물어져 가니 제사를 지낼 때에도 보기가 민망하였다. 이에 업계 종사자들이 자금을 각출하여 다시금 건립하게 되었다.[34]

하지만 '산서회관'은 근·현대 격동기에 용도가 변경되었다가 최근 소멸되었다. 1944년 우현을 점령한 일본 제국주의 군대가 팔로군의 습격을 두려워하여 이곳을 성 거점으로 삼았다. 일본군이 항복한 뒤 사립 광복중학光復中學으로 되었다가 나중에 우주시 제이고급중학第二高級中學 교지校址가 되었다. 2000년 말 회관 약왕전이 허물어진 이후 2001년 남은 배전配殿·동서상방·희루·산문을 철거함으로써 역사의 뒤안길로 사라지게 되었다.

다음 우주에서 가장 늦게 건립된 약방회관인 '강서회관'은 근대에 들어와 강서성 출신 약상이 건립한 것이다. 1920년 2월 우주에 상주하고 있던 강서 출신 약상들은 자금을 모아 고균대동가로古鈞臺東街路 북쪽에 토지를 매입하고 직공을 모아 회관 건립을 시작했다. 하지만 건축물이 완공되기 전에 우주에서 군벌 간의 전쟁이 발발했고, 양국인梁國印 부대가 회관을 점거하고 숙영지로 사용했다. 1922년에는 조세영曹世英 부대

---

34 〈重修關帝廟并會館碑記〉, "康熙中城西北隅建有關帝廟, 左廂會館, 其重修乃在乾隆年間, 風雨剝蝕, 漸就傾圮, 于時對越, 難肅觀瞻, 同事諸公, 醵金而重成之"(http://www.zgzyy.com, 禹州市藥業管理委員會, 〈禹州山西會館〉 재인용)

가 주둔하여 우현을 방어하면서 회관을 사용했다. 계속되는 군벌들의 전란으로 강서약상들은 회관 건립을 지속할 수 없게 되었고, 결국 희루 등을 완공하지 못한 채 중단되었다. 1934년 극장으로 바뀌어 신중국 성립 때까지 지속되었다. 1961년 회관은 우현 수리국水利局 사무실로 바뀌었으며, 그 뒤 수리국을 확대하면서 회관 건축물은 모두 철거되어 현재 남아 있는 것이 없다.

5. 명청대 약상의 활약과 민영약국의 설립

명청대에는 중국 전역에서 약상들이 광범위하게 활동을 전개하면서 민영약국이 다수 설립되었다. 명대 약재업은 양곡이나 비단, 도자기 등과 더불어 중요한 산업 가운데 하나로 수도이자 최대의 소비도시였던 북경을 비롯해 경제가 발달한 양자강 하류 지역과 광동 등 거의 모든 지역에서 활기를 띠었다.

수도인 북경은 명초까지만 하더라도 원말의 전란으로 토지가 피폐해졌고 인구 또한 감소한 상태였다.[35] 하지만 영락제의 강력한 의지로 천도한 이후 '사민정책徙民政策'[36]을 통해 인구가 급격히 증가하였고, 통치

---

35 (明)沈榜,《宛暑雜記》卷7〈廊頭〉: "商賈未集, 市廛尙疏".
36 영락연간의 사민정책에 대해서는 董倩,〈明代永樂年間移民政策述論〉,《青海社會科學》1998-6; Edward L. Farmer(范德),〈論明之移都北京〉,《明史研究》4, 黃山書社, 1994); 新宮(佐藤) 學,〈明初北京への富民層强制移住について-所謂《富戶》の軌跡を中心に-〉,《東洋學報》64-1·2, 1983 등 참조.

계층이 상주함으로써 전국적인 교역의 중심이자 정치의 중심도시로 성장했다. 북경의 인구는 건국 초기에는 수만 명에 불과했으나, 사민정책의 추진과 수도 이전을 계기로 중기 이후에는 최소 60~70만 명에서 100만에 달하였다. 명 중기 이후 북경에는 상업에 종사하는 사람이 23만 명에 이르러 전체 인구의 1/3, 또는 1/4[37]에 달할 정도로 상업이 활성화되어 각지에 상업 지구가 형성되고 각종 상점이 들어섰다.[38]

약재를 취급하는 점포도 크게 증가하였는데, 북경의 약재업은 양糧·염鹽·포布·백면·차茶·지紙·옥기玉器·향랍香蠟·당糖·주酒·표배裱褙·염染·음식飲食·주보珠寶 등과 더불어 중요한 15개 업종 가운데 하나였다.[39] 당시 약재업이 중요한 업종이었다는 사실은, 명 정부가 납입징세칙례를 정할 때 중요한 상품을 크게 8가지로 분류하였는데 그 가운데 하나로 각종 약재류를 들고 있는 것을 통해서도 확인할 수 있다.[40] 명 경태 2년(1450)에 제정된 수세칙례에 따르면 약재 1근을 교역할 때 부과되는 세금은 200문으로, 상등 비단 1필에 대한 세액이 25관(1관=1,000문)이었던 것과 비교하면 상대적으로 낮은 세율이 적용되었다고 볼 수 있다.[41] 명대 북경의 저명한 대약포大藥鋪로는 영락연간에 개업한 만전당萬全堂, 가정 5년(1526)의 서학연당西鶴年堂, 만력연간의 영안당永安堂, 왕회회고약포王回回膏藥鋪, 마사원약정馬思遠藥錠 등이 있었다.

....

37 孫健은 명대 북경의 인구 가운데 상인의 비율을 1/3로(孫健 主編, 《北京古代經濟史》, 北京燕山出版社, 155쪽), 趙世瑜·周尙意는 1/4로 추산했다(趙世瑜·周尙意, 〈明淸北京城市社會空間結構槪說〉, 《復印報刊資料 明淸史》 2002−1, 19쪽).

38 명대 북경 상업의 발전과 관련해서는 이민호, 2007, 260~261쪽 참조.

39 唐廷猷, 2003, 99쪽.

40 중요 상품 8가지는 ① 紗緞布帛類, ② 皮毛毯店類, ③ 紙張類, ④ 瓷器類, ⑤ 顔料類, ⑥ 手工業 原料類, ⑦ 水果蔬菜類, ⑧ 各種藥材類이다(孫健, 1996, 196쪽).

41 (正德)《明會典》卷32 〈戶部〉, "庫藏·課程".

북경 이외의 지역에서도 약업의 성장세는 뚜렷했다.[42] 그중에서도 양자강 하류 지역 각 상업 도시에서 성장이 특히 두드러졌다. 예를 들면 절강성에서는 항주의 허광화약호許廣和藥號에서 제조 판매한 약이 280여 종에 달하였으며, 주양심약실朱養心藥室에서는 주로 외과의 단약丹藥·고약膏藥·안약眼藥 등을 취급하였는데 장사가 매우 잘되었다고 한다. 명대 말기에 출현한 약재 아행 부통약행阜通藥行은 성 내외의 객상들에게 매매를 중개하고 수수료를 받았다. 현성의 약업 또한 크게 발전하여, 예를 들면 응화應華는 영강현永康縣에서 수덕당樹德堂을 열었고, 주리경周理卿은 은현鄞縣에서 점포를 열었으며, 상우현上虞縣의 백관百官·숭하崧廈·장진章鎭·동관東關 등 10여 개 집진集鎭에 모두 약포를 개설하였다고 한다. 안휘성에서는 방정方鼎이 여주廬州(현재의 합비合肥)에서, 송무宋武는 봉양부鳳陽府에서 점포를 열었는데, 이 두 사람은 약으로 가난한 병자들을 구제하여 찬사를 받았다고 한다.

명대 민영 약업이 발전하고, 약국들 사이의 경쟁이 점차 치열해지면서 품질과 신용을 무기로 더 많은 고객을 유지하기 위한 약국들의 노력도 두드러지게 나타났다. 도시의 많은 약국에서는 새로운 품종을 개발하기도 했는데, 허광화약국은 내과·외과·소아과·산부인과·안과 등 280여 종에 달하는 약을 제조하기도 했다. 몇몇 약국은 특색 있는 숙약熟藥을 제조하기도 했으니 항주 주양심약실朱養心藥室의 경우 '오령오향고五靈五香膏'·'아위구피고阿魏狗皮膏'·'동록고銅綠膏'·'진주팔보복약珍珠八寶服藥'·'삼선단三仙丹' 등 15종이나 된다.

민영약국은 송·원대까지만 하더라도 의술에 밝은 사람이 개설하는 것

----

42 이하 명 중기 각 지역에서 성장한 민간 약업에 대한 설명은 唐廷猷, 2003, 99~101쪽 참조.

이 대부분이었으나, 명대 들어 상인들이 약국 경영에 참여하는 사례가 점차 두드러졌다. 예를 들면 광주廣州에시는 상인 진체전陳體全이 의사 이승좌李升佐와 함께 진이제陳李濟를 창립했다. 진체전은 소상인이었으나 자본을 확충한 다음 이승좌의 약국에 투자하여 결실을 보았다. 산서 태곡太谷의 광성호廣盛號 또한 본래 중의가 창립하였으나 나중에 상인 두모杜某에게 전매해 경영토록 했다. 명대 민영 약업에 상업자본이 투입되면서 약국의 규모가 커지고 약품의 종류 또한 많아졌다. 상인들이 약국을 개설한 다음 의사와 약제 포제 기술자를 초빙하여 약품의 제조와 진료를 병행하는 사례도 나타났으며, 이러한 과정을 통해 약업 성장의 기반이 마련되기도 했다.[43]

명대부터 활기를 띠기 시작한 민영 약국은 청대에 이르러 전성기를 맞이하게 되는데 그 요인을 살펴보면 다음과 같다. 첫째, 명말 정치상의 부패 및 '공상개본工商皆本'이라는 인식의 전환이 더해지면서 지식인층 가운데서도 의학에 뜻을 두는 사람이 많아졌다. 이에 더해 청이라는 이민족 정권이 들어서면서 관료로 나아가는 것에 대한 거부감을 갖고 있던 일부 지식인층들이 의약 분야로 진출하기도 했다. 둘째, 청대 인구의 급격한 증가이다. 명말 혼란으로 약 6천만 명까지 줄어들었던 인구는 건륭 6년(1741)에는 1억 4천만, 가경 16년(1811) 3억 6천만, 함풍 원년(1851) 4억 3천만까지 크게 늘었다. 폭발적인 인구 증가는 약업을 포함한 상업의 번영을 촉진하는 계기가 되었다. 셋째, 청대 초기 농업의 회복과 발전에 힘입어 상품경제가 더욱 발전하면서 화폐로서 은이 대량 유통되고 국내외 무역이 번영함에 따라 상업자본이 형성되어갔으며, 대규모의 상인집단이 출현하였다. 넷째, 청대 공부제도貢賦制度의 변화도

43 靳秀梅, 〈宋元明淸藥肆初探〉, 蘭州大學 碩士學位論文, 2007, 25쪽.

상품경제 발전에 일조하였다. 명대 공납의 형식으로 지방 특산품을 조정과 황실에 납부했던 것과 달리 청대 조정에서는 세금으로 조정의 필요 물품을 구입함으로써 지역 특산품이 공납 물품이 아닌 상품으로 전환되었다. 이로써 청대 도시 약업 발전은 매우 신속하게 진행되었으며, 그에 따라 민영 약국 또한 일일이 표로 작성할 수 없을 정도로 많아졌다.

청대에는 민영 약국의 운영에 몇 가지 특징적인 점들이 보인다. 우선 많은 약국들이 약재의 가공·포제 및 성약에 필요한 생산수단을 가지고 있었다. 약국의 전면에서는 중약을 판매하고 후면에서는 직공을 모집하여 약재의 각종 포제 작업, 곧 '증蒸·초炒·자炙·단煅'과 '환丸·산散·고膏·단丹'의 성약을 생산하는 체제를 이루고 있었다. 많은 약국이 생산과 판매를 결합한 경영 형태를 채택하였던 것이다. 약국 경영의 전체 과정은 약재의 구입에서 운수→보관→가공포제→약의 생산→포장→판매의 단계로 이루어졌다.

또 다른 특징 가운데 하나는 상인의 참여가 두드러진다는 점이다. 명대에도 상인이 약국 경영에 참여하는 경우가 있었지만, 청대에는 약국을 개설하거나 의약에 능통한 인물이 문을 열었다가 경영상 어려움에 처하여 상인에게 맡겨 운영토록 한 사례도 많이 보인다. 자금과 경영에 관한 전문성을 확보한 상인들은 성의 경계를 뛰어넘어 장거리 운송과 무역에 관여하였는데, 꽤나 큰 재산과 심지어는 목숨까지 담보하면서 사업에 뛰어들었다. 이들은 개체 경영의 단점을 극복하고자 친족 또는 동향 사람이나 같은 업종에 종사하는 사람들과 합자하여 자금을 모아 공동으로 경영하기도 했다.

청대 민영약국 경영상의 현저한 특징 가운데 하나는 관과 상의 결합이다. 예를 들면 항주 호경여당胡慶餘堂의 창시자인 호설암胡雪岩(1823~1885)은 당시 '홍정상인紅頂商人'으로 불렸다. 1823년 휘주상인의 본고장인 안휘성 적계績溪에서 출생한 호설암은 일찍이 부친을 여의고 가정 형편이 빈한하여 12세 무렵부디 전장錢庄의 학도로 일을 시작했다. 이후 돈을 모은 그는 왕유령王有齡(1810~1861)에게 투자하여 그가 관료의 길로 들어가는 데 큰 도움을 준다. 이후 그는 관료인 왕유령의 도움을 받아 상업계에서 자신의 세계를 구축하였으며, 좌종당左宗業(1812~1885) 등 당대 고관들과의 관계를 형성 발전시키면서 세를 확장하였으니 근대 중국 관상官商의 전형이라 할 수 있다.

Ⅱ. '회방'

Ⅰ. '회방'의 탄생지, 황하와 태항산 사이

하남성 북부 회경부 출신 약상들이 결성한 '회방懷幫'은 약재를 전문적으로 취급한 대표적인 약상 조직이다. 이들은 '진상晉商'이나 '휘상徽商'처럼 큰 세력을 형성하지는 못했지만 소위 '4대회약'을 무기로 안국과 우주 등 주요 약시에서 '13방'의 하나로 활동했고, 우주와 천진, 한구 등에 '회경회관'을 건립할 만큼 약재 교역과 관련하여 중요한 발자취를 남겼다.

회경부는 원대 이전에는 하내 또는 회주懷州로 불리다가 원대에 회맹로懷孟路로, 명대에는 하남포정사河南布政司 소속 회경부가 되었다.[44] 명대에는 부치府治였던 하내를 비롯하여 수무修武·맹孟·온溫·무척武陟·제원濟源 등 6개의 현이 속해 있었으나,[45] 청 옹정연간(1723~1735)에 개봉부開封府에 속해 있던 원무현原武縣[46]이 편입되었고, 건륭 48년(1783)에는 역시 개봉부의 양무현陽武縣[47]이 편입되어 총 8개의 현으로 늘어났다.

----

44 (明)顧炎武, 《肇域志》(2), 上海古籍出版社, 2004, 1145쪽 : "古名河內, 懷州. 元爲懷孟路. 本朝改懷慶府, 屬河南布政司"

45 張廷玉 等撰, 《明史》 卷42 〈地18·理志3〉.

46 (淸)田文鏡 等, 《河南通志》 卷6 〈疆域〉, 臺北華文出版社, 1969.

회경부는 토지가 비옥하고, 교통(특히 수로)이 발달되어 '소강남小江南'[48]으로 칭해졌다. 이와 관련 《대명일통지大明一統志》에서는 "대힝신이 북쪽에 있고, 심허沁河가 동남으로 흐르고 황하를 끼고 있어 배와 수레가 모두 모이니 육해陸海라 한다."[49]고 했다. 또 여름철 수위가 높아지면 황하에서 거슬러 올라와 회경부성 북관北關까지 연결되었고, 단하丹河가 남동쪽으로 수무성修武城 남에 이른 다음 동으로 흘러 획가현獲嘉縣을 지나 위하衛河를 통해 운하와 연결되는데, 옹정 5년(1727) 획가 지현知縣이 단하의 폭을 넓혀 운수가 점차 편리해졌으며, 직접 천진까지 도달할 수 있었다.[50] 명청대에는 이러한 교통 환경을 유지하고 자연재해 예방을 위해 심하와 단하에 대한 지속적인 수리사업을 진행했다.[51]

비옥한 토지가 많았던 회경부는 명 중기 이전까지는 주로 농업 경영을 통해 부를 창출했다.[52] 하지만 과중한 부세와 급격한 인구증가 및 자연재해, 그리고 전국적인 상품경제의 발전과 더불어 지역경제 지형도 바뀌었다. 즉 명초 개간 이래 각지의 농업생산력이 회복되어 식량 생산이 점차 증가하였으나 부세 또한 과중하여 "하남 북부의 여러 군은 토지가 협소한 데 반해 부세賦稅는 중한데 회경보다 더한 곳이 없다."[53]고 할

47 穆彰阿, 《嘉慶重修一統志》(12) 卷202, 〈建置沿革〉, 中華書局, 1986.

48 (明)陳宣修, 喬廷儀纂, 《河南郡志》: "太行雄峙于後, 丹沁交流其中, 土曠民殷, 號稱小江南."

49 李賢 等, 《大明一統志》 卷28 〈懷慶府〉: "太行北峙, 沁水東流, 近帶黃河, 遠挹伊洛, 舟車都會, 號稱陸海."

50 王婧, 〈清代中後期懷慶藥商的地域經營〉, 《株州師範高等專科學校學報》 12-6, 2007, 10쪽.

51 明·清代 懷慶府 지역에서 진행된 水利事業에 대해서는 王敬平, 〈明清時期懷慶經濟發展初探〉, 《焦作師範高等專科學校學報》 19-1, 2003, 5쪽 참조.

52 王婧, 2007, 9쪽.

53 (清道光5年刻本)《重修河內縣志》 卷23 〈文詞志下〉, 成文出版社(影印), 1976 : "河南

정도였다. 명·청대 지방지 기록에 따르면 황하의 물길이 바뀌면서 회경부의 수재 피해가 대단히 심했는데, 특히 온현溫縣·원무原武·양무陽武 지역 사람들의 생활은 더욱 열악해졌다.[54] 이 가운데 온현은 명대 회경부 소속 6개 현 가운데 가장 빈곤한 지역으로 "토지는 협소한데 인구는 많아 오곡 생산 수입은 풍년이 들어도 넉넉하지 않았으며, 흉년이 들면 더욱 부족했다. 따라서 상업을 통해 재화를 모을 수밖에 없었다."[55]고 했고, 맹현孟縣 역시 "농지가 좁은 데 견주어 부세가 과중하여 이 지역 사람 가운데에는 상업으로 생계를 영위하는 비율이 높다."[56]고 했다. 따라서 '4대회약'의 주산지인 하내河內·온溫·맹孟·무척武陟 지역에서 회약 무역 상인이 많이 배출된 것도 이와 관련이 있다.

북쪽의 태항산과 황하 유역의 비옥한 토지를 지닌 회경부에서는 다양한 종류의 약재가 생산되고 있어 '천연약고天然藥庫'[57]로 불리기도 했다. (도광)《무척현지武陟縣志》에는 "하河(곧 황하)의 북쪽 지역은 토질이 매우 비옥한데, 특히 심沁·제濟 사이는 약초 재배에 적당하여 이익을 추구하는 사람들이 마침내 곡물 대신 다른 작물(곧 약초)를 기른다. 무척현은 하내·온·맹현에 견주어 적다고 하나 열에 한둘은 된다."[58]고 했으니, 최소한 10～20%의 사람들이 주곡작물 대신 경제작물인 약초를 재배했다. 약재 재배면적이 확대되는 데에는 상품경제의 발전에 따라 약재의 수익이 식량자원을 넘어선 것도 중요한 요인으로 작용했다. 예를 들면

北部諸郡地窄而賦重未有如懷慶之甚者也."

54　王婧, 2007, 10쪽.

55　王公容, (民國22年稿本)《溫縣志稿》, 溫縣縣志總編室, 1986 : "壤地偏小, 人口衆多, 五穀所入, 豊難有餘, 歉卽不足. 所賴以集商賈通財貨"

56　阮藩儕, (民國22年刊本)《孟縣志》卷4〈財富〉, 成文出版社, 1976.

57　李相宜,〈四大懷藥－天賜懷川無價寶〉,《焦作日報》2001年 7月 24日.

58　(道光)《武陟縣志》卷27〈敎義傳〉.

경지면적이 협소한 데 견주어 인구가 조밀했던 온현 지역의 경우 산약山藥과 지황地黃의 수입이 해당 지역 수입의 대부분을 치지히였다.[59]

2. '4대회약'

약초 재배에 유리한 자연조건을 지닌 회경부에서는 어떤 약재가 생산되었을까? (정덕)《회경부지懷慶府志》에는 총 49종이 거론되고 있는데, 대표적인 것으로는 웅담熊膽·지황地黃·우슬牛膝·국화·산약·자완紫菀·차전車前·백합百合·지모知母·조각皁角·방풍防風·천문동天門冬·산사山楂·창출蒼朮·갈근葛根·지골피地骨皮·원지遠志·길경桔梗·황금黃芩·형개荊芥·하수오何首烏 등이 있다. 이 가운데 이른바 '4대회약四大懷藥'으로 불리는 지황地黃·우슬牛膝·국화菊花·산약山藥이 특히 유명하다.[60]

회경부의 특산품인 '4대회약'의 역사는 언제부터 시작되었을까? 전설에 따르면 지금부터 약 3,000여 년 전으로 거슬러 올라간다. B.C. 1066년 주周 무왕武王이 정벌할 때 인솔하던 제후의 군대가 호현戶縣을 출발하여 회부懷府에 도착했다. 때마침 6월의 날씨는 더워서 견딜 수 없을 정도였는데 병사들은 오랜 원정과 전쟁으로 십중팔구 피로로 병들어 갔다. 회부 백성들은 당시 은殷 주왕肘王에 깊은 악감정을 가지고 있었는데, 주왕周王의 의군이 병을 얻었다는 소식을 듣고 집집마다 키우고 있

. . . .

59 王婧, 2007, 10쪽.

60 程峰, 〈明淸時期懷商崛起的原因〉, 《南都學壇》(人文社會科學學報) 27-4, 2007, 45쪽.

◈ 67 온현의 지황地黃
재배단지(2012년)

던 국화와 생지황으로 병사들의 더위를 다스리고 우슬로 근골의 힘을
돋우어 주었으며, 산약을 먹여 허한 몸을 보해 주었다. 며칠이 지나 의
군은 원기를 회복하여 목야牧野의 전투에서 결정적인 승리를 얻을 수
있었다고 한다.[61] 주 무왕은 회부 백성들의 은혜에 보답하고자 수백 명
의 관리를 기느리고 회부에 친히 왕림히여 성대한 논공행상 예식을 기
행했다. 뒷날 회부 관원과 백성들은 이 논공행상을 기념하기 위하여 하
사받은 작은 마을을 '대봉大封'이라 개명하였으니 현재의 무척현武陟縣
대봉진大封鎮이다. 또 4가지 신기한 약을 '4대회약'이라 명명하니 그 명
성이 널리 퍼졌으며, 역대 황실에 진상했다. B.C.734년, 위衛 환공桓公은
회산약懷山藥을 주나라 왕실에 진귀한 물품으로 진공했고, B.C.718년에
는 위魏 선공宣公이 주나라 천자에게 진공한 주요 물품 가운데 역시 회
산약이 포함되어 있었다. B.C.608년 노魯 선공宣公 또한 회지황懷地黃을
주 왕실에 진공했다. 《신당서》·〈지리지〉에 평사平紗·평수平袖·지각枳殼·

61 이민호, 《중국 전통의약 문화유산 연구》, 한국한의학연구원, 2011, 62~63쪽.

차茶와 더불어 우슬牛膝을 토공土貢했다는 기록이 있다.[62]

이 지역에서 약재를 재배했다는 기록 또한 적지 않다. 당 천보연간 (742~756)에 "산곡山谷의 국화와 우슬을 평택平澤으로 이식移植했다."[63] 는 것을 보아 상품작물로 재배하기 시작했음을 추측할 수 있다. 또 명·청대 하내에서는 매년 조정에 지황을 진공하기도 했다.

회경부에서 품질 좋은 '4대회약'이 생산되는 것은 토양 등 자연조건과 밀접한 관련이 있다. 기후·수토水土·일조日照 등 외부 환경의 차이는 약용식물의 생육·개화·휴면休眠, 심지어 기관의 외부형태와 내부구조 및 생리기능은 물론 유효 성분의 차이를 가져올 수 있다. 회경부는 북으로 태항산太行山이 있고, 남으로 황하에 임해 있으며, 심하沁河와 단하丹河가 그 사이를 흐르고 있어 전체 경지가 충적평원으로 토양이 비옥하며, 해발은 200~300m 정도이다. 연 평균 기온은 섭씨 14도, 여름철에 몹시 더울 때는 44도까지 오르며, 겨울에 추울 때는 영하 20도까지 내려가기도 한다. 동토凍土의 깊이는 20~30mm이며, 연 평균 토양 온도는 15도 정도이다. 연평균 강수량은 600~700ml, 연 평균 증발량은 많을 때 2,000ml에 달하기도 한다.

회경부의 기후조건은 지황·산약·우슬 등 축근류蓄根類 약재의 생장에 매우 적합하다. 현과莧科에 속하는 우슬은 다른 지역에서도 생장할 수 있지만 하남 무척武陟·심양沁陽·온현溫縣 일대가 재배에 가장 적합하다고 할 수 있는데, 무척현의 서도향西陶鄉, 대봉향大封鄉의 백날토白捏土 또는 사날토沙捏土 토질에서 가장 잘 자란다. 황하와 심하가 자주 범람하고 개도改道의 영향으로 토층이 아주 깊고, 자연비력自然肥力이 매우

---

62 《新唐書》 卷39 〈地理3〉.

63 河南省博愛縣志編纂委員會, 《博愛縣志》, 國際廣播出版社, 1994, 341쪽.

강하여 우슬근牛膝根의 길이가 1.5m까지 자라기 때문에 당지에서는 '회삼懷蔘'으로 불리기도 한다.

회경부 북부의 태항산과 구릉지에서도 야생 약재가 매우 많아 지황地黃·산약山藥·우슬牛膝·황정黃精·천문동天門冬·구기자枸杞子 등 600여 종에 달한다. 그 가운데 신농산神農山 자금단紫金壇 서북쪽 산구山溝 일대에는 야생 산약山藥이 대량으로 자생하고 있어 사람들이 '산약구山藥溝'라 말하는데 동서로 폭이 1km, 남북 길이 1.5km에 달한다. 또 '대월구大月溝'에는 야생 지황이 군락을 형성하고 있어 '지황구地黃溝'라 하고, '소월구小月溝'에는 야생 우슬이 많이 자라고 있어 '우슬천牛膝川'이라 부르고 있다. 평지에도 야생약재들이 자라고 있는데 주로 하천변이나 길가 등지에 차전자車前子·구기자枸杞子·토사자菟絲子·양금화洋金花·포공영蒲公英·박하薄荷·맥동麥冬 등 100종 이상 된다. '4대회약'은 야생의 것을 농가에서 상품작물로 재배하기 시작하면서 생산량이 급격히 증가했다.

물론 이들 4종의 약재가 회경부에서만 생산되는 것은 아니다. 하남의 기타 지역과 강江(강소)·회淮(회하 유역)·민閩(복건)·절浙(절강) 등 지역에서도 생산되지만 회경부의 약재가 약효나 가공 등에서 우수한 것으로 인정받고 있다. 이는 역대 저서의 다음과 같은 글을 통해서도 짐작할 수 있다.[64]

① 《본초강목本草綱目》: "지금 사람들은 오직 회경 지황만을 상급으로 여긴다.(今人惟以懷慶地黃爲上)"

② 《신농본초경神農本草經》: "산약은 하남 회경의 것이 우수하다.(山藥以河南懷慶者良)"

---

64 李相宜, 〈四大懷藥－天賜懷川無價寶〉, 《焦作日報》 2001年 7月 24日에서 재인용.

③ 《도경본초圖經本草》 : "우슬은 하내 산곡에서 생산된다. …… 오늘날 강회江淮, 민월閩粵, 관중關中에서도 생산되고 있으나 회주의 것에는 미치지 못한다.(牛膝生河內山谷 …… 今江淮, 閩粵, 關中亦有之, 然不及懷州者眞)"

④ 송대 의학가 소송蘇頌 : "국화는 곳곳에 있지만 담覃(회경부) 지역의 것이 가장 좋다.(菊花處處有之,以覃地爲佳)"

4대회약의 주요 생산지는 하내(현재의 심양沁陽)·청화淸化(현재의 박애博愛)·맹현孟縣·온현溫縣·무척武陟 등지이다. 국화는 무척 일대에서 재배한 것이 가장 우수하고, 산약은 대부분이 온현에서 생산되며, 청화·무척·하내에서도 부분적으로 생산되었다. 생지황은 맹현·온현·무척·하내에서 재배되었고, 우슬의 대부분은 무척·하내·청화에서 생산되었다.

3. '회방'의 형성과 산서상인

청대 회경부에서 상인이 많이 배출된 요인을 산서상인과의 관계에서 찾기도 한다. 회경부는 북쪽의 태항산을 통해 산서의 택澤·로潞 지구와 연결되는데 이는 고대부터 하남과 산서의 무역로이기도 했다. 황하 이북에서 태항산을 거쳐 산서로 들어가는 길로 이른바 '태항팔형太行八陘'이 있는데 회경부 쪽에서 산서로 진입하는 루트로는 삼형三陘, 곧 지관형軹關陘·태항형太行陘·백형白陘이 있다. 지관형은 오늘날의 봉문구封門口이고 하남 제원시濟源市 서북의 자못 험난한 산골짜기 길로, 산서의 원곡垣曲을 통해 산서 상당上黨(현재의 장치長治)까지 이른다. 태항형은 하남 심

◈ 68 '태항팔형太行八陘'

양 북쪽에서 산서 진성晉城 남쪽에 이르는 태항산太行山 위의 길로 폭이
3보步, 길이 20㎞에 달하는데, 역시 산서와 하남 두 성의 연결 고리 가
운데 하나이다. 백형白陘, 곧 맹문형孟門陘은 하남 수무修武 북부의 남관
산南關山(곧 맹문산孟門山)에서 산서 능천현陵川縣과 연결되는 대협곡으로
전체 길이가 100㎞ 넘는 길로 교통의 요충이기도 했다.[65]

지리적으로 회경부는 산서상인이 남하하려면 반드시 경유해야 하는
지역에 위치하고 있어서 그들의 영향을 받았으며,[66] 명청대 회경 사람의
다수는 산서지역으로부터의 이민자였다. 고대의 회경부는 인구 밀집지
역[67]이었지만 원말·명초의 동란으로 급속히 감소했다. 이에 명초 홍무제

65 程峰, 〈簡論懷商〉, 《殷都學刊》 2008-3, 63쪽.
66 程峰, 2007, 45쪽.

는, 호부낭중戶部郎中 유구고劉九皋가 전란으로 황폐화된 이곳을 재건하기 위해 사민의 필요성을 제기하자 산서성 주민을 이곳으로 이주토록 하였다.[68] 홍무 4년(1371)·23년(1390)·28년 세 차례에 걸쳐 산서 평양부平陽府로부터 이주가 진행되어 이때부터 회경부의 인구가 크게 증가했다.

회경부에 산서로부터 이민자가 많았던 사실은 현존하는 가보에서도 확인할 수 있다. 강희 55년(1716)에 수정한 하남 박애당촌博愛唐村《이씨가보李氏家譜》에 따르면 이씨 집안은 명 홍무 4년(1371) 산서 홍동현洪洞縣 봉황촌鳳凰村에서 회경부 하내현 당촌으로 이주해 왔다고 기록되어 있다. 온현溫縣 상양촌常陽村의 진복陳卜, 학장郝庄의 진후陳厚, 박애博愛 이와李洼의 이청하李清河, 유촌劉村의 장배례蔣培禮 등이 모두 산서 홍동현으로부터 이주하였다고 밝히고 있다. 그 밖에 박애현 계구향界溝鄉 오장촌塢庄村의 두씨杜氏, 박애현 장여집향張茹集鄉 유촌의 이씨, 박애현 금성향金城鄉 왕씨王氏 등도 모두 홍무연간(1368~1398)에 산서성 홍동현으로부터 이주했다.[69]

산서상인은 하남성에서 상업 활동도 활발하게 전개하였으니,[70] 회경부와 산서의 택·로 지구는 생산품목이 달라 상호 교역하였다. 택·로 지구는 동쪽에 태항산이 있고, 남쪽에 왕옥산王屋山이 있는 산지·구릉지대에 속하는데 인구에 견주어 당지에서 생산되는 식량이 부족했다. 따라서 이 지역 상인들은 당지의 풍부한 매철자원煤鐵資源과 하남 회경懷慶, 위휘衛

....

67 司馬遷,《史記》〈貨殖列傳〉: "昔唐人都河東, 殷人都河內, 周人都河南. 夫三河在天下之中, 若鼎足, 王者所更居也, 建國各數百千歲, 土地小狹, 民人衆"

68 王敬平, 2003, 5쪽.

69 程峰, 2007, 45쪽.

70 山西商人은 회경부를 비롯한 하남성 안 주요 상업도시에서 활발하게 상업활동을 전개하였으니 예를 들면 南陽의 13개 縣·市에만 22개의 산서회관이 건립되어 있었다 (王興亞,〈淸代懷慶會館的歷史考察〉,《石家庄學院學報》9-1, 2007, 67쪽).

輝 지구의 식량을 매개로 교역하였으니 산서상인의 상업경영 전통이 회경부 사람들의 사상에도 영향을 주었을 것으로 생각된다.

4. '회방'의 대표 상호–'협성전'과 '두성흥'

청대 전국적으로 활동했던 회경상인들 가운데 일부는 철화鐵貨나 죽제품, 또는 각종 잡화를 취급하기도 했지만 대부분은 이 지역에서 생산되는 이른바 '4대회약'을 무기로 영업했던 약상들이었다. 이들은 좋은 교통 환경을 바탕으로 청 중기부터 본격적으로 회경부를 벗어나 중국 내 중요 약시와 상업도시로 진출을 시도했는데, 그 대표적인 상호가 '협성전協盛全'과 '두성흥杜盛興'이었다.

① '협성전'[71]

회경약상을 대표하는 상호인 '협성전'은 이국순李國順이라는 인물이 창시했다. 그의 선조는 명초 홍무 25년(1392) 산서성 홍동현에서 현재의 박애현博愛縣 이와촌李洼村으로 이주했다. 이후 명말에 이르러 유촌이씨劉村李氏의 시조인 이척李偶이 구금九錦·구견九絹·구사九絲·구주九綢 네 명의 아들을 데리고 현재 이씨 종사가 있는 박애현 유촌으로 이사했다. 처음에는 당지의 대호大戶인 황보가皇甫家의 소작농으로 농사를 짓다

<hr>

71 別註가 없는 한 李相宜·宋寶塘, 〈協盛全救了同仁堂－懷藥文化尋踪探源系列報道之五〉, 《焦作日報》 2005年 3月 1日 참조.

가, 독륜차獨輪車를 이용해 천진天津에 회약을 운반해 주면서 자본을 축적하여 본격적으로 상업에 진출했다. 그는 유춘에 토지를 구입하는 것 외에 청화淸化(현 박애현博愛縣)에 약행藥行을 개설하고, 상호를 이전순李全順이라 했다. 그 뒤 구사九絲의 아들 국순國順에 이르러 상호를 '협성전協盛全'으로 바꾸었다.

이국순은 회약 가공기술을 익혀 가공작방加工作坊을 세우고 경영 규모를 점차 확대하는 한편 전국 각지에 분점를 설치했다. 그는 수계水系를 따라 지역을 나누어 관리하였는데, 감강贛江 수계의 길안吉安·장수樟樹·남창南昌·구강九江, 상강湘江 수계의 장사長沙·상담湘潭·형양衡陽, 한강漢江 수계의 한중漢中·안강安康·광화光化, 장강을 따라 중경重慶·의창宜昌·한구漢口·상해上海, 민강岷江 수계의 송주松州·무주茂州·관현灌縣, 황하와 회수淮水 유역의 개봉開封·정주鄭州·우주禹州, 해하海河 수계의 북경·천진이 있었고, 기타 산서의 장치長治와 요녕遼寧의 우장牛庄에도 진출했다.[72]

'협성전'의 전성기에는 점원 수가 수천 명에 달하기도 했는데, 태평천국 시기 남북 간 교류가 원활하지 않아 약가가 폭등하자 이를 이용하여 세를 크게 확장하기도 했다.[73] 당시 남방에서는 회약의 가격이 폭등하고, 남약南藥의 판매가 부진하여 남아도는 반면, 북방에서는 역으로 남약에 대한 품귀현상이 나타났다. 이에 한구漢口에 쌓아 놓았던 회약을 고가로 판매하고, 남방 각 분점에 지시하여 저가로 대량의 남약을 매입하도록 했다. 이후 정국이 안정을 찾고 남·북의 교통이 회복되자 남방의 약재를 신속히 북방으로 운반하여 북경·천진 등에 판매하고, 아울러 남·북방의 대도시뿐만 아니라 중소도시의 파산한 약점 40여 가를 사들여 전

---

72 崔來廷, 〈略論明淸時期的河南懷慶商人及貿易網絡〉, 《河南理工大學學報(社會科學版)》 7-3, 2006, 203쪽.

73 崔來廷, 2006, 203쪽.

국 각지에 분점이 100개 이상 되었다. 이를 계기로 각지의 '협성전'은 크게 번성하였는데, 한구의 '협성전'은 '전기항全記巷'을 점용하고, 약재는 산처럼 쌓아 두고 있었으며, 자본금은 백은 100만 량에 달했다고 한다.

사업이 점차 번성함에 따라 경영에 필요한 인력의 양성 또한 요구되었다. '협성전'은 유촌에 의학을 세우고 상업 인재를 양성한 뒤 우수한 학생을 각 분점에 학도로 선발·파견하였다. 경영은 '장궤掌櫃(지배인)책임제分工責任制'를 실시하였다. 대장궤大掌櫃는 상호 내부의 총괄업무, 이장궤二掌櫃는 내무, 삼장궤三掌櫃는 대외업무를 관장토록 하여 확실한 업무분담을 통해 책임의 소재를 명확히 했다. 또한 각 분점의 장궤는 3~5년마다 조정하였는데, 숙폐熟弊를 방지하기 위함이었다. 동시에 총점에서 각 분점에 이사를 파견하여 관리·감독하였다.

한편 '협성전'은 중국 최고의 제약회사인 북경 '동인당同仁堂'이 어려움에 처했을 때 도움을 주고 이를 계기로 그들과 손잡고 약재를 원활히 판매하는 수완을 발휘하기도 했다. '동인당'이 남약의 북진이 중단되어 원료 수급에 곤란을 겪고 있을 때 '협성전'이 신속하게 각 분점의 약재를 저가로, 심지어는 무상으로 제공하여 난관을 극복하는 데 도움을 줬다. 이를 계기로 '협성전'은 '동인당'과 '4대회약' 공급에 관한 독점계약을 체결하였는데, 이러한 관계는 현대 중국에 들어와 공사합영公私合營 때까지 지속되었다.

② '두성흥'[74]

'두성흥杜盛興'은 본래 이 상호를 창시한 사람의 이름이었다. 그의 선

---

[74] 別註가 없는 한 宋寶塘 作, 李相宜 編輯, 〈獨輪車推出的懷藥巨商-懷藥文化尋踪探源系列報道之二〉, 《焦作日報》 2005年 2月 1日 참조.

조는 명초 홍무연간(1368~1398) 산서성 홍동현洪洞縣으로부터 오늘날의 박애현博愛縣 오장촌塢庄村으로 이주히였다. 치음 약재업에 뛰어들었을 때 두씨는 매우 가난해서, 회약을 수레로 운반해 상인에게 넘겨주는 일로 생계를 유지했다고 한다. 그러다가 강희연간(1662~1722) 하북 안국 약시에서 매년 봄과 가을 두 차례에 걸쳐 한 달을 회기로 약재교역대회가 진행되는 시기에 가인家人을 데리고 수레에 회약을 싣고 가서 약재를 판매했다. 그 뒤 고용주가 그에게 자금을 지원해 주자 고향인 박애현 오장촌塢庄村과 안국에서 '4대회약'을 전문으로 경영하는 약재행藥材行을 열고 상호를 '두성흥'이라 했다.

'두성흥'도 전국 각지로 활동영역을 넓혀가면서 점차 대상호로 성장했다. 거기에는 전국 분점에 대한 효과적인 관리와 지역 네트워크 형성을 통한 원활한 약재 공급 등 몇 가지 요인이 작용하였다. '두성흥'에서는 총점總店에 총경리總經理 1인, 사장司賬 2~3인, 학도學徒 20~30인을 두고, 분점에는 관사管事 1인과 사장 1~2인, 학도 10~20인을 두고 관리했다. 점원들에게 지급하는 임금은 계절마다 1년에 4번 각 분점의 규정에 근거하여 지불하였다. 잘못을 저지른 도공徒工이나 점원이 있다고 하더라도 이들을 바로 해고하거나 급료 지급을 중단하지 않고, 근신하면서 잘못을 바로잡도록 했으며, 고인이 된 점원에 대해서는 오늘날의 위로금과 유사한 '음봉陰俸'을 지급하였다. 영업 측면에서는 '나쁜 제품을 판매하지 않으며, 폭리를 취하지 않는(不賣差品, 不謀暴利)' 원칙을 엄격하게 준수하였고, 전국 각지의 '두성흥' 분점에서는 동질동가同質同價로 거래하게 함으로써 오늘날의 연쇄점 경영과 흡사했다.

'두성흥'은 상호의 세력이 커지면서 도광연간(1821~1850)부터는 전통적인 '4대회약' 외에도 사향麝香·주사朱砂·황기黃芪·당삼黨蔘 등으로 경영 품목을 확대하였다. 회경부에서 생산되지 않는 이들 약재를 원활히 공급받기 위해 산지에도 약행을 설치하고 전국적인 네트워크를 형성하였다. 사천 관현灌縣에는 사향 전문 약행을, 감숙 임조臨洮와 섬서 쌍석포雙石鋪에는 당삼 전문 약행을, 호남 상덕常德에는 주사 전문 약행을, 산서 태원太原에는 황기 전문 약행을 두었다. 그들의 영업 범위 역시 성내의 한계를 넘어 북경·천진·우장牛庄·제남濟南·상해上海·항주杭州·무한武漢·광주廣州와 홍콩까지 진출했다.

5. 대외 진출과 회관 건립-한구와 천진의 사례를 중심으로

'4대회약'을 비롯해 다양한 약재가 생산되었던 회경부에는 명 전기에 이미 초보적인 형태의 약시가 형성되었고, 청 중기에는 전국의 중요한 약재집산지 가운데 하나로 성장했다.[75] 건륭연간(1736~1796) 수륙교통의 요충지에 자리 잡은 하내에서는 해마다 2회[76]에 걸쳐 약왕묘藥王廟[77]

<hr />

[75] 지역학계에서는 河北 祁州, 河南 禹州, 江西 樟樹와 더불어 중요한 4대 중약재 집산지였다고 주장하기도 하고(李相宜·宋寶塘, 〈古懷慶府的藥王廟-懷藥文化尋踪探源系列報道之三〉, 《焦作日報》 2005年 2月 8日), 5대 집산지 가운데 하나(程峰, 2008, 64쪽)라고 주장하기도 한다.

[76] 매년 음력 5월 20일과 9월 9일로 회기는 15일이었다(李相宜·宋寶塘, 〈古懷慶府的藥王廟-懷藥文化尋踪探源系列報道之三〉, 《焦作日報》 2005年 2月 8日).

[77] 乾隆 52年(1787)부터 道光 14年(1834)에 걸쳐 완성된 河內 약왕묘의 주요 건축물로는 戲樓·山門·木牌樓·東西對庭·卷棚·四聖殿·八角亭·三皇閣·東禪院 등이 있었다. 그러나 1969년 문화대혁명 기간 중에 훼손되고, 현재는 木牌樓와 東西對庭 등 일부만 남아 있다(李相宜·宋寶塘, 〈古懷慶府的藥王廟-懷藥文化尋踪探源系列報道之三〉, 《焦作日報》 2005年 2月 8日).

에서 유원약재대회柳園藥材大會를 개최하였으며, 협성전協盛全·두성흥杜盛興·제합성齊合盛·황보만성黃甫萬盛·합성원合盛元 등 100여 개의 약점이 활동하였다.[78]

현지인들이 무한武漢·안국安國·장수樟樹·우주禹州와 더불어 전국 5대 약재대회[79] 가운데 하나라고 주장하는 유원약재대회에는 하남성 약상은 물론이고 상해·천진·홍콩 등 전국 각지의 약상들이 운집하여 '4대회약'을 중심으로 거래가 이루어졌다. 성공적인 약재교역을 위해 대회가 열리기 전 회경부의 규모가 큰 약상들은 자금을 모아 대회 진행 경비로 충당하였는데, 주야로 연회를 열고 숙식을 제공하거나 희루戲樓에서 공연하기도 했다.[80]

청대 전성기 시절 '회방'은 본거지인 회경부에서 거둔 성공을 바탕으로 전국 각지로 진출을 시도했는데, 특히 남쪽으로 향하는 상인이 많았다.[81] 그들은 말을 타고 이동하는 것보다 선박을 이용하는 것이 피로가 덜하고, 더 많은 양의 화물을 적재할 수 있었기 때문에[82] 육로보다는 수로를 이용했다. 이러한 사실은, 외지로 나가 경영하는 것을 "포수跑水"라 했고, '회방'의 주요 활동 무대 가운데 한 곳인 사천 송주松州(현재의 송번松潘)에서 '회상'을 "수객水客"이라고 일컬은 것을 통해서도 확인할 수 있다.[83]

---

78 程峰, 2008, 64쪽.

79 李相宜,〈四大懷藥－天賜懷川無價寶〉,《焦作日報》2001年 7月 24日.

80 王婧, 2007, 11쪽.

81 宋寶塘 作, 李相宜 編輯,〈禹州的懷帮會館－懷藥文化尋踪探源系列報道之一〉,《焦作日報》2005年 1月 4日.

82 崔來廷, 2006, 202쪽.

83 李相宜·宋寶塘,〈協盛全救了同仁堂－懷藥文化尋踪探源系列報道之五〉,《焦作日報》2005年 3月 1日.

하남성 안과 천진까지는 황하와 그 지류를 이용했고, 상해·항주 등 강남지역까지는 황하를 거쳐 대운하를, 이어서 무한·장사 등지에는 다시 장강을 활용하였다. 회경부를 출발해 황하와 사수沁水를 경유하여 우주에 이른 다음 사기社旗를 거쳐 당하唐河·양하襄河를 통해 남쪽으로 무한·장사·광주·홍콩까지 진출하였다. 우주와 무한은 회약이 남하하는 과정에서 중요한 중간 집산지로 이 두 지역에 건립된 회경회관의 규모 역시 가장 컸다.[84] 주요 상로商路와 그 위에 분포한 상업 도시들은 점과 선으로 연결되어 광대한 상업 네트워크를 이루었는데, 회경약상들은 이들 성내·외의 상업 연결망으로 회경부와 각 지역 간 상품유통을 촉진시켰다.

중국 각지에서 활동했던 회경부 소속 상인들은 대체로 강희연간(1662 ~1722)에 이르러 상방을 결성하고,[85] 회관을 건립·운영함으로써 결속을 강화하였다.[86] '회방'이 진출했던 도시들인 하남성 안의 우주禹州·개봉開封·주구周口와 성 밖의 북경·천진·제남濟南·박주亳州·광화光化(현 호북 노하구)·양번襄樊·한구漢口·성도成都·서안西安·태원太原·택주澤州(현 진성晉城) 등지에는 회관이 존재했다.

<hr>

84 宋寶塘 作, 李相宜 編輯, 〈禹州的懷帮會館-懷藥文化尋踪探源系列報道之一〉, 《焦作日報》 2005年 1月 4日.

85 程峰, 2008, 64쪽.

86 일반적으로 특정 지역에 회관이 건립되기 위해서는 ① 해당 지역에 일정 정도의 경제력을 지닌 좌상이 존재해야 하고, ② 회관 건립의 경제적 기초가 되는 자금력이 수반되어야 하며, ③ 명망 있는 대표인물이 있어 회관의 조직을 갖출 수 있어야 한다(王興亞, 2007, 63쪽).

【표 Ⅲ-2】 청대 각지에 건립된 회경회관 목록[87]

회관 명칭	지역	창건 시기	참여자	비고
회경회관	우주성 서북	동치 11년 (1872) 3월	굴긍당屈肯堂 (조영온趙永溫)과 9명의 회수	동치 13년(1874) 희루 축조, 민국연간까지 증축·수리
우주13방회관	위와 같음	동치 10년 (1871)	곽광덕郭廣德, 연문중連文中 등 10인	우주13방 공동출자
담회회관	하남성 주구 사하북안沙河北岸 영수사迎水寺	미상	미상	사성회관四聖會館으로도 칭함
담회회관	하남 개봉	가경 17년 (1813)	개봉의 회경상인	
회경회관	무한 순례문 안 (현 무한시 교구 구교구口橋口區 신안가新安街)	강희 28년 (1689)	회경약상 가초원賈楚園, 진전산陳荊山	건륭연간 중수 때 담회약왕묘覃懷藥王廟로 개명
담회중주회관	한구 곽가항郭家巷	미상	한구의 회경상인	하남담회초모공소河南覃懷草帽公所→담회중주공소→건륭 44년(1779) 담회중주회관으로 개명
회경회관	천진 홍교구紅橋區 소화항小伙巷과 곡점가曲店街 교차지점 동쪽	동치 7년 (1868)	회경약상 장련당張連堂, 유상무 등 30여 가	
회경회관	북경 반가하연서潘家河 沿西	동치 3년 (1864) 이전	미상	
회경회관	북경 홍선호동紅線胡同 3호	미상	미상	
회경회관	박주 노화시老花市	미상	미상	
회경회관	호북 광화현光化縣	광서 10년 (1884) 이전	노하구老河口 회경약상	광서 10년(1884) 《광화현지》에 회관 위치 기재

· ·

87 王興亞, 2007, 63~65쪽 참조.

	신성가新盛街 동			
회경회관	호북 번성樊城 안 공묘晏公廟와 소가항郡家巷 사이	미상	양양襄陽의 회경상인	
담회회관	강소성 오현	미상	오현吳縣의 회경상인	
미상	서안	미상	미상	근거자료 무
미상	성도	미상	미상	근거자료 무
미상	상해	미상	미상	근거자료 무

이상 16개의 '회경회관' 가운데 다른 상방과 공동출자하여 세운 '우주 13방회관'을 제외한 나머지 15개는 모두 회경상인이 단독으로 건립한 것이다. 다만 서안西安·성도成都·상해上海의 경우 건립한 회관이 있었다고 전해지고 있으나 이를 뒷받침하는 자료는 없다. 이들 16개의 회관은 시기와 지역에 따라 규모 면에서 차이가 있었다. 예를 들면 천진 회경 회관은 전성기에 수십 가의 상호가 있었지만 진한철로津漢鐵路 개통 뒤 약상이 한구, 홍콩 등지로 떠나면서 가장 적을 때는 '협성전'과 '인흥서仁興西' 2개만 남기도 했다.

약상들이 회관을 건립한 가장 중요한 목적은 그들의 사회적 지위를 제고하고 자신들의 경영 발전을 위해서였다. 그 때문에 '회방'의 방규幇規에는 그들이 가진 독특한 기술은 단지 회경 사람에게만 전수하고 외부에는 철저히 비밀을 유지할 것을 강조하고 있다. 회경회관의 조직과 운영상 특징은 다음과 같다.[88]

첫째, 회관의 관리는 회수會首와 매년 당직을 맡은 치년상호値年商號가 맡았다. 회수는 수인首人, 또는 회장會長으로도 불렸는데, 자금력이 비교적 풍부하고 명망 있는 상인 가운데 선출되었다. 회수는 정·부로 나뉘

88 王興亞, 2007, 65~66쪽 참조.

는데 회장 1인에 부회장 2~3인이 있었고, 그 아래에 회계 1인과 기타 잡역 인부 약간 명을 두었다. 회장과 회계의 임금은 매년 개최되는 정기회에서 결정되었으며, 회관 운영에 필요한 운영비는 각 상호가 분담하였는데, 일반적으로 수입의 1~2%를 납부하였다.[89] 치년値年 이사는 2인이나 3·4인씩 정기적으로 돌아가면서 담당하였는데,[90] 자금의 많고 적음이나 사업이 잘되거나 그렇지 않거나 상관없었다.

둘째, 고향을 떠나 외지에서 활동하고 있는 상인들의 중요한 상업 활동 장소인 회관은 종류와 규모에 상관없이 모두 각자의 장정章程, 또는 행규行規를 제정하였다. 이들 장정은 '돈향의敦鄕誼, 숭신의崇信義'(고향의 정을 돈독히 하고, 신의를 숭상할 것)를 표방하면서 다음 사항을 포함하였다. ① 상품교역대회를 개최하였다. 한구 회경회관을 예로 들면 매년 4월 28일과 8월 20일 두 차례에 걸쳐 약재대회를 열었다. ② 신용거래를 위해 임의로 가격을 높게 책정하거나 질이 낮은 상품의 판매를 불허한다. ③ 화주貨主의 위탁을 받은 상가商家는 부두나 창고에서 화물을 수취하거나, 화주를 대신하여 화물을 구매, 또는 판매하고 상품 대금을 회수할 수 있다. ④ 회경상인의 숙박과 화물 보관의 편의를 제공한다. ⑤ 동업자 사이의 분규를 조정하고, 다른 지역 상인이나 신사와의 관계를 원활하게 한다.

셋째, 회관의 건립과 수리 및 회관 재산에 대한 관리이다. 대부분의 회관 건축물은 한 번에 완성할 수 없었고, 건축 이후에도 유지·보수가 필요했다. 이에 상인들은 회관을 건립하고 운영하는 과정에서 생겨난 부

....

89 (明)王士性,《廣志繹》, 中華書局, 1981, 166쪽.

90 예를 들면 光緖 元年(1875) 9月 天津의 〈懷慶會館重修紀略碑〉에는 同治 7年(1868)의 値年으로 泰順理, 雲合興, 復泰合이 光緖 元年에는 泰順通, 錦盛正 등이 거론되고 있다(王興亞, 2007, 65쪽).

동산을 비롯하여 의지義地, 향화지香火地 및 회비와 공동 모금을 통해 형성된 재산으로 토지 구입, 회관 수리, 제사, 일상접대, 빈곤 구제 등에 사용하였다.

넷째, 제사와 묘회 활동이다. 회경약상은 약왕 손사막을 정신적 지주로 삼아 신령으로부터 보호받고자 했다. 한구에서 활동한 약상들은 회관의 명칭을 회경회관에서 담회약왕묘覃懷藥王廟로 고치고 매년 두 차례에 걸쳐 약왕에 제사를 지내는 한편 약재교역대회를 열었다.

'회방'이 외지에서 활동했던 사례는 무수히 많았는데 그 가운데 대표적인 도시로는 한구와 천진을 들 수 있다. 한구는 무한武漢의 3진鎭 가운데 하나로 "장강과 한수가 교차하는 곳에 위치하여 그 형세가 상무商務에 적당하다."[91]는 평가를 받을 정도로 수륙교통이 발달하여 본성은 물론이고 외지상인의 출입이 잦았던 상업도시였다. 약재업은 청대 초기 시인이 한구의 상업활동을 우후죽순에 비유하면서 영향력 있는 '8대행大行' 가운데 하나로 거론할 정도로 중요한 자리를 차지하였다.[92]

회경부 소속 약상들이 진출하기 시작한 것은 명말 숭정연간(1628~1644)으로, 한구의 한정가漢正街 보수교保壽橋 부근에서 회경부 출신 약농이 당지에서 생산된 지황, 산약 및 기타 약재를 가져와 판매하면서부터이다.[93] 그들은 회경부를 출발해 사수汜水를 경유하여 우주禹州에 이른 다음 사기社旗를 거쳐 당하唐河·양하襄河를 통해 남쪽으로 한구에 도착했다. 초기 진출자의 성공적인 상업 활동은 뒷날 많은 약상들의 진출을 유도해 3개의 전문적인 약잔藥棧, 곧 충흥잔忠興棧·삼합공三合公·삼성공三成公이 영업하였다.[94] 사업이 더욱 번창하자 공동출자로 회관을 세우고

91 候祖畬 等, (民國)《夏口縣志》卷12〈商務志〉, 江蘇古籍出版社, 2001.
92 王默·尹忠華,〈漢正街的"藥帮"與藥王廟〉,《武漢文史資料》2007-7, 54쪽.
93 王婧, 2007, 11쪽.

상방을 조직하였으니 '회방'은 한구에서 가장 먼저 조직된 '약방'이었다.[95] '회방'은 청 강희 28년(1689)에 야 25무의 토지를 매입하여 '회경회관'을 건립하였다. 건륭연간(1736~1795)에 중수한 뒤에는 '담회약왕묘'로 개명하고 손사막을 약왕으로 모셨다. 또 건륭연간에는 약왕묘 동쪽에 예성원豫成園이라는 별서를 건립하기도 했다.[96]

한구에서 '회방'은 약방일항藥房一巷·약방이항藥房二巷·약방대항藥房大巷·회안리懷安里 등에서 약재를 거래하였는데, 대상호인 '협성전'이 점용한 거리를 '전기항全記巷', '두성흥'이 점용한 거리를 '두가항杜家巷'이라 했다. 이들 상호는 '4대회약'과 더불어 사향麝香을 취급하여 자본을 확충하였다. 또한 이곳의 회경약상은 매년 두 차례에 걸쳐 약재교역대회를 개최함으로써 '4대회약'의 지명도를 높여 나갔다.

한구보다 시기적으로 늦지만 회경 출신 약상들이 진출했던 대표적인 지역 가운데 하나로 천진을 들 수 있다. 이들이 천진에서 본격적으로 회관을 건립하고 활동을 시작한 것은 동치연간(1862~1874)부터이다. 약재업을 경영했던 상호는 '동덕약행同德藥行'·'협성전'·'두성흥'·'신복흥新復興' 등이 있었다. 이들은 '4대회약'을 취급하는 동시에 '동덕약행'은 홍콩 같은 곳에도 분점을 개설하여 수출 교역을 담당하기도 했다. '두성흥'의 사향 제품은 그 품질을 인정받아 북경의 '동인당'을 고객으로 삼기도 했다. '협성전'에서 제조한 협協자가 새겨진 사향 또한 명성이 높았으며 주사朱砂도 전문적으로 취급하였다.

동치 7년(1868) 장연당張連堂을 비롯한 30여 상호는 곡점가曲店街에서 토지를 구입하고 '회경회관'을 건설하여 친목을 도모하거나 약재를 보관

....

94 王興亞, 2007, 64쪽.

95 王默·尹忠華, 2007, 54쪽.

96 王默·尹忠華, 2007, 57쪽.

하는 장소로 사용하였다. 그들은 회관의 입구에 '회경회관' 현판을 걸고 약왕의 신상神像을 모시는 한편 전문적인 약재 보관용 창고와 행상 및 고용인들을 위한 객실을 마련하였으며, 많은 약재상들이 이곳을 임대하여 상업 활동을 하였다. 또한 희루戲樓가 있었는데, 청말의 유명한 무술가인 곽원갑霍元甲(1868~1910)이 이곳에서 공연하기도 했다.

하지만 근·현대의 격동기를 맞아 상업이 쇠퇴하면서 회관의 역할도 줄어들었다. 1943년에는 왕욱동王煜東 등이 회경 동향회를 만들어 활동하기도 했으나, 이 또한 1954년 해체되었다. 최근에는 천진시 도시 재건축 사업의 일환으로 '회경회관'을 철거하기에 이르렀는데, 그 과정에서 '회경회관'에서 사용하던 돌 저울추 두 점(하나는 크고 또 다른 하나는 작은 것)과 비석만은 화를 면해 홍교구紅橋區 문물관리소에 소장되어 있다. 저울추에는 모두 '회방공겁懷帮公砝'이라는 글자가 새겨져 있으며, 작은 저울추에는 '광서 4년 6월 입立'과 '200근斤'이라는 글자가 새겨져 있다. '회경회관'의 비석인 〈회방회관중수지략懷帮会館重修志略〉에는 작은 해서체로 회관의 운영규칙 등이 기술되어 있는데, 전체 방수가 42칸이었다는 것을 통해 그 규모가 상당했음을 알 수 있다.

Ⅲ. '무인빙'

I. '남쪽에서는 비단, 북쪽에서는 약(南網北藥)'을 팔다

현재 무안시武安市 광장에는 9개의 근根으로 구성된 '문화주文化柱'가 있는데, 그 가운데 일곱 번째 근은 무안의 상업사를 함축적으로 나타내고 있다. '남주북약南網北藥'이라 하여 역사적으로 무안 상인들은 남쪽에서는 비단을 팔고, 북쪽에서는 약재를 팔았다고 한다. (민국)《무안현지武安縣志》권10〈실업지實業志〉에 무안상인이 주로 취급했던 상품으로 약재와 주포網布를 거론하고 있다. 태항산 동쪽에 위치한 무안은 하남·하북·섬서 3성의 교계지역으로 1949년 이전까지는 하남성 창덕부彰德府 무안현武安縣이었다가 현재는 하북성 무안시가 되었다. 무안은 경내에 산이 많은 산악지대와 구릉지가 절반씩 차지하고, 토지는 척박해서 거의 해마다 한재를 겪고 있었다.

무안 지역 출신자들이 상업경영에 나서기 시작한 것은 대체로 명 중엽부터이다. 가정연간(1522~1566)에 10만을 초과하면서 나타난 인구압력은 이곳 사람들이 상업으로 나아가는 중요한 계기가 되었다. (가정)《창덕부지彰德府志》에 "무안에는 상인이 가장 많은데, 한데 모여 마을을 이루어 생활하고 재물을 모은다."고 했다. 무안현에서는 농업에 종사하는 소수를 제외하고는 다수가 상업에 종사하였는데, 마을별로 차이는 있

◈ 69 (민국)《무안현지》

지만 많은 경우 70~80%가 외지로 나가 상업에 임했다.[97] 그들이 진출했던 지역은 요령·길림·흑룡강·산동·강소·안휘·산서·섬서·감숙·영하·내몽골·청해·신강·북경·천진 등 18개 지역에 달했고,[98] (민국)《무안현지》에 따르면 1930년대 무안현 출신으로 각 성에서 상업에 종사했던 상가는 1,950가(25,000명)에 달했으니 무안 본현의 370가를 더하면 2,320가나 되었다고 한다.[99]

하남성에서 '회방'과 더불어 중요한 2대상방으로 불린 '무안방'은 무안현 출신 상인들이 결성한 상인집단이다. 중국 지역상방 중에서 지역범위가 비교적 좁고, 규모 또한 작은 상방 가운데 하나로, 그들이 건립한 회관도 3곳에 지나지 않았다.[100] 이 점은 전국적으로 약 16군데에 회

97 (民國)《武安縣志》, 附志〈區村鎭志分述〉에 따르면 龍泉·同會·伯延·羅峪 등지는 외지로 나가 상업에 종사하는 인구가 80%, 大名遠·北安·庄安·南文章·北文章 등 8개 村의 상인 수는 70%이며, 東萬年·西萬年 등 10개 村의 상인은 50% 정도이다.

98 程峰·楊玉東,〈懷慶商帮與武安商帮的商帮意識〉,《焦作大學學報》 2011-2, 50쪽.

99 (民國)《武安縣志》卷10〈實業志〉.

100 程峰·楊玉東, 2011, 49쪽.

관을 건립하였던 '회방'과 비교되는 것이기도 하다. 그렇다면 '무안방'의 회관 건립이 상대적으로 많지 않았던 원인은 어디에 있을까? 그에 대해 몇 가지 의견이 있다. 주로 동북 지방에서 활동했던 무안상인들은 다른 상방에 견주어 상방의식이 약했다는 점을 들 수 있다.[101] 다음 무안상인들이 동북 지방에 진입했던 초창기인 건륭연간(1736~1796)에는 인원이나 자금력이 상방을 조직할 만한 역량을 지니지 못하였고, 이후 광서연간(1876~1908)이나 민국 초에는 사회적으로 회관을 건립하는 풍조가 많이 줄어들었다는 점을 지적하기도 한다. 동북에 진출한 무안상인들은 동북 지역이 발전하는 시기를 이용하여 각지에 약점을 내고 분점을 설립함으로써 회관 설립에 따른 실질적인 이익이 많지 않았다. 또한 무안상인이 동북에 개설한 상호가 많았지만, 분포 지역이 대단히 광범위해서 동일한 시기에 한 공간에서 활동한 상호가 많지 않았던 것도 중요한 요인으로 작용했다.[102]

무안약상이 상업활동을 전개하면서 약왕으로 숭배한 대상은 후한 말의 유명한 명의 화타였다. 그들이 무안에 '화왕묘華王廟'를 처음으로 건립하기 시작한 것은 강희 40년(1710)이었으며, 이후 건륭 48년(1783)에 중수하기도 했다. 사당 묘각에는 진사 양속楊續이 쓴 비기碑記가 있는데, 이에 따르면 무안약상이 화타를 숭상하게 된 이유로 다음 세 가지를 들고 있다. 첫째, 의술에 밝아 치료효과가 뛰어났으며, 둘째, 마비산을 사용하여 외과수술을 실시했고, 셋째, 그가 편작 등과 어깨를 나란히 할 만큼 천고에 이름을 날렸기 때문이라고 한다.

101 程峰·楊玉東, 2011, 51쪽.
102 王興亞, 《河南商帮》, 合肥: 黃山書社, 2007, 93~94쪽.

2. 안국에서 동북으로

명대 중기부터 시작된 무안인들의 상업 활동은, 초기에는 가축을 활용했던 일부를 제외하고는 대부분이 수레를 이용하거나 어깨에 메고 운반하였으며, 활동 범위는 하남·하북·산동·산서 일대였다. 그들은 선조들이 이용했던 길을 따라 약재 매매에 종사하였다. 초기의 행상에서 점차 점포를 개설하여 운영하는 단계로 나아갔으며, 안양安陽·개봉開封 등지에 상호를 개설하기도 했다. 하지만 모든 무안상인이 성공을 거둔 것은 아니었다. 이는 (민국)《무안현지》에 "매년 봄에 수레를 끌고 나갔다가 연말이 되어 돌아오는 것이 습관처럼 일상이 되었다. 해마다 여러 지역을 돌아다니지만 모두가 성공한 것은 아니었다."[103]고 한 것을 통해서도 짐작할 수 있다.

무안은 주포綢布뿐만 아니라 약재 또한 생산량이 많지 않기 때문에 대부분이 외지에서 구입하여 판매했다. 인근의 안양安陽에서는 천화분天花粉·당루糖簍·박하薄荷·마령馬鈴·마발馬勃·동화冬花·혈견수血見愁 등이, 임현林縣에서는 당삼黨蔘·연교連翹·황기黃芪·지모知母 등이 생산되었다. 회경부에서는 회지황懷地黃·회산약懷山藥·회국화懷菊花·회우슬懷牛膝의 '4대 회약'이 유명하며, 정기적인 약재교역대회가 개최되었다. 무안에서 남으로 600여 리 떨어진 우주는 당귀當歸·복령茯笭·남성南星·백지白芷 등 약재가 생산될 뿐만 아니라 청 중기 이후 전국 규모의 약재시장이 형성되었던 곳이다. 북으로 600여 리 떨어진 안국에는 목통木通·황기黃芪·감초甘草·방풍防風 등이 생산되며, 명 중기 이후 북방 최대의 약재시장이 형

---

103 （民國）《武安縣志》卷10〈實業志〉: "每年春推車而往, 歲終推車而歸, 習以爲常, 頻年跋涉, 不能大有成就."

성되어 있었다.

무안 출신 약상들은 북방 최대의 전업약시인 안국에서는 '13방'가운데 하나로 활동하였는데, 방의 결성은 다른 상방보다 상대적으로 늦은 시기에 이뤄졌다. 출발이 늦은 것은, 안국약시에서 그들의 숫자가 적지 않았음에도 각자 경영의 형태를 띠고 있어 상방을 조직하지 못했던 원인으로 작용했다. 상방 조직이 없다는 것이 불리하다는 사실을 인식한 그들이 공식적으로 상방을 결성한 것은 동치 2년(1863)에 거행된 '무안방' 성립대회 때였다.[104] 이와 관련 〈하남창덕부무안현합방신립비기河南彰德府武安縣合帮新立碑記〉에는 "무릇 객상들이 약을 싣고 와서 판매하는데, 각 성을 단위로 방을 형성하여 13방이 되었다. 그러나 오직 하남 창덕부 무안방만이 빠져 있었다."[105]고 전제한 뒤 함풍 11년(1861)에 계구청李久青·공광능孔廣能·호련원胡連元·양옥당梁玉堂 등이 무안방 결성을 발의하였다. 준비기간을 거쳐 동치 2년(1863) 5월 안국 약왕묘에서 성립대회를 거행했다. 무안방 성립에 참여한 회수會首만도 영풍태榮豊泰·흥순성興順成 등 42가에 달했는데 비문에는 각 상호에서 출자한 구체적인 액수가 기재되어 있다.[106] 방의 수사首事는 창립을 주도했던 계구청 등 4인이 맡았고, 경리는 염조閻照가 담당했다.

이후 외지로 진출했던 무안 상인 가운데 일부는 경쟁이 치열한 내지에서는 더 이상 어렵다고 판단하고 향후 발전 가능성이 높은 동북 지역에서 새로운 시장을 개척하기 시작했다. (민국)《무안현지武安县志》에는

. . . .

104 程峰·楊玉東, 2011, 50쪽.

105 〈河南彰德府武安縣合帮新立碑記〉(趙英·李文策·朱孟申 主編, 《安國中醫藥志》, 香港銀河出版社, 2002, 37쪽).

106 42가 상호의 구체적인 명단과 각 상호에서 출자한 구체적인 액수는 〈河南彰德府武安縣合帮新立碑記〉(趙英·李文策·朱孟申 主編, 2002, 38~40쪽) 참조.

"청말·민국 시기, 특히 현 외 지역에서의 상업 활동이 전국적으로 확대되었으며, 약재 상인들은 동북3성 지역을 독점하기도 했다."고 기술되어 있다. 또 무안 지역 민간에서는 "동북지역에서 연기가 나는 곳만 가면 반드시 무안 사람들이 약을 팔고 있다."는 말이 널리 유행하기도 했다. 동북지역에서 무안약상이 경영한 유명한 상호로는 용천龍泉의 무씨武氏가 문을 연 덕태흥德泰興, 백연伯延의 서씨徐氏가 개업한 서화발徐和發, 같은 백연伯延마을 방씨房氏의 덕경증德慶增, 역시 백연마을 주朱·유劉·관關·정씨程氏가 합작한 금화경錦和慶, 대명원大洺远 윤씨尹氏가 개업한 적성화積盛和의 '5대 약점'이 있었다.

무안 상인들의 동북행은 역사적으로 세 차례에 걸친 고조기가 있었다. 첫 번째는 1860년대이고, 두 번째는 1904년 경京·한漢철도 개통 시기이며, 세 번째는 1942~43년 무안 지역에 대규모 한재가 발생했던 때이다. 앞선 두 시기는 무안 약업이 동북 지역에서 크게 번영했던 때였던 것과 달리, 세 번째는 무안 약업이 쇠퇴의 길로 접어드는 시기였다.[107]

3. 동북에서의 활약상

1) 다섯 수레를 끌고 관동으로, '덕태흥'

무안 출신 약상 가운데 누가 처음으로 동북지역에 진출하였을까? 이와 관련 (민국)《무안현지》에는 다음과 같이 묘사하고 있다.

....
107 安秋生,〈武安藥商散記〉,《長城》2007-3.

건륭연간 백성들의 삶이 풍족해지고 국가가 부유해지는 승평의 단계에 도달하여, 내지의 상업은 이미 공급이 수요를 초과하는 현상이 출현하자 총명한 사람들은 관외關外(산해관山海關 바깥, 즉 중국의 동북3성)의 발전으로 눈을 돌려 이익을 추구했다. 당시 용천龍泉의 무공武公이 봉천奉天(심양瀋陽)에 임태臨泰를 창설하여 약재를 경영하니, 이것이 무안 상인이 관동에서 무역을 하게 된 시초이다.[108]

무씨 집안이 약업에 종사한 것은 용천 무씨 24대손부터 시작된 것으로 대략 1750년 무렵이었다고 한다. 당시 무씨 집안에는 무태연武泰然·무태림武泰林·무태무武泰茂·무태성武泰盛·무태관武泰寬 5형제가 있었는데, 어려운 집안 형편 때문에 형제들은 수레를 끌고 다니며 약재를 팔았고, 처음에는 여느 행상들과 마찬가지로 고향인 무안과 안국 약재시장을 돌아다녔다.[109] 하지만 치열한 경쟁으로 이윤을 내지 못해 1년이 지나도록 가정형편은 조금도 나아지지 않았다. 이후 형제들은 바깥으로 눈을 돌려, 안국을 떠나 심양에서 약재를 팔았고, 이전보다 훨씬 더 많은 수익을 내게 되었다. 형제들은 행상에서 좌상으로 전환하여 심양에 가게를 차렸으며, 항렬인 '태泰'자를 따서 약방 이름을 '임태臨泰'라 했다.

'임태'는 청 광서연간까지 계속 발전하여 전성기를 구가했으니, 심양에서 약방을 경영할 뿐만 아니라 하남 개봉開封에서는 비단가게를 열고 상호명을 '덕태흥德泰興'으로 변경하였다. 심양을 중심으로 동북3성으로 확장해 나갔으며 다른 도시에도 분점을 개설하였다. 심양 '덕태흥' 본점

---

108 (民國)《武安縣志》卷10〈實業志〉: "乾隆中, 民殷國富, 到處升平, 內地商業已成供過于求之疲弱現象, 遂有聰明人士, 思向關外發展, 以浚利源. 時龍泉武公者, 首創臨泰于奉天, 經營藥材, 是爲武安商人在關東貿易之起點"

109 武立新,〈武安藥商文化在現代醫藥企業經營中的利用探索〉,《商業文化》2010-7, 172쪽.

◆ 70 1950년 심양 덕태흥 전직원(출처 : 《하북청년보河北青年报》 2011.03.09.)

을 중심으로 신민新民의 '덕태륭德泰隆', 공주령公主岭의 '덕태상德泰祥', 법고法庫의 '덕태서德泰瑞', 하얼빈哈爾濱의 '덕태항德泰恒', 치치하얼齊齊哈爾의 '덕태성德泰盛', 정가둔鄭家屯의 '덕태순德泰顺', 쌍성雙城의 '항태덕恒泰德', 농안農安의 '덕태증德泰增' 등 8개 지점이 있었으며, 그 아래 또 분점을 내기도 했다.

2) 백연마을 출신의 서화발·덕경증·금화경

무안을 대표하는 약재상 가운데 상당수는 고산鼓山 아래의 백연伯延(옛 이름은 '백안伯雁')마을에서 나왔다. 멀리 관동지역에서 약재업을 경영한 백연마을의 초기 상인 가운데 성공을 거둔 상호는 가경연간(1796 ~1820) 초기의 서씨 집안사람이 세운 '서화발'로 '임태'와 마찬가지로 심양에서 활동했다. '서화발'을 창시한 서흥인徐興仁 부자 또한 작은 수레를 끌고 다니며 약재를 판매하는 것으로 사업을 시작하여 이후 좌상이 되었다. 자본이 너무나 적었기에 초반에는 목재 약장조차 놓지 못하고 벽돌로 만든 장에 목판을 쌓아 약장을 만들었다. 사업이 발전한 뒤에도 이들은 사업 초기에 이용한 손수레와 벽돌장을 가게에 보관함으로써 창업 당시의 어려움을 잊지 않고자 하였으며, 후손들과 점원들을 교육시키는 '교재'로 활용하였다. 서씨 부자는 계속 사업을 확장해 갔으니 1930~1940년대 동북지역에 '화발和發'이라는 상호의 약방이 몇 개인지 셀 수 없을 정도였다고 한다.

백연마을의 방씨房氏 또한 청대 무안을 대표하는 상인가문 가운데 하나였다. 건륭연간(1736~1795)의 방효충房孝忠은 두 아들을 데리고 하남 안양 지역을 전전하며 가게 두 곳을 빌려 비단을 전문적으로 판매하였으며, 상호를 '상순공祥順公'이라 했는데, 이로부터 200여 년 동안 이어지는 방씨의 상업사가 시작되었다. 그들은 하남의 도구道口·회경懷慶·목란木欒 등지에 계속해서 분점을 개설하였으며, 19세기 말에 이르러서는 개봉開封에 이른바 '4대덕四大德'(덕경항德慶恒·덕경성德慶成·덕경흥德慶興·덕무항德茂恒)이 '상순공'으로부터 갈려 나와 총점을 형성하고, 보풍寶豊·정주鄭州·주구周口·동원東垣 등지에 분점을 개설하였다. 함풍연간(1851~1861) 초기, 사업이 점점 발전하면서 방씨는 동북 지역의 약방을 인수하여 '덕경증德慶增'이라 개명하였고, 이를 계기로 동북 지역에까지 진출하게 되었다. 이후 방씨는 아주 짧은 기간에 관동방關東帮 약상을 선도하는 위치에 설 수 있었다. 커다란 성공을 거둔 '덕경증'은 무안의 다른 거상들과 함께 오랜 기간 동북 대부분 지역의 약재 매매를 독점하였다. 1927년 방씨는 심양 번화가에 3층 건물의 약방 '덕경원德慶元'을 세웠는데, 이 건물은 당시 심양에서 상징적인 존재였다고 한다. 건물 안에는 히터가 설치되어 있었을 뿐만 아니라, 욕조까지 갖추어져 있었다고 한다. 《무안현지》에 따르면 당시 '덕경원'의 연매출이 30여 만 은원에, 순이익이 3만여 원에 달했다.

'금화경錦和慶'은 백연마을 출신이 동북 지역에 세운 또 다른 약방이다. '금화경'이 '서화발'이나 '덕경증'과 다른 점은, 개업시기부터 주주 형태를 취하고 있었는데, 원래 친척관계인 주朱·유劉·관關·정程씨 등 네 일가가 공동 주주로 개업을 한 것이었다. 이들 가운데 주금朱錦의 지분이 가장 많았으며 주주들 중 경력과 재능이 가장 많고 명성이 높아 경영을 담당하게 되었다. '금화경' 본점은 장춘長春의 최고 번화가인 대마로大馬路에 있었으며, 시 중심 지역에도 몇 개의 분점이 있었다. 사업은 나날이 번창하여 네 일가 모두 엄청난 부를 축적하게 되었으며 동청철도東淸鐵道가 개통되고 나서는 동쪽지역으로 빠르게 사업을 확장하였다. 이후 장춘 이북 지역의 시市·현縣에서도 '금화경'을 볼 수 있었다. 현지에서는 '금화경'을 '북패천北霸天'이라 부르기도 했다.

3) 대명원촌의 거상 윤의당

1945년 이전, 무안 지역에서는 '윤의당尹懿堂'을 모르는 사람이 없었다고 한다. 그 이유는 그가 무안 최고의 부자로 불렸기 때문이다. 1990년 《무안현지》·〈사회지社會志〉에는 다음과 같이 기록되어 있다.

> 윤의당은 대명원촌의 지주이자 자본가이다. 450무의 토지를 소유하고 있으며 고장雇長, 단공短工이 30여 명이나 있었다. 집이 750여 칸으로 전체 마을의 75%를 차지하고 있다. 주요 소득원은 상업으로 동북3성과 천진·서안 등 지역에 45개의 상점을 소유하고 있었으며 주로 약재를 판매했다. 구체적인 수입을 헤아리기는 어렵지만 하루에도 엄청난 양이 들어왔다. 윤씨 집안에는 보모와 계집종 36명, 집사와 정원사 10여 명이 있었다. 국민군國民軍 여장旅長 고계자高桂滋가 무안에 와 금란지교를 맺고 답례로 소총 10자루와 권총 4자루를 주기도 했다.

실제로 윤의당은 위에서 언급한 동북3성과 천진·서안 등 지역에 '적성회積盛和'라는 상호의 기계를 가지고 있었을 뿐만 아니라 북경 시단西單 호동胡同에 공관도 소유했다고 한다. '적성화' 초창기에는 덕태흥이나 서화발, 덕경증은 물론이고 금화경에 견줘서도 보잘 것이 없었으나, 빠르게 성장을 거듭하여 후발주자 중에서는 크게 성공을 거두었는데, 단기간에 20여 개의 분점을 냈다.

윤의당은 스스로가 서양파西洋派 인물로 간주하여, 양복을 입고 구두를 신었으며 평범하지 않은 말투를 사용하였다. 약방의 점원들에 대한 요구 수준도 다른 약방들과 달랐다. 그는 점원들에게 긴 치마와 정장을 입도록 하였으며 점원들이 정장을 살 때에는 일정 수준의 보조금을 지원해 주었다. 또한 일본이나 조선 고객과 소통할 수 있도록 점원들에게 일본어와 조선어를 배우게 했다. 이 때문에 가게 밖에서도 현지 사람들은 복장과 분위기만으로 '적성화'의 점원들을 쉽게 구분해 낼 수 있을 정도였다고 한다. 단기간에 엄청난 부를 축적한 윤의당은 동북 지역 업계와 고향 무안에서 명성을 얻게 되었으며 약도인 안국에서도 큰 영예를 누리는 주요 인사가 되었는데, 그의 두 번째 처가 안국 사람이었다.

4. '무안방'의 성공요인—주주제와 프랜차이즈 경영

'무안방'이 동북지역에서 성공적인 약업 경영을 할 수 있었던 요인은 그들이 오늘날의 기업 경영방식과 닮은 각종 관리 제도를 만들어 운영했기 때문이다. 우선 많은 상호에서 주주제를 시행하였다. '덕태흥'·'서화발'·'금화경' 등 대규모 상호는 물론이고 소규모 약방에도 2명 이상의 주주가 있었다. 넉넉한 자본을 갖추지 못한 상황에서 개인이 단독으로 상호를 운영하기에는 한계가 있었는데, 주주제도는 이러한 단점을 보완해 주었다.

'무안방' 상인들이 사업 파트너로 손을 잡은 사람들은 다른 상방과 마찬가지로 대부분이 친척이나 친구, 또는 동향인이었다. 뜻이 맞는 사람과 함께 자금을 모아 사업을 시작했던 것이다. '무안방'의 각 상호에는 지점마다 '만금장萬金帳'을 만들어 주주들의 출자 상황과 약방의 규정 등을 기록하였다. 이 장부는 이익을 배분하는 근거가 되었으며, 위험 부담을 나눠 맡는 계약서의 역할도 하였고 동시에 경영자의 행위를 제한하는 기능도 했다. 주주와 파트너가 존재하는 매매는 모두 이에 근거하여 처리했으며, 이를 기반으로 체계적인 관리 제도가 마련될 수 있었다.

'무안방'의 '덕태흥' 등은 프랜차이즈 경영 노선을 택하였다. 여러 곳에 분점을 내었으며, 본점과 분점의 관계는 오늘날 기업관리 제도에서 모기업과 자회사의 관계와 비슷했다. 본점은 안국·영구營口 등 약재 도매시장에 있어, 사무소를 설치하거나 '외거外柜'라고 불리는 상주 구매 담당 직원을 두고 도매로 중약재를 구입하였다. 본점에는 가공공장을 두어 중약이나 제제製劑 등으로 가공한 뒤 도매로 판매하였다. 분점에서는 각 지역의 소규모 약국에 도매로 약품을 공급하거나 직접 소비자에게 약을 판매하였다. 일부의 경우 경영 담당 직원과 생산 담당 직원이 100명에 달하기도 하여 규모 면에서 보면 마치 하나의 약재 가공공장과 도매상 같기도 하였다. 생약 가공 이외에 환丸·산散·고膏·단약丹藥 등을 만들었으며, 약방 고유의 브랜드 상품을 만들어 판매하기도 했다. 예를 들면 '덕태흥'의 '익모환혼단益母还魂丹', '덕경증'의 '보심단補心丹', '금화경'의 '육미환六味丸' 등 이른바 '비방'을 만들어 동북의 많은 지역에서 판매했다. 일부는 규모가 꽤 큰 제약공장을 세우기도 했는데, 영구營口 약재시장에는 무안약상들의 제약 공장이 있었다. 1920년대 이후부터는 양약까지 영업 범위를 확대하였고, 일본 회사의 제품도 판매하였다. '적성화'는 규모가 더욱 커서 사슴 목장까지 별도로 운영하였다.

'무안방'은 대부분의 상호에서 '장궤掌櫃(지배인) 책임제'를 시행했으니 오늘날의 '소유권과 경영권의 분리'와 비슷한 개념이다. 무안약상들은 가족과 친척들이 경영하는 점포를 제외한 독자나 공동 출자 약방을 대부분 장궤들에게 위탁하여 경영하였다. 주인들은 3년에 한 번씩 경영내역을 검토하며, 규범 제정 및 이익 분배 등에만 참여하였고 평소의 내부적인 사무에는 간섭하지 않았다. 장궤가 책임을 진다는 것은, 곧 운영이 잘못되었을 경우 기존의 장궤를 해고하고 다른 사람을 고용할 수 있다는 것을 의미한다. 당연히 주인들도 정기적으로 약방을 순방하며 관리하거나, 그곳에서 오래 머물며 관리·감독할 수 있었으나 일상적인 경영에까지 하나하나 참여할 수는 없었다. 주인이라도 계산대의 돈을 함부로 가져갈 수 없었으니, 능력 있고 우수한 인재가 약방을 관리하고 경영하였다는 사실을 증명해 준다.

장궤에 따른 약점 경영의 효율성을 제고하기 위한 제도적 장치를 마련하기도 했는데, 이른바 '정신고頂身股' 제도이다. 이는 대장궤부터 이장궤, 삼장궤와 기타 소장궤까지 모두 각자의 역할이 정해져 있었으며, 평소 급여 이외에 3년마다 이익을 분배하였다. 주인과 장궤의 이익 분배 비율은 일반적으로 '동삼화칠東三伙七', 곧 장궤들에게 70%가 주어졌다. 또는 '전반신반錢半身半'이라 하여 주인과 장궤가 각각 50%를 가지는 경우도 있었다. 이들의 지분은 경력, 능력, 기여도 등에 근거하여 계속 조정되었으니, 장궤의 기여도가 클수록 약방에서의 근무 기간도 길어지고 지분도 점점 증가하게 되는 것이다. 경영자에 대한 보수와 경영 실적이

긴밀하게 연결되어 있어 약방이 잘되면 본인도 잘되고 약방이 망하면 본인도 망하는 시스템이었다.

'무안방'의 경영관리의 다음 특징으로는, 직원 관리가 군대처럼 엄격했다는 점을 들 수 있다. 대부분의 무안 상인들이 경영하는 상점에서는 일부 주방의 요리사와 약국의 약사 등을 제외하면 대부분이 구매에서 가공, 계산대의 직원, 회계 담당 직원에 이르기까지 무안 지역 출신 사람들로 구성되어 있었다. 상호 관리 면에서 지역 연고주의가 강한 중국적 특징을 그대로 반영하고 있는데, 경영상의 기밀을 유지하기 위해 필요한 조치였다고 생각한다.

소개와 보증을 통해 입사하게 된 신입직원은 우선 간단한 교육을 받은 다음 업무를 시작하게 된다. 이들은 초기 3년 동안은 '자리도 없이' 사업과 문화, 예절 등을 배운다. 직원들은 가게에서 생활하며 평소에는 돈을 지니고 다닐 수 없다. 심지어는 이발, 목욕 등도 가게에서 일괄적으로 정해 주는 등 외부와 격리된 생활을 해야 한다. 3년 동안 함께 생활하는 동안 필요한 모든 비용은 가게에서 지불하며, 휴가 기간은 6개월이고 그동안에는 평소와 똑같이 급여가 지급된다. 물론 이러한 경영방식이 '무안방'만의 독특한 것은 아니고 산서상인들의 방식과 크게 다르지 않았다고 한다.

Ⅳ. '영피방'

I. 자계에서 걸출한 약상이 많이 배출된 이유는?

절강성 동부 연해의 영파寧波는 고대부터 중요한 무역항이자 상업도시로 유명하다. 남송대 수도였던 항주杭州의 관문으로 고려시대에는 한·중 교류의 중심지이기도 했다. 남송대 고려의 사신과 상인들은, 거란·여진 등 북방민족이 북중국을 장악하여 기존의 교역로였던 산동으로 가는 뱃길이 막히자 영파를 통해 교류했다. 따라서 영파에는 현재까지 고려 관련 유적이 많이 남아 있다.

◈ 가 영파의
고려사관高麗使館 유지

영파 출신 상인들은 해상무역뿐만 아니라 국내 상업에도 커다란 족적을 남겼으니 명·청대 '10대상방' 가운데 하나로 불리기도 했다. 영파방은 명대까지의 명주明州, 청대의 영파부寧波府, 민국시대 영파시 소속 은현鄞縣·진해鎭海·자계慈溪·봉화奉化·상산象山·정해定海 등 6현 출신으로, 외지에 나가 활동했던 상인과 기업가 등을 포함한다. 영파방 출신 상인들이 경영했던 항목으로는 성의업成衣業·전업錢業·항운업航運業 등과 더불어 약재업도 포함된다.[110] 영파 안에서도 자계慈溪 명학鳴鶴 출신 상인들이 약재업에 종사한 자가 많았다.[111] 자계 명학 출신으로 중국 약업 발전에 뛰어난 발자취를 남긴 인물로는 정학년丁鶴年을 비롯해 낙양재樂良才·엽심배葉心培·엽보산葉譜山·두경상杜景湘·유수장俞綉章·엽본생葉本生·유패원劉沛元·주건생周乾生·유일봉劉一峰 등을 들 수 있겠다. 유명한 상호로는 학년당鶴年堂·동인당同仁堂·엽동인당葉同仁堂·엽종덕당葉種德堂·진원당震元堂 등이 있었다.

그렇다면 자계 명학에서 중국 역사에 남을 중요한 약상이 많이 배출될 수 있었던 요인은 무엇일까? 그것은 명학의 자연환경과 역사 조건, 그리고 독특한 인문 전통이 결합됨으로써 가능했다. 명학은 삼산三山(오뢰산五磊山·대림산大霖山·선거산仙居山)·양호兩湖(두약호杜若湖·백양호白洋湖)와 함께 중국 강남 특유의 소교小橋·유수流水·고사古寺 등 경관을 지니고 있는 데다 학 모양의 풍수로 강절江浙 지역에서도 정평이 나 있다.

약재 자원도 풍부해 명 천계 4년(1624)에 편찬된 《자계현지》에는 약

110 徐茂華·王華鋒·唐廷猷, 〈淺論國藥業在寧波幇形成和發展中的歷史作用〉, 《中國現代中藥》 17卷 第5期, 2015, 491쪽.
111 이와 관련 "中國國藥出浙江, 浙江在慈溪, 慈溪首推鳴鶴場"이라는 말이 생겨나기도 했다(徐茂華·姚桃娟, 〈慈溪鳴鶴藥商群影響力形成初探〉, 《中國現代中藥》 17卷 第7期, 2015, 734쪽).

재 81종이 기재되어 있다. 이 지역의 대표적인 약재 가운데 하나인 요맥동姚麥冬은 명 성화연간(1465~1487)부터 재배를 시작해 청말에는 연간 생산량이 1,000상箱(약 150톤)에 달해 중국 내지는 물론이고 멀리 동남아시아에도 판매했다. 절강에서 생산되는 이른바 '절팔미浙八味'(절패모浙貝母·절맥동浙麥冬·절현삼浙玄參·절현호浙玄胡·절조피浙棗皮·항백출杭白朮·항백작杭白芍·항국화杭菊花)로 대표되는 좋은 약재의 존재도 그들이 활동하는 데 유리하게 작용하였다. 실제로 영파방 약상들은 안국 등 대규모 약시에서 '절팔미' 판매를 통해 많은 이윤을 남기기도 했다.

다음 명대 중·후기 당시 최고의 경제 선진지대였던 소주·항주 등 강남 지역에서 상품경제가 발전하고, 민영 약점이 들어선 것 또한 명학 약상군藥商群 형성에 좋은 분위기를 제공했다. 지역 경제의 활성화와 더불어 문화적 선진성도 중요한 요인으로 작용했다. 명학이 속한 절동浙東 지역은 중국에서 교육 보급 정도가 비교적 높은 곳으로 많은 인재를 배출하여 명학 약상군 형성의 기초가 되었다.

2. 영파방의 형성과 대외 진출

영파 자계 출신 상인들이 약업에 종사한 역사는 매우 오래되어 당 개원 26년(738), 자계현(현치縣治 자성慈城)을 설치한 이래 약재를 채집·재배·판매했다는 기록이 있다. 북송대에는 자계 오마교五馬橋 풍씨馮氏가 약업으로 부를 축적한 것을 대사인大詞人 서단舒亶(1041~1103)이 《사명잡영四明雜詠》에서 "약사만금요藥肆萬金饒"라 묘사하기도 했다. 송말·원초에는 '약방삼계藥帮三溪, 제일자계第一慈溪'라는 말이 강남 민간에서 유행할 정도로 존재감이 있었다. 자계약상은 강江·절浙·환皖 일대에서 약업 경영에 종사했던 '삼계약방三溪藥帮' 가운데 하나로 금화金華의 난계蘭溪, 휘주徽州의 적계績溪 출신 약상과 더불어 이후 수백 년 동안 활동했다.

약재업을 주된 경영 품목으로 설정했던 자계 출신 상인들은 "현 사람이 약재 판매를 대종大宗으로 삼아 사천·호광 등 이르지 않은 곳이 없다."[112]고 할 정도로 활동 범위가 매우 넓었다. 예를 들면 동체림董棣林은 약재를 운반 판매하여 집안을 일으켰다고 전해지는데, 멀리 동북 산구에서 채취한 인삼을 상해로 운반하여 판매함으로써 많은 돈을 벌었다고 한다.[113] 또한 그들은 안국과 우주 등 약시에서 창기호昌記號를 대표로 '영파방'을 형성하여 활동했으며, '동인당'을 필두로 한 '경통위방京通衛帮'의 일원으로 참여하기도 했다. 그들이 각지에 개설한 대표적인 약국을 예로 들면 다음과 같다.

【표 Ⅲ-3】 영파방이 창립 및 경영한 서명한 약호藥號[114]

번호	지역	약점 명칭	창시인	적관	창립 시기
1	항주	요치화당姚致和堂	요씨姚氏	영파여요寧波余姚	명대
2	항주	주양심朱養心	주양심	영파여요寧波余姚	명 만력 연간(1573-1620)
3	항주	옹장춘翁長春	옹파분翁叵芬	영파자계명학 寧波慈溪鳴鶴	청 강희 38년(1700)
4	항주	장동태약호 張同泰藥號	장매張梅	영파	청 가경 10년(1805)
5	항주	엽종덕당葉種德堂	엽보산葉譜山	영파자계명학	청 가경 13년(1808)

....

112 (民國)《慈溪縣志》卷55 風俗; "縣人以販藥爲大宗, 川湖等省亦無不至者".

113 張海鵬·張海瀛, 1993, 127쪽.

114 徐茂華·王華鋒·唐廷猷, 2015, 493쪽.

6	항주	익원삼점益元蔘店	장내선張耐仙	영파자계	청 동치 원년(1862)
7	수주	영원당寧遠堂	성씨成氏	영파	명대 만기
8	소주	동보춘童保春	동장선童長善	영파자계자성寧波慈溪慈城	청 도광연간(1821~1850)
9	상숙常熟	동보산童葆山	동장선	영파자계자성	청 도광연간(1821~1850)
10	북경	동인당同仁堂	낙현양樂顯揚	영파자계명학	청 강희 8년(1669)
11	상해	강연택약포姜衍澤藥鋪	강빈원姜賓遠	영파자계자성	청 강희 34년(1696)
12	상해	항태약행恒泰藥行	동선장童善長	영파은현寧波鄞縣	청 건륭 10년(1745)
13	상해	여천성당余天成堂	여수초余修初	영파진해장교寧波鎭海庄橋	청 건륭 47년(1782)
14	상해	동함춘童涵春	동장선童長善	寧波慈溪慈城	청 건륭 48년(1783)
15	상해	상해풍존인上海馮存仁	풍오루馮吾樓	영파	청 동치 원년(1862)
16	상해	채동덕당蔡同德堂	채미청蔡嵋青	영파	청 광서 8년(1882)
17	광주	경수당敬修堂	전수전錢樹田	영파자계명학	청 건륭 55년(1790)
18	온주	엽동인당葉同仁堂	엽심배葉心培	영파자계명학	청 강희 9년(1670)
19	소흥	진원당震元堂	두경상杜景湘	영파자계명학	청 건륭 17년(1752)
20	소흥	승대약재행升大藥材行	장일주張逸舟	영파자계자성	청 건륭 이후
21	태주	방만성方萬盛	방경록方慶祿	영파자계	청 가경연간(1796~1820)
22	호주	모한재慕韓斋	엽씨葉氏	영파자계명학	청 도광연간(1821~1850)
23	영파	수전재壽全斋	왕립오王立鰲	영파자계자성	청 건륭 35년(1770)
24	영파	영파풍존인당寧波馮存仁堂	풍영재馮映斋	영파자계자성	청 함풍 원년(1851)
25	영파	풍만풍약호馮萬豊藥號	풍운호馮云濠	영파자계자성	청 함풍 이후

　　위의 표를 보면 당시 약업에 종사했던 사람들은 '영파방' 가운데에서
도 자계 출신이 가장 큰 비중을 차지하고 있었음을 확인할 수 있다. 그
들 가운데 유명한 인물과 약국을 소개하면, 낙현양樂顯揚(1630~1688)은

태의원에 들어가 궁정약宮廷藥에 대한 연구를 더해 약가藥家 대대로 내려오던 비방과 결합하여 강희 8년(1669)에 '동인당同仁堂'을 열었다. 동인당의 후예 낙달인樂達仁은 1915년 천진에서 '경도달인당낙가노포京都達仁堂樂家老舖'를 개설하였고, 1920년에는 한구에 분점을 열기도 했다. 자계인 엽심배葉心培는 강희연간(1662~1722)에 온주溫州의 유명한 약국인 엽동인葉同仁을 개설하였고, 두경윤杜景潤은 건륭연간(1736~1796) 소흥紹興에서 진원당震元堂을 열었다. 통계에 따르면 명대부터 민국연간에 걸쳐 자계인慈溪人이 항주에서 개설한 약재 상호가 270가 이상 달했으며, 신중국 성립 전후 상해에서 약업에 종사한 사람은 1,500여 명이나 되었다.

상해의 호경여당胡慶餘堂·동함춘童涵春·채동덕蔡同德·풍존인馮存仁 등 4대 약국의 경영자 또한 영파 출신이었다. 특히 풍존인의 창시자인 자성慈城 오마교五馬橋 출신의 풍영재馮映齋는 일생을 약 채집에 몰두하여 안휘·사천·섬서 일대의 산간 지역에서 채취한 약재를 상해와 영파 등지에서 판매하였는데, 티베트 홍화紅花로 부를 축적한 뒤 영파의 우신가又新街에서 약국을 열었다.[115] 동치연간(1862~1874) 풍씨의 제5대손 풍오루馮吾樓는 상해 한구로漢口路 주금리畫錦里에 풍존인 분점을 개설한 뒤 '여피교驢皮膠'·'태을자금정太乙紫金錠'·'소비구피고약消痞狗皮膏藥'·'만응보진고약萬應寶珍膏藥' 등을 제조하여 대만에도 판매했으며, '인삼대활락단人蔘大活絡丹'은 싱가포르·홍콩 등지에서도 환영을 받았다고 한다. 그들은 동남아 지역의 화교를 대상으로 위탁 판매함으로써 명성을 쌓았다.

---

[115] 풍존인 약점의 개설 시기에 관해서는 몇 가지 이설이 존재한다. ① 張海鵬·張海瀛 主編, 《中國十代商帮》, 黃山書社, 1993, 128쪽에서는 康熙 元年(1662)이라 했지만 ② 百度百科에서는 清 咸豊 元年(1851)에 개설했다고 하였으며, ③ 寧波市江北區文联慈城馮冯氏研究會編, 《慈溪馮氏族譜》, 2006에는 馮映齋의 생존연대가 1686년~1761년이며, 清 雍正 4年(1726)에 약점을 개설했다고 밝히고 있다.

3. '은현회관'

영파방 출신 약상들이 외지로 눈을 돌리기 시작한 것은 명대부터이다. 영락 3년(1405)에 정학년丁鶴年(1335~1424)이 학년당鶴年堂을 개설한 이래 명말에는 명학鳴鶴 출신 낙양재樂良才가 북경으로 진출하였으니 이를 계기로 자계약상이 본격적인 대외 진출의 서막을 열었다. 이어진 명말·청초부터는 '영파방'을 결성하고 본격적으로 활동을 시작했으니 은현회관鄞縣會館을 통해 확인할 수 있다. 물론 명청대 북경에는 영파방 출신으로 약상 외에도 성의업에 종사하는 상인들이 절자회관浙慈會館을 설립하는 총 9곳의 회관이 존재했던 것으로 보인다. 광서연간(1871~1908)에 편찬된 《상세제경여도詳細帝京輿圖》에는 구체적으로 ① 영파회관寧波會館(부관府館), ② 사명회관四明會館(상방관商帮館), ③ 설가만 은현회관薛家灣鄞縣會館, ④ 분아호동 은현회관盆兒胡同鄞縣會館, ⑤ 소첨수정호동 자계회관小甛水井胡同慈溪會館 및 ⑥ 진해회관鎮海會館, ⑦ 중악마가 자계회관中岳馬街慈溪會館, ⑧ 여요회관餘姚會館, ⑨ 동소시로 절자회관東小市路浙慈會館 등을 거론하고 있다.

은현회관은 북경 유일의 약재를 취급하는 상인들이 지은 것으로, 북경 외성 서남부의 우안문내右安門內 곽가정郭家井에 있었다. 도광 15년(1835)에 세운 〈은현회관비문鄞縣會館碑文〉에 따르면 은현회관은 명대에 건립되었으며, 청대 초기 대리시경大里寺卿을 지낸 진심재陳心齋(여함汝咸, 1658~1716)가 중심이 되어 중건하였다. 민국 13년(1924)의 〈사명회관비기四明會館碑記〉에 "경사(북경) 서남 지역에 있던 옛 이름 은현회관은 동향의 약업 종사자들이 자금을 모아 건립한 것"이라 하였다. 회관 관리는 주로 이 지역 출신으로 북경에서 약업에 종사했던 사람들이 담당하였다. 예를 들면 청대 은현 출신의 명의 유영천劉永泉은 육영당育寧堂 약포 경영과 진료를 겸하면서 회관을 운영했다고 하는데, 그의 사적에 대해서는 《북경공상사화北京工商史話》에도 실려 있다. 광서 31년(1906) 은현회관은 청말 북경의 대약포 가운데 하나인 건원당乾元堂 약포의 대장궤大掌櫃가 담당하기도 했다.

은현회관은 규모가 매우 커서 방이 62칸이나 되었고, 주변에 의지義地 수십 무를 지니고 있었다고 한다. 회관에서는 동향 출신 여행객이나 상인들에게 숙식을 제공하였을 뿐만 아니라 봄과 가을, 두 차례에 걸친 제사를 지내기도 했다. 하지만 1900년 8개국 연합군이 북경을 침공할 때 독일 군대가 진입하여 마구간으로 이용되었으며, 그들이 철군할 때에는 많이 훼손되었다고 한다. 이에 1922년 영파 여평旅平의 동향회 회장 심화영沈化榮과 은현 출신의 진진복陳震福 등이 중심이 되어 상인들로부터 지원을 받아 새롭게 중수한 뒤 사명회관으로 개명하였다. 1924년 전란의 영향으로 북경에는 영파방이 설립한 회관 가운데 영파회관과 은현회관·자계회관·진해회관 등 4개를 제외하곤 모두 훼손되었다. 은현회관도 중화인민공화국 탄생 이후인 1954년, 이곳에 북경시 무도학교舞蹈学校를 설립하면서 역사의 뒤안길로 사라지게 되었다.[116] 이처럼 지금은 자취를 감추고 없지만 수도 북경에 영파방 출신 약상들 중심으로 회관을 건립 운영했다는 사실은, 그들의 활동 영역과 영향력이 대단했음을 알려 준다.

. . . .

116 《《大宅門》與鄞縣會館》(http://www.cnnb.com.cn, 中国寧波網)

4. '동인당'과 '학년당'

명·청대 민간 약업의 성장을 주도했던 '영파방' 출신 상인들이 각지로 진출한 이래 중국사에 커다란 영향력을 행사한 약국을 탄생시켰으니, 대표적인 것으로 북경에 있는 '동인당'과 '학년당'을 들 수 있다. 동인당은 중국 전통의약산업의 선두주자로 청 강희 8년(1669)에 설립되어 300여 년의 역사를 지니고 있다. 창시자인 낙현樂顯揚은 의약에 정통하여, 일찍이 "양생이 가능하고 세상을 구제할 수 있는 것은 의약이 제일이다."라고 하면서 동인당 창건의 기초를 마련하였다. 그 뒤 아들인 낙봉명樂鳳鳴이 선업을 이어받아 궁정비방, 민간 경험방 및 대대로 전해온 배방配方에 기초하여 선대의 제약경험을 집대성한 《낙씨세대조전환산고단하료배방樂氏世代祖傳丸散膏丹下料配方》을 집필하였다. 이 책은 낙씨 가문의 비방, 태의양방太醫良方, 궁정비방 등 362종을 담았고 이들 처방에 대한 제약표준에 엄격한 규범을 적용했다. 동시에 "《주후비급방肘後備急方》을 따르며, 산지를 구별하고, 약의 포제에는 전심으로 노력을 아끼지 말 것이며, 품격과 맛에는 재료를 아끼지 말아야 한다."는 전통 고훈古訓을 만들어 동인당 사람이라면 반드시 지켜야 할 훈령이 되었다.

동인당은 옹정 치세인 1723년부터 시작해서 1911년까지 줄곧 정부에 약을 제공하였다. 188년 동안 8명의 황제에게 약을 진상하면서 황실이 선정한 약재표준에 따라 황궁비방과 제약방법을 준수했고 엄격한 품질 감독 제도를 갖추었다. 동인당과 청 황궁의 태의원太醫院 및 어약방御藥房은 유기적으로 융합되어 서로 영향을 주고받았다. 동인당에서 취급하는 약재와 환·산·고·단 등의 각종 제약은 재료 선택에 신중을 기하고, 포제를 중시하며, 약의 종류를 고루 갖추고 있어 세상에 유명해졌다. 제품은 '배합방법이 독특하고, 재료의 선정에 신중하고, 기술이 심오하며

◆ 72 동인당

치료효과가 뛰어난' 것으로 국내외에 명성이 높았다. 특히 우황청심환牛
黃清心丸·대활락단大活絡丹·안궁우황환安宮牛黃丸 등을 대표로 하는 10대
주력 상품은 시장에서 공급이 수요를 따라가지 못한 경우도 자주 발생
할 정도로 중국인들의 사랑을 받았다.

동인당은 300여 년의 역사를 지켜 오면서 중국의 전통문화와 중의약
문화를 유기적으로 결합하여 자신만의 독특한 기업문화를 만들어 냈다.
그 가운데 '동수이덕同修仁德 제세양생濟世養生'의 기업정신, '동심동덕同
心同德, 인술인풍仁術仁風'의 경영이념, '약재를 포제할 때에는 그것이 비
록 번잡하더라도 인력으로 하는 일을 줄이지 않고, 품질과 맛을 유지하
는 비용이 많이 들더라도 그에 소요되는 물력物力을 아끼지 않는다.'는
관념 등은 오랜 역사를 지닌 약방으로 발전하는 데 핵심적인 역할을 하
였다. 예를 들면, '자설산紫雪散'을 만들 때 고방古方의 조제공정을 따르
려면 황금 백 냥을 함께 끓여야 하는데, 이를 지키고자 집안에 있는 금
으로 된 장신구를 모아서 솥에 넣고 끓이기도 했다.

여러 세대에 걸쳐 명성을 쌓아온 동인당은 최근 글로벌 경영을 하는

대형 그룹(동인당집단공사同仁堂集團公司)으로 변모했다. 하지만 발전이 정체되고, 독특한 제조기술 또한 끊어질 위기에 처한 것도 사실이다. 이에 중국 정부는 2006년 '동인당 중의약문화'를 국가급비물질문화유산으로 지정, 그 전승과 세계화에도 심혈을 기울여 약 70여 국가에서 경영활동에 나서고 있다.

영파방 후예가 북경에 세운 또 다른 약국 학년당은 동인당보다 200여 년 이상 오랜 역사를 간직하고 있다. 명 영락 3년(1405)에 설립되어 현존하는 가장 오래된 약국으로, 명·청대에는 황실을 위해 조제한 차와 약선, 양생주養生酒 등이 국내외에 명성을 떨친 바 있다. 학년당의 약국 구조는 앞쪽에서 제조한 약을 판매하고, 뒤쪽에는 조제실 겸 창고로 활용하는 전형적인 중국 전통약국 모습이었다. 최고경영자인 경리經理의 사무실과 각종 장부를 보관하는 장방賬房, 손님을 맞이하는 문시부門市部, 환·산·고·단을 제조하는 환약방丸藥房, 음편飮片을 절단하는 도방刀房, 사슴을 기르는 녹유鹿囿와 인쇄방印刷房의 시설을 갖추고 있었다.

학년당의 유래와 관련해서는 통일된 의견 없이 몇 가지 견해가 있는데, 가장 유력한 학설로는 다음 두 가지가 있다.

첫째, 명대의 유명한 내각수보 가운데 한 사람이었던 엄숭嚴嵩(1480~1567)과 관련이 있다. 학년당이라는 약국의 명칭은 《회남자淮南子》·〈설림說林〉에 "학鶴은 천년의 수명을 가지고 세상을 마음껏 유람한다."는 말에서 얻었고, 약국의 현판의 글씨를 엄숭이 써줬다는 것이다. 현판의 글자체는 고풍스러우면서도 힘과 운치가 있다. 특히 '학鶴'은 다른 두 글자 '년당年堂'과 함께 쓰기가 아주 어려운데 이 현판에서 글자들의 배치가 매우 인상적이므로 몇백 년 동안 꾸준히 사람들의 갈채를 받아왔다. 한편 현판 글씨와 관련해서는 다음과 같은 이야기가 내려오기도 한다.

'학년당'이라는 현판이 걸린 뒤, 그곳을 지나는 행인들의 이목을 끌었으며 아주 뛰어난 서체로 여겼다. 하지만 산서성 출신의 한 도인이 현판 아래에 오랫동안 서 있다가 고개를 저으면서 "글자는 뛰어나고 그 내공이 깊고 운치가 있지만, 붓의 끝에 때때로 간교한 기운이 흘러넘친다."고 말한 이후 엄숭은 천하 만민의 욕을 먹는 간신이 되었다.

위 이야기는 엄숭이라는 역사적 인물의 특성을 반영해 후대 사람들이 지어낸 것이지만, 엄숭이 쓴 현판 글씨가 약국의 번창에 도움을 준 것은 사실이다.

둘째, 학년당이라는 약국 명칭은 창시자인 정학년丁鶴年의 이름에서 따온 것이라는 설이다. 정학년은 원말·명초의 유명한 시인으로, 자는 영경永庚, 호는 우학산인友鶴山人이다. 무창武昌 출신의 회족回族인 그는 박학다식하고, 시에도 정통하여 《정학년집丁鶴年集》을 출간하여 세상에 이름을 알렸지만 그보다 회의回醫와 양생술에도 뛰어났다. 원말·명초 '반색목인反色目人 운동'을 피해 강호를 유랑하면서 약을 팔고 의술로 목숨을 연명하다가 영락 3년(1405) 북경 번화가인 채시구菜市口에 학년당 약국을 열었다는 것이다.

청대 학년당 입구는 형장이었기에 그와 관련된 이야기도 전해지고 있다. 처형이 있기 하루 전날 관리는 "내일 형을 집행하니 술과 음식을 준비하고, 절대 외부에 누설해서는 안 되며 비용은 하루가 지나고 지불하겠다."고 학년당에 고지했다. 이튿날 감참관監斬官과 망나니들이 먼저 학년당에서 배불리 먹고 마신 다음 형을 집행했다. 망나니는 형을 집행한 뒤 학년당에 들어와 안신류安神類 약을 처방받아 저녁에 불면이나 귀신이 붙지 않도록 예방하였다. 유족들은 사전에 망나니를 매수하여, 머리가 땅에 떨어질 때, 큰 만두로 죄인의 목구멍을 막아 피가 흘러 음혼

陰魂이 흩어지지 않도록 부탁했다. 이로부터 '인혈만두人血饅頭' 이야기가 有명해졌으며, 노신魯迅의 명작 《약藥》은 실제로 학년당의 이 이야기를 바탕으로 창작되었다.

학년당은 또 갑골문의 발견과도 관계가 있다. 1899년 여름 금석학자이자 고문자학자이며 청조에서 남서방한림南書房翰林과 국자감제주國子監祭酒를 지낸 왕의영王懿榮(1845~1900)이 학질에 걸려 가족에게 학년당에서 약을 처방받아 오도록 했다. 약 가운데 용골龍骨이 있었는데 이는 반드시 잘게 부순 뒤 달여 마셔야 했다. 용골을 잘게 부수기 전 왕의영은 상대商代 청동기 모양의 부호를 발견했다. 《한석존목漢石存目》과 《남북조존석목南北朝存石目》을 완성할 정도로 금석문에도 조예가 깊었던 그는 자신이 위대한 발견품과 마주하고 있다는 사실을 알았다. 그는 유리창琉璃廠 청비각清秘閣의 골동품상인 손추범孫秋帆과 형부주임 손이孫貽를 불러 용골의 진위를 확인하는 한편 학년당에서 하남 안양 소둔촌小屯村에서 찾아낸 용골들을 모두 구매토록 했다. 이후 다른 약국들도 수소문해서 1년 동안 약 1,500편에 달하는 갑골파편을 사들인 다음 분석하여 거기에 새겨진 부호가 상대의 갑골문자라는 사실을 밝혀냈다.

문을 연 지 600여 년이 지난 현재까지 학년당은 우수한 약업 문화를 발굴·전승하기 위해 노력하고 있다. 특히 약재를 고르는 데 이례적일 만큼 진품에 신경을 써 좋은 인삼·녹용·동충하초 등 귀한 약재를 구입하기 위해 길림吉林이나 청해성青海省에 직접 사람 보내는 것을 아까워하지 않는다. 또한 고품질의 약재를 얻고자 안국약시가 개시하기 전에 우선적으로 구매할 수 있는 특권을 행사하기도 했다.

하지만 격동기의 중국 근·현대사를 지나면서 학년당도 몇 번에 걸친 우여곡절을 겪었다. 서구 및 일본 제국주의의 중국침략이 한창이던 1929년 북경 시내 중심부에 위치한 동안시장東安市場 서문 안쪽에 1호 분점을, 1935년 8월 2호 분점을 서단西單 백화점 서문 맞은편에 열고, 1936년 4월에는 섬서성 서안의 고루鼓楼 앞에 3호 분점을 내기도 했으나 1951년 폐업하였다. 신중국 성립 이후 국유화되었다가 문화대혁명 기간에는 인민약점人民藥店과 채시구약점菜市口藥店으로 명칭이 바뀌기도 했다. 문화대혁명이 종결된 다음 원래의 학년당이라는 이름을 되찾았다.

V. '상수방'

1. 장수방이 '3대약방'의 하나로 성장할 수 있었던 배경은?

'4대약도' 가운데 하나이자 남방의 약재수도로 불렸던 장수樟樹와 그 주변 지역에서는 일찍이 약재를 바탕으로 상업에 종사하는 상인 그룹이 형성되었다. 그들은 장수가 지닌 천혜의 자연지리환경, 곧 감강贛江과 원하袁河를 중심으로 한 수륙교통의 요충지라는 이점에 각조산閣皀山 등에서 생산되는 풍부한 약재자원(복령·사삼·오약·갈근·수오 등 200여 종)을 바탕으로 장수는 물론이고, 강서성 안의 여러 도시들과 전국 각지의 유명 약시에서 활발한 상업 활동을 전개했다. 어떤 이는 장수약방의 형성을 후한 시대까지 소급해 이야기하기도 하는데, 이는 건안 7년(202) 갈현葛玄이 장수 동남에 위치한 각조산에 들어와 약초를 캐고 단약을 제조했다는 설화에 기인한 결과이다. 하지만 본격적인 약상들의 활약은 당·송대에 시작되어 명·청대에 전성기를 맞이한 것으로 생각된다.

장수 출신 약상을 중심으로 결성한 장수방은 초창기에는 주로 청강현淸江縣 출신자들이 많았으나 점차 임강부臨江府 소속 각 현으로 확대되었다.[117] 임강부의 신전新涂·신유新喻·협강峽江·청강淸江·풍성豊城 다섯 현

---

117 王中良·楊小敏, 〈明淸以來'南樟北祁'藥市之比較〉, 《保定學院學報》 27(4), 2014, 125쪽.

의 약인藥人을 말하며, '임강방臨江帮'으로 부르기도 했고, 주변 남성현南城縣[118]의 건창약방建昌藥帮과 함께 '강서방江西帮'을 형성하여 강서성만이 아니라 다른 지역에까지 진출하여 활발하게 활동했다. 명·청대 장수방은 북경의 '경방京帮', 사천의 '천방川帮'과 더불어 중국의 3대 약방으로 불렸다.[119] 그들은 최상의 재료를 선택하고, 다양한 품종을 모두 구비하고 있어서 '약불과장수불령藥不過樟樹不靈', '약불도장수불제藥不到樟樹不齊'[120]의 명성을 얻기도 했다. 또한 음편飲片[121]의 가공포제로 유명했으며, 기술이 발전하는 과정에서 그들만의 독특한 전통 포제 공구를 창조하였는데, 주요 공구로는 찰도鍘刀·편도片刀·괄도刮刀·철묘鐵錨·연조碾槽·충발沖鉢·해겸蟹鉗·녹용가공호鹿茸加工壺·압판壓板·유광약거硫磺藥柜 등이 있었다.

명말·청초 장수 약업의 최전성기에는 약 200여 가에 달하는 약상이 있었다. 도광연간(1821~1850) 초기에는 장수진 안의 거민 12,163명 가운데 약업 종사자는 30% 이상이었는데, 제약 전업 기술자도 200~300명이나 되었다. 장수의 약상 가운데 3/4은 본지 상인이었고, 1/4은 안휘와 하남 같은 지역 출신인 객상이었다. 또 그들은 전국을 무대로 활동하였으니 한구漢口·장사長沙·중경重慶·구강九江·안경安慶·남경南京 등지에 상업 네트워크를 형성하기도 하였다.

----

[118] 南城縣은 고대에는 건창부로 칭해졌으며, 강서의 동부에 위치하여 '据七閩之咽喉, 壯兩江之脣齒'((同治)《建昌府志》卷1)라 하였다. 복건·남월과 연결되고, 旴江이 남북으로 관통하고 黎河가 이곳에서 교차한다. 수륙교통이 편리하고 물산이 풍부하여 예부터 군사상의 요충지이기도 하였다.

[119] 龔千峰·祝婧·周道根, 〈樟樹藥帮的歷史與特色〉, 《江西中醫學院學報》19-4, 2007, 28쪽; 曹萍外, 〈江西建昌藥帮的歷史考證〉, 《江西中醫學院學報》14-2, 2002.

[120] 許懷林著, 《江西史稿》, 江西高校出版社, 1993, 2·6·107·470쪽.

[121] 대표적인 것으로는 半夏魚鱗片·黃柏骨牌片·肉桂薄肚片·桂枝瓜子片·甘草柳葉片 등을 들 수 있다(吳雨, 〈古代四大藥都史話〉, 《健康必讀》2007-4, 26쪽).

장수약상들은 "(청강현) 사람은 장사에 힘써 도보로 수천 리를 가기
도 하는데 강남江南의 소주蘇州·광동廣東·귀주貴州·운남雲南 등 이르지
않는 곳이 없고, 호광湖廣에 진출하는 사람이 특히 많은데, 패목과 약재
의 이익이 다른 부보다 많다."[122]고 한 것에서 알 수 있듯이 성내는 물
론이고 요동遼東·청해靑海·티베트 지역에 이르기까지 전국에 걸쳐 활동
하였다. 그들은 타성 지역에도 행行·호號·점店·장庄을 건립하였으므로
전국적인 '장수약업망'을 갖출 수 있었다. 특히 호남의 상담湘潭, 호북의
한구, 사천의 중경 등 지역은 장수약상의 주요 거점이었으며, 호남과 강
서의 약재상은 거의가 장수 출신이었다.

강서성 출신 상인들이 외지에서 활발하게 활동한 것은, 명대 북경에
세워진 회관 41곳 가운데 강서성 출신이 세운 것이 14곳으로 가장 높은
비중을 차지한 것을 보더라도 알 수 있다. 장수 출신 약상들은 북방 최
대의 전업약시인 안국에서도 방을 결성하여 13방 가운데 하나로 활약했
다. 안국에서 장수방은 주로 지실枳實·지각枳殼·반하半夏 등을 취급하였
고, 탕약 가공으로 명성을 얻기도 했다.[123]

장수약방은 명 중기부터 이른바 '견도수추肩挑手推'의 방식으로 각지에
약재를 운송 판매하기 시작해 명말부터 전성기를 맞이했다. 강희(1662~
1722)~건륭연간(1736~1796)에는 점포 뒤쪽에 포제할 수 있는 공간을
두고 앞쪽에서는 약재를 판매하는 방법으로 대외 진출을 시도했다. 성내
에서 성외로, 장강 유역과 주강珠江 유역에서 황黃·회淮 유역으로, 강서·
복건·절강·호남·호북·운남·귀주·광동·광서·사천·감숙·섬서·산서·하남·
하북·안휘·강소·요녕과 홍콩·마카오 등지까지 진출하였다. 강서와 호남·

122 (乾隆)《淸江縣志》卷8〈風俗〉;(道光)《淸江縣志》卷1〈建置·風俗〉.
123 唐廷猷,《中國藥業史》, 中國醫藥科技出版社, 2003, 253쪽.

호북·사천 지역으로 진출한 사람이 특히 많았으니 장수樟樹·상담湘潭·무한武漢·중경重慶은 4대 중심지를 형성했다. 가경연간(1796~1820)에 거대한 '장수 약업 네트워크'를 만든 이래 성장을 거듭하여 항일전쟁 전후, 각지에서 활동했던 장수방 상인들의 수는 7~8만에 달했다.

2. 장수방의 주요 활동 무대

1) 강서성내江西省內[124]

강서성의 성도省都 남창南昌에는 청 건륭연간(1736~1796)에 장수 출신 엽씨葉氏가 마자항磨子巷에 전복당全福堂을 설립하고 점원 10여 명을 두고 영업했다. 도광연간(1821~1850) 초기 장수 출신의 황금회黃金懷·황장생黃長生 부자가 무주撫州로부터 약재를 남창으로 들여와 홍수 이후 온역이 유행했을 때 많은 사람들을 구제했다. 황금회는 남창 대중가大中街에 점포를 하나 임대하여 '황경창음편약점黃慶昌飲片藥店'이라는 상호의 간판을 내걸고 장사가 잘되자 부학府學 앞에 분점인 '황경인잔黃慶仁棧'을 개설하고 아들인 황장생이 운영하도록 했다. 그 뒤 이들 부자는 세마지洗馬池와 홍은교洪恩橋에 제춘당濟春堂과 합선당合善堂의 두 분점을 개설하였으며, 장수에도 황경인잔을 설치하여 남창과 길안吉安 사이 중간 연결고리 역할을 할 수 있도록 했다. 황경인잔은 광서연간(1871~

---

124 彭公天,〈樟樹藥帮縱橫談〉,《藥學通報》23(8), 1988, 487~488쪽 참조.

1908)에 전성기를 구가했는데, 당시 영업액은 남창 중약업 전체 총액의 1/4을 점하였다고 한다. 민국 시기 황경인잔(장수 항경인잔 포함)의 종업원이 120명에 달해 사람들 사이에 '예장豫章(곧 남창)제일가第一家'로 불리기도 했다. 청말·민국초 남창의 34가 약점 가운데 20여 가가 장수방 출신 약상들이 개설하였으니 황경인잔을 제외하고도 노동인당盧同仁堂·원생약점元生藥店 등 많은 약점이 있었다. 장수국약국樟樹國藥局은 원래 구강九江의 대중로大中路에 설립되어 50여 명의 점원을 두고 있었으나, 항일전쟁 때 구강이 함락되자 광서 계림桂林으로 이전하여 제약 공장을 증설하였으니 직공만도 130여 명에 달했다. 이곳에서는 자설단紫雪丹·안궁우황환安宮牛黃丸·육신환六神丸·회춘단回春丹·보화환保和丸·순양정기환純陽正氣丸 등 중성약中成藥을 제조해 명성을 얻기도 했다. 항일전쟁 승리 후 장수국약국은 남창의 와자각瓦子角으로 이전하여 중의문진부도 함께 개설함으로써 남창에서 가장 유명한 약점이 되었다.

강서 중부의 요충지인 길안은 장수약방이 비교적 이른 시기부터 진출했던 곳이다. 민국 시기 성내 40여 가 약점 가운데 장수방이 31가를 차지했는데, 저명한 약점으로는 동인당·호기浩記·안기安記·협기協記·영강永康·협강協康·만화萬和 등 10여 곳이 있었다. 이 가운데 호기의 심경함沈敬涵은 약재 감별에 능해 인근 지역에까지 유명했다. 한번은 섬서 약농藥農이 대량의 황기를 운반해 왔는데 심씨가 그 가운데 일부를 취해 황기의 생장 연한과 채취 계절을 판명하여 약농을 놀라게 했다고 한다.

감주贛州는 강서성 남부에 위치한 중진重鎮으로 고대부터 '대유령도大庾嶺道'의 북쪽 관문이었다. 광동 약재는 당대唐代부터 이 길을 통해 강서 지역으로 진입했다. 감주성贛州城 안에는 염계가濂溪街라는 거리가 있는데 명대에는 '미시가米市街'라 불렸다가 청대에는 '장수가樟樹街'라 했으니, 이는 장수약상들이 이 거리에 운집하면서 붙여진 이름이다. 협기

호협기호號協記號·옥기호玉記號·금근인호金近仁號·복륭약점福隆藥店 등 감남贛南의 저명한 상호는 모두 100년 이상 된 역사를 지니고 있다. 민국 26년(1937)에 감주진贛州鎭에 있던 32가 약재점호는 모두 장수방이 설립했다.

2) 호남 상담과 상덕[125]

강서성에 인접한 호남성은 장수약상들이 일찍부터 찾은 지역 가운데 하나이며 사람 수도 많고 범위 또한 넓어서 현성縣城, 허진墟鎭을 가리지 않고 모두 장방의 점포가 들어서 '무장수불성구안無樟樹不成口岸'이라는 말이 있을 정도였다. 그 가운데에서도 상담湘潭과 상덕常德은 장방樟幇이 호남에서 활동한 양대 중심이었다.

상담은 호남성 중부의 약재집산지로 장수약상들이 명말부터 진출하기 시작해 청초에는 200~300명에 달했다. 강희연간(1662~1722)에 동향東鄕 정방인程坊人 황모黃某가 상담 십이총가十二總街에 집을 임대하여 약재객잔을 개설하고 객상들을 위해 숙식을 제공하고 화물 보관에 편의를 제공했다. 건륭 2년(1737)에는 상담 당국으로부터 아행 허가를 받고 정식으로 약재행을 열어 객상을 대신해 약재를 매매하기 시작했다. 이후 건륭 4년(1739)에 상담에 약행을 연 장수약상이 10가에 달하고 종업원도 400~500명으로 증가했다. 이후 상담 약재행잔藥材行棧 역사상 첫 번째 황금시대가 도래하여 100여 년 이상 지속되었다. 십이총가에는 장수약상들이 개설한 각종 약점이 100여 가나 들어섰다. 항일전쟁 중기 상담의 장수약상은 1,708명이었다.

호남의 중진重鎭 상덕常德 또한 장수약상들이 운집한 지역이었다. 건

---

125 彭公天, 1988, 488~489쪽 참조.

륭 원년(1736) 돈후墩厚 출신 섭승종聶承宗은 외조부의 가업을 계승하여 상덕 동문東門 바깥 이포가二鋪街에 '섭원태약전聶元泰藥店'을 열고 자체 제작한 '팔보안약八寶眼藥', '부계자금고附桂紫金膏' 등 성약成藥을 판매하였다. 건륭 45년(1780)에는 수구항水口巷에 '섭진무약호聶振茂藥號'를 열고 주로 음편과 환·산제 등을 팔았다. 동치연간(1862~1874)에 이르러 사업이 더욱 번성하여 장수·한구·상담에 '무기약호茂記藥號'를 설립하였고, 하북 기주祁州·하남 우주·사천 중경·관현灌縣·광동 광주廣州·절강 영파·요녕 영구營口 등지에도 약장藥庄을 열었다. 상덕 본점에만 120여 명의 종업원을 두었으며, 연간 매출액은 수백만 은원에 순익만도 20만 은원 이상이었다고 한다. 이후 8대를 거쳐 경영했으나 1955년 공사합영 되었다가 1980년대에 들어 '섭진무약호聶振茂藥號'의 상호가 회복되었다.

상덕 길춘당吉春堂은 광서 2년(1876)에 창설되었다. 점주는 '주사대왕 朱砂大王'이라 불린 장수 동향 사람 호양계胡樣階로, 그는 주사를 멀리 천진·상해·광주·홍콩 등지에까지 판매하기도 했다. 민국 20년(1931) 상덕 빈호瀕湖지구에서 홍수로 강물이 범람한 이래 전염병이 유행하자 '방역단防疫丹'을 만들어 각종 자선단체에 기부하여 재민들에게 제공함으로써 이름을 널리 알리기도 했다. 하지만 길춘당도 1956년 공사합영의 길로 접어들었다.

명말 장수 동향 송호松湖 출신 섭송원聶松園은 상덕 부근 진시津市에 '섭륭성약점聶隆盛藥店'을 개설했다. 섭송원은 의술에 밝아 그를 찾아오는 환자가 끊이지 않았으며, 그에 따라 약국도 점차 명성을 떨쳤다. 그 뒤 송호松湖 출신 섭혜화聶惠和, 동향東鄉 향계薌溪 출신 요모饒某, 황룡담黃龍潭 출신 진위신陳偉臣 등이 진시津市에서 각각 협화약점協和藥店·요동인 약점饒同仁藥店·원원장비발호源遠長批發號를 열었다. 이들 3가가 점차 진시津市 약재업의 주도세력으로 성장했는데, 특히 원원장비발호의 규모가 가장 컸다. 청말·민국초 진시의 장수약상은 약 200여 명이나 되었다.

3) 호북 무한[26]

장강 중류에 위치한 호북 무한武漢은 '구성통구九省通衢'의 교통 요지로 각지 상방들이 모여드는 물류 중심지였다. 장수약상은 적어도 청대 중기에는 무한의 지리적 이점을 이용해 약새의 중간 물류 중심지로 삼았다. 청말에 이르러 총호總號·분장分庄·신탁信托·약잔藥棧 등 다양한 경영형태로 영업했다. 장수방 행상은 사천·하남·섬서 등지의 약재와 동유桐油·수유秀油 등을 매매함으로써 무한 약재업의 중요한 세력으로 자리 잡았다. 약藥과 유油의 운송 판매와 더불어 장수방 상인들은 각종 약재행과 약잔을 경영하기도 했다.

무한에서 활약했던 장수방의 주요 약호로는 무기茂記·덕기德記·형기亨記·만원흥萬源興·충기忠記·영강永康·서창瑞昌·이덕화怡德和·이풍怡豊 등이 있었다. 이들이 취급했던 약재로는 장수 지역 특산 약재라 할 수 있는 지각枳殼·지실枳實·차전인車前仁·황치자黃梔子 등과 호남 특산품인 웅황雄黃·주사朱砂·수은水銀 등이 있었다. 청말 무한에서 약재를 경영했던 장수방 사람들은 300인 이상으로, 그 가운데 약행 경기인經紀人〔중개인〕이 약 100명, 관행管行〔약공藥工〕약 100명, 기타 약행의 관리인과 회계 담당자 등이 있었다.

장수약상들은 무한 외 호북성의 많은 현, 특히 약재 생산과 교통의 요충 지역인 의창宜昌·노하구老河口·파동巴東·자구資丘·감리監利·함녕咸寧·양신陽新·통산通山·통성通城·숭양崇陽·포기蒲圻 등지에도 진출했다. 이 가

---

126 彭公天, 1988, 489쪽 참조.

운데 통성현은 호남과 호북·강서 3성의 교계지에 위치해 강서 서북에서 호북 동남으로 진입하는 요충지로, 약재자원도 풍부한 지역이다. 장수약상은 명말·청초 시기부터 진출해 약재업에 종사했으니 통성현通城縣 경내의 거의 모든 시장에 그들의 발길이 닿지 않은 곳이 없었다. 1986년 판《통성현지通城縣志》에 따르면 통성현의 약재제작기술은 청강淸江·풍성豊城(이른바 임풍방臨豊帮) 출신자들에 의해 비롯되었다. 건륭연간(1736~1796) 통성 성관城關에는 장수방에서 개설한 관전순關全順, 팽대성彭大成 등 7가의 약점이 있었는데, 그 가운데 영향력이 가장 컸던 것은 관전순이었다. 관전순약점의 점주였던 관여욱關汝昱은 청강淸江과 풍성 교계지인 차상촌車上村 출신이었다. 관씨는 강희 말년에 통성에 와서 의학을 공부한 다음 건륭 2년(1737)에 관전순을 열었다. 가경(1796~1820)·도광연간(1821~1850)은 관전순의 전성기로 인근의 숭양崇陽·포기蒲圻·함녕咸寧·양신陽新과 호남성 동북의 임상臨湘 등 5개 현의 약재 도매 중심으로 30여 명의 종업원을 두기도 했다.

4) 사천 중경[127]

중국에서 약재 산지로 유명한 사천 지역 출신 약상들은 명대 후기부터 약도인 장수에서 거래하기 시작했다. 장수 지역 약업이 일시적으로 쇠락했던 숭정연간(1628~1644)에는 사천과 광동 약재로 넘쳐 나기도 했다. (숭정)《청강현지淸江縣志》의 편찬자인 증감개曾感慨는 "객상이 주인을 이기는 환란(有客勝主之患)"이라 묘사하기도 했다. 이처럼 사천 상인이 장수에 진출한 시기를 전후해서 역으로 적지 않은 장수 출신 약상들이

....

127 彭公天, 1988, 489~490쪽 참조.

'천부지국天府之國', 곧 사천으로 진출해 약재업을 경영하였으니 이후 300여 년 동안 지속되었다.

중경은 장수방의 사천 지역 활동의 중심 무대로 20여 장수방 상가에서 종사했던 인력이 300여 명에 달했다. 고증 가능한 약점으로는 유릉항裕隆恒·섭개태聶開泰·진회기陳懷記(점주 진회안陳懷安)·웅우기熊佑記(점주 웅채광熊彩光)·심의기沈義記(점주 심의량沈義良)·웅장태熊長泰(점주 웅상신熊祥山)·장청흥張淸興·장성루張星樓·만태루萬泰樓(점주 양섭신楊燮臣)·보안당保安堂(점주 양아동楊亞東, 양아화楊亞華) 등 10여 개가 있었다. 중경에 이어 성도成都·관현灌縣·면양綿陽·노주瀘州 등에서도 점포를 열어 약을 판매하거나, 약장을 설치하여 약재를 구매하기도 했다. 사천의 중요 약재 산지인 중파진中垻鎭·판교허板橋墟·대녕창大寧廠·석양장石羊場 등에는 모두 장수약방이 설치한 전장專庄이 있었다. 장수 덕기德記·무기茂記·전의선행全義先行 등 자금력을 갖춘 큰 상호들은 청대 중기 중파진 등지에 약장을 두고 사천 지역의 귀중한 약재를 구입하여 목선으로 무한·장수 등지로 운반하여 판매했다. 이들 점호는 직접 산간지역을 임대하여 스스로 필요한 약재인 당삼薰蔘·당귀當歸·부자附子·황련黃連·천궁川芎 등을 재배한 다음 가공·포제하기도 했다.

3. 호·행·점·장의 경영방식

장수방의 약상들은 호號·행行·점店·장庄의 경영방식을 창조하였다. 약상 가운데 규모가 가장 큰 '약호'는 약재의 원거리 판매와 도매가 주 업

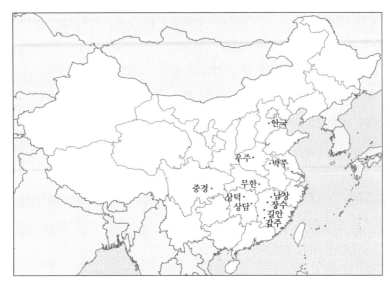

◈ 73 장수방의 주요 활동 무대

무였다. '약호'는 약행으로부터 발전하여 특정한 업무범위와 경영의 길을 걷는다. 예를 들면 '서북호西北號'는 주로 사천·섬서·하북·하남에서 생산되는 약재를 취급하고, '광절호廣浙號'는 주로 양광兩廣(광동·광서)과 절강·복건의 약재를 취급하는 등 분업을 실시함으로써 장수약상 내부에서 경쟁을 피하고 약재시장을 나누어 가짐으로써 외지 약상과의 경쟁력을 확보했다.

약호보다 규모가 조금 작은 '약행'은 큰 자금을 들이지 않고 위탁구매, 위탁판매의 방식으로 중간 수수료를 획득한다. 이들은 각지에서 들어온 객상과 약재 생산자를 위하여 약재의 구입·판매·보관·운송·금전대여·숙박업까지 담당하는, 말하자면 약재를 전문으로 취급하는 아행의 기능을 수행했다. 몇몇 큰 약행은 도매도 하고 약재 생산지에 장을 개설하여 약재를 구입하기도 하였다.

약상 가운데 규모가 가장 작은 약점은 '음편점飮片店'이라고도 했는데

'가게의 앞쪽에서는 약을 팔고, 뒤쪽에서는 가공하면서(前堂賣藥, 後堂加工)' 영업하였다.[128] 비교적 유명한 약점으로는 장춘長春·황경인黃慶仁·신풍信豐·제생당濟生堂 등 20여 가가 있었다. 약장은 장수약점의 파출 기구로 구입과 판매를 담당하고 아울러 본점에 약가를 통보하였다.[129] 청대 최전성기에 주요 약점에서는 6~20인의 점원을 두었는데 중약 음편을 가공하여 도·소매를 겸하는 경우가 많았다.

약재업은 비교적 안정적으로 운영되었기에 대를 내려오면서 수백 년 동안 지속되기도 했다. 예를 들면 대원행大源行·경릉행慶隆行·복태행福泰行·금의생행金義生行 등은 민국 후기까지 이어졌다.[130] 청대 후기에 발전하기 시작한 약호는 규모 면에서 약재행을 초과하였으니 저명한 약호로는 건원륭乾元隆·금태강金太降·무기茂記·덕기德記·장기長記·부흥阜興·경인慶仁 등이 있었다. 그 가운데 무기는 종업원을 60~70명 두었으며, 판매액이 50만 은원에 달하였다.[131]

4. 장수방의 조직 운영과 내규[132]

장수 출신 약상들은 전국 각지에서 상방을 조직하고 내규를 만들어

· ·

128 오금성, 2007, 114~115쪽.

129 龔千峰·祝婧·周道根, 2007, 28쪽.

130 王中良·楊小敏, 2014, 125쪽.

131 蕭放, 〈明淸時代樟樹藥業發展初探〉, 《中國社會經濟史研究》 1990-1, 65~70쪽.

132 彭公天, 1988, 490~491쪽 참조.

운영하였다. 이는 그들의 세력을 형성하고 업계에 영향력을 확대해 가는데 중요한 요인으로 작용했다. 장수약방을 유지하는 정신 지주로는 우선 '가향정家鄕情'을 들 수 있다. 청말 사회 모순이 심화되고 민간의 비밀결사가 흥기하는 가운데 약업 내부의 경쟁도 치열해졌다. 각지에 있던 장수 출신 약상들도 자연스럽게 단체 결성에 공감하고 도광연간(1821~1850)을 즈음하여 정식으로 '방파幇派'를 형성하였다. 이후 점차 구속력을 지닌 '방규幇規'를 제정하여 결속력을 높이는 계기로 삼았다.

장수방 내부에서는 모순과 경쟁이 존재했지만 대외적으로는 일치된 의견을 견지하면서 시종일관 자신들의 이익을 도모했다. 호남·호북·사천 일대에 장수 출신 장수방 사람이 개설한 약점을 방문하면 오로지 '장수인'이라는 사실만으로 반 달 정도는 차와 술은 물론이고 먹을 것을 제공받을 수 있었다. 또 만약 외지에서 일거리를 찾는 장수 사람이 있으면 최대한 협력해서 문제를 해결해 주고자 했다. 만약 약공 신분이라면 더욱 환영을 받았는데, 이러한 습속은 민국연간까지도 지속되었다.

장수방은 외지에서 경영할 때에는 각 방면에서 모두 엄격한 규정을 정해 신뢰를 떨어뜨리지 않는 데 주의했다. 예를 들면 '상담약재행방규정湘潭藥材行幇規定'에 따르면 약재 거래는 품종과 수량을 불문하고 반드시 약행을 통해야만 하는데, 만약 이를 위반할 경우 매매 쌍방 모두 교역 관계를 단절하도록 했다. 또 규정에는 거래 수수료는 상품 판매자에게만 부과토록 하여 구매자에게는 일체의 수속비를 부담시키지 않았다. 도량형에 대한 불신을 없애기 위해 '항칭行秤'을 사용토록 하였는데 매월 24일 통일적으로 지정된 형기점衡器店에서 검사를 받도록 하였으니 이를 '교칭校秤'이라 했다. 교칭비와 수리비는 모두 '공정당公正堂(약방에서 전문적으로 교칭 사업을 담당하는 조직)'에서 지불토록 했다. 이러한 규정은 '방규'와 마찬가지로 엄격하게 장기간에 걸쳐 준수되었다.

각지에 존재했던 장수방의 활동방식은 대동소이했다. 매년 음력 4월 28일 '약왕' 손사막의 탄신일에는 전국 각지의 장수방 성원이 참가하는 기념활동인 '약왕회'를 열었다. 약 반 달 동안 약왕에 대한 제사와 더불어 약업 관련 정보를 교환하고, 축하 연회를 열며, 극단을 초청해 공연을 관람하기도 했다. 일반적으로 주최 측에서 20~50탁자에 걸쳐 연회를 준비했는데, 민국 32년(1943) 상담에서는 100탁자에 손님만도 1,000여 명에 달했다고 한다. 춘절에는 더욱 풍성하게 행사가 진행되었다. 약행을 예로 들면 납월(음력 12월) 16일 '도아주倒牙酒'를 시작으로 납월 24일에는 '소년주小年酒', 섣달 그믐날에는 '단년주團年酒(사세주辭歲酒라고도 함)', 정월 초이튿날에는 '기아주起牙酒', 초칠일에는 '강생의주講生意酒(점원의 거류 확정)', 15일에는 '원소주元宵酒'를 들었다. 그리고 해마다 정월 초하루에는 삼황궁이나 인수궁에 모여 신년 배례 의식을 거행했다. 무한 장수방에서는 만 70세 또는 80세를 맞이하는 사람들을 위해 따로 인수궁仁壽宮이나 만수궁萬壽宮 등지에서 생일 축하연을 베풀기도 했다.

장수 출신 약상들은 그들이 진출한 지역의 생활습관이나 풍토가 고향과 달랐지만, 새로운 환경에 적응함과 동시에 그들 고유의 문화를 계속 유지하면서 생활하는 경우가 많았다. 또한 고향과의 연결고리를 유지하기 위해 호남 동부, 호북 동남 각지의 점호에서는 두 지역을 오가면서 물품을 전달하는 전문 인력을 고용하거나 학도를 초빙하기도 했으니 이들을 '신객信客'이라 부르기도 했다. 물론 이때 채용한 인력은 모두 고향 출신들로 채워졌다.

장수방이 진출한 많은 지역에서는 단독으로 학교를 설립하여 장수방 출신 자제들을 기르는 교육의 장을 만들기도 했다. 예를 들면 상담에서는 민국 2년(1913) 삼황궁三皇宮 안에 임풍臨豊 소학교를 설립하였다. 설립 당시에는 초소반初小班을 운영하면서 임풍 출신 자제들이 입학할 수 있도록 하였는데, 그들에게는 학비의 20%를 감면해 주었다. 민국 27년(1938)에는 고소반高小班을 증설하고 학비 일체를 면제해 주었으며, 해방 이후에는 중학반을 개설하기도 했다. 설립 때부터 1954년까지 역임했던 교장과 교사는 모두 임풍 출신으로 명망 있는 인사가 담당하였다. 호남 포시진浦市鎮에서는 장수약상 공백성龔伯聲, 공숙형龔叔珩 형제가 경영했던 공항흥약포龔恒興藥鋪에서 자금을 출자하여 예장소학豫章小學을 세웠는데, 지금까지도 유지되고 있다. 중경에서는 장수약방이 임강소학을 설립하였으며, 강서동향회江西同鄕會(장수 또한 그 성원 가운데 하나)에서 감강중학贛江中學을 건립했다.

VI. 소결

지역을 매개로 한 연고주의가 강한 중국 사회에서는 지역 단위로 상방商幫을 결성한 사례를 쉽게 찾아볼 수 있다. 역사적으로 커다란 족적을 남겼던 '산서상인'과 '휘주상인'은 대표적인 상방 집단이며, 그 밖에 사천상인, 광동상인 등도 영향력이 대단했다. 명청대 상방 가운데 주요 약재시장(예를 들면 안국安國이나 우주禹州 등)을 무대로 활동했던 약상들도 동향 사람을 중심으로 이른바 '13방'을 결성하여 활동함으로써 강한 지역적 유대를 형성하였다. 이들 약상 집단은 앞서 언급한 산서상인이나 휘주상인처럼 대규모 세력은 아니었으나 '약재'라는 하나의 상품을 매개로 형성되었다는 점에서 특별한 존재로 인식할 수 있겠다.

안국은 중국의 전업약시 가운데 방의 성립이 가장 일찍 이루어진 곳으로 이후 다른 지역 약시에서 방의 결성과 활동에도 영향을 미쳤다. 예를 들면 하남의 우주약시에서도 방이 결성되었는데 구체적인 지역상방의 상황은 다르지만 안국에서와 마찬가지로 '13방'의 타이틀을 가지고 활동했다는 점은 특기할 만하다. 중국 대륙의 중부에 위치한 지역적 특색으로 안국약시에는 동북의 '관동방關東幫'부터 서남의 '천방川幫'·'광방廣幫'까지 상업 경영에 참여함으로써 중국 전역에 영향력을 행사한 것으로 볼 수 있다. 이는 '13방'이 안국약시 전체 교역량의 약 60%를 점하고 있었다는 사실을 통해서도 짐작할 수 있다. 전국 각지에서 온 상인들은 대체로 원거주지 지역에서 생산되는 약재를 가지고 와서 판매하고, 본지에서 생산되지 않거나 귀중한 약재를 구입하여 돌아가기도 했다. 또한 약상들은 약시를 중심으로 각지에 네트워크를 형성하고 약재조달과 운송·판매에 종사했다.

명·청대를 대표하는 약방 가운데 하나인 '회방'의 출현은 중국에서 약재 관련 산업이 발전하는 과정에서 필연적으로 생성된 시대의 산물이라 생각한다. '회방'은 인구 증가 압력과 과중한 부세로 말미암은 어려움을 겪게 되자 상업을 통해 극복하고자 했다. '회방'의 성장에는 산서상인의 전통이 어느 정도 영향을 주었다. 그것은 '협성전'과 '두성흥'과 같은 대상호가 모두 산서 이주민의 후예이고, 회경부가 산서상인이 남하할 때 거쳐온 곳, 하내河內를 비롯한 하남성 곳곳에서 산서상인이 크게 활동하고 있었던 점을 통해 알 수 있다. 명 중기부터 '4대회약'을 경영하면서 출현한 '회방'은 청 중기에 접어들면서 대도시와 전국 주요 약재시장까지 경영 범위를 확대하였다. 이들이 대외적으로 크게 성공할 수 있었던 요인으로는 다음 몇 가지를 들 수 있다. 우선 건강에 대한 관심의 증대와 의약지식의 보급 등으로 촉발된 약재업의 성장 속에 지역특산품인 '4대회약'만이 아니라 외지의 우수한 약재도 광범위하게 취급함으로써 주요 약방 가운데 하나로 성장할 수 있었다. 또한 약재의 공급에만 그치지 않고 가공에까지 범위를 확장하였고, 활동영역도 하남성내는 물론이고 전국 주요도시와 심지어 국외까지 진출하였다는 점에서 의미가 있다. 그들은 '협성전'과 '두성흥'의 예에서와 같이 각지에 분점을 개설하고 전국적인 상업네트워크를 형성함으로써 경쟁에서 살아남을 수 있었다. '협성전'은 수계水系를 따라 분점을 관리했으며, 정국변화를 잘 읽고 판매와 수급을 조절함으로써 세를 확장하였다. '두성흥' 또한 '4대회약' 외에 산지에 약행을 설치하여 약재를 원활하게 공급받았으니 상업네트워크를 잘 활용하고 있음을 입증한다.

산악과 구릉지가 많은 척박한 자연환경 아래 상업으로 삶의 돌파구를 마련하고자 했던 '무안방武安帮'은 지역 범위가 대단히 좁고 규모 또한 작은 상방 가운데 하나이다. 이들은 열악한 환경의 고향 땅을 등지고 때로는 좌절도 겪으면서 '개척자', 또는 '방랑자'처럼 외지로 나아가 상업 영역을 확장시켜 나갔다. 그들은 안국약시를 발판 삼아 점차 동북지역으로 무대를 확장했다. '무안방'이 동북지역에서 성공적인 약업 경영을 할 수 있었던 요인은 오늘날의 기업 경영방식과 유사한 각종 관리이념, 제도, 곧 주주제와 프랜차이즈 경영을 시행했기에 가능했다.

남송의 수도인 항주杭州의 관문으로 고대부터 중요한 무역항이자 상업도시로 유명했던 절강성 동부 연해의 영파寧波도 약상을 배출했다. 이지역 출신 약상들은 주변의 항주와 상해는 물론이고 수도인 북경에까지 진출하여 활발하게 상업 활동에 종사하였으니, 그들만의 정보 교환 및 친목도모를 위한 장소로 은현회관鄞縣會館을 설립하기도 했다. 영파방출신 약상이 이룬 성과 가운데 가장 특별한 것으로는 훗날 중국 약업사에 한 획을 긋는 거대한 전통 기업인 동인당 출현을 들 수 있겠다.

남방의 약재 수도 강서성 장수를 중심으로 형성된 '장수방' 출신 약상들도 활발하게 대외 진출을 시도했다. 그 범위는 성내에서 성외로 장강과 주강珠江유역에서 황黃·회淮유역으로까지 확대되었다. 명·청대 전성기를 구가한 '장수방' 출신 약상들은 끊임없이 경영관리방법을 개선하며행·호·점·장의 독특한 경영방식을 창조하였다. 그들은 분업을 실시하여약상 내부의 경쟁을 피하고 외지 약상과의 경쟁력을 갖춰 북방 최대의전업약시인 안국까지 진출하여 유명한 13방 가운데 하나로 활약했다.

이상 '13방'으로 대변되는 중국의 약상은 강한 지역 연대성을 기초로안국 등 전통 약시를 중심으로 산지를 연결하면서 광범위한 활동영역을지니고 있었다. 그들이 명·청대 사회의 주요한 구성분자였다는 사실은각종 소설 속에 자주 등장하고 있다는 사실로도 짐작할 수 있다. 약상들은 외지 활동에 따르는 많은 변수와 위험 요인에 대처하기 위한 방편의 하나로 '방'을 결성하고 회관을 건립하기도 했으니 중국적 특수성을그대로 반영하고 있다.

참고문헌

1. 사료

《朝鮮王朝實錄－世宗實錄》

朴趾源, 《熱河日記》

《莊子》

《史記》, 《後漢書》, 《三國志》, 《舊唐書》, 《新唐書》, 《宋史》, 《金史》, 《元史》, 《明史》,
《清史稿》(이상 北京: 中華書局, 1959~1977년판)

(民國)柯劭忞 等, 《新元史》, 吉林人民出版社, 1990

(明)李賢 等, 《大明一統志》

(淸)張廷玉等, 《淸朝文獻通考》

(後漢)于吉, 《太平經》

(後漢)張仲景, 《傷寒雜病論》

(後漢)曹植, 《說疫氣》

(晉)郭璞注, (淸)畢沅校, 《山海經》

(晉)葛洪, 《抱朴子》

(晉)葛洪, 《神仙傳》

(唐)段成式, 《酉陽雜俎》

(唐)孫思邈, 《備急千金要方》

(唐)孫思邈, 《千金翼方》

(唐)劉肅撰, 許德楠·李鼎霞 点校, 《大唐新語》

(唐)柳宗元, 《柳宗元散文選集》

(唐)張守節, 《史記正義》

(宋)陶谷, 《淸異錄》

(宋)范成大撰, 《攬轡錄》

(宋)范成大, 《吳船錄》

(宋)蘇頌, 《本草圖經》

(宋)邵雍,《夢林玄解》

(宋)宋祁,《益部方物略記》

(宋)楊億,《淡苑》

(宋)吳自牧,《夢粱錄》

(宋)吳自牧,《夢粱錄》

(宋)吳曾,《能改斋漫錄》

(宋)袁說友 等,《成都文類》

(宋)陸游,《老學庵筆記》

(宋)李昉,《太平廣記》

(宋)張杲,《醫說》

(宋)庄綽,《鷄肋編》

(宋)周紫芝,《太倉稊米集》

(宋)陳元靚,《歲時廣記》

(宋)蔡絛,〈鐵圍山叢談〉(《宋元筆記小說大觀》)

(宋)祝穆著,祝洙增訂,《方輿勝覽》

(宋)韓元吉,《桐蔭舊話》

(元)費著,《歲華紀麗譜》

(明)顧炎武,《肇域志》

(明)馬一龍,《憂心四傳》

(明)徐春甫,《古今醫統大全》

(明)孫承恩,《文簡集》

(明)沈德符,《萬曆野獲編》

(明)沈榜,《宛署雜記》

(明)王士性,《廣志繹》

(明)熊宗立,《醫學源流》

(明)魏禧,《魏淑子文集》

(明)李時珍,《本草綱目》

(明)曹學佺,《蜀中廣記》

(明)陳嘉謨,《本草蒙筌》

(明)焦竑,《焦氏澹園集》

(明)胡應麟,《少室山房筆叢》

(明)黃汴 著,楊正泰 校注,《天下水陸路程》

(清)屈大均,《翁山文外》

（清）方有執,《傷寒論條辨》

（清）孫馮翼,《皇覽》

（清）王宏翰,《古今醫史》

（清）魏荔彤,《傷寒論本義》

（清）章楠,《醫門棒喝》

（清）張志聰,《傷寒論集注》

（清）張志聰,《侶山堂類辨》

（清）趙翼,《二十二史箚記》

（清）畢沅,《關中勝迹圖志》

（宋）潛說友纂修,（清）汪遠孫校補,《咸淳臨安志》 卷73(《宋元方志叢刊》), 北京: 中華
　　書局, 1990

（明）郭應響,（崇禎)《祁州志》

（光緒)《祁州鄉土志》

（清）宋蔭桐 纂修,《安國縣新志稿(一·二)》, 民國年間補抄稿本

宋汝彬,《(續)安國縣志初稿》, 民國20年

安國市地方志編纂委員會編,《安國縣志》, 1996

（民國)《密縣志》

（順治)《禹州志》,（道光)《禹州志》,（民國)《禹縣志》

（順治)《衛輝府志》,（乾隆)《輝縣志》,（光緒)《輝縣志》

（明）范玹·張天眞 等,《輝縣志》, 天一閣藏明代方志選刊續編, 上海書店, 1990

（清道光5年刻本)《重修河內縣志》, 成文出版社(影印), 1976

王公容,（民國22年稿本)《溫縣志稿》, 溫縣縣志總編室, 1986

阮藩儕,（民國22年刊本)《孟縣志》, 成文出版社, 1976

（道光)《武陟縣志》

河南省博愛縣志編纂委員會,《博愛縣志》, 國際廣播出版社, 1994

（民國)《夏口縣志》

（民國)《武安縣志》

（明）陳宣修, 喬廷儀纂,《河南郡志》

（清）田文鏡 等,《河南通志》, 臺北華文出版社, 1969.

（清）鐘泰,（光緒)《亳州志》 光緒20年 刊本

劉治堂,《亳州志略》民國25年 鉛印本, 1936

安徽省地方志編纂委員會,《安徽省志·醫藥志》, 北京: 方志出版社, 1997

（乾隆)《清江縣志》,（道光)《清江縣志》,（同治)《清江縣志》

（道光）《南城縣志》

（清）翁美祜，（光緒）《續修蒲城縣志》

（清）支恒春，（光緒）《松陽縣志》卷4，清 光緒元年乙亥（1875）刊本

（民國）《慈溪縣志》

寧波市江北區文聯慈城馮冯氏研究會編，《慈溪馮氏族譜》

（清）穆彰阿，《嘉慶重修一統志》（12），中華書局，1986

周振聲，民國《虞鄉縣志新志》石印本，1920

趙栻，民國《南平縣志》卷11，鉛印本，1921

（清）吳存禮，（康熙）《通州志》卷20，清康熙36年丁丑（1697）刻本

（嘉靖）《藁城縣志》

（民國）《霸縣新志》

宋大章，（民國）《涿縣志》鉛引本，1936

（萬曆）《南昌府志》

（乾隆）《同官縣志》

（清）章學誠，（嘉慶）《湖北通志檢存稿》

（乾隆）《汜水縣志》

（康熙）《麻城縣志》

（民國）《歙縣志》

（清）沈青峰，（雍正）《陝西通志》，清文淵閣四庫全書本

（光緒）《畿輔通志》

（乾隆）《武安縣志》

（咸豐）《重修興化縣志》

《道藏》（第六冊），北京：文物出版社，1988

《逍遙山萬壽宮志》，光緒4年（1878）刻本

（宋）庄夏，〈慈濟宮碑〉，《海澄縣志》，臺北，成文出版社，1968

（宋）楊志，〈慈濟宮碑〉，《海澄縣志》，臺北，成文出版社，1968

（明）嚴嵩，〈修正三皇祀典以復祖制議〉

張森吉，（洪山廟）〈重興清明盛會碑記〉

張學水，（明萬曆13年）〈重修紅山祀祠記〉

（洪山廟）〈重修藥王廟記〉

胡蔚先，〈重修衛源廟碑記〉

（百泉）〈創建藥王廟碑記〉

（百泉）〈邑候加州街張大老爷頒定會廠章程諭令請復藥會商民兩便碑記〉

(安國)〈同治十二年至光緖五年(1873～1879)衆商義捐布施碑記〉

(安國)〈河南彰德府武安縣合帮新立碑〉

(禹州)〈重修關帝廟幷會館碑記〉

(鄭州)〈重修神應王廟碑記〉

(南陽)〈漢長沙太守醫聖張仲景靈應碑〉

(密縣)〈密縣感應洪山神廟之碑記〉

2. 연구서

쑨리췬 외 지음, 류방승 옮김, 《천고의 명의들》, 옥당, 2009

앙리 마스페로, 신하령·김태완 옮김, 《도교》, 까치, 1999

余英時 著, 鄭仁在 譯, 《中國近世宗敎倫理와 商人精神》, 대한교과서주식회사, 1993

오금성, 《中國近世社會經濟史硏究-明代 紳士層의 形成과 社會經濟的 役割-》, 일조각,
    1986

오금성 外, 《明末淸初社會의 조명》, 한울아카데미, 1990

오금성, 《矛·盾의 共存-명청시대 강서사회 연구-》, 지식산업사, 2007

이민호, 《근세중국의 국가경영과 재정》, 한국학술정보, 2008

이민호, 《中國 傳統醫藥 文化遺産 硏究》, 한국한의학연구원, 2011

林殷 지음, 문재곤 옮김, 《한의학과 유교문화의 만남》, 예문서원, 1999

최진석, 《저것을 버리고 이것을》, 소나무, 2014

洪元植 外 編著, 《韓中醫學史槪說》, 周珉, 2007

鼓山亭管理委員會, 《鼓山亭沿革志》, 1993

寇建斌 外 編著, 《藥界聖地 唯一皇封 安國藥王廟》, 香港銀河出版社, 2002

唐明邦, 《李時珍評傳》, 南京大學出版社, 1991

唐廷猷, 《中國藥業史》, 中國醫藥科技出版社, 2003

馬敏, 朱英, 《傳統與近代的兩重變奏-晚淸蘇州商會個案硏究》, 巴蜀社, 1993

亳州市地方志編纂委員會, 《亳州市志》, 黃山書社, 1996

亳州市地方志編纂辦公室, 《亳州市志》(2000-2009), 北京: 方志出版社, 2010

尙啓東, 《華佗考》, 安徽科學技術出版社, 2005

孫健 主編, 《北京古代經濟史》, 北京燕山出版社, 1996

孫彦春主編, 《禹州中藥志》, 光明日報出版社, 2006

安冠英·韓淑芳·潘惜尘,《近代中國工商經濟叢書－中華百年老藥鋪》, 中國文史出版社, 1993

安徽省醫藥管理局,《安徽省醫藥志》, 黃山書社, 1994

王明强·張稚鯤·高雨,《中國中醫文化傳播史》, 中國中醫藥出版社, 2015

王興亞,《明清河南集市廟會和會官》, 中州古籍出版社, 1999

王興亞,《河南商幫》, 合肥：黃山書社, 2007

禹州市地方史志編纂委員會,《禹州市志》, 北京：方志出版社, 2005

劉清脆,《醫祖尋踪》, 河北教育出版社, 2011

李龍潛,《明清經濟史》, 廣東高等教育出版社, 1988

任文政主编《禹州医药志》, 中国科教出版社, 2005

張劍光,《三千年疫情》, 江西高校出版社, 1998

張世英 著,《藥王 孫思邈》, 三秦出版社, 2006

張作記·張瑞賢·鞠建偉等輯注,《藥王全書》, 北京：華夏出版社, 1995

張軫,《中華古國古都》, 長沙：湖南科學技術出版社, 1999

張海鵬·王廷元 主編,《徽商研究》, 安徽人民出版社, 1995

張海鵬·張海瀛 主編,《中國十代商幫》, 黃山書社, 1993

鄭合成,《民國時期社會調查叢編－安國縣藥市調查》, 福建教育出版社, 2005

趙燏黃·樊菊芬点校,《祁州藥志》, 福建科學技術出版社, 2004

趙英·李文策·朱孟申 主編,《安國中醫藥志》, 香港銀河出版社, 2002

朱建不 著,《中國醫學史研究》, 中醫古籍出版社, 2003

周國義,《中原風文叢·共城唱晚》, 北京：大衆文藝出版社, 2006

許懷林著,《江西史稿》, 江西高校出版社, 1993

輝縣史志編纂委員會,《百泉藥材會志》, 1986

加藤繁,《支那經濟史槪說》, 弘文堂, 1944

加藤繁,《支那經濟史考證》(上), 東洋文庫, 1974(제3판)

加藤繁,《支那經濟史考證》(下), 東洋文庫, 1974(제3판)

山根幸夫,《明淸華北定期市の研究》, 汲古書院, 1995

3. 연구논문

김남일,〈한국의학의 역사와 산청지역의 의학전통〉,《제11회 한국의사학 학술대회 자료집－지역사회 의료와 한의학 역사발전》, 2008

金洛必, 〈갈홍의 신선사상과 도교의학〉, 《대한한의학원전학회지》 16-1, 2003

이민호, 〈淸代 '懷慶藥商'의 상업활동과 네트워크 형성-'協盛全'과 '杜盛興'을 중심으로〉, 《명청사연구》 35, 2011

이민호, 〈명대 북경의 상업·상세와 환관〉, 《중국학보》 56, 2007

이윤석, 〈회관·공소의 출현과 사묘-강남지역의 사례를 중심으로〉, 《명청사》 21, 2004

조영헌, 〈大運河와 徽州商人-明末·淸初 淮·揚 地域을 중심으로〉, 서울대 박사학위 논문, 2006

賈利濤, 〈名醫的封號與尊稱芻論〉, 《新餘學院學報》 19卷 4期, 2014

賈成惠, 〈河北內丘扁鵲廟考述〉, 《文物春秋》 2008-1

賈雲峰, 〈孫思邈的後代緣何不姓孫〉, 《人才資源開發》 2014-1

高熔, 〈閩臺的醫藥之神信仰〉, 《福建中醫學院學報》 14(3), 2004

龔千峰·祝婧·周道根, 〈樟樹藥帮的歷史與特色〉, 《江西中醫學院學報》 19-4, 2007

邱紅革, 〈安國藥王廟的建築文化〉, 《尋根》 2013-5

靳秀梅, 〈宋元明淸藥肆初探〉, 蘭州大學 碩士學位論文, 2007

唐力行, 〈從碑刻看明淸以來蘇州社會的變遷-兼與徽州社會比較〉, 《歷史研究》 2000-1

唐廷猷, 〈古今藥市一千年〉, 《中國現代中藥》 第16卷 8期, 2014年 8月

戴建兵, 〈近代河北私票研究〉, 《河北大學學報(哲學社會科學版)》 2001-4

董倩, 〈明代永樂年間移民政策述論〉, 《靑海社會科學》 1998-6

萬方, 〈華夏民間俗信宗教-藥王菩薩〉, 《書屋》 2004-9

武立新, 〈武安藥商文化在現代醫藥企業經營中的利用探索〉, 《商業文化》 2010-7

Edward L. Farmer(范德), 〈論明之移都北京〉, 《明史研究》 4, 黃山書社, 1994

范文·杜堅, 〈江西樟樹和南城兩地藥帮發展的歷史考證〉, 《中國藥業》 1997-11

范正義, 〈民間信仰與地域社會-以閩臺保生大帝信仰爲中心的個案研究〉, 廈門大學博士學位論文, 2004

范正義, 〈保生大帝信仰起源辨析〉, 《龍巖學院學報》 23(4), 2005

付幸, 〈藥王神與看丹藥王廟〉, 《北京檔案》 2013-10

三皇宮管委會, 〈藥都勝迹-三皇宮〉, 《中國道教》 2006-6

常雲秀, 〈百泉藥會的歷史溯源與當代重建〉, 《河南科技學院學報》 2018-1

徐茂華·王華鋒·唐廷猷, 〈淺論國藥業在寧波帮形成和發展中的歷史作用〉, 《中國現代中藥》 17卷 第5期, 2015

徐茂華·姚桃娟, 〈慈溪鳴鶴藥商群影響力形成初探〉, 《中國現代中藥》 17卷 第7期, 2015

徐正唯,〈孫思邈與屠蘇酒〉,《美食》2003−1

徐曉望,《福建民間信仰源流》, 福州, 福建敎育出版社, 1993

蕭放,〈明淸時代樟樹藥業發展初探〉,《中國社會經濟史硏究》1990−1

安慶昌,〈安客堂和十三帮五大會〉,《安國文史資料》, 1988

安定洲,〈藥王的由來〉,《中國道敎》1995−1

安秋生,〈武安藥商散記〉,《長城》2007−3

楊建敏,〈河南新密藥王信仰與藥王廟考證〉,《中醫學報》26, 2011−3

楊小敏・王中良・李林,〈祁州藥市的關東帮和山西帮〉,《黑龍江史志》2014年 7月

楊二蘭,〈祁州藥市的歷史考察〉, 蘇州大學碩士學位論文, 2008

葉顯思,〈徽商利潤的封建化與資本主義萌芽〉,《徽商硏究論文集》, 安徽人民出版社, 1985

吳岩,〈安國藥王文化與藥市〉,《光彩》1996−3

吳雨,〈古代四大藥都史話〉,《健康必讀》2007−4

王敬平,〈明淸時期懷慶經濟發展初探〉,《焦作師範高等專科學校學報》19−1, 2003

王軍 外,〈亳州藥市及藥材種植業發展沿革考〉,《中藥材》40(5), 2017

王默・尹忠華,〈漢正街的"藥帮"與藥王廟〉,《武漢文史資料》2007−7

王文才,〈成都城市考(下)〉,《四川師範學院學報》1982−1

王樹廉・賈應乾・王庚臣,〈禹縣藥業之首−恒春藥庄〉, 禹縣文史資料委員會,《禹縣文史資
    料》第2集, 1986

王銳,〈商業神祖崇拜的民俗傳承〉,《天津商學院學報》1997−3

王婧,〈淸代中後期懷慶藥商的地域經營〉,《株州師範高等專科學校學報》12−6, 2007

王中良・楊小敏,〈明淸以來'南樟北祁'藥市之比較〉,《保定學院學報》27(4), 2014

汪哲,〈孫思邈與阿是穴〉,《醫藥與保健》, 2004−4

王興亞,〈淸代懷慶會館的歷史考察〉,《石家庄學院學報》9−1, 2007

王興亞,〈淸代懷慶商人的經營之道〉,《石家庄學院學報》2006−1

廖玲,〈淸代以來四川藥王廟與藥王信仰硏究〉,《宗敎學硏究》2015−4

劉石吉,〈明淸時代江西墟市與市鎭的發展〉,《山根幸夫敎授退休記念明代史論叢》(下), 汲
    古書院, 1990

劉術,〈宋代成都藥市考〉,《農業考古》2015−6

劉崇生,〈平遙縣中藥材經營史話〉,《山西文史》1995−2

劉岩,〈安國藥材産業發展的經濟文化基礎〉,《地理硏究》1998年 第17期 3卷

劉靑泉,〈論吳眞人藥方承前啓後的科學意義〉, 廈門市海滄靑礁慈濟東宮董事會, 管委會
    編,《聖山春秋》, 福州, 海峽文藝出版社, 1998

劉華圃・許子素,〈祁州廟會−馳名全國的藥材集散地〉,《河北文史資料》11, 1983

尹進，〈關于中國農業中資本主義萌芽問題〉，《歷史研究》1980-2

李留文，〈洪山信仰與明清時期中原藥材市場的變遷〉，《安徽史學》2017-5

李爽，〈孫思邈傳說故事研究〉，陝西中醫藥大學 碩士學位論文，2015

張凱文·沈藝·翟文浩·王兆·張其成，〈北京太醫院祭祀制度考〉，《中醫藥文化》2014-6

張雷，〈鄉土醫神：明清時期淮河流域的華佗信仰研究〉，《史學月刊》2008-4

張雷，〈明清時期華佗信仰研究〉，《中國地方志》2008-5

張瑞賢，〈中國古代醫藥諸神(7)-皮場大王〉，《光明中醫雜志》1994-1

張瑞賢，〈安國藥王廟考〉，《江西中醫學院學報》17-4，2005年 第4期

張彥靈，〈唐宋時期醫學人物神化現象研究〉，陝西師範大學 碩士學位論文，2010

張燕妮，〈輝縣百泉藥材業發展的影響因素研究〉，《河南科技學院學報》37(5)，2017

鄭金生，〈中國歷代藥王及藥王廟探源〉，《中華醫史雜志》26-2，1996

程峰，〈明清時期懷商崛起的原因〉，《南都學壇》(人文社會科學學報) 27-4，2007

程峰，〈簡論懷商〉，《殷都學刊》2008-3

程峰·楊玉東，〈懷慶商幫與武安商幫的商幫意識〉，《焦作大學學報》2011-2

曹東義 外，〈扁鵲墓廟研究〉，《中華醫史雜志》25卷 2期，1995

趙世瑜·周尚意，〈明清北京城市社會空間結構概說〉，《復印報刊資料 明清史》2002-1

趙晋，〈藥王崇拜與安國藥都的形成和發展-對一種商業神崇拜現象的宗教社會學分析〉，《昆明大學學報》2006-1

曹萍外，〈江西建昌藥都的歷史考證〉，《江西中醫學院學報》14-2，2002

曹鴻云·張金鼎，〈百泉藥材交流大會發展史略〉，《中藥通報》11(8)，1986

周鶱，〈試論四大藥都形成與發展的影響因素〉，中國中醫科學院 碩士學位論文，2016

周鶱，〈樟樹藥市發展的相關因素淺析〉，《中國現代中藥》18卷 3期，2016

周志斌，〈論晚明商潮中的儒士〉，《長白論叢》1994-2(→復印報刊《經濟史》，1994-3)

朱偉常，〈孫思邈與龍宮方-《千金方》中的佛教醫學〉，《上海中醫藥大學學報》，1993-1

中醫研究院醫史研究室調查，馬堪溫執筆，〈內丘縣神頭村扁鵲廟調查記〉，《中華醫史雜志》1955-2

陳國強，林嘉煌，〈閩臺的保生大帝信仰〉，廈門吳眞人研究會，青礁慈濟宮董事會，《吳眞人研究》，廈門：廈門大學出版社，1992

陳新謙，〈阿片戰爭以前的藥店和藥市〉，《藥學通報》1987-3

陳學文，〈論明清江南流動圖書市場〉，《浙江學刊》1998-6

陳曉捷，〈從'處士'到'藥王'-歷代對孫思邈的尊稱考述〉，《唐都學刊》32(4)，2016

焦振廉，〈孫思邈何以被尊爲'藥王'〉，《中醫藥文化》2011-6

崔來廷，〈略論明清時期的河南懷慶商人及貿易網絡〉，《河南理工大學學報(社會科學版)》，

7-3, 2006

彭公天,〈樟樹藥帮縱橫談〉,《藥學通報》23(8), 1988

彭維斌,〈閩南地域社會的成長與吳夲信仰的變遷〉,《閩臺文化交流》30, 2012

韓素杰,〈基于地方志文獻的禹州藥市研究〉,《中醫文獻雜志》2015-6

韓素杰·胡曉峰,〈基于中國方志庫的藥王廟研究〉,《中醫文獻雜志》2015-2

許敬生·劉文禮,〈鄭州新密洪山廟及洪山眞人考〉,《中醫學報》第27卷, 2012

胡一三,〈禹縣中藥材集散地史料〉,《禹縣文史資料》第2集

黃福才·李永樂,〈略論臺灣宗敎信仰的移民特徵〉,《福建論壇》2000-3

姬永亮,〈清代輝縣百泉藥會與度量衡管理考略〉,《科學與管理》35卷 3期, 2015

〈臺灣醫神-保生大帝吳夲〉,《臺聲》2007-5

谷井俊仁,〈路程書の時代〉, 小野和子編,《明末清初の社會と文化》, 京都大學人文科學研究
    所, 1996

大木 康,〈明末江南における出版文化の研究〉,《廣島大學文學部紀要》50卷 特輯號1, 1991

藤井宏,〈新安商人の研究〉(三),《東洋學報》36-3, 1953

山根幸夫,〈明代の路程書について〉,《明代史研究》22, 1994

新宮(佐藤) 學,〈明初北京への富民層強制移住について-所謂《富戶》の軌跡を中心に-〉,《東
    洋學報》64-1·2, 1983

岸本美緒,〈明末清初江南の地方民衆と權力者たち〉,《歷史學研究》651, 1993

4. 기타

丁樹棟,〈孫思邈對中醫養生五貢獻〉,《中國中醫藥報》2015年 1月 9日

邢穎,〈華佗與四大亳藥〉,《中國中醫藥報》2002年 2月 2日

洪文旭,〈新密岐黃文化〉,《中國中醫藥報》2011年 6月 1日

宋寶塘 作, 李相宜 編輯,〈禹州的懷帮會館-懷藥文化尋踪探源系列報道之一〉,《焦作日
    報》2005年 1月 4日

宋寶塘 作, 李相宜 編輯,〈獨輪車推出的懷藥巨商-懷藥文化尋踪探源系列報道之二〉,
    《焦作日報》2005年 2月 1日

李相宜,〈四大懷藥-天賜懷川無價寶〉,《焦作日報》2001年 7月 24日

李相宜·宋寶塘,〈古懷慶府的藥王廟-懷藥文化尋踪探源系列報道之三〉,《焦作日報》2005年
    2月 8日

李相宜·宋寶塘,〈協盛全救了同仁堂-懷藥文化尋踪探源系列報道之五〉,《焦作日報》2005年

3月 1日

李相宜, 〈懷帮緣何敬藥王-懷藥文化尋踪探源系列報道之七〉, 《焦作日報》 2005年 3月
　　22日

李相宜, 〈藥王故居在山陽-懷藥文化尋踪探源系列報道之八〉, 《焦作日報》 2005年 4月
　　5日

南林坡, 〈漫談禹州中藥材交易〉, 《今日禹州》 2011.4.13.

〈弘扬藥王文化　發展特色藥業-寫在"藥王孫思邈醫藥文化節暨2007中國禹州中醫藥交易
　　會"開幕之前〉, 《河南日報》 2007.10.25.

〈醫門之仲景, 儒門之孔子〉, 《首都醫藥》 2003年 6月 23日

〈張仲景緣何入仕途〉, 《首都醫藥》 2003年 9月 23日

〈'坐堂醫生'的由來〉, 《首都醫藥》 2003年 7月 8日

〈仲景軼事〉, 《首都醫藥》 2004年 4月 1日

〈救死風波〉, 《首都醫藥》 2004年 5月 1日

〈神醫托夢〉, 《首都醫藥》 2003年 11月 23日

〈張仲景給王粲治病〉, 《首都醫藥》 2003年 8月 23日

〈蔥管救人〉, 《首都醫藥》 2003年 11月 8日

〈甘麥大棗戰巫婆〉, 《首都醫藥》 2004年 4月 15日

〈妙手回春治臟躁〉, 《首都醫藥》 2004年 1月 15日

〈皇后懷孕患重病, 引線診脈千古頌〉, 《家庭中醫藥》 2007-1

〈餓虎凶殘吃了驢, 藥王伏虎當坐騎〉, 《家庭中醫藥》 2006-3

〈指点迷津生意盛, 佳肴泡饃葫蘆頭〉, 《家庭中醫藥》 2006-5

http://www.zgzyy.com, 禹州市藥業管理委員會, 〈禹州藥王祠〉

http://www.zgzyy.com, 禹州市藥業管理委員會, 〈禹州山西會館〉

http://www.zgzyy.com, 禹州市藥業管理委員會, 〈禹州懷慶會館〉

〈《大宅門》與鄞縣會館〉(http://www.cnnb.com.cn, 中國寧波網)

《中國社區醫師》 2011年 5月 20日

醫聖祠(張仲景博物館) 홈페이지(http://www.yishengci.org)

郭成志, 〈走進鎮平盧醫鎮, 拜謁扁鵲古廟〉, 2017
　　(http://3g.163.com/local/article/D0256LM604398DOR.html)

사진과 표 목차

찾아보기

ㄱ

ㅊ